Theresia Walser, geboren 1967 in Friedrichshafen, war Schauspielerin, bevor sie 1996 mit «Das Restpaar» als Dramatikerin debütierte, das seither von zahlreichen weiteren Stücken gefolgt wurde, darunter «King Kongs Töchter» (1999), «So wild ist es in unseren Wäldern schon lange nicht mehr» (2001) und «Die Kriegsberichterstatterin» (2005).

1998 wurde sie in der Kritikerumfrage der Zeitschrift Theater heute zur besten Nachwuchsautorin gewählt sowie 1999 zur besten deutschsprachigen Autorin. Ausgezeichnet wurde sie darüber hinaus mit der Fördergabe des Schiller-Gedächtnispreises des Landes Baden-Württemberg (1998), dem Übersetzungspreis des Goethe-Instituts (1999), dem «Stücke»-Förderpreis des Goethe-Instituts (1999 & 2001) sowie mit dem Stipendium der BHF-Bank-Stiftung für die Frankfurter Positionen 2006. Außerdem war sie mehrfach für den Mülheimer Dramatikerpreis nominiert.

THERESIA WALSER

MORGEN IN KATAR

THEATERSTÜCKE

ROWOHLT TASCHENBUCH VERLAG

Originalausgabe
Veröffentlicht im Rowohlt Taschenbuch Verlag,
Hamburg, September 2019
Copyright © 2019 by Rowohlt Verlag GmbH, Hamburg
Sämtliche Aufführungsrechte (Bühne, Film, Funk, Fernsehen):
Rowohlt Theater Verlag, Kirchenallee 19, 20099 Hamburg,
theater@rowohlt.de
Covergestaltung any.way, Barbara Hanke / Cordula Schmidt
Coverabbildung Fabian Hammerl; Szenenfoto aus
«Ich bin wie ihr, ich liebe Äpfel», Regie: Friederike Harmstorf,
Thalia Theater Hamburg
Satz aus der Karmina bei Dörlemann Satz, Lemförde
Druck und Bindung CPI books GmbH, Leck, Germany
ISBN 978-3-499-27651-4

INHALT

SCHATTEN VOM SCHEIN
oder
SO EIN BLEIBEN FÜR IMMER

PERSONEN:

MARGRET, Museumswärterin
BETTY, Museumswärterin

*Beide tragen sie die gleiche Museumswärterinnen-Uniform,
nur dass Margrets Jacke zu groß ist und Bettys zu klein.*

Auftragswerk für das Theater Basel
Uraufführung: 16.04.2019 Theater Basel in Koproduktion
mit dem Kunstmuseum Basel als Teil des Theaterparcours
«Das Theater der Bilder» (Regie: Daniela Kranz)
Das Stück spielt vor dem Altarbild «Der ungläubige
Thomas / Christus und Maria fürbittend vor Gottvater»
von Konrad Witz (Werkstatt).

Stille.
Man hört das Knarren des Fußbodens.
Es ist Betty.

MARGRET Entschuldigung, aber das ist doch nicht meine Jacke?

BETTY Hast du abgenommen?

Kurze Stille.

MARGRET Ich muss immer dran denken, wie es hier mal einen umgehauen hat, und Malte hatte Dienst.

BETTY Wir sollen nicht reden

MARGRET Ich rede nicht, ich sage nur, dass es hier mal einen Belgier umgehauen hat. Nachmittags vor dem Triptychon.
Sackt in sich zusammen, als werde der von innen erschossen.
Kippt nach vorn, Malte sieht's ...

BETTY Wir sollen nicht reden

MARGRET Ich rede nicht, ich sage nur: Malte stürzt sich auf ihn, reißt ihm das Hemd vom Leib, versucht, was zu versuchen ist. Zu spät.
Der Belgier tot.

BETTY Wir sollen hier nicht reden

MARGRET Ich rede nicht, ich sage nur: Am Ende muss Malte 76 Euro bezahlen für das Hemd, was er dem Belgier vom Leib gerissen. Ist ja schließlich nicht nichts, was da einer wie wir tagtäglich auf sich nimmt, wenn man an die Gefahren. All die Gefahren, wieder sticht ein Irrer mit einem Messer in Russland auf ein Bild!

BETTY Wir sind nicht in Russland

MARGRET Ist ja nicht nichts!

Kurze Stille.

76 Euro für ein Hemd von einem Belgier, der nicht mehr zu retten war!
Später kommt dann auch noch seine Frau

BETTY Seine Frau!?

MARGRET Die Frau vom Belgier kommt hier herein, eines Tages, fragt mich, ob ich ihr das Bild zeigen kann, vor dem ihr Mann vor zwei Jahren tot umgefallen. Das kann nur *der* sein, denke ich und zeige ihr das Triptychon. Und da stehe ich mit ihr vor dem ungläubigen Thomas, und sie schaut mich an und fragt, ob ich mir wirklich ganz sicher bin, dass das das richtige Bild ist? «Kein Zweifel», sage ich, «das ist das Bild, vor dem Ihr Mann tot umgefallen», und sie kann es nicht fassen, presst ihre Lippen zusammen, läuft rot an, als platze sie gleich vor Enttäuschung. Was weiß ich, was die erwartet hat, schließlich kann ich ja nichts dafür, dass ihr Mann nicht vor einem Picasso umgefallen ist oder einem Rembrandt. Mein Gott, natürlich hätte das eine ganz andere Größe, ich meine, stell dir vor, du kannst sagen: Mein Mann ist vor einem Rembrandt umgefallen! Tot!

Oder erst recht ein Rothko! Was wäre das gewesen, wenn sie hätte sagen können: Das Letzte, was mein Mann gesehen hat, war ein Rothko! Aber es war nun mal, es war, wie es war, ein Witz.
Nicht mal ein Original. Konrad-Witz-Schule ...

BETTY Wir sollen nicht reden

MARGRET Ich rede nicht, ich sage nur: Das Letzte, was der Belgier gesehen hat, war ein Witz: der ungläubige Thomas!
Und nicht mal ein echter Witz. Bloß aus der Witz-Schule. *(Sie schaut an sich selbst hinunter.)* Das ist doch nicht meine Jacke?

BETTY Hast du abgenommen?

MARGRET Kann es sein, dass du meine Jacke ...?

BETTY Aber ja ...

MARGRET Bei mir im Spind war deine Jacke?

BETTY ... du hast abgenommen!

MARGRET Deine ist zu klein ... platzt aus allen Nähten.

BETTY Wir sollen nicht reden

MARGRET Ich rede nicht, ich sage nur: Man hat es nicht im Griff. Am Ende haut es einen um vor einem Witz.
Nicht mal ein echter. Vielleicht hat der Witz noch ein bisschen drübergepinselt, aber ein echter war es nicht

BETTY Drübergepinselt?

MARGRET Ein echter war es nicht.

BETTY Drübergepinselt!

MARGRET Ich meine, wie der Thomas mit seinen Fingern in diese heilige Fleischwunde hineinschlupft und dabei mit der anderen Hand an seinem Gemächte herumnestelt ... *(Kichert)*
Ich weiß ja nicht, ob sie das auch gesehen hat, die Frau vom Belgier. Jeder sieht ja sein eigenes Bild. Auf der anderen Seite streckt die Muttergottes ihren Busen raus, wie eine Waffe, und an ihre Hand klammert sich dieser kleine Pinguin von Nonne. Alle diese Heiligen auf dem Triptychon, ich sage dir, das ganze Gottvatergesindel ist außer Rand und Band, in panischer Verzückung, dass man am liebsten selbst auch ...
Würdest du bitte aufhören, hier auf dem Boden herumzu-knarren!

BETTY «Noch ein bisschen drübergepinselt»

MARGRET Niemals würde ich hier so etwas sagen.
Wir sollen ja nicht reden

Kurze Stille.

76 Euro für ein Hemd von einem Belgier, der nicht mehr zu retten war!
Ist ja nicht nichts, was da einer wie wir tagtäglich.
Nie ist hier Stille. Nie ist's still hier.
Dein ständiges Geknarre ...

BETTY Ich knarre?

MARGRET Knarrst auf dem Boden herum wie auf einem alten Schiffsdeck, Betty!

BETTY Aber ja. Der Boden knarrt.

BETTY Das ist extra. Das ist gewollt

MARGRET Bei mir knarrt nichts, seit Jahren nicht!

BETTY Das ist ja gewollt.

MARGRET Lautlos gleite ich hier durch die Räume wie ein Segelboot!

BETTY Es soll ja knarren

MARGRET Seit Jahren!

BETTY Es ist gewollt!

MARGRET Wie ein Segelboot!

BETTY Das Kunstmuseumsdielenknarren ist gewollt.
Es soll so sein. Ja. Das ist extra da eingearbeitet worden, Margret,
eingebracht, mit viel Aufwand haben die das Kunstdielenknarren
hier eingebracht

MARGRET Was für ein Unsinn

BETTY Aber ja. Extra in Auftrag ist es gegeben worden.
Es ist gewollt.

MARGRET Gewollt? Was redest du …?

BETTY Gegen die allgemeine Verlatschtheit.

MARGRET Gewollt!

BETTY Dieses Flip-Flop-Geschlurfe, diesen hysterischen Frei-
zeitstechschritt, mit dem die Besucher hier tagtäglich ein-
marschieren. Auf einmal halten sie inne, wenn es unter ihren
Füßen knarzt und knarrt, wie auf einem alten Schiffsdeck. Gehen
hier durch die Räume, wie auf Eis, bei dem man vorsichtig sein
muss, dass man nicht einbricht. Da schaut man gleich ganz
anders auf die Bilder, auf so ein Triptychon mit dem ungläubigen
Thomas, da schaut man anders hin, wenn unter den eigenen
Füßen der Boden kracht!
Keiner käme auf die Idee, da sei ein bisschen drübergepinselt
worden. Kriegen eine Ehrfurcht ins Gesicht, so ein Erschrecken
vor sich selbst.

MARGRET Das ist doch nicht meine Jacke?!

BETTY Und wo könnte einer das besser als hier.
Wir sind ja nichts, Margret. Das muss man erst einmal ertragen.
Die Besucher können immer wieder gehen. Wir aber bleiben.
Stunden. Tage. Jahre. Sekunde für Sekunde, jahrelang gehen wir
hier zwischen all diesen Unsterblichkeitsschinken hin und her.
Was sind wir? Nichts als in diese Jacken gepresster Staub! Selbst
die Fliegen, an manchen Tagen, du weißt, diese Fliegen hier, die
Kunstmuseumsfliegen schwirren in den Sälen hier. Zwischen
all diesen Bildern. Hocken am liebsten auf dem Holbein'schen
Christuskadaver herum.

MARGRET Aber das ist ja schrecklich ...

BETTY Schließlich ist das alles ja nicht ausgedacht. All diese Leichen
hier sind immer von wirklichen Leichen abgemalt
Du glaubst ja nicht, dass diese Kadaver hier alle ausgedacht

MARGRET ... ich kann doch nicht in einer viel zu großen Jacke, wie
sieht denn das aus?

BETTY Wer den Schrecken vor sich selbst verliert, verliert am Ende alles

MARGRET Da sagst du aber etwas, Betty, wenn man nur ein Mal, ein einziges Mal sich selbst hier sehen könnte

BETTY Es geht ja nicht um uns, es geht um die Bilder, Margret

MARGRET Ich meine, könntest du ein Mal sehen, ein einziges Mal nur, dass du hier gar nicht stehst, Betty, du stehst ja nicht hier ...

BETTY Wir sind nicht wichtig.
Wir sind weniger als Hintergrund

MARGRET ... du lauerst

BETTY Ich lauer?

MARGRET Lauerst hier wie eine Spinne in der Ecke, da kriegt ja der Besucher Angst, sich zu bewegen, so wie du hier lauerst

BETTY Ich bin froh, dass du mir das sagst

MARGRET Knarrst, lauerst und knarrst,
in einer viel zu kleinen Jacke

BETTY Bin froh, dass du es sagst

MARGRET Deswegen sag ich es. Auch wenn wir hier nichts mehr sagen sollen

BETTY Besser, man sagt es, solange man es noch sagen kann!

MARGRET Deswegen sage ich es.

BETTY Wer weiß, was der Belgier als Letztes gesehen hat ...

MARGRET Jeder sieht sein eigenes Bild

BETTY ... er kann es nicht mehr sagen.

Kurze Stille.

Hat vielleicht gesehen, was ich gesehen habe.

MARGRET Wen interessiert schon, was du gesehen hast?

BETTY Immerhin bin ich erschrocken, als ich gesehen habe, was ich gesehen habe auf dem Triptychon: Schatten!
Als hätte nachts einer dieses Bild heimlich umgearbeitet

MARGRET Schatten?

BETTY «... ein bisschen drübergepinselt»

MARGRET Schatten?

BETTY Schatten von Dingen, die keinen Schatten haben. Erst dacht ich, ob vielleicht du oder Malte, ich meine, jeder von uns hat ja schon einmal daran gedacht, anders gesagt: Wir alle haben unsere Phantasien

MARGRET Phantasien?

BETTY Phantasien, Margret, Phantasien, wie man das eine oder andere, ich sag jetzt nicht verbessert, aber wenn man tagtäglich mit den immer gleichen Bildern, jahrelang, Stunde um Stunde, wen juckt es da nicht in den Fingern, Margret, und sei es nur: hier eine kleine Biene, da einen Schnurrbart

BETTY Ich rede von Schatten

MARGRET Wie schön, Betty, beneidenswert, nach 15 Jahren noch was Neues: ein paar Schatten

BETTY Aber es gibt sie nicht, Margret! Diese Schatten auf dem Triptychon gibt es nicht! Die sind falsch!

MARGRET Falsche Schatten? Hier fliegen Schmeißfliegen rum, weil sie die Leichen auf den Bildern für echte Leichen halten, und du siehst Schatten, die es nicht gibt!

BETTY Ich sag nur: Auf dem Vorhang hinter der Heiligentruppe sind Schatten, Schatten von Heiligenscheinen

MARGRET Schatten von Heiligenscheinen?

BETTY Heiligenscheinschatten, Margret? Heiligenscheine, die haben keine Schatten, sonst wären's keine Heiligenscheine.

MARGRET Ich habe noch nie einen Heiligenschein gesehen, du?

BETTY Da malt einer vor 500 Jahren nicht nur, was nicht zu sehen ist, sondern auch noch von dem, was nicht zu sehen ist, die Schatten. Schatten von nichts!

MARGRET Heiligenscheine sind nicht nichts!

BETTY Das habe ich auch nicht gesagt!

MARGRET Schrei nicht so, wenn hier jetzt gleich die Leute

BETTY Schein, Margret, Schein, wo soll vom Schein der Schatten sein!?

MARGRET Ich möchte meine Jacke wieder.
Die ist mir zu groß, siehst du nicht, die ist mir …

BETTY Hast du abgenommen?

MARGRET Du trägst meine Jacke, Betty

BETTY Meine Jacke war mir nie zu groß!
Meine Jacke ist mir immer zu klein.
Das ist gewollt. Mein Arbeitstaggefühl: nicht ganz frei atmen können und dabei Geld verdienen!

MARGRET Wir sollen nicht reden

BETTY Eines Tages wird es heißen, Betty hat Schatten entdeckt, Schatten auf dem Triptychon von Witz. Und was für Schatten! Schatten, über die sich die Welt noch nie Gedanken gemacht, die noch keiner zuvor entdeckt hat. Man wird fragen, wie das hat passieren können, dass sich über 500 Jahre nie einer Gedanken gemacht hat über diese Schatten von Heilgenscheinen. Die Heiligenscheinschatten auf dem Triptychon von Witz!

MARGRET Aber das ist ja gewollt. Das ist gewollt.

BETTY Die sind auf dem Vorhang, ganz leise auf dem Vorhang. So leise, dass … wahrscheinlich sind es die einzigen Heiligenschein-schatten auf der Welt. Mit Sicherheit sind es die einzigen.

MARGRET Seit über 500 Jahren haben wir alle Schatten hinten auf dem Vorhang gesehen, wir haben sie gesehen und gleichzeitig nicht gesehen. Es ist gewollt.

BETTY Was für ein Andrang, denk nur, Margret, wenn all die Reise-gruppen, die Hundertschaften hier heranrollen, massenhaft Heiligenscheinschatten-Besucher aus der ganzen Welt. Und alle werden sie nach Betty fragen. Betty, die Heiligenscheinschatten-Expertin. Wer immer diese Schatten vor 500 Jahren da hinein-gepinselt, Margret, der hätte auf dem Scheiterhaufen verbrannt, mit der Axt hätte man dem den Schädel gespalten. Zieht mit ein paar Schatten einer ganzen Welt den Boden unter den Füßen …

MARGRET Würdest du bitte aufhören!

BETTY Der Boden knarrt. Das ist gewollt

MARGRET Trampelst hier auf ein paar Schatten herum. Heiligen-scheinschatten-Betty! Im Kunstmuseum! Vor unser aller Augen vernichtest du einen Witz! Was soll denn da noch bleiben? Vom ungläubigen Thomas? Vom Christus, der die Thomasfinger in seinen Wundenschlitz einführt? Das ganze Gottvaterbrimborium, die panische Verzückung im Vordergrund, was soll das sein? Nichts? Nichts als ein läppisches Lampenschirmtheater!?

BETTY Was?

MARGRET Heiligenscheine mit Schatten? Nagelst hier einen Heiligenscheinschatten hinten auf dem Vorhang fest.
Was soll das denn dann noch sein, Betty? Nichts als eine bessere Laubsägearbeit, die sich da ein jeder an den Kopf tackern kann?!

BETTY Aber das … das habe ich doch nie gesagt! Das ist auf dem Bild und …

MARGRET Und vor zwei Jahren, da ist vor diesem Bild ein Belgier umgefallen, Betty!

BETTY Aber dafür kann doch ich nichts …

MARGRET Umgefallen! Tot!

BETTY Ich will doch nur sagen …

MARGRET Der ist da nicht umsonst umgefallen

BETTY Das habe ich auch nicht gesagt

MARGRET Nicht umsonst!
Wer weiß, was der zuletzt gesehen hat

BETTY Er kann es nicht mehr sagen

MARGRET Wir sollen nicht reden!

Stille.

Immer wieder habe ich diesen Albtraum.
Ich träume, wir stünden hier, so, wie wir immer hier stehen, nur dass an den Wänden auf einmal alle Bilder fehlen. Die Bilder sind weg. Aber wir sind hier. Stehen in den leeren Sälen des Kunstmuseums, ohne Bilder. Und ich sage: Betty, die Bilder sind weg. Keine Bilder mehr. Und du sagst: Wir sollen nicht reden. Weiße leere Wände. Nur wir stehen da, in unseren Jacken. Um uns herum sind alle Bilder weg.

BETTY Wir sollen nicht reden!

Stille.

Weißt du, ich denke immer, du stehst hier, als hättest du die Bilder alle selbst gemalt, Margret, so wie du hier stehst

MARGRET Das ist schön, dass du das sagst

BETTY Die Herrin aller dieser Bilder

MARGRET Das ist schön, dass du das sagst

BETTY Dieses Lächeln. Lächelst hier in der Gegend herum, als erwartest du ständig Bekannte. Jeder Besucher: schon wieder ein Bekannter von Margret, dessen Namen sie leider gerade vergessen hat!

MARGRET Das ist schön

BETTY Nur, dass die Leute ja nicht wegen dir kommen, Margret. Nickst, lächelst, nickst ...

MARGRET Es gibt aber Besucher, die sagen, sie kämen nur wegen mir. Nur wegen Margret und ihrem schönen Lächeln und weil ich sie immer wieder- und wiedererkenne. Weil die Menschen vor allem ja wiedererkannt werden wollen, Betty, die kommen nicht wegen einem Rembrandt oder einem Rothko, schon gar nicht wegen so einem Witz und ein paar Heiligenscheinschatten, sondern wegen der Margret, die sie immer wiedererkennt. Jedes Mal von neuem

BETTY Aber du stehst ja auch immer am Eingang, dass man gar nicht anders kann, nicht wahr, Margret, stehst da und begrüßt die Besucher, als kämen sie alle zu deinem Kindergeburtstag

MARGRET Einer, der hat sogar dem Direktor hier gesagt, dass, wenn ich einmal sterben sollte, dass man mich dann ausstopfen müsste, dass man den Margretkörper für die Ewigkeit zusammenstickt, um sie hier dann am Eingang vom Kunstmuseum hinzustellen, damit dem Museum auch die Margret für immer bleibt

22 **BETTY** Aber das ist doch schön.
Und was für eine Aussicht, Margret, was für eine Aussicht!

MARGRET Nicht wahr? Weil man ja auch gerade deswegen ins Museum geht, Betty, weil es nicht wie das Leben draußen so eine ständige Erneuerungssucht ausleben muss. Wo da draußen immer nur gestorben, Eis gelutscht, geohrfeigt und gewählt wird. Weil man sich im Museum auf eine Zeit verlassen möchte, die nicht immer nur vergeht. Hier müsse es dann auch für die Margret eine Unvergänglichkeit geben dürfen. So ein Bleiben für immer!

BETTY Aber das ist doch schön, Margret, und was für eine Aussicht, wenn man eines Tages den Margret-Kadaver hier am Eingang aufstellt, dann müssen auch endlich all diese Fliegen nicht mehr ständig die Holbein'sche Christusleiche belästigen, wenn sie gleich am Eingang ihre Freude auf der Margret ausleben können

MARGRET Ich möchte meine Jacke wieder

Sie tauschen die Jacken.
Nun hat Margret eine zu kleine Jacke an und Betty eine zu große.
Stille wie am Anfang.
Nur Bettys Knarren hört man.

BETTY Entschuldigung, aber das ist doch nicht meine Jacke?

MARGRET Hast du abgenommen?

Dunkel.

EIN BISSCHEN RUHE VOR DEM STURM

PERSONEN:

FRANZ PRÄCHTEL, Hitler-Darsteller
PETER SÖST, Hitler-Darsteller
ULLI LERCH, Goebbels-Darsteller

Auftragswerk für das Nationaltheater Mannheim
Uraufführung der ursprünglichen Kurzfassung:
06.10.2006 Nationaltheater Mannheim
(Regie: Burkhard C. Kosminski)
Uraufführung der hier abgedruckten erweiterten Neufassung:
12.10.2007 Nationaltheater Mannheim
(Regie: Burkhard C. Kosminski)

Franz Prächtel, Peter Söst und Ulli Lerch sitzen an einem kleinen Tisch, darauf ein einzelnes Wasserglas und eine Mineralwasserflasche.
Am Tisch unten sind Rollen angebracht. Eine der Rollen fehlt, sodass der Tisch keinen festen Stand hat und wackelt. Vor allem Lerch bemüht sich, während der Szene dafür zu sorgen, dass der Tisch nicht schräg steht.
Am Anfang sitzen die drei Männer eine Zeitlang da, ohne dass etwas geschieht. Franz Prächtel trägt eine Kappe.
Stille.

LERCH Sitzen wir schon, oder kommen wir erst herein?

PRÄCHTEL Ich sitze schon

SÖST Wir kommen erst herein

Stille.

PRÄCHTEL Ich sitze hier seit einer Viertelstunde und warte auf ein einfaches Hahnenwasser

SÖST Auf keinen Fall sitzen wir schon

PRÄCHTEL Ich sagte, ich trinke kein Mineralwasser, wäre es also möglich ...

26   **SÖST** Es könnte sonst einer auf falsche Gedanken kommen, könnte glauben, wir säßen jeden Abend so hier, als säßen wir zum ersten Mal hier

PRÄCHTEL Ich sitze nicht zum ersten Mal hier

LERCH Und seien gar nicht die, die wir eigentlich sind

SÖST Täten nur so, als ob

LERCH Und gingen danach mit anderen Hosen wieder nach Hause

SÖST Um morgen abermals wieder herzukommen und wieder hier zu sitzen, als säßen wir zum ersten Mal hier

PRÄCHTEL Vor zehn Jahren saß ich schon einmal hier, ich erinnere mich nicht mehr, warum man mich damals eingeladen hat

SÖST Wo man hinkommt, Franz Prächtel ist meistens schon da gewesen.
Ich habe immer das Gefühl, man könne gar nicht nachholen, was der Franz einem alles voraushat, das war in Ingolstadt genauso, aber davon spreche ich lieber später

LERCH Wir wollen ja nicht jetzt schon die großen Geschichten ausbreiten

SÖST Wir reden nicht jetzt schon über das, was wichtig ist

Kleine Stille.

PRÄCHTEL Gestern in Tunesien saß ich noch mit einer Tasse Tee unter einer Dattelpalme. Immer die gleichen Fragen

PRÄCHTEL Auch in Tunesien hat man mich nichts Neues gefragt

SÖST Wo man hinkommt, es stehen die Fragen schon im Raum, bevor man in den Raum kommt

PRÄCHTEL Außer dass mich einer dort gebeten hat, Hitlers Tischreden als Hitler zu signieren, hat man mich nichts Neues gefragt.

LERCH Das ist ja grauenhaft

SÖST Und damals in Ingolstadt, da hat der Franz noch den Hamlet gespielt, nicht, Franz!

PRÄCHTEL 1973, Ingolstadt: mein erster Hämlet

LERCH Sagt man Hämlet oder Hamlet?

SÖST Man kann auch Hämlet sagen

PRÄCHTEL Man muss diesen Namen nur einmal laut vor sich hin sprechen, um zu wissen, dass man natürlich Hämlet sagt und nicht Hamlet. Hamlet, diesen Boden hat die Figur ja längst nicht mehr unter den Füßen!

SÖST Drei Jahre lang hat man nach dem Franz in Ingolstadt keinen Hamlet mehr sehen wollen, weil dem Franz sein Hamlet so ein Hamlet war, wie man den Hamlet noch nie gesehen hatte. Aber davon sprechen wir besser später.

LERCH Spielt man in Ingolstadt alle drei Jahre den ... Hämlet? In Göttingen hat man ihn schon 20 Jahre nicht mehr gespielt.

28   **PRÄCHTEL** Sind ja alles Vergangenheiten, da muss ich mich ja inzwischen ducken wie in verstaubte Dachböden hinein. Aber ja, das war gewaltig

LERCH Erzählen Sie es besser nicht jetzt, alles, was wir jetzt erzählen, wirkt nachher wie heruntergebetet

PRÄCHTEL Da habe erst ein Franz Prächtel kommen müssen, um uns zu zeigen, wer Hämlet wirklich ist, hat es in der Augsburger Allgemeinen geheißen. «Siehe da: Hämlet als großer Zuhörender, der noch im Zuhören gewaltiger spricht als all die monolog-versessenen und monologbesessenen Hämlets der ganzen letzten Jahrhunderte!»

SÖST Und wer hätte damals je gedacht, dass der Franz mal den Hitler spielt, nicht, Franz!?

LERCH *(zu Söst)* Aber Sie haben doch auch den Hitler gespielt

SÖST Das kann man aber nicht vergleichen, der Franz hat ja einen völlig anderen Hitler gespielt als ich

PRÄCHTEL Damals hätte ich auch nicht gedacht, dass ich einmal über 50 werde

SÖST Der Franz hat sich ja in den Hitler eingefühlt, Schritt für Schritt hat sich der Franz so in den Hitler hineingelebt, bis sogar der Franz vor sich selbst Angst gekriegt hat, aber das erzählt er besser nachher selber

PRÄCHTEL Man hat es sich eben nicht leichtgemacht, von Anfang an hat man sich mit der Frage herumgequält, ob man den Hitler annehmen oder besser doch ablehnen sollte. Aber was, wenn man den Hitler einmal abgelehnt habe, solle man denn danach noch spielen? Für einen Albert Schweitzer habe man ja immer noch genug Zeit, hat man gedacht

SÖST Der Albert Schweitzer, Franz, der läuft dir nicht davon, und den Tolstoi kannst du auch bald spielen.

LERCH Man fragt sich nur, ob man einen Albert Schweitzer noch sehen will von einem, der gerade einen Hitler gespielt hat

SÖST Wer fragt sich das?

PRÄCHTEL Es gibt Fragen, die sind verzichtbar

SÖST Das wäre so eine Frage

PRÄCHTEL Längst hat man sich all die Fragen selbst gestellt

SÖST Man hat es sich nicht leichtgemacht

PRÄCHTEL Will man wirklich in die Weltgeschichte eingehen als Hitler-Darsteller, hat man sich gefragt

SÖST Das musst du selbst wissen, Peter, hat meine Frau immer gesagt, ob du einen Hitler spielst, das kann ich dir nicht abnehmen ... nur eines musst du schon wissen, dass man danach nicht wissen kann, was einem dann auf der Straße begegnen wird

PRÄCHTEL Jeder wusste von Anfang an, dass es ein riskanter Weg sein würde, wenn ich den Hitler spiele.
Man muss da ja etwas Böses in sich suchen und merkt dann bei diesem Suchen, dass man so viel Böses gar nicht zur Verfügung hat. Und da nützt einem auch das, was man früher gespielt hat, nichts mehr, schließlich ist so ein Macbeth gegen den Hitler ja nur ein kleines Würstchen mit Gewissensbissen.

30   **SÖST** Ja, all die Hitler, die nach dem Franz kommen, die werden es schwer haben

LERCH *(zu Söst)* Aber Sie haben doch auch den Hitler gespielt!

SÖST Aber ich habe den Hitler ja nie als Menschen gespielt

LERCH Sondern?

SÖST Entschuldigung, aber so weit sind wir jetzt noch nicht, da kommen wir ja erst noch hin, wenn es dann so weit ist

LERCH Einen Hitler zu spielen ist ja auch viel schwerer als einen Hamlet, weil den ... Hämlet können wir ja immer wieder neu erfinden

PRÄCHTEL Was reden Sie denn da in Ihrer Ahnungslosigkeit daher? Natürlich habe ich meinen Hitler auch erfunden, ich habe mich ja nicht zum Sklaven von einem Hitler machen lassen. Ganze halbe Tage bin ich in Zürich zwischen Parkinsonkranken gesessen und habe einen der Ihren gespielt, um nicht aufzufallen.

LERCH Erzählen Sie das besser später!

SÖST Wer weiß, vielleicht hat einer von denen den Franz dann später wiedererkannt, wie er da unten im Bunker als Hitler seine Suppe verschüttet hat, und sich gesagt: Neben dem bin ich schon einmal gesessen.

LERCH Bei dieser Szene, also, da hat es mich jedes Mal von innen heraus gefroren, Herr Prächtel, da friert es mich ja jetzt noch, wenn ich daran denke

SÖST Schauderhaft, ganz schauderhaft

PRÄCHTEL *(zu Lerch)* Könnten Sie sich das bitte genau so merken,
wie Sie es eben gerade gesagt haben, um es dann später wieder so
zu sagen, wie Sie es eben gesagt haben!?

LERCH Was?

PRÄCHTEL Und würden Sie dann dazu eine Frage stellen, bitte!

LERCH Was für eine Frage?

PRÄCHTEL Nie habe ich versucht, da unten im Bunker als Hitler
meine Suppe bösartig zu essen, das wäre meine Antwort, könnten
Sie dazu bitte eine Frage stellen!

SÖST Ein berühmter Pianist sagte mir einmal, dass er jedes Mal,
wenn er Beethoven spiele, selbst Beethoven sein müsse. Er würde
also während des Spielens von Beethoven selbst Beethoven
werden müssen, um Beethoven so spielen zu können, wie
Beethoven Beethoven gemeint hat.

PRÄCHTEL Es gibt Schlimmeres

LERCH Wie hat denn Beethoven Beethoven gemeint?

PRÄCHTEL Ein Schauspieler, der Beethoven spielt, ist schlimmer

SÖST Ein guter Schauspieler ist ja immer eine eiskalte Sau, nicht,
Franz?

PRÄCHTEL Es sollte verboten werden, dass Schauspieler Komponisten spielen. Es sollte ein Gesetz geben, das Schauspielern
verbietet, Komponisten zu spielen. Was ein Schauspieler da mit
seiner Darstellung für Schäden anrichten kann, ist gar nicht
auszumachen.

Seit Frank Höhnes Franz Schubert gespielt hat, kann ich nie wieder Schubert hören, ohne dass ich an Frank Höhnes denken muss.

Seit meiner Kindheit habe ich Schubert gehört, tagelang nichts anderes als Schubert, seine Sinfonien vor dem Plattenspieler mitdirigierend, bin ich groß geworden, und jetzt werde ich nie wieder Schuberts Lieder hören können, ohne dass ich Frank Höhnes' teigig aufgedunsenes Chorknabengesicht vor mir sehen muss. Das Schönste, was einem die Musik geschenkt hat, hat mir Frank Höhnes genommen. Nie wieder werde ich die Winterreise hören, ohne Frank Höhnes' enttäuschtes Daumenlutschermündchen vor mir sehen zu müssen ...

LERCH Aber Hitler ist ja kein Komponist gewesen

PRÄCHTEL ... diese Schubertvernichtung habe ich Frank Höhnes zu verdanken ...

LERCH Ich meine, an Hitler kann man ja nichts mehr kaputt machen

SÖST Franz Prächtel ist ja nicht Adolf Hitler geworden, sondern Adolf Hitler ist Franz Prächtel geworden

LERCH Was?

SÖST So wie der Franz Schubert einmal Frank Höhnes geworden ist, aber darüber sprechen wir besser später

LERCH Ja ... wir sollten nicht vergessen ...

SÖST Wir kommen erst herein

LERCH Wir sitzen hier noch gar nicht.

PRÄCHTEL Schließlich heiße ich ja nicht Adolf Hitler, sondern Franz Prächtel!

SÖST Ich finde, wir sollten das nachher diskutieren, wenn er dir dann die richtigen Fragen stellt

LERCH Ich habe ja nicht gesagt, dass Sie Hitler sind ...

SÖST *(zu Lerch)* Sei jetzt ruhig!

Stille.

PRÄCHTEL Wir sind ein wenig abgekommen

LERCH Abgekommen?

SÖST Das kann passieren

LERCH Von was sind wir denn abgekommen?

SÖST Das kann passieren

PRÄCHTEL Wir sollten wieder zurück

SÖST Von wo wir ausgegangen sind

PRÄCHTEL Ich warte immer noch auf ein einfaches Hahnenwasser, wäre es vielleicht möglich ...

LERCH Wir sollten doch jetzt nichts mehr sagen, damit wir später noch etwas zu sagen haben

SÖST Wir sollten über etwas anderes sprechen

Kleine Verlegenheitsstille.

LERCH Ich wollte nur sagen, dass ich sehr froh bin, dass ich heute hier ohne Polizeischutz sitzen kann, das sage ich Ihnen jetzt schon einmal im Voraus, damit Sie dann nachher, wenn wir erst hereingekommen sind, nicht erschrecken, weil, da werde ich es noch einmal sagen.

SÖST Das wollen Sie noch einmal sagen?

LERCH Natürlich werde ich ein wenig ausholen müssen ...

SÖST Zum Ausholen werden wir da nicht viel Zeit haben!

LERCH ... nur um zu erklären, wie das alles begonnen hat mit einem Theaterabend in Göttingen und wie da eine Wirklichkeit in ein Theater eingebrochen ist ...

PRÄCHTEL Theater, Wirklichkeit, Wirklichkeit, Theater, mein Gott, sind das Worte, als sei das Theater nicht auch eine Wirklichkeit! Von Ihnen hätte ich mehr erwartet, das muss ich schon sagen.

LERCH Von mir?

PRÄCHTEL Sitzen hier herum und wackeln mit dem Tisch, ist alles, was Sie zu bieten haben

LERCH Was?

PRÄCHTEL Macht einen völlig wahnsinnig, wir sind hier nicht auf hoher See

LERCH Aber das war ich gar nicht

SÖST Na?

LERCH Der Tisch wackelt, seit wir hier sitzen, seitdem wackelt der Tisch

SÖST Was soll denn das jetzt heißen?

PRÄCHTEL *(zu Lerch)* Hätten sich zwischendurch ein paar Notizen machen können, wenn Sie sich schon nicht vorbereitet haben!

LERCH Vorbereitet?

PRÄCHTEL Sitzen hier, lassen sich alles vorkauen

SÖST *(zu Prächtel)* Er ist Schauspieler, Franz!

PRÄCHTEL *(zu Lerch)* Sollten hier die Fragen beieinanderhalten. Hätten mir längst ein Hahnenwasser bringen können.

LERCH Mein Name ist Ulrich Lerch und ...

SÖST Er ist Schauspieler, Franz

PRÄCHTEL Ein einfaches Hahnenwasser, ist das zu viel verlangt!?

SÖST *(etwas leiser zu Prächtel)* Er ist nicht der Moderator, er hat wie wir Hitler gespielt.

PRÄCHTEL Na und?

LERCH Man muss mich aber gar nicht kennen

PRÄCHTEL Es ekelt mich das Kino an, seit langem gehe ich nicht mehr ins Kino, jedes Mal fühle ich mich betrogen, diese Gefühlserpressung widert mich an, sobald das Licht wieder angeht, fühle ich mich erniedrigt.

SÖST *(zu Lerch)* Leider habe ich Ihren Film auch nicht gesehen, aber das werde ich besser später nicht sagen

LERCH Macht ja nichts, ich habe Ihren Film gesehen

SÖST Und?

LERCH Und natürlich den mit Franz Prächtel, da kam ja keiner drum herum, diesen Film hat man gesehen, auch wenn man ihn nicht gesehen hat, diesen Film konnte man praktisch gar nicht nicht sehen

PRÄCHTEL Jedes Mal fühle ich mich gekränkt, wenn der Film zu Ende ist, das Licht wieder angeht ... auf einmal habe ich das Gefühl, ich sei geschrumpft. Niemals würde ich mit einer Geliebten ins Kino gehen.

SÖST *(zu Lerch)* Entschuldigen Sie, wenn ich jetzt so dumm frage, aber hat bei Ihnen nicht ein gewisser Andreij Slowotzky die Hauptrolle gespielt?

LERCH Andreij Slowotzky hat bei uns Hitler gespielt

SÖST Sie haben gar nicht Hitler gespielt?

LERCH Ich habe Goebbels gespielt, in unserem Film hat Hitler nur zweimal vom Balkon gewunken.

PRÄCHTEL Hat gar nicht Hitler gespielt, wieso sitzt er dann hier,
wenn er gar nicht Hitler gespielt hat?

SÖST Er hat Goebbels gespielt, Franz

LERCH Der Film ging vor allem um Goebbels, Goebbels und seine
Frauengeschichten, Goebbels' Wirkung auf Frauen

PRÄCHTEL Ist ja grauenhaft

*Während Lerch redet, fängt Prächtel an, mit einem Löffel in
seinem Wasserglas zu rühren. Er wird dabei immer lauter.*

LERCH Ich war hin- und hergerissen, was wird meine Familie sagen,
meine Freunde, meine Verwandten, mit 34 Goebbels spielen.
Es ist ja nicht wie bei Hitler, für Goebbels gibt es ja praktisch
kaum Vorbilder, der Goebbels wurde ja so gut wie noch nie
gespielt, was natürlich auch eine Schwierigkeit, um nicht zu
sagen: Gefahr ist, denn wer will schon als erster Goebbels in die
Filmgeschichte eingehen, und das noch in so jungen Jahren

PRÄCHTEL Nicht stören lassen, ich rühre hier nur die Luft aus
meinem Wasser

LERCH Ich war dann doch froh, als ich erfuhr, dass ich nicht der
einzige Goebbels-Anwärter bin, da war ich schon froh, dass man
da mehrere Goebbels zur Auswahl hatte, ich meine, stellen Sie
sich vor, ich wäre der Einzige gewesen, den man als Goebbels
vorgesehen hat … fünf weitere Goebbels gab es in der allerengsten
Wahl, da freut man sich dann trotzdem, wenn man die andern
ausgestochen hat, obwohl man sich auch fragt, ob man denn so
beschissen aussieht, dass sie keinen Besseren für den Goebbels
finden konnten. Aber mich haben sie ausgewählt. Immerhin.
Da ist man ja doch dann auch stolz … aber da rede und rede ich,

derweil sitzen wir ja noch gar nicht hier, o Gott, hoffentlich kann ich das alles noch mal so ... ich meine, so wie ich das jetzt gerade eben ... wer weiß, ob es einem so noch einmal gelingt ... es ist ja im Grunde genommen leichter, einen Goebbels zu spielen, als sich selbst nochmals so ...
Übrigens, Herr Prächtel ... Sie wirken auf der Bühne ja viel größer als in Wirklichkeit, das wollte ich Ihnen gerne einmal sagen ...

Prächtel schaut Söst an. Ein Moment Stille.

PRÄCHTEL Was soll das jetzt heißen, soll das ein Kompliment sein?

SÖST Da hab ich aber schon bessere gehört

PRÄCHTEL Auf der Bühne sei ich größer als in Wirklichkeit, soll das ein Kompliment sein?

SÖST Ja, was soll das jetzt sein, was soll denn das heißen? Sieh an: Franz Prächtel, der Lebenszwerg ein Bühnenriese, Franz Prächtel der Existenzwinzling, der sich auf der Bühne zum Rampentitan aufbläht, das Brüllaffengroßmaul Franz Prächtel ist ein Wirklichkeitswichtel, eine zu übersehende Schwundexistenz, ist das das, was Sie sagen wollen!!??

LERCH Um Gottes willen ... nein ...

PRÄCHTEL Ich muss schon sagen

SÖST Ich muss schon sagen, da hat man mal den Goebbels gespielt, und jetzt fühlt man sich hier berechtigt zu solchen Unverschämtheiten

PRÄCHTEL Und das auf einem Podium, in aller Öffentlichkeit

SÖST Hinterrücks, heimtückisch Franz Prächtel derart in den
Rücken fallen

LERCH ... nein ... ich dachte ...

PRÄCHTEL Ich sitze völlig unschuldig hier, nichts Böses ahnend

SÖST Und gestern, da saß der Franz noch in Tunesien unter einer
Dattelpalme und hat als Hitler Hitlers Tischreden signieren
sollen ...

LERCH ... wir sitzen hier noch gar nicht.

SÖST Aber da muss man ja Angst haben, was da dann kommt, wenn
wir wirklich hier sitzen!

PRÄCHTEL Ich muss ein paar Schritte machen, Entschuldigung, ich
kann jetzt nicht einfach hier auf dem Stuhl sitzen bleiben, als sei
nichts gewesen

Prächtel steht auf und geht auf der Bühne auf und ab.

LERCH *(Prächtel nachrufend)* Ich möchte Ihnen nur sagen, dass ich
völlig gebannt ...
Bevor ich hierherkam, habe ich mir überlegt, wie ich Ihnen sagen
könnte, wie mir Ihr Hitler gefallen ... ich meine, man kann ja nicht
sagen, mir hat Ihr Hitler gefallen, ich bin hin und weg von Ihrem
Hitler, Ihr Hitler hat mich glattweg umgehauen, Sie haben im
besten Sinne einen ganz grauenhaften Hitler gespielt, aber man
kann ja auch nicht sagen, wie grauenhaft ich Ihren Hitler fand.

Stille. Lerch und Söst beobachten Prächtel beim Auf-und-ab-Gehen.

SÖST Das haben Sie jetzt geschafft, Sie haben Franz Prächtel
beleidigt

LERCH Aber ich habe doch nur ... es sollte ein Kompliment

SÖST Eben sind wir noch friedlich hier gesessen, waren bestens
gestimmt, der Abend hätte was werden können, und da müssen
Sie so einen groben Patzer machen, ausgerechnet Franz Prächtel,
dass er überhaupt hierhergekommen ist, grenzt an ein Wunder,
öffentlichkeitsscheu wie er ist, in jedem seiner Interviews wird er
nicht müde zu betonen, wie sehr er es hasst, in der Öffentlichkeit
zu stehen und Interviews zu geben, er fühle sich, wenn er keine
Rolle spiele, nicht wohl in seiner Haut, sagt er, ja, eigentlich wisse
er gar nicht, wer er sei, wenn er nicht ein anderer sei.
Ich kann nur hoffen, der Abend ist jetzt nicht erledigt

LERCH Er wird sich wieder beruhigen

SÖST Sie kennen ihn nicht. Zieht sich in sich selbst zurück, mauert
sich ein, hört nichts mehr, sieht nichts mehr, aber tief drinnen,
in Prächtels Innenleben, da tobt jetzt ein Zorn, dem möchte ich
nicht ausgesetzt sein, wenn der mal ausbricht, prost Mahlzeit, das
kann Folgen haben.
Nie werde ich vergessen, wie Franz Prächtel mal einen Stuhl
gegen unseren Bühnenmusiker geschleudert hat, von jetzt auf
gleich hat er auf den Stuhl eingeschlagen, dass man schon dachte,
der will die Wut am Stuhl auslassen. Danach hat er ihn dann mit
aller Wucht gegen unseren armen Bühnenmusiker geschleudert,
ein Glück, dass der ... da wollen wir gar nicht dran denken ...
wurde zum Intendanten bestellt ... aber so ein Franz Prächtel, verstehst du, da müsste sich eher so ein Bühnenmusikerwürstchen
überlegen, ob man sich noch einmal ins Theater zurück traut ...
(*Er lacht gequält.*) So wie der Prächtel den zur Sau gemacht
hat, fragt man sich, ob man überhaupt noch leben können will.
Schließlich ist das ja nicht nichts, was da einer wie uns täglich auf
sich nimmt!

SÖST Na, na, na, machen Sie sich nicht kleiner, als Sie sind.
Haben Sie gemerkt, er zitiert, ständig, ganze Brocken vom Faust,
vom Wallenstein, Zitat des Zitats, ist alles Zitat. Das habe ich am
Franz immer so bewundert, dass er sich alles so zu eigen macht,
als wär es niemals aufgeschrieben worden.
(flüstert zu Lerch) Sie werden sehen, er wird Wort für Wort
wiederholen. Zitiert am liebsten sich selbst. Schämt sich nicht.
Wird alles, was er bisher gesagt hat, Wort für Wort wiederholen

LERCH Aber wir sollten doch ...

SÖST Geschieht ihm völlig recht, wenn er Mineralwasser kriegt.
Hahnenwasser, wie er das schon ausspricht: «Hahnenwasser,
Hämlet, ich möchte ein Hahnenwasser!», es geht ihm gar nicht
ums Hahnenwasser, sondern nur darum, dass er nach Hahnen-
wasser krähen kann.
Bin nur froh, hab ich die Kappe nicht aufgesetzt

LERCH Was?

SÖST Um ein Haar hätte ich beinahe so eine ähnliche Kappe aufgesetzt wie Franz Prächtel

LERCH Kann mir vorstellen, dass Sie oft gefragt werden, wie Sie mit
den Vergleichen umgehen

SÖST Aber dann habe ich mich gefragt: Hast du das wirklich nötig,
Peter? Musst du hier wirklich als so ein harmloser Kappenkasper
erscheinen, nur weil du den Hitler gespielt hast? So als müsst
ich vor dem Publikum wie der Zettel im «Sommernachtstraum»
sagen: Ich bin gar nicht der Löwe.

LERCH Solche Vergleiche sind ja im Grunde genommen vergeblich, und wahrscheinlich können Sie die Frage nach solchen Vergleichen längst nicht mehr hören, andererseits vergleicht man, ob man will oder nicht, fragt sich sozusagen: Wer ist der bessere Hitler? Aber ich will nicht vorgreifen

SÖST Aber ich habe ja Hitler nie als Menschen gespielt

LERCH Als was dann?

Kurze Stille. Söst schaut Lerch an, als wundere er sich, wie man so eine Frage stellen kann.

SÖST Ihr Goebbels sollte wohl komisch sein.

LERCH Sie haben meinen Film doch gesehen?

SÖST Ja, und ich dachte sofort, wahrscheinlich ist das komisch gemeint, wahrscheinlich soll man über diesen Goebbels lachen können.

LERCH Ich habe keine Witzfigur gespielt, wenn Sie das meinen

SÖST Ich muss schon sagen, aus dem Goebbels so eine Deppennummer machen, alle Achtung, man läuft ja Gefahr, dass man da in eine Verharmlosung hineinläuft, aus der man nicht mehr herauskommt, oder anders gesagt: Dürfen wir über Goebbels überhaupt lachen? Gute Frage, merken wir uns, fragen wir uns später noch einmal, wenn wir dann hier sitzen

LERCH Ich glaube nicht, dass irgendjemand über meinen Goebbels lachen musste!

SÖST Genau das sagen Sie später noch einmal

Kurze Stille. Sie schauen wieder zu Franz Prächtel hinüber, der gerade nach oben schaut, als prüfe er die Scheinwerfer.

SÖST Manchmal habe ich Angst, dass meine Frau, wenn ich auf ihr liege, denken könnte, Hitler liegt auf ihr

LERCH Was?

SÖST Ich meine, dass meine Frau für den Augenblick eines Augenblicks so was ... Denken Sie sich mal in mich hinein ...

LERCH Liegt Ihre Frau denn immer unten?

SÖST Was ...? Nein! Das war doch nur ein Beispiel

LERCH Wie viele Beispiele haben Sie denn?

SÖST Auf einmal erschrecke ich dann vor meiner Frau ... dass sie so was denken könnte

LERCH Aber Sie haben doch Hitler nicht als Menschen gespielt

SÖST Das ist doch meiner Frau egal, meine Frau hat ja keine Ahnung. Seit Jahren steht sie auf den Premierenfeiern herum, keiner will mit ihr sprechen, Sie kennen die Theaterleute ja, sind alle nur an ihresgleichen interessiert, bei allem, was nicht mit ihnen zu tun hat, gähnen sie vor Langeweile. Ich fühle mich jedes Mal zerrissen, zwischen meiner Frau und meinen Kollegen, meine Kollegen, die da trinkend, tanzend, feiernd ... schließlich muss man ja dabei sein, will nicht den Anschluss verpassen, Sie wissen, wie das ist ... Sie kennen das ja, an diesen nächtlich aufgeheizten Tischen, da fiebert man zusammen in eine Zukunft hinein, da geht es um nicht weniger als alles. Bündnisse werden geschmiedet, Rollen verteilt, ja, ganze Spielpläne werden da ... wer da nicht dabeisitzt und mitfiebert ... da kann ich doch nicht einfach aufstehen und sagen, tut mir leid, meine Frau ist jetzt müde ... bin nur froh, dass ich noch eine andere Beziehung ... aber das sage ich nur Ihnen, das gehört nicht hier ... schon gar nicht in diesen Rahmen, wo man ja nicht privat ...

Söst sieht zu Prächtel hinüber, der schrittweise die Bühne abgeht und immer wieder in die Höhe schaut.

SÖST Da, sehen Sie mal ...

LERCH Was macht er?

SÖST Prüft, wo er hier das beste Licht hat, damit er später dorthin schreiten kann, wo er das beste Licht hat
Gäbe es etwas, das Sie gerne einmal gefragt werden würden?

LERCH Etwas, das ich gerne gefragt werden würde?

SÖST Ich meine, so wie Sie mich zum Beispiel fragen könnten ... oder anders gesagt: Sie wüssten ja zum Beispiel, dass ich ein leidenschaftlicher Koch sei ...

LERCH Das wusste ich nicht, dass Sie ein leidenschaftlicher ... aber ich kann es ja trotzdem ...

SÖST Fragen Sie einfach, und ich könnte dann zum Beispiel sagen: Ich bin ja vor allem ein Adorant von Kräutern

LERCH Was?

Prächtel setzt sich wieder.

PRÄCHTEL Ich sage immer, dieser Beruf ist gar kein Beruf, dieser Beruf ist vielmehr eine Mangelerscheinung, als dass das ein Beruf ist.

SÖST Schön gesagt, Franz

PRÄCHTEL Ein Schauspieler, dem nicht mehr fehlt, als er zugeben darf, sollte besser zum Finanzamt, sag ich immer. Schauspieler sein, das heißt: Erlebnisarmut, Geschichtenmangel, Erzähler-schwäche. Der Schauspieler, sag ich immer, bleibt sich selbst gegenüber ein Leben lang ein Ausdruckslegastheniker. Aber das sag ich besser später.

SÖST Schön gesagt.

PRÄCHTEL Wie spät ist es?

SÖST Wie spät? *(Dreht sich zu Lerch)* Wie spät ist es?

LERCH Keine Ahnung, aber wenn Sie wollen, Herr Prächtel, schaue ich nach ...

PRÄCHTEL Sie schaffen es ja nicht mal, mir ein einfaches Hahnen-wasser zu bringen

SÖST Wir haben Zeit, Franz

PRÄCHTEL Zeit, Zeit, ich habe keine Zeit, schließlich hänge ich nicht leer in der Welt herum

SÖST Ja, wenn man bedenkt, der Albert Schweitzer, der Tolstoi, die wollen ja alle noch vom Franz beehrt werden

PRÄCHTEL Früher als Kind, da habe ich in unserer Schule jedes Jahr die Weihnachtsspiele gesehen: Adam, Eva, Josef, Maria, Hirten, Engel in wechselnden Rollen, gespielt von unseren Lehrern. Wie hat man sich da jedes Jahr aufs Dreikönigsspiel gefreut. Konnten die Texte längst mitsprechen. Für uns gab es da nur einen König: König Herodes, gespielt von unserem Englischlehrer Mr. Waterfield. Keiner hat sich nach Mr. Waterfield mehr getraut, den König Herodes zu spielen. Mr. Waterfields König Herodes konnte derart im Bösen aufblühen, dass man nur hoffte, es mögen ihm die Anlässe fürs Böse nie ausgehen. Nie wieder habe ich auf der Bühne einen Bösen erlebt, der sich so böse an sich selbst und seinem Bössein freuen konnte wie Mr. Waterfield. Spielte den Herodes wie Richard den Dritten, Macbeth und Jago zusammen, nur dass ein Richard der Dritte, Macbeth und Jago dagegen erbärmliche Lausbuben sind. Schwärmte und schwelgte im Bösen, wie nur Liebende schwärmen und schwelgen können. Die anderen auf der Bühne hielten immer einen gewissen Abstand. Spucken und sprechen, das war bei Mr. Waterfield eins. Jeder von uns wollte in der ersten Reihe sitzen, um wenigstens ein Mal von König Herodes' Fluchspucke getroffen zu werden! Bei den Drei Königen ... ja, da dachte man bloß: Wie anstrengend muss Gutmütigkeit sein. Bei seinem Schrecken dagegen, da fühlte man sich befreit.

Was aber wäre Mr. Waterfield ohne unsere Handarbeitslehrerin Frau Kuschfeld gewesen?! Jahr für Jahr, tagaus, tagein hat sie die verstümmelten Knäblein genäht, um sie dann, im richtigen Moment, in der großen Knabenmordszene Mr. Waterfields König Herodes vor die Füße zu werfen!

SÖST Wie schön. *(Wendet sich an Lerch)* Könnten Sie sich bitte merken, Herrn Prächtel später nach seiner Kindheit zu fragen?

LERCH Ich?

SÖST Schließlich interessiert die Leute, wie man geworden ist, was man geworden ist, und warum man nicht anders geworden ist, als man geworden ist

PRÄCHTEL Noch heute hallt in mir Mr. Waterfields König Herodes' Lachen nach

SÖST Gibt ja die Meinung, dass man, egal, was man geworden wäre, ebenso großartig geworden wär, wie man geworden ist ... ich meine ... dass aus dem Franz wenn nicht ein Schauspieler, auch ein großer Politiker hätte werden können

LERCH Wenn man einmal bedenkt, was der Welt alles erspart geblieben wäre, wenn Hitler Maler geworden wäre und nicht Hitler!

SÖST Das klingt ja jetzt so, als wollten Sie sagen, dass man froh sein muss, dass der Franz Schauspieler geworden ist und nicht ...

PRÄCHTEL Falls wir heute Abend noch einmal hier sitzen, möchte ich doch bitten, sollten wir, was ich bezweifle, überhaupt noch in dieser Runde ...

SÖST Vielleicht sollte sich unser junger Herr Goebbels endlich einmal ein bisschen zurücknehmen!

LERCH War ja nur so ein Gedanke.

PRÄCHTEL Wo, bitte schön, kommen wir hin, wenn hier jeder einfach so seine Gedanken ...

LERCH Ist ja kein falscher Gedanke

PRÄCHTEL Dürfte ich, bitte, ein Mal meinen Satz zu Ende bringen?

LERCH Bitte!

Schweigen.

SÖST Ich kenne das: Wenn man endlich dazu kommen könnte, etwas sagen zu können, kann man nicht mehr sagen, was man hätte sagen können.

LERCH Ich wollte ja nur sagen ...

SÖST Sie täten jetzt besser daran, eine Weile gar nichts mehr zu sagen.

LERCH Man hat es nicht im Griff

Schweigen.

PRÄCHTEL Wir sind ein wenig abgekommen

SÖST Das kann passieren

PRÄCHTEL Wir sollten wieder zurück

SÖST Das kann passieren

LERCH Von wo sind wir denn ausgegangen?

Stille.

PRÄCHTEL Jedes Mal, bevor ich eine Bühne betrete, vor jedem Auftritt, in diesem Moment, in diesem schwarzen Dunkel, stehe ich da hinter der Bühne im Dunkeln und weiß nichts mehr. Es gibt wohl keinen anderen Moment in meinem Leben, in dem ich so wenig weiß, wie wenn ich da hinterm Vorhang stehe, in dieser

Lücke, die mich gesucht hat ... nicht ich habe ja die Lücke gesucht, sondern die Lücke hat mich gesucht, die Lücke sucht uns, so wie sich die Figuren uns suchen, ja, die Figuren suchen sich uns ... Und wie ich da so ganz und gar leer mit mir in dieser Lücke stehe und nicht nur nicht mehr weiß, ob ich meinen Text noch kann, völlig leer, denke ich dann, in diesem Moment möchte man sterben wollen, bedingungslos, das wär's.

SÖST Und auf der Bühne draußen warten die Kollegen vergeblich, dass King Lear endlich auftritt

PRÄCHTEL In dieses Alter, werter Kollege, kann noch nicht einmal ich mich hinaufspielen.

SÖST Darüber sprechen wir besser später

LERCH Wenn ich doch noch einmal ... also ich meine: Ein alter King Lear, der muss ja nicht ... das sind ja ganz alte Vorstellungen, wenn man meint, King Lear müsse wirklich alt sein ...

SÖST Darüber, wie gesagt, sprechen wir besser später.

PRÄCHTEL In diesem Licht kann man ja keinen klaren Gedanken fassen

SÖST Wird ganz trüb im Kopf

PRÄCHTEL Ich sage immer, dass der Mensch dem Menschen so gerne zuschaut, das macht das Theater unsterblich!

SÖST Solche Sätze, Franz, die merkst du dir!

Stille.

LERCH Ich denke, wir sollten, wenn wir hier dann sitzen, nicht nur übers Theater sprechen.

PRÄCHTEL Sondern?

LERCH Ich meine, wir als Theaterleute, die ja so oft den Tod auf der Bühne spielen, wir müssten doch darüber reden, dass der Tod ausgeklammert wird aus der Gesellschaft. Der wird ja verdrängt. Da spricht man nicht darüber. Wird totgeschwiegen.

PRÄCHTEL Das sagen alle!

SÖST Sagen es, seit man denken kann

PRÄCHTEL Wo ich hinkomme, überall heißt es: Der Tod wird verdrängt.

SÖST Sagen es Tag und Nacht: dass man den Tod verdrängt.

PRÄCHTEL Kommen sich originell vor.

SÖST Denken, sie seien die Einzigen, die über den Tod nachdenken

PRÄCHTEL Schauen dich an, als hätten sie dich ertappt.

SÖST Ertappt beim Tod-Verdrängen.

PRÄCHTEL Da kriegt man dann ein Gesicht, das auch dazu passt.

SÖST Wagt nicht zu widersprechen.

PRÄCHTEL Wie stünde man sonst da?

SÖST Kannst nur noch nicken.

LERCH Ich kann nicht mehr.

SÖST Was?

LERCH Ich kann nicht mehr. Entschuldigung. Die ganze Zeit sitze ich hier und versuche, den Tisch so auszugleichen, dass Franz Prächtels Wasserglas nicht umkippt!

PRÄCHTEL Das Wasser trinke ich eh nicht

LERCH Ich sage nur, ich möcht jetzt nicht mehr halten. Ich lass gleich los!

PRÄCHTEL Ich bräuchte keinen Tisch

LERCH Keinen Tisch?

PRÄCHTEL Ich habe auf der Bühne noch nie einen Tisch gebraucht

SÖST Von mir aus braucht es auch keinen Tisch

PRÄCHTEL Ein Tisch, das ist nichts anderes als eine Verlegenheit. Ich brauche Beinfreiheit

SÖST Schön gesagt, Franz

LERCH Ist ja auch kein richtiger Tisch

PRÄCHTEL Ich meine nicht, dass alle keinen Tisch bräuchten

LERCH Andererseits ... ich meine, so ein Tisch, da sitzt man ja gleich ganz anders ...

SÖST Da schlüpft man dann in so eine schiefe Gemütlichkeit

LERCH ... der gibt einem ja auch einen Rahmen für so ein Gespräch

PRÄCHTEL Ich brauche keinen Rahmen

LERCH Auf der Bühne, da brauche ich auch keinen Tisch, aber da darf man ja auch nicht vergessen, dass man sich auf der Bühne einer Gefährdung hingibt, weil es ja für so einen Schauspieler- beruf eine Kühnheit braucht und einen Mut, wenn man da zum Beispiel Abend für Abend seinen Kopf riskiert und seinen Kragen und manchmal in einer Stadt wie zum Beispiel Göttingen nackt auf der Bühne kniet und mit den Zähnen aus dem Koran die Seiten herausreißt.

SÖST Göttingen ...

PRÄCHTEL Ich habe auch noch nie einen Regisseur gebraucht

SÖST Aber die anderen, Franz, nicht wahr, die, die mit dem Franz spielen, all die Desdemonen, die Poloniusse, die Eva Brauns und Lady Macbeths, die brauchen schon einen Regisseur, damit die auch mit dem Franz spielen können

LERCH *(zu Prächtel)* Aber Sie haben doch unter lauter berühmten Regisseuren gearbeitet

PRÄCHTEL «Unter» einem Regisseur habe ich eh nie gearbeitet

SÖST Wir räumen den Tisch einfach weg!

Lerch und Söst schieben den Tisch zur Seite.

PRÄCHTEL Natürlich habe ich das einem Regisseur nie gezeigt. Kein Regisseur würde glauben, ich hätte ihn nicht gebraucht.

LERCH Später, wenn ich dann erzählt haben werde, wie froh ich bin, dass ich hier ohne Polizeischutz sitzen darf, da werde ich auch meinem Regisseur dafür danken, dass er eine Wirklichkeit ins Theater geholt hat, die uns sogar Mord- und Bombendrohungen einbringen sollte.

PRÄCHTEL Ich hoffe bloß, dass sie an mein Hahnenwasser denken, sonst muss man sich nicht wundern, wenn ich mitten in Ihre Lebensgeschichte hineinrülpse.

LERCH Das ist ja das Wahnsinnige am Theater, wenn die Wirklichkeit das Theater einholt, das muss man gesehen haben, kann man schwer beschreiben. Schon bevor der Abend beginnt, herrscht da hinter der Bühne eine Spannung, und jeder steckt dadrin, bis hin zu unserer Requisiteurin Christine, die Abend für Abend das Erbrochene anrührt, was später dann die Petra auf der Bühne erbricht, in dem Moment, wenn ich nackt, mit verbundenen Augen als Folteropfer gezwungen werde, kniend mit den Zähnen aus dem Koran die Seiten herauszureißen.
Leider hat es ein Missverständnis gegeben, und die, die uns die Morddrohungen geschickt haben, haben nicht verstanden, dass wir doch auf ihrer Seite sind.
Dabei hat der Regisseur Bilder erfunden, die einem nicht mehr aus dem Sinn gehen ...

PRÄCHTEL Bilder, wenn ich das schon höre

SÖST Als hätten wir nicht schon immer und überall Bilder!

PRÄCHTEL Als wäre man nicht froh, wenn man im Theater einmal von all dem Bilderwahn für eine Weile befreit wäre

54   LERCH Mit dem gleichen Regisseur werde ich nächste Spielzeit
einen der Hamlets spielen. Wir sind insgesamt sieben Hamlets,
weil ja jede Figur in diesem Stück nur ein Teil von Hamlet ist.
Hamlet ist ja eine multiple Persönlichkeit, und ich werde zum
Beispiel als einer der sieben Hamlets auch einmal Hamlets Mutter
spielen.

PRÄCHTEL Grauenhaft

SÖST Ich frage mich, ob das gut ist ...

PRÄCHTEL Sieben Hämlets!?

SÖST ... wenn da drüben ein Tisch steht, ohne dass da jemand sitzt ...

PRÄCHTEL Hat etwas Erleichterndes ...

SÖST ... da könnte einer auf falsche Gedanken kommen ...

PRÄCHTEL ... ein Tisch, an dem niemand sitzt.

LERCH Das erinnert mich an unseren Abend in Göttingen, da sieht
man auch die ganze Zeit auf eine Tür, durch die nie einer hereinkommt und nie einer hinausgeht. Tropf, tropftropf, tropf, hört
man am Anfang. Dunkel, Licht. Man sieht nur die Tür. Diese
Tür ist sozusagen von Anfang an ein Irrtum. Das heißt, sie ist
natürlich viel mehr als ein Irrtum, oder besser gesagt: Sie ist
überhaupt kein Irrtum, sie ist ein Symbol für Kommen und
Gehen, Gefangenschaft und Freiheit, Grenze und Öffnung.
Nur so viel: Der Abend beginnt mit einer Fußwaschung des
Publikums, langsam sieht man die Videoleinwand herunter-
fahren. Schnitt. Man sieht, wie Bin Laden mit einem Stock bergab
über Steine geht, dazu Musik. Händel: «Er weidet seine Schafe.»
Dann Stille. Man hört es wieder: Tropf, tropftropf, tropf.
Wissen Sie, was das ist?

SÖST Nein.

LERCH Das stete Abtropfen unserer Gletscher

SÖST Was?

LERCH Mit Wasser gefüllte Müllsäcke. Trop, tropftropf. Bevor der Abend beginnt, füllt Christine die Säcke mit Eis.

PRÄCHTEL Sieben Hämlets!?

LERCH Anders kannst du den Hamlet heute gar nicht mehr machen! Man will ja, dass der Hamlet uns auch heute noch etwas zu sagen hat, man muss den Hamlet schließlich erst einmal auf Augenhöhe mit unserer Zeit bringen, sonst muss man ihn doch gar nicht machen, sonst interessiert mich doch so ein Hamlet nicht, wenn der von meiner Welt gar nichts mehr erzählt.
In Ihrer Zeit, Herr Prächtel, da hat man eben noch an Figuren geglaubt, an die Trennung von Zuschauern und Publikum.
Ich denke, ich werde bald selbst einmal inszenieren, ich denke, das Inszenieren könnte was für mich sein, mal auf der anderen Seite stehen, das wollte ich schon immer.

PRÄCHTEL Falsch.

LERCH Was falsch?

PRÄCHTEL Schauspieler, die sich als Regisseure aufspielen, verstopfen den Markt für Regisseure, wohin soll denn das führen, wenn alle Schauspieler inszenieren

LERCH Wieso denn alle, das machen doch nur wenige, außerdem wissen Sie ja gar nicht, wie ich einmal inszenieren werde, vielleicht werde ich ja …

PRÄCHTEL Man muss das im Keim ersticken!

LERCH Wenn es nach Ihnen ginge, bräuchte es überhaupt keine
Regisseure, das haben Sie selbst gesagt

SÖST Er hat nicht gesagt, dass alle keinen brauchen

PRÄCHTEL Man braucht einen Regisseur, damit die Kollegen ihre
Rollen nicht überschätzen

SÖST Schön gesagt, Franz, aber es ging doch, dachte ich, darum, wie
man Hitler darstellt

PRÄCHTEL Oder wie man ihn nicht darstellt

LERCH Ich finde, hängt ja alles miteinander zusammen, das Theater
muss für eine Gesellschaft ja eine Herausforderung sein, wenn
diese ganze Gesellschaft sich mit diesen ganzen Medien einlullen
lässt, da müssen wir … ich meine, in einer globalisierten Welt, da
kannst du nicht …

PRÄCHTEL Von welchem Jägerstand sehen Sie denn da auf die ganze
Gesellschaft herunter, wenn ich mal fragen darf, wo sitzen denn
Sie und Ihr Regisseur?

LERCH Ich meine, wir sitzen da nicht bloß an so einem Text von
Shakespeare oder von wem auch immer, das sind ganz andere
Dimensionen, schließlich müsste man endlich auch diesen
Graben zwischen Schauspielern und Zuschauern zuschütten,
diese Trägheit des Publikums aufbrechen, wir können doch nicht
mehr wie vor hundert Jahren, ich meine, Texte aufsagen, ist doch
längst vorbei, das muss doch, ich meine, etwas Interaktives,
Hypertext, eben alles, was von allen Seiten, Video, neue Medien,
auch das ganze Politische, da muss man doch Grenzen auflösen,

auch und gerade das Theater muss doch seine Grenzen ... ich
meine: Wir müssen doch diese Grenzen reflektieren und diese
alten, festgefahrenen Formen sprengen, als sei hier die Bühne
und dort das Publikum, hier das Stück und dort der Regisseur,
wir können doch nicht mehr so tun ...

PRÄCHTEL Entschuldigung, aber ich brauche den Tisch wieder!

SÖST Den Tisch?

PRÄCHTEL Tut mir leid, aber das halte ich gar nicht aus ohne Tisch.
Ich bitte um einen Tisch, damit wenigstens zwischen uns etwas
steht. Da kriegt man schon vom Zuhören Asthma, was der alles
zuschütten und aufbrechen möchte!
Ich habe noch mit Dieter Fels gearbeitet. Dieter Fels, dieses
unerbittliche Empfindsamkeitsgenie. Ein Regisseur, wie es
heute gar keinen Regisseur mehr geben kann, weil das heutige
Theater einen Regisseur wie Dieter Fels gar nicht mehr dulden
würde.
Sie kennen nicht mal mehr Dieter Fels!

LERCH Was?

SÖST *(vorwurfsvoll)* Sie kennen nicht einmal Dieter Fels?

LERCH Aber ja, doch ... gewiss ... wer kennt nicht Dieter Fels ...

PRÄCHTEL Mit geschlossenen Augen saß Dieter Fels während
der Proben im Zuschauerraum und zuckte bei jedem falschen
Ton, der auf der Bühne gesprochen wurde, zusammen, als habe
man ihm persönlich einen Schmerz zugefügt. Ein Text, das
war für Dieter Fels nie *nur* ein Text. Ein Text, das war für Dieter
Fels immer auch eine Partitur, die es galt, zum Klingen zu bringen.
Eine Partitur, aus der er wie ein Dirigent die Höhen, die Tiefen,

die Wechsel, das Flüstern, das Murmeln, das Zischen, Wispern und Glucksen herauslockte, nicht zu vergessen die Pausen, die ja keine Pausen sind, sondern ein Innehalten, eine Stille, ein Nicht-Weiterwissen, ein In-sich-Hineinhorchen, ein Zögern, Zaudern und Kräftesammeln für weitere Schlachten.

Aber wenn dann eine Szene trotz seines aber- und abermaligen Insistierens immer noch nicht klingen wollte, kurz: wenn einer jener miserablen Kollegen von Mal zu Mal miserabler wurde, da drehte sich Dieter Fels zur Seite, zu seinem Musiker Piet hinüber, und sagte: «Da legst du mir was drunter!» Nichts weiter. Nur dieser Satz. Und jeder wusste, auch wenn man darüber nie sprach, dass es eine schlimmere Vernichtung, als wenn Dieter Fels zu Piet sagte: «Da legst du mir was drunter!», nicht geben konnte. Was natürlich auch der Schauspieler, den es betraf, wusste. Auch wenn man nie darüber sprach, da sich ja keiner sicher sein konnte, nicht selbst einmal dort oben stehen zu müssen und in die Schmach zu kommen, dass Dieter Fels zu Piet sagen würde: «Da legst du mir was drunter!» Ich weiß noch gut, wie es einem meiner Kollegen so erging, seinen Namen will ich hier besser gar nicht erwähnen, ich sage nur: Er spielte den Marc Anton im «Julius Caesar», als ich damals den Julius Caesar spielte.

SÖST Julius Caesar, das ist doch die berühmte Hauptrolle, die kaum etwas zu sagen hat, weil die Hauptrolle, kaum dass das Stück angefangen hat, schon tot ist.

PRÄCHTEL Nicht einmal in meinen Anfängerzeiten hat mir Dieter Fels je etwas druntergelegt. So oder so hätte ich das gar nicht zugelassen. Keiner, niemand hätte es je gewagt, mir etwas drunterzulegen, während ich auf der Bühne spreche, und wenn, dann hätte ich in die Boxen getreten, da können Sie aber sicher sein. Bühne und Wort, das ist für mich immer eins gewesen!

Aber das hört man ja heute nicht mehr gerne, wo man ganze Stücke mit Stimmungssoßen zuschmieren, überdecken, übertönen muss, wo kaum ein Theaterabend noch verschont bleiben darf von diesem Atmo-Terror. «Gib mir mehr Atmo!», ruft der Regisseur seinem Musiker zu, «ich brauche mehr Atmo!» Als sei es eine Kunst, hinter der Bühne an Schaltern herumzudrehen und auf Knöpfe zu drücken, um diese willkürliche Schrumsmusik über alles hinüberplätschern zu lassen.

Aber nicht genug, dazu müssen dann noch ganze Videowände heruntergefahren werden, um uns mit Bildern, die wir eh jeden Tag im Fernsehen sehen, zuzuschütten, damit wir Zuschauer auch ja keine eigenen mehr haben dürfen, weil uns die Regie mit ihrer herrischen Geistlosigkeit mit billigsten Zeitdiagnosen abspeist, als müsse man aus Stücken wie aus Knochen einen Sud herauskochen, damit nur noch fundamentale Botschaften übrig bleiben, die nichts als schlichteste Weltbilder offenbaren, Weltbilder, in denen sich diese regieführenden Radikalbuben weiß Gott wie kritisch aufgehoben fühlen.

Den Hämlet in sieben Häppchen zerstückeln, weil man ihn ganz nicht mehr fassen kann, das ist unser Theater heute!

LERCH Ganz sicher hatte dieses Dieter-Fels-Theater auch seine Zeit, Herr Prächtel, so wie alles seine Zeit hat, aber es kommt dann eben auch eine Zeit, wo eine solche Zeit ihre Zeit einmal gehabt haben darf

SÖST Guter Satz, merken Sie sich den für später!

PRÄCHTEL Man sollte einmal für einen Abend an sämtlichen Theatern in Deutschland die Musik verbieten lassen!!
Einen Abend lang sollte man all den Schallmaschinen endlich die Stecker herausziehen!!
Auf einmal müssten die Schauspieler wieder auf der Bühne stehen, mit nichts als ihrer Sprache! Man wäre erschüttert, was

für Verkümmerungen da hervorträten, was für eine Gedanken-
armut sich längst breitgemacht hat, weil man das Gehör für die
Musik der Sprache verloren hat!

LERCH Jetzt gehen Sie aber zu weit, Herr Prächtel, jetzt greifen Sie
aber in die künstlerische Freiheit der Regie ein!!

PRÄCHTEL Künstlerische Freiheit der Regie!? Was reden Sie für
einen Schwachsinn! Freiheit, was soll denn da noch Freiheit sein?
Als sei das eine Freiheit, wenn sich an den Theatern Abend für
Abend ein paar narzisstisch überdrehte Provokationsdeppen in
ihren Selbstbespiegelungen suhlen! Freiheit vom Text als eine
Freiheit für nichts als wirres Ideengewusel!!

LERCH O Gott!

PRÄCHTEL Früher als Kind war es das Schönste für mich, wenn ich
nach einem Theaterbesuch mit all den Sätzen, die mir die Schauspieler ins Ohr gelegt hatten, wieder nach Hause kam. Sätze, die
mir vorkamen wie eine Beute, Sätze, die mir, obwohl ich sie nie
ganz verstand, im Ohr geblieben waren. Jedes Mal hatte ich das
Gefühl, ich trüge etwas fort, was ich selbst anwenden wollte.
Wieder und wieder sprach ich sie vor mich hin, als könne sich
in der Anwendung solcher dunkel leuchtenden Brocken eines
Homburg, eines Wallenstein etwas erschließen, was über ein
bloßes Verstehen hinausreichte, was einem die Gedanken plötzlich in ein Flirren brachte, wie man es vorher nie gekannt hatte.
Jedes Mal war das für mich wie eine Eroberung, bei der man sich
selbst entdeckt.
Noch heute sind es diese mich immer wieder von neuem beleben-
den Sätze eines Prinzen von Homburg ...

*Er zitiert aus dem «Prinzen von Homburg». Während seines
Monologs geht Franz Prächtel zum Tisch hinüber.*

«Er könnte – nein! so ungeheuere
Entschließungen in seinem Busen wälzen?»

LERCH *(leise zu Söst)* Jetzt fängt er auch noch an zu deklamieren

SÖST Als hätten wir nicht auch unsere Monologe

LERCH Man kann nur froh sein ...

SÖST Ich sagte ja, wir wären besser bei Hitler geblieben

LERCH ... dass wir noch immer nicht hier sitzen

PRÄCHTEL «Um eines Fehls, der Brille kaum bemerkbar,
In dem Demanten, den er jüngst empfing,
In Staub den Geber treten? Eine Tat,
Die weiß den Dei von Algier brennt, mit Flügeln,
Nach Art der Cherubinen, silberglänzig,
Den Sardanapel ziert, und die gesamte
Altrömische Tyrannenreihe, schuldlos,
Wie Kinder, die am Mutterbusen sterben,
Auf Gottes rechter Seit hinüberwirft?»

Stille.

SÖST Wir sind ein wenig abgekommen

LERCH Mir reicht's

SÖST Wir sollten wieder zurück

LERCH Dafür, dass ich noch nicht einmal hier sitze, reicht es mir
jetzt schon

SÖST Das kann passieren

LERCH Ich lasse mir nichts anmerken

SÖST Wir sollten über etwas anderes sprechen

LERCH Wollte mich provozieren, aber ich lasse mir nichts anmerken

SÖST Das kann passieren

PRÄCHTEL Manchmal habe ich Angst, dass ich die Bedeutung meiner Gedanken gar nicht ausdrücken kann ...

SÖST *(zu Prächtel hinüberrufend)* Wie der Franz da im Abseits sitzt, kriegt er etwas von einer Figur, der man zusehen kann, wie sie da allmählich in ihrer Einsamkeit auf böse Gedanken kommen muss, da erwartet man gleich wieder einen Monolog

LERCH Ja, da möchte man am liebsten noch etwas drunterlegen. *(Er lacht ziemlich laut und stockt dann.)*

PRÄCHTEL ... dass mein Ausdruck meinen Gedanken nie genügen wird ... das ist eine ständige Angst ...

SÖST *(etwas leiser zu Lerch)* Er denkt tatsächlich, diese auswendig gelernten Homburg-Gedanken seien seine eigenen Gedanken

LERCH Und da wirft er den Regisseuren Größenwahn vor

SÖST *(zu Prächtel hinüber)* Franz, wie wäre es, wenn du wieder zu uns zurückkehren würdest

LERCH *(zu Söst)* Von mir aus kann er da drüben bleiben

SÖST Wäre besser, wir kehrten wieder zu Hitler zurück, ich meine,
ob man einen Hitler darstellen kann oder nicht, und wenn nicht,
wie stellt man dann dieses Nichtdarstellen dar, Franz?

LERCH Wie man ein Nichtdarstellen darstellt?

SÖST Manche Menschen, die wissen ja gar nicht, was spielen heißt,
nicht, Franz!? Spielen, das bedeutet ja nicht Sein.

LERCH Der Zuschauer will aber doch nicht sehen, wie ein Schauspieler spielt, sonst würde er ja merken müssen, dass es ein
schlechter Schauspieler ist

SÖST Das sind Fragen, die Franz Prächtel und mich betreffen. Sie
haben doch gar nicht Hitler gespielt!

LERCH Immerhin sitze ich hier auch mit am Tisch

SÖST Im Moment sprechen wir noch gar nicht, wir sitzen noch gar
nicht hier

LERCH Wenn ich jetzt aufstehe und hinausgehe, dann kann ich
nicht garantieren, dass ich jemals wieder hier hereinkomme

SÖST An Ihrer Stelle würde ich mich mal konzentrieren

LERCH Was?

SÖST Sonst vergessen Sie noch alles, bringen Dinge durcheinander,
kommen vom Hundertsten ins Tausendste, am Ende erinnern Sie
sich nicht einmal mehr an unsere Abmachung

LERCH Abmachung?

64 **SÖST** Sie wüssten ja bereits, dass ich ein leidenschaftlicher Koch sei, worauf ich nach einem längeren Schweigen zum Beispiel sagen würde: Ich bin ja vor allem ein Adorant von Kräutern

Lerch schaut Söst an, ohne dass er Worte findet. Kurze Stille.

LERCH Ich bin nicht hier, um Fragen zu stellen, schließlich sind wir hier, um ein Gespräch zu führen, bei dem sich jeder einbringen soll

SÖST *(zu Prächtel hinüberrufend)* Hast du das gehört, Franz!? Der Franz hat ja die Umfrage gewonnen, nicht wahr, Franz!? Die Umfrage: Welcher Hitler-Darsteller hat Ihnen Hitler am nächsten gebracht?
Mein Ziel war ja niemals, dass ich irgendjemandem mit meiner Darstellung Hitler näherbringe, ich habe erst gar nie versucht, Hitler als Menschen zu spielen.

LERCH Sondern?

SÖST Ich habe nie versucht, so einen menschelnden Hitler zu spielen, der auch ein armer Alkoholiker sein könnte, wie er da unten im Bunker seine Suppe verschüttet und mit der Hand wedelt, dass man sich schon Sorgen machen muss, ob der Hitler auch seine Tabletten rechtzeitig genommen hat.
Ich habe die Unmöglichkeit der Hitler-Darstellung in jedem Moment offengelegt.

PRÄCHTEL Das sieht man deinem Hitler aber auch an! *(Er kommt wieder zu den anderen zurück.)*

SÖST Und trotzdem habe ich als Hitler einen Kuchen gegessen

PRÄCHTEL Diese Unmöglichkeit ist vor allem eine unmögliche Darstellung!

LERCH Ich weiß gar nicht mehr, ob ich als Goebbels etwas gegessen habe ...

SÖST Aber wie ich diesen Kuchen gegessen habe, da wäre nachher keiner mehr auf den Gedanken gekommen, sich von mir Hitlers Tischreden signieren zu lassen.

PRÄCHTEL Mit so einem aufgezogenen Kuckucksuhr-Hitler, so einem mechanischen Dämonenhampelmann, wie du ihn gespielt hast, ist rein gar nichts begriffen!

LERCH *(zu Prächtel)* Bei dieser Szene, wo Sie die Suppe im Bunker unten gelöffelt haben, da hat es mich jedes Mal von innen heraus gefroren, Herr Prächtel, da friert es mich jetzt noch, wenn ich dran denke.

SÖST Naturalismusschwindel, weiter nichts!

LERCH Gleichzeitig habe ich dabei aber auch immer lachen müssen

SÖST Mit Lachen und Frieren ist noch weniger begriffen. Wir wollten mit unserem Film ja auch nicht so einen Historienschinken drehen, wie ihr, Franz, die ihr nur danach gegiert habt, dass die Kasse klingelt
Wir haben mit unserem Film ja auch nicht nach Hollywood schielen müssen

PRÄCHTEL Wir wollten mit unserem Film die Leute aufklären, das hat unser Regisseur immer wieder öffentlich erklärt, ein Film, der die Leute aufklären sollte

SÖST Aufklären? Worüber denn?

PRÄCHTEL Über das Ende. Worüber denn sonst?

SÖST Wie da einer seine Suppe löffelt und über die Hose schüttelt?

PRÄCHTEL Ich weiß nicht, ob ich Hitler gespielt hätte, wenn ich nicht Schweizer wäre

Kurze Stille.

SÖST Was?

PRÄCHTEL Ohne Schweizer Pass hätte ich Hitler nie spielen wollen

Kurze Stille.

LERCH Heißt das, dass wir alle ein bisschen mehr Hitler sind als Sie und den Hitler gar nicht wie Sie als Schweizer erst spielen müssen?

SÖST Ich habe nach Hitler ja einen KZ-Häftling gespielt!

PRÄCHTEL Scheint man nötig gehabt zu haben!

SÖST Ich hätte den Hitler nicht auf mir sitzenlassen wollen!

PRÄCHTEL Das nennt man wohl Katharsis!

SÖST Warum auch nicht!

PRÄCHTEL Das ist ... nein, nein, da hört sich alles auf, das ist das Allerletzte, mein Gott, dass man sich nicht schämt, ein KZ-Opfer spielen!

Welche Anmaßung, wer sich so was ... diese Schamlosigkeit hätte
ich nicht besessen, ein KZ-Opfer spielen!
Schon in der Maske hätte ich mich geschämt, mich zum KZ-Opfer
schminken zu lassen, das muss einer fertigkriegen!!

SÖST Aber sich einen Hitler draufbeppen lassen und so tun, als
sei selbst die Perücke noch authentisch, da schämt man sich
nicht!

PRÄCHTEL Unglaublich, das überhaupt zu vergleichen, unglaublich!

SÖST Aha, das ist jetzt aber interessant, aha, aha, Hitler darf man
spielen, aber ein KZ-Opfer nicht!

PRÄCHTEL Ich sage nicht, dass jeder einen Hitler spielen darf!!

SÖST Man muss also eine Hitler-Eignung haben, Hitler-tauglich
muss man sein, aha, aha, da kann ich aber verzichten drauf!

LERCH In Göttingen, da haben wir am Theater auch sehr lange
darüber diskutiert und haben extra eine öffentliche Diskussion
veranstaltet, ob man einen Nazi spielen darf oder nicht, ich
meine, als Deutscher, und wenn man einen Nazi spielt, ob man
überhaupt Geld damit verdienen darf, wenn man als Deutscher
einen Nazi spielt ...

SÖST Herrgott noch mal, soll man den Hitler jetzt etwa umsonst
spielen!?

LERCH ... und da bin ich zum Beispiel auch oft gefragt worden,
wie viel Goebbels in mir selbst stecken müsse, um Goebbels zu
spielen und ...

PRÄCHTEL Das müsste einer, der multiple Persönlichkeiten spielt, ja bestens beantworten können.
Ich will den Tisch wiederhaben!

Lerch macht sich auf den Weg zum Tisch hinüber.

LERCH Als ich nach dem Goebbels bei den Bad Segeberger Karl-May-Festspielen den Old Shatterhand gespielt habe, war ich froh, dass ich den ganzen Goebbels habe wieder abschütteln können.

SÖST Dieses Bluthochdrucksgebell aus einem Bluthochdrucksgesicht, dazu muss man sich doch keinen Hitler erfinden!

LERCH Ich war auch sehr froh, dass ich nach dem Goebbels erst einmal ein Folteropfer habe spielen dürfen

PRÄCHTEL Das ist ja grauenhaft, hören Sie auf!!

Lerch fängt an, den Tisch alleine herüberzuschieben.

SÖST Man soll sich diese Szene doch einmal genau ansehen, wie ich als Hitler Schokoladenkuchen gegessen habe, ich habe bei jedem Bissen die Vernichtung mitgespielt!

PRÄCHTEL Als sei das eine Kunst!

Das Wasserglas und die Mineralwasserflasche fallen vom Tisch herunter.

LERCH Ich bin froh, dass ich nur den Goebbels gespielt habe

PRÄCHTEL Was heißt da «nur»!?

SÖST Ich bin stolz auf meinen Hitler, weil ich ihn nicht wie so ein menschliches Wrack bemitleidenswert gemacht habe!

PRÄCHTEL Aber ein KZ-Opfer spielen, grauenhaft!

SÖST Ich frage mich, wie du so sicher sein kannst, dass du den richtigen Hitler gespielt hast, ich meine, woher willst du wissen, dass du den echten Hitler gespielt hast?

Kurze Stille.

LERCH Gibt es einen … falschen Hitler …?

SÖST Es gibt Vermutungen, dass der Hitler, den wir als Hitler kennen, gar nicht der Hitler im Führerbunker gewesen sei. Der echte Hitler sei, solange der falsche im Bunker seine Suppe gelöffelt habe, in Berchtesgaden gesessen und habe Schach gespielt mit seinem Koch. Und während er dort Schach gespielt habe, sei der andere zum Einsatz gekommen und habe einen andern, als er selber ist, spielen müssen. Habe sich fotografieren lassen, Hände geschüttelt, ein bisschen gezittert, ein bisschen Parkinson gehabt, strapaziöse Strapazen auf sich genommen und sei ganz knapp einem Anschlag entkommen. Nicht einmal Eva Braun habe gemerkt, dass dieser Hitler nicht ihr Hitler ist, habe den falschen geheiratet, wobei es auch Vermutungen gibt, dass selbst Eva Braun nicht Eva Braun gewesen sei, sondern auch Eva Braun in Berchtesgaden Schach gespielt habe, ohne dass eine der Figuren gewackelt habe, da der richtige Hitler überhaupt kein Parkinson …

PRÄCHTEL Es genügt!

SÖST … was bedeuten würde, dass der Franz völlig umsonst nachmittagelang in Zürich den Parkinsonkranken auf die Nerven gegangen ist, nur weil er, was jedes Kind kann, so ein bisschen Rüttelschüttelübungen hat machen wollen. Alles umsonst, der ganze Authentizitätsschmarren! Hat ein Double nachgeäfft, Franz Prächtel, die Imitation einer Imitation, der Abklatsch vom Abklatsch!! *(Er lacht immer heftiger.)*

PRÄCHTEL Vollkommener Wahnsinn!

LERCH Das verstehe ich nicht

PRÄCHTEL Es hat auch keiner vermutet, dass Sie hier überhaupt je etwas verstanden haben!!

Der Tisch bricht zusammen.

So, bitte, da haben wir's!

SÖST Goebbels hat den Tisch kaputt gemacht! *(Er fängt wieder an zu lachen.)*

LERCH Entschuldigung ... das tut mir ...

PRÄCHTEL Erst den Hämlet zertrümmern und dann den Tisch!

LERCH ... er war ja schon vorher nicht mehr ganz ...!

SÖST Jetzt ist der Tisch auch noch schuld, dass er kaputtgegangen ist

LERCH Ich habe hier die ganze Zeit, von Anfang an den Tisch so gehalten, dass es überhaupt ein Tisch war, ich habe mich hier verkrampfen müssen, damit dieser Tisch überhaupt als Tisch da stehen ...

PRÄCHTEL So sind sie, so sind sie ... nach außen die Radikalen mimen, mit den Zähnen Seiten aus dem Koran reißen ... aber innerlich, da verschwimmen sie dann vor lauter Wehleidskitsch ...

LERCH Ihr ganzes Repräsentationstheater, Herr Prächtel, dieses Textaufsagen, dieses immergleiche Hämlet- und Hamlet-Spielen, diese Haupt- und Nebenrollen, das hat die Welt auch vor keiner einzigen Barbarei gerettet!

PRÄCHTEL Gerettet? Gerettet! Jetzt wollen Sie auch noch die Welt retten!

LERCH Ich meine, da muss man doch einen ganz anderen Anspruch ...

PRÄCHTEL Sie sollten erst einmal sprechen lernen. So sprechen, wie man als Schauspieler sprechen können sollte.

LERCH Wie sollte denn ein Schauspieler sprechen sollen?

PRÄCHTEL Sie betonen doch jedes Wort gleich, merken Sie das nicht, als sei jede Silbe gleich wichtig!

LERCH Sie denken immer in Haupt- und Nebenrollen

PRÄCHTEL Sie lassen keine Pausen

LERCH Pausen?

PRÄCHTEL Sie reden so schnell, dass Sie gar nicht wissen, was Sie sagen

LERCH Mir geht es um die Sache, nicht um die Sprache

SÖST Schon wieder falsch betont

PRÄCHTEL Worüber würden Sie denn gerne reden ohne Sprache?

SÖST Vielleicht sollten wir das für später aufheben

Stille.

PRÄCHTEL Könnten Sie das nochmals ... *(Geht langsam ans andere Ende der Bühne)* Könnten Sie das nochmals wiederholen: die Welt gerettet!?

LERCH Sie haben mit Ihrem Theater rein gar nichts verhindert

PRÄCHTEL Und was, bitte, hätten wir verhindern sollen?

LERCH Dass es so weit gekommen ist, dass Sie einen Hitler spielen konnten.

SÖST Soll das heißen, dass der Franz Prächtel jetzt auch noch schuld daran ist, dass es einen Hitler gegeben hat?

LERCH Immerhin sollte man sich so einen Gedanken einmal ...

SÖST Man könnte noch eine Stille vertragen ...

PRÄCHTEL Eine Ruhe, bevor es beginnt

SÖST *(strafend zu Lerch)* Ein bisschen Konzentration, das hat noch keinem geschadet

PRÄCHTEL Das Gläschen Hahnenwasser hab ich aufgegeben

SÖST Ein bisschen Ruhe vor dem Sturm!

Stille.

LERCH Ist Publikum dabei?

SÖST Natürlich ist Publikum dabei, ohne Publikum würde ich ...

PRÄCHTEL Ich brauche kein Publikum

SÖST Das sagt einer, der sich ohne Publikum gar nicht am Leben fühlen würde

PRÄCHTEL. Ich habe noch nie Publikum gebraucht

SÖST Aber in einem leeren Theater möchtest du auch nicht spielen, das ginge auch dem Franz zu weit, am Ende nicht einmal ein Applaus

PRÄCHTEL Ich brauche keinen Applaus. Schauspieler, die Applaus brauchen, sind arme Affen. Applaus war mir immer peinlich, dieses sich wieder und wieder Verbeugenmüssen, wenn es nicht aufhören mag, dieses Geklatsche, und man fünf-, sechs-, sieben-, oft zehnmal hinausmuss, nur weil das Publikum nicht genug kriegt, wie man sich vor ihm verbiegt und verbeugt. Ekelhaft. Ich brauche keinen Applaus wie Kollegen, die sich ihre Belohnung abholen müssen. Ich spiele für die Sache.
Als hinge der Erfolg davon ab, wie viel Erfolg man beim Publikum hat. Ich brauche keinen Erfolg.

SÖST Ich würde die Sache für später aufheben.

LERCH Wir sollten nicht jetzt darüber reden ...

PRÄCHTEL Ich weiß nicht, ob ich hier heute überhaupt noch einmal rede

Dunkel.
Das Licht geht wieder an.
Alle drei sitzen ohne Tisch wie zu Anfang an ihren Plätzen.
Stille.

LERCH Sitzen wir schon, oder kommen wir erst herein?

Dunkel.

NACH DER RUHE
VOR DEM STURM

PERSONEN:

IRM KÖNIG

LIZ HANSEN

LERCH

Auftragswerk für das Nationaltheater Mannheim
Uraufführung (als «Epilog» zu *Ein bisschen Ruhe vor dem Sturm*):
09.06.2018 Nationaltheater Mannheim
(Regie: Burkhard C. Kosminski)

Auf der Bühne stehen der ramponierte Tisch und die drei Stühle aus dem vorherigen Stück «Ein bisschen Ruhe vor dem Sturm». Irm König und Liz Hansen haben bereits auf zwei Stühlen Platz genommen. Lerch steht anfangs hinter dem leeren Stuhl in der Mitte.

Bald darauf zerlegt Lerch vorsichtig den Tisch in Einzelteile, die er elegant, wie eine schon lange eingeübte Choreographie, am Bühnenrand deponiert.

IRM KÖNIG Ich sitze hier schon eine Stunde und brauche jetzt dringend einen Sekt, könnten Sie mir vielleicht ...

LERCH Entschuldigen Sie, ich bin Schauspieler und kein Kellner

LIZ HANSEN Viele Schauspieler haben als Kellner angefangen

IRM KÖNIG Manche wären es besser geblieben

LIZ HANSEN *(zu Irm)* Und manche müssen es wieder werden

IRM KÖNIG Ich habe immer gesagt: Auf keinen Fall will ich am Ende irgendwo als einsame Heulsuse tränenüberströmt in einem Hafen herumstehen

LIZ HANSEN Aber man kann ja auch nicht verhindern, dass am Ende gar kein Tränchen kommt, ich meine ...

IRM KÖNIG Käptn, sage ich und mache eine Pause

3,8 Millionen Menschen denken: Jetzt kommt es,
gleich sagt sie es, jetzt ist der entscheidende Moment
Ich aber sage nur: Käptn

LERCH Käptn?

IRM KÖNIG 36 Jahre lang habe ich Käptn gesagt
Käptn, sage ich und mache eine Pause
3,8 Millionen Zuschauer fallen zu Hause jetzt in einen Abgrund.
Eine winzige Ewigkeit lang sind die verloren.
3,8 Millionen Zuschauerhälse schlucken zu Hause jetzt ihre
Heulklöße hinunter. Käptn, sage ich ... man sieht in Großauf-
nahme mein Gesicht im Fahrtwind, 36 Jahre lang habe ich Krieg
gegen diesen Fahrtwind geführt! Frisuren hat der mir zerfetzt,
Fransen über den Kopf gepustet, wie Stacheln in die Luft, die
Haare ins Gesicht, wie einen Haufen Spaghetti, aber in diesem
Moment liebe ich ihn, den Fahrtwind, wie er mir Tränen in die
Augen bläst, als ich sage: Käptn

LERCH Entschuldigen Sie, brauchen Sie den Stuhl noch?

IRM KÖNIG Was?

LERCH Den Stuhl?

LIZ HANSEN Erst bringen Sie uns keinen Sekt, und jetzt zerren Sie
uns hier auch noch die Stühle unterm Hintern weg?

LERCH Tut mir leid, der ist aus einem anderen Stück, der Stuhl ist
abgespielt.

IRM KÖNIG Was?

LERCH Abgespielt, der Stuhl. Tut mir leid, ich wollte fragen, ob Sie ihn …

LIZ HANSEN Ich frage mich, was da als Nächstes kommt? Am Ende sagen Sie, wir sitzen hier im falschen Stück!

LERCH *(zu Irm)* Sie wollten etwas sagen

IRM KÖNIG Natürlich wollte ich etwas sagen

LERCH Käptn haben Sie gesagt …

IRM KÖNIG 36 Jahre lang habe ich Käptn gesagt!
Käptn, sage ich und mache eine Pause
Frau Meier möchte Sie sprechen

LERCH Frau Meier?

LIZ HANSEN Wahnsinn, das ist …

LERCH Wer ist Frau Meier?

LIZ HANSEN Wenn Sie schon nicht wissen, worüber wir hier sprechen, halten Sie wenigstens Ihren Mund

IRM KÖNIG 3,8 Millionen Zuschauer sind klüger als Sie!

LIZ HANSEN 3,8 Millionen, das ist ganz Neuseeland!

IRM KÖNIG Die hätten ja alles für mich gemacht, alles, wenn ich gewollt

LIZ HANSEN Ganz groß

IRM KÖNIG Großer Bahnhof, hätten die alles gemacht, aber ich
sag: Nein, will ich nicht. Großer Bahnhof, 3000 Komparsen
mindestens, unter 3000 Komparsen brauchst du da gar nicht
anfangen mit großer Bahnhof. 3000 Komparsen winken vom
Schiff herunter, während ich die Gangway hinabgehe! Ich sage:
Ich mache das Gegenteil. Ich verschwinde im banalsten
Augenblick. Das ist der Schrecken. Der Schrecken einer jeden
Beiläufigkeit, dass sie das Ende sein kann.
Käptn, Frau Meier möchte Sie sprechen
So kann das Ende sein!

LIZ HANSEN Wahnsinn, das ist …

IRM KÖNIG Und es war das Ende.

LERCH Käptn, Frau Meier möchte Sie sprechen?

IRM KÖNIG Keiner hätte gedacht, dass Yvonne nach 36 Jahren an
Bord des Glücksschiffs endet mit: Käptn, Frau Meier möchte Sie
sprechen!
Kein großes Bohei, großes Tamtam, 3000 Komparsen, winke,
winke vom Schiff runter, während ich die Gangway hinabgehe.
Sondern nichts als: Käptn, Pause,
Frau Meier möchte Sie sprechen.
Das Schönste hat mir ein junger Mann geschrieben: Dass ich in
einer Zeit leben darf, hat er geschrieben, in der Irm König auf
dem Glücksschiff mitfährt, dafür lohnt sich's zu leben!
(*zu Lerch*) Würden Sie mal aufhören, hier herumzuscharren, es
macht einen wahnsinnig. Momentan bin ich dünnhäutig, ich
schreibe meine Memoiren

LERCH Tut mir leid, aber der Tisch ist auch …

IRM KÖNIG Immerhin kratz ich da nicht nur an meiner Kindheit
herum, wenn ich in tieferen Schichten bohre

LERCH Tut mir leid, das wusste ich nicht ...

IRM KÖNIG Auf einmal sind Wunden wieder Wunden ...

LERCH ... dass Sie noch tiefere Schichten

IRM KÖNIG Als sei nie eine Zeit vergangen

LERCH Der Tisch ist abgespielt. Tut mir leid. Er gehört in ein anderes Stück

IRM KÖNIG Was?

LIZ HANSEN Als Nächstes kommt er und reißt uns hier die Kleider vom Leib und sagt, die sind abgespielt und die Luft hier ist leider aus einem anderen Stück!

IRM KÖNIG Sie erinnern mich an Kai, unseren Schiffssteward, nur dass Kai jetzt sagen würde: Yvonne, darf's noch ein Sektchen sein?

LERCH Besser keinen Tisch für keinen Sekt als keinen Sekt für einen Tisch!

LIZ HANSEN Aber was für ein Mut, Irm, Memoiren! Schließlich muss man sich fragen: Was kommt danach? Ich meine, wenn dann die Memoiren einmal geschrieben sind, sitzt man dann da und sagt: Ich habe jetzt meine Memoiren geschrieben? Und dann? Was kommt dann? Ich denke immer, wenn ich einmal in deinem Alter ...

IRM KÖNIG Das Licht ist scheiße!

LERCH Bitte?

IRM KÖNIG Das muss ich in aller Deutlichkeit sagen: Das Licht ist scheiße!

LIZ HANSEN Also, das ist ja …
(zu Lerch) Mein Gott!, wissen Sie denn gar nicht, wer hier sitzt?!

LERCH Hier sitzen immer andere, jeden Abend sitzen hier wieder andere.

LIZ HANSEN Irm König! Hier sitzt Irm König, nach 36 Jahren auf dem Glücksschiff sitzt Irm König hier zum ersten Mal wieder an Land und spricht über ihr Ende!

IRM KÖNIG Ende? Unsinn. Ums Ende geht es nicht. Das Ende, sage ich immer, wird überschätzt!

LIZ HANSEN Und 36 Jahre lang hat Irm König als Chefhostess Yvonne auf dem Glücksschiff «Willkommen an Bord» gesagt, und jetzt kehrt sie zurück!

LERCH Sie kehren zurück?

LIZ HANSEN Auf die Bühne. Nach 36 Jahren!

IRM KÖNIG Ich stand oft auf der Bühne in jungen Jahren

LIZ HANSEN *(zu Lerch)* Seien Sie dankbar, dass Sie in einer Zeit leben dürfen, in der Irm König lebt! Immerhin geht mit Irm König ein ganzes Kapitel Fernsehgeschichte unter …

LERCH Tut mir leid …

IRM KÖNIG Was heißt schon «unter»?

LIZ HANSEN Das Glücksschiff kann man gar nicht nicht gesehen haben. Das hat man auch gesehen, wenn man's nicht gesehen hat. Und was hätte aus Irm König für eine Schauspielerin werden können, ich meine, was für Rollen hätte Irm König alles spielen können, nicht wahr, Irm? All die Rollen, die dich verpasst haben, nicht auszudenken, holst du jetzt alle nach: Julia, Judith, die Jungfrau. Die warten alle noch auf dich! Sicher weißt du bereits, welche Rolle du spielen wirst, Irm?

IRM KÖNIG Rollen, ja. Ich werde Rollen spielen.

LIZ HANSEN Neue Rolle, neues Glück! Die Rollen rollen jetzt heran, Irm. Da bin ich sicher.
(*zu Lerch*) Und Sie lärmen hier herum wie ein fahriger Kellner, der seine Gäste verjagen will!

LERCH (*zu Liz*) Haben Sie nicht auch in einer Serie gespielt?

LIZ HANSEN Ja, aber ich habe zwischendurch gearbeitet. Ich habe Theater gespielt

IRM KÖNIG Ich würde jetzt gern weitermachen

LERCH Weitermachen?

IRM KÖNIG Mit den Fragen

LERCH Welchen Fragen?

IRM KÖNIG Die hier in der Luft hängen. Wir waren beim Licht. Das Licht ist scheiße! Ständig muss ich hier in das Gesicht meiner Kollegin schauen

(zu Lerch) Ich meine, das können Sie doch nicht machen, so darf doch eine Frau nicht aussehen!
Von mir aus können Sie mit diesem Licht Mikroben anleuchten, aber keine Frauen!

LERCH Mikroben?

IRM KÖNIG Ein solches Licht gehört abgeschafft

LERCH Ich kann nichts für das Licht!

LIZ HANSEN Ist es etwa auch abgespielt, das Licht?

IRM KÖNIG Es ist vollbracht! Meine letzten Worte, nachdem ich meinen letzten Satz an Bord gesagt habe: Es ist vollbracht!
Natürlich hat das keiner verstanden. Angeschaut haben die mich wie Kühe!
Sattelmann hätte es sofort verstanden: Es ist vollbracht!
(sieht, dass Lerch nicht weiß, wer Sattelmann ist) Sie wissen, wer Sattelmann ist?

LERCH Nein

IRM KÖNIG Warum fragen Sie dann nicht?

LERCH Ich bin nicht hier, um Fragen zu stellen!

LIZ HANSEN Es ist ein Jammer!

IRM KÖNIG Es ist vollbracht!
Sattelmann hätte sofort gewusst, dass kein Geringerer als Jesus am Kreuz diese Worte gesprochen hat: Es ist vollbracht!
So etwas weiß nur Sattelmann, und Sattelmann ist tot.

LIZ HANSEN Es gibt ja heute kaum noch Leute, die Fragen stellen, nicht wahr? Wo sind denn all die Leute, die uns Fragen stellen, die Fragenden verschwinden, werden immer weniger, Tag für Tag, die Fragenden sterben aus!
Was für eine Zeit, in der alle immer nur selbst gefragt sein wollen.
Immer nur: Ich, ich, ich, keiner will mehr Fragen stellen!

IRM KÖNIG Mich haben Menschen auch nie interessiert.
Deswegen bin ich Schauspielerin geworden.
Sobald einer anfängt, über sich selbst zu sprechen, muss ich gähnen, nur um mein innerliches Gähnen zu verbergen, bin ich Schauspielerin geworden. Innerliches Gähnen verbergen ist mein Beruf.
Aber es wird schwieriger.
Und das Licht ist scheiße!

LIZ HANSEN Ja, wir alle sind Schauspieler geworden, um Menschen zu spielen

LERCH Ich bin nicht Schauspieler geworden, um Menschen zu spielen

LIZ HANSEN Allerdings, ein verhinderter Kellner, der einen Schauspieler spielt, der hätte längst abgegangen sein sollen.

IRM KÖNIG Was spielen Sie denn, wenn Sie keine Menschen spielen?

LIZ HANSEN Ich sage schon lange: Wir brauchen neue Männerrollen!
Ein paar mehr Achills auf der Bühne. Während Irm König ihren Hostessenhintern vor fahrende Urlaubsprospekte gehalten hat, habe ich Penthesilea gespielt. 60 Mal. Allein in Düsseldorf!

IRM KÖNIG Was du nicht sagst, Penthesilea?

IRM KÖNIG Ich dachte, ich hätte dich einmal gesehen, wie man dich von hinten erschossen hat, in der ersten Minute, und dann warst du weg

LIZ HANSEN Aber das kann man ja nicht vergleichen, Irm, in unserer Serie haben wir uns an der Wirklichkeit abgearbeitet. Schlepper, Schleuser, Drogen, Menschenhandel, Pädophilie, das gesamte menschliche Daseinsprogramm, natürlich kann ich da nicht plötzlich auf dem Glücksschiff herumkreischen, dass meine Perlohrringe aus der Kabine verschwunden sind!

IRM KÖNIG Ja, Sattelmann ist wählerisch, nicht jeden lässt er aufs Glücksschiff, vor allem aber …

LIZ HANSEN … ist Sattelmann tot!

IRM KÖNIG … heißt es ja auch Glücksschiff und nicht Asozialen-schlepper, nur weil da heute ganze Plattenbauten über unsere Weltmeere schippern …
Es muss ja auch noch etwas geben dürfen in dieser entsetzlichen Welt, auf diesem von Menschen überquellenden Erdball, wovon all diese heillosen Massen träumen dürfen!? Wie soll einer denn da noch schlafen können, wenn er Nacht für Nacht das grässliche Gerüttel an unseren Grenzzäunen hören muss?! Das Gegrein, Geplärr und Gebrüll all dieser ausgesperrten Höllenbewohner!? Mein Gott, wovon sollen wir denn noch träumen können?
Wie will man denn da noch schlafen, frage ich mich, wenn die da rund um die Uhr, Tag und Nacht unsere Ressourcen verbrau-chen?! Natürlich waren wir auch an der Küste von, wie heißt das noch mal, nicht Litauen, Liba… Loba… Libyen, jedes Mal habe ich gebetet, dass wir bloß nie auf eines dieser Boote, Sie wissen schon, Boote, heillos überladene Blechschalen, in die sich

Hunderte von Höllenbewohnern hineinquetschen, um sich halbtot an unsere Küsten spülen zu lassen.

Ein Glück, was für ein Glück! Immer nur Schlepper und Schmuggler. Sogar die Ge-Ge-Ges9 hat einmal mitfahren müssen auf dem Glücksschiff, die Ge-Ge-Ges9 auf dem Glücksschiff! Stellen Sie sich das einmal –! Natürlich kannst du den Leuten so etwas nicht erzählen, die werden ja hysterisch

LERCH Aber wieso, ich meine ...

IRM KÖNIG Nicht auf dem Glücksschiff! Wenn die ihre Morde brauchen, können die ihre Morde haben. Was für schreckliche Menschen leben eigentlich in diesem Land, die jede Woche ihre Sonntagabendmorde brauchen?

LERCH Es trifft leider immer die Falschen

IRM KÖNIG Ich dachte, Sie und Ihr Tisch sind abgespielt.

LIZ HANSEN Aber was für eine vertane Chance für deinen großen Bahnhof, Irm, denk nur, 3000 Komparsen hättest du da locker ... 3000 Höllenbewohner winken dir vom Schiff, während du die Gangway hinab...

IRM KÖNIG In 36 Jahren hat es bei uns an Bord nur einen einzigen Toten gegeben.

LIZ HANSEN Ein einziger Toter in 36 Jahren?!

IRM KÖNIG Und der ist ganz von alleine gestorben. Der hat an Silvester sein Jackett verwechselt, und da waren seine Herzpillen nicht drin.
Falsches Jackett gleich Tod!

LIZ HANSEN Das nennt man Tragik. Ein Toter in 36 Jahren

IRM KÖNIG Er war erst 25, von Geburt an Herzfehler, hat an Silvester sein Jackett verwechselt. Da waren die Herzpillen nicht drin.
(zu Lerch) Sie kennen ihn!

LERCH Ich?

IRM KÖNIG Es war Kai, der Schiffssteward, Kai!
Millionen haben aufgeschrien: Ein Toter auf dem Glücksschiff!
Reihenweise sind Welten zusammengebrochen. Es wird immer schwieriger, die Welt so zu zeigen, wie sie gar nicht ist ...

LERCH Ich muss jetzt leider gehen.

LIZ HANSEN Unser Kellner muss gehen

IRM KÖNIG Kai!

LIZ HANSEN Ich sage schon lange: Wir brauchen neue Männerrollen, finden Sie nicht auch? Immer die gleichen Männerrollen, seit Hunderten von Jahren

IRM KÖNIG Auf dem Schiff könnte man so jemand brauchen ...

LIZ HANSEN Um es kurzzumachen ...

IRM KÖNIG ... als stumme Rolle

LIZ HANSEN ... der Mensch hat seine Tragik vergessen.

IRM KÖNIG Dafür kann doch er nichts.

LIZ HANSEN Er ist Schauspieler.

LIZ HANSEN Eben

IRM KÖNIG Er ist bloß Schauspieler.
(ruft Lerch hinterher) Passen Sie auf, dass Sie Ihr Jackett nicht verwechseln!

Lerch ist abgegangen. Stille.

LIZ HANSEN Lässt uns einfach hier zurück mit nichts.

IRM KÖNIG Es wird immer schwieriger, die Welt so zu zeigen, wie sie nicht mehr ist!

LIZ HANSEN Das hast du schon mal gesagt

IRM KÖNIG 300 Seemeilen brauchst du inzwischen allein, um aus Kuala Lumpur hinauszufahren, 300 Seemeilen, bis du endlich zwischen stinkend brauner Brühe und Meer mal unterscheiden kannst.

LIZ HANSEN Auf einmal weiß man nicht mehr, was man reden soll, nicht dass er viel gesagt hätte ...

IRM KÖNIG Auch in Afrika wird es schwieriger, die Welt ...

LIZ HANSEN Aber wenn einem ein Publikum fehlt, fällt einem auch nichts mehr zu reden ein

IRM KÖNIG Nur die Einheimischen, die Einheimischen spielen die Einheimischen noch genau so wie vor 50 Jahren, als sei da keine Zeit vergangen, genau so tanzen die mit ihrer einheimischen Lebensfreude vor den Hotels ihre Einheimischentänze.

LIZ HANSEN Man würde ja als Schauspieler auch nicht allein für sich spielen

IRM KÖNIG Nur dass auf den Hotelbalkonen inzwischen Horden hässlicher Affen herumlungern wie arbeitslose Alkoholiker, Horden krimineller Affen!

LIZ HANSEN Oder hättest du dir 36 Jahre vom Fahrtwind Tränen in die Augen peitschen lassen ohne Kamera?

IRM KÖNIG Mit ihren dürren Fellpranken schlagen die dir abends auf der Terrasse das Aperol-Spritz-Glas aus der Hand. Ja!
Und da denken die Leute immer, man habe 36 Jahre lang nur ein schönes Leben gelebt, Jahr für Jahr auf dem Glücksschiff. Ich sage: Es wird schwieriger.
Und das Licht ist scheiße!

LIZ HANSEN Wenn dann unser Gespräch hier einmal vorüber … du weißt, was ich meine, ich stehe dann auf und gehe durch die Mitte ab, nur damit du es weißt

IRM KÖNIG Du gehst durch die Mitte ab?

LIZ HANSEN Nur damit du es weißt

IRM KÖNIG Und ich?

LIZ HANSEN Dann wird es dunkel

IRM KÖNIG Und wie gehe ich ab?

LIZ HANSEN Aus, Schluss, Dunkel.

IRM KÖNIG Stille.

LIZ HANSEN Stille. Ja. Ich weiß bloß nicht, ob du die gleiche Stille meinst wie ich. In einer Stille schwirren ja auch noch Worte herum, Irm. Bloß hört man sie nicht. Man hört sie und hört sie nicht. In jeder Stille wird ja auch noch etwas gesagt.

IRM KÖNIG Das Gute ist, dass du es nicht sagen musst.

LIZ HANSEN In den meisten Stücken reden die Leute am Ende am allermeisten, da können sie das Wasser nicht halten. Sind längst am Ende und fangen an zu reden, als hätte es noch gar nicht angefangen

IRM KÖNIG Nur in schlechten Stücken.

LIZ HANSEN In schlechten Stücken habe ich nie gespielt.
Im Film kannst du nie abgehen, wie du von einer Bühne abgehst, in dieses unendliche Dahinter, in dieses Nichts aus Staub und Sperrholz, das sich im Augenblick unseres Abgangs zu einer ganzen Zukunft weitet.
Wir gehen in eine Zukunft aus Sperrholz und Nichts, jawohl! Im Augenblick unseres Abgangs blüht uns im Nichts die Zukunft entgegen. Und dabei ziehen wir die Sehnsucht wie eine Schleppe hinter uns her.

IRM KÖNIG Es war immer die Frage, wer, wer könnte Yvonne über-nehmen, nach 36 Jahren, wer …
Ein ganzes Land versinkt in Agonie mit Irm Königs Abgang vom Glücksschiff, Yvonne ist unspielbar

LIZ HANSEN Der Mensch hat seine Tragik vergessen

IRM KÖNIG Sie werden immer an mich denken. Nicht dass ich das möchte, aber es wird so sein.

IRM KÖNIG Welche Tragik?

LIZ HANSEN Siehst du, Irm, dass du das überhaupt fragen musst! Schau dich doch an, wie du hier hockst, nach 36 Jahren, nach 36 Jahren «Willkommen an Bord», und nicht mal einen Sekt bringt man dir, und der Einzige, der über deine Witze lacht, ist Sattelmann, und Sattelmann ist tot. Aber immerhin hat man deine Gebete erhört vor den Küsten von Litauen, Liba… Loba… Libyen, und die Memoiren sind auch bald geschrieben, und was kommt danach in einem Leben, in dem es keine Rollen mehr für dich gibt?
Wir müssen die Menschen wieder an ihre Tragik erinnern, Irm

IRM KÖNIG Da kannst du hier ja gleich noch eine Uhr aufhängen, Liz, um die Leute daran zu erinnern, dass sie schon wieder fünf Minuten an ihren Tod herangerückt sind

LIZ HANSEN Wenigstens kann ich noch an meine Rollen denken. Jeden Moment spielen sich in mir all die Medeas, Penthesileas, Julias und Johannas weiter, als wären die nie abgegangen. Nachts könntest du mich zu jeder Zeit wecken, mitten in der Nacht würde ich dir aus dem Stand die Penthesilea …
«Und diesem Dolch jetzt reich' ich meine Brust:
So! So! So! So! So! Und wieder! – Nun ist's gut.»

IRM KÖNIG Es war ein «So» zu viel.

LIZ HANSEN Was?

IRM KÖNIG Ein «So». Vier «So»s hat Kleist geschrieben, du aber hast fünf Mal «So» gesagt. Ich habe sie auch mal gespielt. Die Amazonenkönigin, ist lange her, aber …

LIZ HANSEN Ob vier oder fünf «So»s ... ich denke, darauf kommt es am Ende nicht mehr an.

IRM KÖNIG Ist eine Rhythmusfrage!

LIZ HANSEN Ich denke mal, wenn du dir in Verzweiflungsrage am Ende selbst das Messer in die eigne Brust rammst, denkst du nicht mehr daran, ob du jetzt vier Mal oder fünf Mal «So» sagst.

IRM KÖNIG Geschrieben hat Kleist aber vier «So»s und nicht fünf, soll heißen, jedes «So» ein weiterer Dolchstoß in die Brust, sozusagen, eine Steigerung bis hin zum «Und wieder!». Was heißt, mehr als vier «So»s würde man so oder so nicht überleben.
«So! So! So! So! Und wieder!»

LIZ HANSEN Wahnsinn ... wirklich, das ist ... ich muss schon sagen ... von einer abgespielten Kreuzfahrtschranze lass ich mir Kleist erklären!

IRM KÖNIG Ist eine Rhythmusfrage.

LIZ HANSEN Im Eifer des Gefechts, denke ich, lässt Kleist auch mal vier «So»s fünfe sein.

IRM KÖNIG Im Eifer des Gefechts!? O ja, ich erinnere mich, im Eifer des Gefechts konntest du ganze Bühnenbilder umstürzen, im Eifer des Gefechts hast du den anderen ihren Anschluss versaut, Tapetenwände hast du niedergerissen im Eifer des Gefechts! Schwelbrände ausgelöst, weil du mit deiner Kerze immer zu nah an Perücken herumfuchteln musstest, in deinem dumpfen Wahnsinn sind Flaschen geflogen, dass hinter der Bühne der Notarzt die Fleischwunden der Kollegen nähen musste!

LIZ HANSEN Ich bin eben eine Fühlerin. Ist nicht das Schlechteste, eine Fühlerin zu sein!

IRM KÖNIG Ich habe hier noch eine Narbe, wenn du die mal sehen möchtest!?

LIZ HANSEN Ich streite mich nicht um so ein klägliches Gerülpse mehr oder weniger. Ich verlasse mich auf mein Gefühl.

IRM KÖNIG Yvonne bleibt unbesetzt.
An meiner Stelle wird ein kleiner Sockel mit meinem Kostüm hingestellt. Auf der Gangway. Du weißt, was ich meine

LIZ HANSEN Du glaubst, dass in einem Jahr noch einer weiß, wer Yvonne war?

IRM KÖNIG Das war ein Witz! Ich habe Witz. Ich bin berühmt für meinen Witz! Der Einzige, der meinen Witz versteht, ist Sattelmann

LIZ HANSEN Sattelmann ist tot!

IRM KÖNIG Und? Spielst du sie noch?

LIZ HANSEN Wen?

IRM KÖNIG Die Amazonenkönigin?

LIZ HANSEN Ich hab doch gesagt, dass ich sie über 60 Mal

IRM KÖNIG Und immer ein «So» zu viel.

LIZ HANSEN Ich habe genug zu tun

LIZ HANSEN Wenn um mich herum nicht so viel Schwäche gewesen
wäre … diese entsetzliche Schwäche, all diese schwachen Figuren,
die man sein Leben lang um sich versammelt.
Haufenweise schwache Männer, cholerisch aufgeplusterte
Nervenbündel, Ohnmachtsbrüller, paranoide Machtdeppen.
Heerscharen blasser, pubertätsbeschädigter Männerbübchen,
die sich landauf, landab mit ihrem Weltekel in ihre Kapuzenpullis
kuscheln, als müssten sie ein Leben lang Hamlet in einer drittklassigen «Hamlet»-Inszenierung spielen, in Cottbus! ·

IRM KÖNIG Willst du jetzt Mitleid?

LIZ HANSEN Von dir?

IRM KÖNIG Käptn, Pause,
Frau Meier möchte Sie sprechen
Das hätte denen so gepasst, dass die mir am Ende noch so einen
alten Schildkrötengockel ausbuddeln, sieht denen ähnlich, im
letzten Moment ziehen die dann noch so einen vergilbten Serien-
opi aus der Versenkung, und den soll Yvonne heiraten, nur um
sie loszuwerden.
Nach 36 Jahren geht sie an Land, und was erwartet sie? Ein
ausgeleiertes Faltengespenst, was da am Hafen herumsteht? So
hätten die sich das vorgestellt
Nicht mit mir!
Nein, sage ich,
Käptn, und mache eine Pause,
Frau Meier möchte Sie sprechen.

LIZ HANSEN Ich sage schon lange: Wir brauchen neue Männerrollen,
ich meine, seit Jahrtausenden haben die ja praktisch nichts als
ihre eigenen Hirngespinste penetriert, und jetzt stehen die da mit

ihrer verpissten Potenz, die schneller zerronnen ist als eine DDR, und ...

IRM KÖNIG Man hat sich ja aber auch anbeten lassen.

LIZ HANSEN Jahrzehntelang steckte man da in diesen Anbetungs-
käfigen fest, all diese Mariechens, Evchens, Gretchens
Was bin ich über 50 Jahre entsetzlich geliebt worden, all die
Elendsheulsusen, die Geschlechtserniedrigungen,
aber die Absahnerrollen, die hatten immer die Anbeter!
Und dann hockt man eines Tages auf so einer Bühne, und keine
Sau interessiert das mehr, weil, wenn dieses ganze Anbetungs-
theater einmal vorüber ist, bleibt von dir in ihren Augen nichts
als ein Haufen Kompost und ...

IRM KÖNIG Über wen sprichst du?

LIZ HANSEN Über ... allgemein, Frauen in deinem Alter!

IRM KÖNIG Willst du mir sagen, ich sitze hier jetzt wie ein Haufen
Kompost?

LIZ HANSEN Ich sag das doch nicht! Das sagst du ... du sagst ja selbst,
das Licht ist scheiße, Irm, und ...!

IRM KÖNIG Geht hier am Ende der Vorhang zu?

LIZ HANSEN Vorhang gibt es nur noch im Boulevard, im Boulevard
brauchen die Leute ein Ende, damit sie aufhören zu lachen.
Die Wirklichkeit hat ja auch keinen Anfang und kein Ende, Irm.
Ich meine, als sich Sattelmann von dir getrennt hat, ist ja auch
nicht plötzlich ein Vorhang ...

IRM KÖNIG Sattelmann ist tot!
Du kannst immer noch die Gertrud spielen, Liz, oder die Frau
Marthe oder … also, ich brauche keine Rollen, ich schreibe meine
Memoiren

LIZ HANSEN Also ich wäre da vorsichtig an deiner Stelle, ich meine,
was willst du danach noch machen? Was kann danach noch
kommen? Selbst wenn du danach noch ein paar Jahre leben
solltest, das ist ja eine leere Zeit, sinnlos und umsonst, die kommt
im Buch ja nicht mehr vor. Also ich wäre da vorsichtig, jetzt wo
du auch keinen Grund mehr zum Beten hast, wegen dieser
Blechboote, Irm!
Ich hoffe, das ist dir jetzt nicht alles zu desilo… deliso… delusi…

IRM KÖNIG Was?

LIZ HANSEN Desillusinierend … Dessolusion … mein Gott

IRM KÖNIG Was hast du?

LIZ HANSEN Keine Ahnung. Scheiße! Noch nie habe ich bei diesem
Wort, deso…

IRM KÖNIG Desolat?

LIZ HANSEN Desullusion, verdammt!
Dellusosion …

IRM KÖNIG Illusion, Liz, sag einfach Illusion! Und dann hängst du
ein «Des» davor, ganz einfach: Des… Desilli… Desillisis… jetzt
kann ich's auch nicht mehr.

LIZ HANSEN Desillusittion … Scheiße!

IRM KÖNIG Desulusus, o Gott!

LIZ HANSEN Desulusion ...

IRM KÖNIG Desillusution

LIZ HANSEN Desilussonier ... verdammt ... dessolilo ... desiloso ... nie, nie, nie, nie hatte ich in meinem ganzen Leben Schwierigkeiten mit Desilotio ...

Lerch tritt wieder auf.

LERCH Entschuldigung

Sie erschrecken beide.

LIZ HANSEN Verdammt!

LERCH Tut mir leid.
Unten ist zugeschlossen.

IRM KÖNIG Bitte?!

LERCH Tut mir leid ...

LIZ HANSEN Unten ist zugeschlossen?

LERCH Ich komme nicht raus.
Soll ich ... soll ich wieder gehen?

IRM KÖNIG Ja!

LIZ HANSEN Nein!
Er ... er kann jetzt nicht gehen, Irm, wenn er jetzt geht, kann er ja

nicht, ich meine, jetzt, wo jeder weiß, dass er herumlungert da
hinten, irgendwo zwischen den Vorhangstoffen, während wir hier
deine Rückkehr auf die Bühne vorbereiten ... rumpelt hinter den
Kulissen so ein abgespieltes Gespenst herum

IRM KÖNIG Hier kann er nicht bleiben!

LIZ HANSEN Der ganze Abend besteht dann auf einmal nur noch
aus seiner Abwesenheit. Da kannst du dir den Affen spielen, alle
denken nur an ihn, fragen sich: Wo ist der jetzt? Was tut der jetzt?
Wenn man weg ist, ist man oft mehr da, als wenn man da ist.
Am besten, wir fegen ihn mit einer Geschichte weg.
Ich könnte erzählen, was mit ihm passiert ist.

LERCH Was ist mit mir passiert?

LIZ HANSEN Ich könnte zum Beispiel erzählen, wie er gestorben ist.
Ich würde das gerne ... ich meine, ich könnte das ausschmücken ...

IRM KÖNIG Er hat sein Jackett verwechselt. Da waren seine Herzpillen nicht drin. Kai, der Schiffssteward

LIZ HANSEN Natürlich. Kai! Eine Leiche ist immer eine gute Grund-
lage für so einen Abend

LERCH Eine Leiche?

IRM KÖNIG Unser einziger Toter in 36 Jahren!

LIZ HANSEN Und, o mein Gott, Kai! Was für eine Rolle! Die besten
Rollen sind auf der Bühne gestorben.

IRM KÖNIG Meistens Frauen.

LIZ HANSEN Alles große Rollen, Kai. Und denken Sie erst an die unzähligen Gedichte über tote Frauen, ganz großartige Gedichte!

LERCH Heißt das, Sie ... Sie machen ein Gedicht über mich?

LIZ HANSEN Ich sag mal so: Wir setzen Ihnen ein Denkmal, Kai.

IRM KÖNIG Wir begraben Sie in einem Gedicht.

LIZ HANSEN Gibt Schlimmeres.

LERCH Und damit wäre ich weg?

IRM KÖNIG Sie können dann nicht einfach wiederkommen und sagen: Tut mir leid, unten ist zugeschlossen.

LIZ HANSEN Tot ist tot.

Lerch will gehen, kehrt aber wieder um.

LERCH Hamlets Vater, ist der nicht auch wiedergekommen?

LIZ HANSEN Ja, aber Hamlets Vater sind Sie nicht.

IRM KÖNIG Und auch nicht Hamlets Mutter.

LIZ HANSEN Und schon gar nicht Hamlet, Kai.

LERCH Klar ... gut ... dann ...

Er will erneut abgehen, kehrt aber wieder um.

Ich habe mein Jackett verwechselt, und da waren meine Herzpillen nicht drin? Das soll einer glauben?!

LIZ HANSEN Sie braucht das gar nicht zu kümmern, Kai

IRM KÖNIG Wir kümmern uns drum

LERCH Gut ... dann ... also ...

Er geht und kehrt wieder um.

Eigentlich hält man vor seinem Tod noch einen Monolog.
Die Bedingung für Tod ist Monolog!
Keiner stirbt ohne Monolog, selbst Caesar hat noch gesprochen,
bevor er ...

LIZ HANSEN Ja, nur sehen Sie, Caesar sind Sie nicht. Wir erzählen,
wie Sie gestorben sind. Die Leute werden heulen. Sie heulen umso
mehr, je weniger Sie noch da sind. Abwesenheit macht groß. Erst
wenn man Sie nicht mehr sieht, sieht man, was einem fehlt.

IRM KÖNIG Welten werden da zusammenbrechen, Kai, Welten

LIZ HANSEN Ist wie im Leben. Solange einer da ist, vermisst man ihn
nicht.

LERCH Klar ... nur: Wie gehe ich ab? Ich muss ja wissen, wie ich ...
Welche Haltung, was fühle ich dabei, was denke ich

LIZ HANSEN Ein Toter denkt nicht mehr!

IRM KÖNIG Gehen Sie einfach ab. So ein Abgang ist doch nicht die
Welt.

LIZ HANSEN Wie oft bin ich schon von der Bühne abgegangen und
habe mir rein gar nichts gedacht.

LERCH Ähm ... könnte es sein, dass ich meinen Schal vergessen habe?

IRM KÖNIG Schal?

LIZ HANSEN Seinen Schal ...

LERCH Yvonne, darf's noch ein Sektchen sein?
Es ist vollbracht.
Ich weiß jetzt nicht mehr ...

LIZ HANSEN Er fragt, ob er seinen Schal vergessen

LERCH Eh ich es vergesse: Käptn, Frau Meier möchte Sie sprechen

LIZ HANSEN Was?

IRM KÖNIG Wozu braucht er noch einen Schal?

LERCH Hatte ich ihn? Hatte ich ihn nicht?
Das ist die Frage ...
Ich meine, auf keinen Fall sollte ich so ...
Dahinten zieht's, so völlig nackt in den Kulissen.
Am Hals, aus allen Ritzen zieht's dahinten.
Nicht dass ich empfindlich ... aber als Kind hatte ich Asthma,
schweres Asthma, mein ganzes Kinderleben lang Asthma, immer
Asthma, meine ganze Kindheit lang stand ich am Rand vom
Spielfeld, habe anderen Kindern bei ihrer Kindheit zugeschaut.
Ich kann mir jetzt nicht leisten, ohne Schal da hinaus ins zugige
Dunkel ... am Ende ... Lungenentzündung ... ich will nicht den
Teufel an die Wand malen, ich bin nicht empfindlich ... aber das
Asthma ... und wo wir gerade dabei sind ... Jackett, Herzpillen,

also wenn Sie vielleicht doch noch was anderes ... ich will nicht
erschossen werden. Ich bin schon so oft ... aber

IRM KÖNIG Wir kümmern uns.

LIZ HANSEN Keine Sorge.

LERCH Wo die mir überall schon hingeschossen haben: mitten
durchs Auge, von unten ins Kinn. An der Spanischen Grippe
bin ich auch mal ... aber meistens: erschossen. Eigentlich immer
erschossen. Sagen wir: Ist eine Ausnahme, wenn ich mal nicht
erschossen ...

LIZ HANSEN Wir kümmern uns ...

LERCH Danke ... danke
Mein Jackett ...
(zu Liz) Haben Sie Ihre Perlohrringe wiedergefunden, Madame?

LIZ HANSEN Meine Perlohrringe?

LERCH «Und diesen Dolch jetzt reich' ich meiner Brust:
So! So! So! So! Und wieder! – Nun ist's gut.»
... ja, doch, Sie haben recht, vier «So»s reichen völlig aus!

Lerch geht ab. Stille.

IRM KÖNIG Man muss aufpassen.
Dass er nicht zu wichtig wird.
Kai.
Tonnenweise haben wir Leserbriefe gekriegt. Es wollte gar nicht
mehr aufhören, und das bei dieser Rolle

LIZ HANSEN Mich hat man auch gefragt

LIZ HANSEN Kein Interesse, habe ich gesagt, abgesehen davon, dass ich ja keine Zeit hätte, Yvonne zu spielen
Glaubst du, es war ein Fehler? Hätte ich etwa zusagen sollen? Da hast du dann aber ausgespielt, habe ich mir gesagt, willst du das? Da will dich doch keiner mehr auf einer Bühne sehen, da kriegst du nichts mehr, danach bleibt dir dann bloß noch das Dschungelcamp, aber in deinem Alter ist auch das zu spät, oder habe ich einen Fehler gemacht?

IRM KÖNIG Zum achten Mal Neuseeland, sieben Mal Bora Bora, fünf Mal Samoa, wieder Mauritius, wieder Botswana, und beim vierten Mal hängen dir selbst Koala-Bären in Australien zum Hals raus.
Überall immer das Gleiche: diese vor Natur überbordende Natur, dieser irre Irrsinn immer neuer Blumen, neuer Tiere, nichts als eine in sich selbst vernarrte Vielfalt, die sich jedes Mal noch zu übertrumpfen sucht!
Und dabei dieses Meer!
Immer dieses Meer!
Mit seinem ewig zeitlosen Geschwappe!
Diese trostlose Horizontlosigkeit und diese entsetzlich langweiligen Sonnenuntergänge.
Immer das Gleiche: Sandstrand, Sonne, Palmen, Sandstrand, Sonne, Palmen, zum Erbrechen!
Was hat man sich anfangs noch den Wecker gestellt, nur damit man um fünf Uhr morgens den Sonnenaufgang nicht verpasst, Sonnenaufgang über Sonnenaufgang, bis man sie nicht mehr sehen kann, diese ständigen Sonnenaufgänge, diese Farblichtschmierereien in aller Herrgottsfrühe!

LIZ HANSEN Die Blechboote hast du vergessen, Irm, die Blechboote vor Litauen oder Libo... oder Libyen oder wie das heißt...

LERCH Entschuldigung, ich bin's noch mal ...

LIZ HANSEN Kai!

LERCH Eigentlich wollte ich ja nicht mehr ... aber mir ist gerade etwas ...

IRM KÖNIG Ist unten wieder zugeschlossen?

LERCH ... mir ist gerade etwas klargeworden, etwas ganz Furchtbares ...

IRM KÖNIG Wir haben den Leuten längst erklärt, dass Sie tot sind.

LERCH Nein, nein ...

IRM KÖNIG Doch, doch, wir haben ihnen gesagt ...

LIZ HANSEN Überlegen Sie sich gut ...

LERCH Nein, ich ...

LIZ HANSEN ... was Sie hier jetzt noch sagen.

LERCH Ich werde nie wieder kein Schauspieler sein können.

IRM KÖNIG Was?

LERCH Ich werde niemals kein Schauspieler mehr sein können. Selbst wenn ich tot bin, bin ich ein toter Schauspieler, verstehen Sie?

Wir werden immer Schauspieler sein müssen, wir werden niemals hier stehen können, auf einer Bühne, ohne Schauspieler zu sein. Wir werden nie auf der Bühne stehen und sagen können: Ich bin Mark oder Frank oder Olaf, jetzt rede ich mal über meine Familie. Nie werden wir hier als eigenes Schicksal stehen, das über sein eigenes Schicksal spricht. Selbst wenn wir über unser eigenes Schicksal reden, reden wir als Schauspieler, die noch ihr eigenes Schicksal spielen, ohne das wir keine Schauspieler mehr wären, verstehen Sie? Aus diesem Fluch kommen wir nie wieder heraus. Nie wieder kann ich auf die Bühne treten und sagen: Ich bin ich! Die Leute würden lachen, würden sagen: Oh, heute spielt er diese Rolle, es könnte ein Zitat von Beckett sein. Alles, was ich sage, alles, was aus meinem Mund kommt, klingt wie auswendig gelernt. Und es stimmt. Ich kann sagen, was immer ich will, selbst das, was ich hier jetzt sage, klingt, als hätte irgendjemand schon vorher gewusst, dass mir hier an diesem Abend, ausgerechnet am Ende, etwas Furchtbares klarwird: dass ich nie wieder ein Nichtschauspieler sein kann!

Und nun haben mich die Leute zum letzten Mal gesehen, bevor ich erschossen worden bin oder an der Spanischen Grippe oder … ich weiß ja nicht, was Sie den Leuten erzählt haben … was auch gar keine Rolle spielt, weil sie – egal, ob ich tot bin oder hinter der Bühne stehe – bloß denken:

(verfällt in einen Deklamationston à la «Oskar Werner liest Trakl – Confiteor» [YouTube]) Er ist ein Schauspieler,

«der seine Rolle spricht,

Gezwungen, voll Verzweiflung – Langeweile.

Die bunten Bilder, die das Leben malt,

Seh ich umdüstert nur von Dämmerungen.

Wie kraus verzerrte Schatten, trüb und kalt,

Die, kaum geboren, schon der Tod bezwungen.

Mich ekelt dieses wüste Traumgesicht.

Doch will ein Machtgebot, dass ich verweile.»

Lerch will gehen, kehrt aber noch einmal um.

LERCH Übrigens, es stimmt nicht.
Unten ist nicht zugeschlossen.
Jederzeit könnte ich hinaus.
Jederzeit, nur ... es stürmt.
Ich würde doch gern einen Schal mitnehmen.
Unten stürmt's, man würde hier oben gar nicht denken, wie es
da unten stürmt, stürmt, dass man am liebsten hier bleiben ...
Ich würde doch gern einen Schal mitnehmen. Haben gar nicht
gemerkt, wie es stürmt, vor lauter Reden, was? Haben vor lauter
Reden über die Welt die Welt ganz vergessen! Haben hier oben
gar nicht gemerkt, wie's stürmt.

Lerch nimmt Irm Königs Schal an sich und geht damit ab. Stille.

LIZ HANSEN Es ist immer das Gleiche

IRM KÖNIG Immer das Gleiche.

LIZ HANSEN Gehen, bleiben, kommen, Dunkel, Stille, Licht, Auftritt,
Abtritt.

IRM KÖNIG Immer das Gleiche.

LIZ HANSEN Nachts bin ich manchmal hier.

IRM KÖNIG Nachts?

LIZ HANSEN Sitze einfach hier.

IRM KÖNIG Nachts?

LIZ HANSEN Einfach in der Stille.

IRM KÖNIG Im Dunkeln?

LIZ HANSEN Man kann es dann hören.
Man kann alles hören.
Alles, was jemals in diesen Mauern ...

IRM KÖNIG Und wie gehen wir ab?

LIZ HANSEN Ich geh durch die Mitte.

IRM KÖNIG Und ich?

LIZ HANSEN Dann wird's dunkel.

IRM KÖNIG Und wie gehe ich ab?

LIZ HANSEN Nachdem ich abgegangen bin, wird's dunkel.
Aus. Schluss. Dunkel.

IRM KÖNIG Und das Ende?

LIZ HANSEN Das Ende wird überschätzt, Irm.

Ende

MORGEN IN KATAR

PERSONEN:

ARCHITEKTIN, mit Zahnweh

BLONDE FRAU

ARNOLD

EDITH, Arnolds Frau, beide Mitte 50

HERR BERNHARD

CHRISTIAN, Anfang 40, heruntergekommene Jünglingshaftigkeit

GESCHÄFTSMANN, mit Headset

WÜNTROP

ARABER, mit Kopfhörer

SCHAFFNER

CHRISTA, die Frau mit dem Minibarwagen

PAAR, das sich ein Haus baut und an Familientischordnung für ein
Fest bastelt

ORT:

In einem Zugwaggon.
Sitzordnung:
1. Viererplatz mit Tisch – auf den Fensterplätzen sitzen einander
gegenüber: links die Architektin, rechts die blonde Frau.
Über dem Gang 2. Viererplatz mit Tisch – auf dem Gangplatz links
sitzt Herr Bernhard und rechts auf dem Fensterplatz Wüntrop.
3. Viererplatz mit Tisch (hinter dem 1.) – auf dem Fensterplatz links
sitzt Arnold, neben ihm der Araber mit den Kopfhörern, Arnold
gegenüber (rechter Fensterplatz) sitzt Edith.
Über dem Gang 4. Viererplatz mit Tisch – Christian sitzt allein
links außen (Gangplatz).
5. Viererplatz mit Tisch, hinter Edith und Arnold – der Geschäfts-
mann sitzt rechts auf einem Fensterplatz.

Auftragswerk für das Staatstheater Kassel
Uraufführung: 02.03.2008 Staatstheater Kassel
(Regie: Schirin Khodadadian)

*Es können sich immer wieder Gesprächsfetzen überlappen, jedoch
nicht so, dass alles sich im Unverständlichen auflöst.*

*Einer liest Zeitung, ein anderer hört über Kopfhörer einen
dumpfen Technorhythmus, sein Nachbar schaut ihn immer wieder
böse an.*
Die Architektin mit Zahnweh sitzt schmerzverkrampft da.
Am Sitz von Christian steht eine Tasche auf den Gang hinaus.
Arnold blättert in einer Zeitschrift.

EDITH Wenn man nicht wüsst, dass es die Rückfahrt ist, könnte man
meinen, es sei die Hinfahrt.

ARNOLD Ist nicht die Hinfahrt

EDITH Aber meinen könnt man's.

BLONDE FRAU Jetzt ist's gleich vorbei mit der Ruhe.

Stille.

Pressen sich gleich wieder diese schwitzenden Pendlerhorden
durch den Zug, jonglieren ihre Koffer über unsern Köpfen, fläzen
sich hin und stöhnen, als hätten sie einen Krieg hinter sich, und
dann hat jeder von denen noch ein Telefon und eine Frau daheim,
die er anrufen und der er sagen muss: Jetzt sitz ich im Zug, als
hätte die Frau Angst, er könnte sonst wo sein.

Stille.

ARNOLD Wenn ich nach Hause komme, sind sie bereits da

Stille.

Jetzt sag ich dem was! *(Bezogen auf den Araber mit den lauten Kopfhörern)*

Stille.

EDITH Mit so einem Koffer fährt man doch nicht herum, ist ja ein halber Sarg. Wo alles in der Welt immer kleiner wird, braucht man doch nicht so einen Koffer.

ARNOLD Der gehört ihm *(meint den Araber)*

EDITH Ihm gehört doch die Tüte

ARNOLD Die gehört doch dem *(meint Christian)*

EDITH Dem gehört doch die Tasche

ARNOLD Dann gehören ihm eben Tüte und Koffer

EDITH Ist aber nur mit einer Tüte eingestiegen

ARNOLD Da siehst du's wieder mal

EDITH Der braucht nicht viel

ARNOLD Sitzt hier mit nur einer Tüte rum und macht so einen Krach

EDITH Psst

Stille.

GESCHÄFTSMANN Ich bin's, Frau Kräutner, bitte rufen Sie mich zurück, brauche Informationen zu Herrn Füssli, Herrn Füssli aus der Schweiz. Dringend. Für Montagmorgen vergessen Sie bitte nicht, bitte legen Sie mir für Montagmorgen drei Bewerbungsmappen heraus auf meinen Schreibtisch, und grüßen Sie Herrn Lorenz. Falls er anruft.

ARNOLD Jetzt sag ich aber was.

Stille.

BLONDE FRAU Nicht jeder kann Stille ertragen. Die einen fangen an zu toben, graben vor Wut im Sand, schreien Kamele an, andere rennen sinnlos drauflos, in die Wüste hinein, als gäb's da ein Ziel, eine Oase um die Ecke, ein Feigenbäumchen vielleicht. Die Beduinen kennen das, die kennen das schon. Man muss diese Stille, ich meine, diese Stille, die ja gar keine Stille ist, sondern vielmehr ein Getöse, ein Dröhnen, ein Heulen, ein Sausen aus Sand und Wind, ein andauerndes Brausen, das einen nie verlässt, selbst im Schlaf umtost einen noch dieses ... man glaubt, man hört das eigene Blut rauschen, dazu diese Endlosigkeit, die einen umfasst, ich würde sagen, eine Weite, eine endlose Weite, ich würde sagen, die umklammert einen, dass einem fast schon wieder eng werden könnte.
(zur Architektin) Geht es Ihnen besser?

Die Architektin schüttelt den Kopf. Stille.

EDITH Schaust gar nicht hinaus!

Stille.

Wenn wir aus einem andern Land kämen, würden wir jetzt sagen: Hier möcht man leben.

Stille.

Man könnt meinen, man fährt durch die Toskana.

ARNOLD Ist nicht die Toskana.

EDITH Aber meinen könnt man's.

ARNOLD Wenn's irgendwo mal ein bisschen schön ist, ist's immer gleich die Toskana. Da könnt man bald eine Wut auf die Toskana kriegen.

Stille.

EDITH Mir hat mal einer gesagt, die Berge in der Pfalz, die würden ihn an die Berge in Asien erinnern, obwohl er gar nie in Asien gewesen ist.

ARNOLD Da siehst du mal, was für ein Unsinn das ist, dass eine Landschaft immer wie eine andre sein muss. In Asien würde ja auch keiner auf so einen Blödsinn kommen und sagen: Unsere Berge sehen aus wie die in der Pfalz. Auch wenn da noch keiner in der Pfalz gewesen ist.

Stille.

EDITH Schaust gar nicht hinaus!

GESCHÄFTSMANN Frau Kräutner, ich bin's, brauchen mich nicht mehr zurückzurufen, habe die Informationen über Herrn Füssli, Herrn Füssli aus der Schweiz gefunden, zuunterst sind sie gelegen, Frau Kräutner, Wichtigkeiten wie Herr Füssli aus der Schweiz haben natürlich oben zu liegen, das muss ich Ihnen nicht sagen, dass ich ausgerechnet nach unserem einzigen Schweizer Kunden wühlen muss, bis ich ihn finde. Für Montagmorgen nicht vergessen, bitte legen Sie mir für Montagmorgen besser doch sechs Bewerbungsmappen heraus anstatt drei. Sechs Bewerbungsmappen auf meinen Schreibtisch, und grüßen Sie Herrn Lorenz. Falls er anruft.

Stille.

ARNOLD Wenn ich heimkomme, sind sie alle da

EDITH *(mustert den Koffer über sich)* Der braucht ja einen Kofferträger für so einen Koffer

ARNOLD So hab ich mir das vorgestellt

EDITH Was?

ARNOLD Da kann ich gleich anfangen

Christian geht hinaus. Edith schaut ihm nach.

Aber jetzt sag ich was

EDITH Er hört dich nicht. Wir hören ihn, aber er hört uns nicht

Stille.

Ich hätt's ja gar nicht gehört. Aber jetzt, wo du's gesagt hast ...
da kann man weghören wollen, wie man will, man kriegt's beim
besten Willen nicht mehr weg.

ARNOLD Ich sag dem jetzt was!

Stille.

Wo kommen wir denn da hin, wenn die halbe Welt eine Toskana
ist. In jeder Himmelsrichtung liegt Florenz, und kaum plätschert
mal ein bisschen Wasser zwischen zwei Gassen, ist's schon
Venedig.

SCHAFFNER *(geht durch den Waggon)* Niemand zugestiegen?

*Er stolpert auf der Höhe von Arnold, Edith und Christian fast über
die Tasche, die in den Gang hineinsteht. Stille.*

EDITH Da muss man schon sagen, in Frankreich, da haben die
Schaffner noch ein ganz anderes Auftreten, an denen schaut
man noch ganz anders hinauf mit ihren Mützen, die stehen ganz
anders da mit so einer Uniform.

BLONDE FRAU So ein Schmerz kommt ja nicht einfach ohne Sinn.
Der will einem ja was sagen. Der hat ja immer eine Botschaft. Dem
muss man schon genau zuhören, was der erzählen will. So ein
Schmerz, der will ja auch was erzählen können, der muss auch
mal was loswerden. Früher, bevor ich in die Wüste gefahren bin,
hatte ich auch immer Schmerzen. Bis ich die Botschaft einmal
verstanden habe, hat es lange gedauert. Andererseits hat es vielleicht so lange dauern müssen. Sonst wäre ja auch die Botschaft
eine andere gewesen. Vielleicht wäre ich sonst nie in die Wüste
gefahren.

ARNOLD Jetzt sind sie wieder unterwegs. Immer um diese Zeit sind sie unterwegs.

EDITH Wer?

ARNOLD Die Feministinnen aus Dänemark sind wieder unterwegs, boxen sich mit ihren Rucksäcken durch die Züge.

Der Zug macht eine Vollbremsung und kommt nach einer Weile zum Stehen.

HERR BERNHARD Was ist jetzt wieder los?

Stille.

BLONDE FRAU Mir hat mal ein Schaffner erklärt, dass, wenn der Zug zu schnell fährt, er automatisch eine Vollbremsung macht.

HERR BERNHARD Hab ich noch nie was von gehört.

Das Paar, das sich zusammen ein Haus baut, geht durch den Waggon.

FRAU Aber wo setzen wir Ida hin?

MANN Nicht neben meine Eltern.

FRAU Irgendwo muss sie aber hin.

MANN Neben meinen sitzt schon Olaf.

FRAU Lieber Olaf als Ida.

MANN Das sagst du ...

Sie stolpert über die am Sitz von Christian auf den Gang hinausstehende Tasche.

ARNOLD *(Zeitung lesend)* Da sei über Pforzheim ein Tornado friedlich hinweggezogen

EDITH Oje

ARNOLD Habe am Himmel herumgetobt, aber kein einziges Dach abgedeckt

EDITH Oje

GESCHÄFTSMANN Ich bin's, Kattrin, wollte nur sagen, wir sind gleich in Karlsruhe, jetzt bist du nicht da, ich ruf wieder an, stehen aber gerade im Moment, falls du mich nicht erreichst ...

ARNOLD Hat kein einziges Dach abgedeckt ...

GESCHÄFTSMANN ... jetzt ist es weg.

EDITH Die Hilde hat ja einmal eine Windhose fotografiert.

ARNOLD Wann kommt denn jetzt einmal der Speisewagen?

EDITH Ist ihr mit dem Auto hinterhergefahren.

ARNOLD Ein paar Erdnüsse, wenigstens ein paar Erdnüsse

Christian kommt zurück.

Durchsage des SCHAFFNERS: Meine Damen und Herren, unsere Weiterfahrt wird sich um kurze Zeit verzögern, wir bitten Sie um Entschuldigung.

BLONDE FRAU Das ist das Schöne, wenn man da mitten in der Wüste steht, über einem der Wüstenhimmel, da fühlt man sich auf einmal in seiner ganzen Winzigkeit, wie man sich noch nie in seiner Winzigkeit gefühlt hat, über einem der Wüstenhimmel, und man denkt: Jetzt stehst du da zwischen Wüste und Himmel, eingeklemmt zwischen zwei Ewigkeiten, was aber ja gerade auch das Schöne ist, weil die Zeit dann ihre Zeit verliert und nichts mehr wichtiger als etwas anderes ist …

ARNOLD Jetzt kommen wir zu spät.

BLONDE FRAU … die Beduinen, man würde es gar nicht denken, reden und reden und reden, und was sie reden, ist, dass sie einander den ganzen Tag Wege beschreiben, Wege durch die Wüste, Wege, Umwege, Umwege, Wege, als sei die Wüste ein einziges Verkehrsnetz, ein Labyrinth aus Straßen, eine endlose Stadt aus Sand ohne Häuser. Mit ihrer blumigen Sprache beschreiben sie die Steine, die Dünen, die Hügel, die Wogen …
Sind Sie schon einmal auf einem Kamel gesessen?

Die Architektin schüttelt den Kopf.

EDITH Seit du's gesagt hast, kann man weghören wollen, wie man will, man kriegt's ums Verrecken nicht mehr weg.

ARNOLD Ich hätt's jetzt gar nicht mehr gehört.

BLONDE FRAU Da sieht man ja immer ein bisschen lächerlich aus, wie man da hin und her wackelt …

ARNOLD Saale-Unstrut will eine Toskana sein, das Kraichgau, die Pfalz, das Markgräflerland, die Schwäbische Alb, Mecklenburg-

Vorpommern sowieso, die Lüneburger Heide. Was bleibt da noch übrig?

BLONDE FRAU ... ganz zu schweigen, wie das am ersten Tag weh tut, da möchte man heulen vor Schmerzen, aber dann, am zweiten und dritten, vergisst man den Schmerz, und am vierten möchte man für immer nur noch wie in Trance durch die Wüste schaukeln auf einem Kamel, wie auf einem Schiff.

ARNOLD *(zu Christian)* Haben Sie den Speisewagen gesehen?

Christian reagiert nicht.

EDITH Der hört dich nicht

ARNOLD Ist ja auch nicht schön für Dresden, wenn es bloß ein Florenz an der Elbe sein darf.

Stille.

Und was nicht Toskana ist, ist Schweiz, Holsteinische, Sächsische, Fränkische, Märkische, alles Schweiz ohne Schweiz

GESCHÄFTSMANN Ja, hier Schüssler, Ernst Schüssler, guten Tag, Herr Lorenz, ich fahre jetzt wieder nach Hause, Sie hatten sicherlich ... ich meine, also, es ist für mich gar kein Problem, ich bin ja oft in Frankfurt, also, wir können gerne, Frau Kräutner weiß Bescheid, das wollte ich Ihnen nur sagen, wie gesagt, für mich war das überhaupt kein Problem, ich hatte eh in Frankfurt zu tun, ich hoffe, es geht Ihnen gut, und denke, wir sehen uns dann beim nächsten Mal ...

ARNOLD *(zu Christian)* Haben Sie den Speisewagen gesehen?

GESCHÄFTSMANN ... also, das wollte ich Ihnen nur sagen, damit Sie sich keine Gedanken machen, das war, wie gesagt, überhaupt kein Problem. In diesem Sinne wünsche ich Ihnen ein schönes Wochenende, Herr Lorenz, jetzt ist der Sommer ja endlich gekommen, alles Gute Ihnen, Grüße nach Frankfurt, wie gesagt, ich bin jetzt wieder auf dem Heimweg, habe ja immer wieder mal in Frankfurt zu tun, Sie können sich gerne, Frau Kräutner weiß Bescheid, alles Gute Ihnen und ein schönes Wochenende ... Falls Sie mich lieber doch direkt erreichen wollen, da ich, wie gesagt, viel unterwegs bin, hinterlasse ich Ihnen meine Nummer für alle Fälle: 0172 34758 ... Moment, nein, Entschuldigung, 0172 34768 ... nein: 786, 786, so ist es richtig. Entschuldigung, ich sag es jetzt nochmals: 01 ...

Durchsage des SCHAFFNERS: Meine Damen und Herren, wir haben offenbar gerade jemanden überfahren.

GESCHÄFTSMANN ...72 34786. Wiederhören.

BLONDE FRAU O Gott

ARCHITEKTIN Wir?

CHRISTIAN Scheiße

GESCHÄFTSMANN Was?

Allgemeines Rumoren im Waggon.

ARCHITEKTIN Man hat gar nichts gemerkt.

HERR BERNHARD Hier hinten merkt man nichts.

BLONDE FRAU Ich hab so ein kleines Ruckeln gemerkt, als wär man über ein Stöckchen gefahren. So was hab ich gemerkt.

HERR BERNHARD Hier hinten merkt man nichts. Vorne, in den vorderen Wagen, die werden was gemerkt haben.

BLONDE FRAU So ein kleines Ruckeln, wie über ein Stöckchen, hab ich gemerkt.

Durchsage des SCHAFFNERS: Meine Damen und Herrn, wir haben leider einen Suizid.

EDITH Also das ist doch ... bei so einem schönen Wetter, also ...

CHRISTIAN Scheiße

HERR BERNHARD Ein Mensch gegen einen Zug, das ist nicht einmal nichts.

BLONDE FRAU Man sieht gar nichts.

HERR BERNHARD Man sollte jetzt nicht hinausschauen.

BLONDE FRAU Wiesen, Pappeln, Brombeerhecken.

HERR BERNHARD Man sollte jetzt nicht hinausschauen.

EDITH Also das ist doch ... bei so einem Wetter

HERR BERNHARD Ein Mensch gegen einen Zug, den verspritzt es in der Landschaft, der hängt jetzt fetzenweise in Büschen und Bäumen

BLONDE FRAU O Gott

HERR BERNHARD Ein Mensch gegen einen Zug ist eine saumäßige
Sauerei

CHRISTIAN Ich saß mal in einem Zug, der ist in eine Schafherde
gefahren, das war kein Spaß

ARNOLD Da drüben läuft einer mit einem Hund.

GESCHÄFTSMANN Ich bin's, Kattrin, will dir nur sagen, da hat sich
wieder mal so ein Arsch vor den Zug geschmissen, ausgerechnet
vor meinen, als hätt man nichts andres zu tun, Herrgott noch
mal ... ich mein, da kann ich jetzt auch nichts dafür, ich hoffe, falls
ich nicht ... ist ja jetzt wirklich nicht meine Schuld.

ARNOLD Die Sonja hat jetzt ja auch eine Katze gekriegt.

CHRISTIAN Ganze Kadaver hingen an den Balkonen, und in den
anliegenden Gärten hat's Schafdärme heruntergeregnet

EDITH Musst du da hinausschauen?

ARNOLD Wenn ich hinausschau, musst du nicht hinausschauen

CHRISTIAN Warum muss der jetzt hier dumm rumstehn!

HERR BERNHARD Das kann dauern

BLONDE FRAU Wir können doch nicht noch einmal drüberfahren

ARCHITEKTIN Bitte sagen Sie nicht immer «wir»

CHRISTIAN Hin ist hin

HERR BERNHARD Möchte nicht wissen, wie es da unten jetzt aussieht

BLONDE FRAU Die Mutter möcht man nicht sein, bei der gleich das Telefon klingelt.

HERR BERNHARD Das kann dauern

BLONDE FRAU Dauern?

HERR BERNHARD Ja glauben Sie denn, da liegt jetzt eine Hand neben dem Zug, fein säuberlich mit einem Zettel zwischen den Fingern, mit Name, Adresse, Telefonnummer, Geburtsdatum und letzten Grüßen an die Verwandten?

ARCHITEKTIN O Gott

BLONDE FRAU Irgendwas wird er ja bei sich haben

HERR BERNHARD Was heißt da «er»!? Wo fängt der jetzt an? Und wo hört der auf? Und was liegt da alles dazwischen?

BLONDE FRAU Aber irgendjemand kriegt doch heut noch einen Anruf

HERR BERNHARD Die sagen das nicht am Telefon, die fahren da direkt hin

BLONDE FRAU Auch schlimm, wenn man da auf der Türschwelle zusammenbricht

HERR BERNHARD Die sagen das nicht auf der Türschwelle ...

ARCHITEKTIN Vielleicht gibt's da längst keine Mutter mehr

HERR BERNHARD ... das wird schon drinnen geklärt.

BLONDE FRAU Da steht dann die Polizei vor der Tür

HERR BERNHARD Natürlich!

BLONDE FRAU Da denkt dann so eine Mutter zuerst, der Sohn hat was angestellt.

HERR BERNHARD Wieso «Sohn»?

BLONDE FRAU Man stellt sich doch bei einem, der so was macht, zuerst einmal einen Sohn vor.

HERR BERNHARD Da kennen Sie aber die Statistiken schlecht. Bei meinen Nachbarn, da standen nachts um drei auch mal zwei Polizisten vor der Tür und klingeln die Alten raus, die im Schlafanzug dastehn, völlig verschlafen, und als Erstes fragen: Hat der Christian was angestellt? Und die Polizisten sagen: Keine Angst, der stellt nichts mehr an.

Die Architektin verlässt den Waggon.

EDITH Ich könnt jetzt nicht auf Toilette

HERR BERNHARD So ein Lokführer erlebt das ja ständig. Sitzt da vorne drin, sieht, was auf ihn zukommt. Kann gar nichts machen. Bremsen muss er natürlich, auch wenn er weiß, dass alles zu spät ist. Manche, die stehen ja noch da, breiten die Arme aus, als wollten sie den Zug umarmen, schauen dem Lokführer direkt ins Gesicht, glotzen ihn mit großen Augen an, dass er später davon träumen muss. Hauptsache, er steigt nicht aus. Wenn er einmal aussteigt, steigt der nie wieder ein. Ist ein Gesetz. Das lernen die am ersten Tag. Da muss der Schaffner raus. Falls da noch was zu machen wäre.

EDITH Jetzt auf Toilette, also, das könnt ich nicht.

ARNOLD Und jetzt radelt noch einer mit dem Hund vorbei

BLONDE FRAU ... was zu machen wäre?

HERR BERNHARD Ins Fahrwerk gequetscht, weiß Gott was, ist ja jedes Mal ein anderer Fall. Nur über die Füße gefahren, hat's auch schon gegeben.

BLONDE FRAU Dieses kleine Ruckeln, als wären wir über ein Stöckchen gefahren, ich spür's, als sei's in meinem Leib drin.

HERR BERNHARD Das kann dauern

CHRISTIAN *(zu Edith und Arnold hinüber)* Hab mal erlebt, wie die Leute, als der Zug einfährt, schreiend auseinanderrennen. Nachher hieß es, an der Lok vorne sei die aufgeplatzte Fleischleich von einer Frau gehangen.

EDITH Montag dürfen wir nicht vergessen, Hilde anzurufen, weiß ja nicht, was man in der Hilde alles gefunden hat, was da gar nicht hineinge- ...

ARNOLD Ein Kormoran!

EDITH Schrei doch nicht so!

ARNOLD Ein Kormoran

EDITH Du sollst doch nicht immer hinausschauen

ARNOLD Jetzt ist's noch schlimmer

EDITH Was?

HERR BERNHARD Möcht nicht wissen, wie es da unten aussieht

BLONDE FRAU Da möcht man nicht der Schaffner sein

HERR BERNHARD Kann man nicht verhindern, ob man will oder nicht, kann man nicht

EDITH Sollten's ihm sagen, Arnold, muss vielleicht heute noch nach Italien

ARNOLD Ist doch ein Araber

EDITH Psst

ARNOLD Hört doch nichts!

EDITH Woher weißt du das?

ARNOLD In dem seinem Land ist Selbstmord verboten

HERR BERNHARD Die letzten Tage im Leben eines Selbstmörders sollen ja die schönsten sein, hab ich mal gehört.

BLONDE FRAU Man gönnt's ihm.

HERR BERNHARD In den letzten Tagen, da lebe so ein Selbstmörder ja noch einmal richtig auf und fühle sich wie noch nie zuvor in seinem Leben befreit. Da sei so ein Selbstmörder, von dem man ja noch gar nicht weiß, dass er ein Selbstmörder ist, gar nicht wiederzuerkennen vor lauter Jauchzen und schönem Übermut. Weshalb sich ja in den letzten Tagen auch so viele Frauen in den Selbstmörder verlieben. Der schwebe da ja regelrecht über dem Boden, und keiner kann ahnen, warum.

ARNOLD Wenn ich nach Hause komm, ist alles schon da, und ich kann sofort anfangen

BLONDE FRAU Man sieht ja nicht hinein in diese Wälder

EDITH Fast schade, dass es schon wieder so weit ist

ARNOLD Wie weit?

EDITH Dass du schon wieder anfangen kannst

CHRISTIAN *(sein Handy läutet)* Okay, was hab ich dir gesagt?, was hab ich dir gesagt!, du weißt, was ich dir gesagt hab, sag mir, was ich dir gesagt hab! – Was ich dir gesagt hab, will ich wissen! Und warum? Warum hab ich dir das gesagt!? Warum ich dir das gesagt hab!? – Interessiert mich nicht, scheißegal, du wartest jetzt, bis der Richie kommt, hast du mich verstanden!?

Der Schaffner eilt durch den Waggon.

GESCHÄFTSMANN *(ruft ihm hinterher)* Wann geht's endlich weiter?

SCHAFFNER Das kann ich Ihnen leider nicht sagen

GESCHÄFTSMANN Sind doch Schaffner! Müssen doch wissen, wann wir weiterfahren

SCHAFFNER Ich kann nicht mehr sagen, als ich weiß *(Will weiter-gehen)*

GESCHÄFTSMANN Dann sagen Sie doch, was Sie wissen

SCHAFFNER Wir haben einen Personenschaden

SCHAFFNER Mehr weiß ich nicht

Der Schaffner stolpert wieder über die bei Christians Platz in den Gang hinausstehende Tasche. Wüntrop und Herr Bernhard reden fast gleichzeitig:

WÜNTROP Entschuldigen Sie, könnten Sie mir bitte sagen ... ich muss dringend meinen Flieger erreichen

HERR BERNHARD Erreiche ich meinen Anschluss nach Basel?

SCHAFFNER Ich komme wieder *(Ab)*

BLONDE FRAU Personenschaden? Wie seelenlos!

HERR BERNHARD Das müssen die so sagen. Das ist vom Zug aus gesehen. Sozusagen könnte man sagen: Hier spricht der Zug.

EDITH Andere ertragen auch ein Leben lang ihr Leidensleben, und das bis zum Ende, das kommt, wenn's kommt.

BLONDE FRAU Die Beduinen, die sehen einander an der Zunge an, wie's ihnen geht.

ARNOLD Tiere kämen nie auf den Gedanken, sich so was anzutun

HERR BERNHARD Nie was von den Lemmingen gehört?

CHRISTIAN Das sagen die Leute immer: Aber die Lemminge, die Lemminge!, das ist ihr Erstes, wenn's um Selbstmord bei Tieren geht. Haben keine Ahnung. Aber sagen immer: Die Lemminge, die Lemminge! Das Einzige, was ihnen einfällt. Wissen gar nicht, was

Lemminge sind, wie so ein Lemming überhaupt aussieht. Sind's Fische, Nager, Vögel, Säuger? Aber wenn's bei Tieren um Selbstmord geht, sind's immer die Lemminge.

BLONDE FRAU Und warum ist das kein Selbstmord?

CHRISTIAN Das kann ich Ihnen auch nicht sagen. Auf jeden Fall hat mir das mal einer erklärt, dass es das Dümmste ist, was es überhaupt gibt, wenn die Leute bei Selbstmord von Tieren sagen: Aber die Lemminge, die Lemminge! Die wissen gar nicht, was Lemminge sind. Wissen nicht einmal, wie so ein Lemming überhaupt aussieht.

BLONDE FRAU Und wie sehen sie aus?

CHRISTIAN Das weiß ich auch nicht. Aber wenn sie ins Meer rennen, ist das kein Selbstmord. Das ist etwas anderes, aber kein Selbstmord.

Die Architektin kommt zurück.

HERR BERNHARD *(zu ihr)* Die Tür lahmt. Haben Sie gemerkt, 25, 26, 27 – hätte längst zugehen müssen.

BLONDE FRAU Kennen sich aus!

HERR BERNHARD Kann nur sagen, woanders wäre das eine Frage der Heizkostenersparnis.

ARCHITEKTIN *(hat so gut wie nicht zugehört und gleich das Handy gezückt)* Hallo, Fina – Ist nichts rausgekommen. – Wieder zehn Stunden über den Plänen gehockt, wollen immer alles aus Glas, wie Banken und Bahnhöfe – denen ist das egal, Hauptsache, jeder hat noch mal seinen Senf – genau, von nichts eine Ahnung, aber entwerfen, verwerfen, jeden Tag von neuem – ich streit mich nicht um jedes Fenster – mit mir hat das eh nichts mehr zu tun – am Ende steht sie wieder da, die Schuhschachtel, wie vor einem halben Jahr – Giebel oder Gaube, das ist mir inzwischen Jacke wie Hose, sollen sie im Sommer frieren, im Winter schwitzen, das Dach in den Keller – Von wegen Wochenende, ich hab keine Zeit, überhaupt keine Zeit – *(seufzt)* Die Zeit schreitet voran, und wir stehen hier. Bis dann, Fina, jetzt hätt ich fast gute Nacht gesagt. So geschafft bin ich. Ciao, Moment: Sag bitte niemand, wie ich Zahnweh hab, sonst – Hallo!? *(Die Verbindung ist unterbrochen.)*

WÜNTROP *(zur Architektin)* Schön, wie Sie das gesagt haben: Die Zeit schreitet voran. Habe ich lange nicht mehr gehört. Die Zeit schreitet voran ...

HERR BERNHARD Unsere Tage werden ja auch immer länger, deswegen stimmt ja auch die Uhr nie genau. *(Zur Architektin)* Haben Sie das mal bemerkt?

ARCHITEKTIN Was?

HERR BERNHARD Dass unsere Tage immer länger werden. Gibt ja die Theorie, die erklärt, ich meine, eigentlich ist es ja gar keine Theorie, warum unsere Tage immer länger werden. Interessanterweise wurde das ja in der DDR gelehrt. Sozusagen als Konkurrenztheorie zur Relativitätstheorie. Also diese Theorie, die ja eigentlich gar keine ist, besagt, dass unsere Erde ständig Teilchen auf sich nimmt und an Masse zunimmt. Das erklärt ja auch, warum unsere Tage immer länger werden. Deshalb müssen wir unsere Atomuhren ja auch immer mal wieder korrigieren.

BLONDE FRAU Kennen sich aus!

WÜNTROP *(immer noch zur Architektin)* Sonst sagt man immer: Die Zeit läuft davon, sie rast, oder: Einer stiehlt sie einem, aber dass sie schreitet, dass sie schreitet, das ist ja gerade dadurch ...

HERR BERNHARD Entschuldigung, ich will nur kurz meinen Satz zu Ende bringen ...

WÜNTROP ... gerade dadurch, dass es so graziös, um nicht zu sagen aristokratisch klingt, ist es noch viel gnadenloser, denn so etwas lässt sich überhaupt nicht vom Gang der Dinge stören, wie wir das bei einem übersteuerten Tempo empfinden, das sich ja drosseln lässt, weil es in unserer Macht steht, als säßen wir am Steuer.

BLONDE FRAU Für ein Kind ist ja alles ewig

HERR BERNHARD *(zur Architektin)* Der Graben zwischen Weltzeit und Lebenszeit, der ist ja ...

BLONDE FRAU Für ein Kind ist nichts endlich

HERR BERNHARD Wenn ich das noch sagen darf ... *(Weiß einen Moment nicht weiter)* ... sehr interessant ... Sie sagen, Sie haben keine Zeit. Was ja so viel heißt wie: Sie verfügen über keine Zeit. Genauer gesagt: Sie leiden unter einem Zuviel an keiner Zeit. Hab ich recht?

WÜNTROP *(steht auf und sagt dabei zu Herrn Bernhard)* Dürft ich mal?

HERR BERNHARD Andere Richtung zur Toilette

WÜNTROP Danke

HERR BERNHARD Viel Erfolg

BLONDE FRAU Jedes Mal, wenn ich zu meiner Mutter fahre, dauert die zweite Hälfte immer länger als die erste. Sobald ich das Schild Bad Schachernried sehe, zieht sich die Fahrt ins Endlose. Dabei ist alles wie vorher: Bäume, Wiesen, Zwiebeltürme, Kühe …

EDITH Ich könnt jetzt nicht auf Toilette

HERR BERNHARD Immer noch Zahnschmerzen?

Die Architektin nickt.

Durchsage des SCHAFFNERS: Sehr verehrte Fahrgäste, da sich unsere Weiterfahrt auf unbestimmte Zeit verzögern wird, bietet Ihnen die Deutsche Bahn im Speisewagen ein Freigetränk Ihrer Wahl an.

CHRISTIAN Endlich

HERR BERNHARD Das müssen die

Arnold will aufstehen.

EDITH Was machst du?

ARNOLD Speisewagen

EDITH Wir haben Saft dabei

Sie fängt an, in ihrer Tasche zu kramen; Arnold setzt sich unwillig wieder hin.
Drei Leute (bestehend aus den gleichen Schauspielern, die den Schaffner und das Paar spielen) kommen durch den Waggon Richtung Speisewagen. Während sie durchgehen, kommt ihnen Wüntrop entgegen. Der Vorderste der drei stolpert über die Tasche.

DER HINTERE Die Leich gibt uns jetzt ein Bier aus

> *Wüntrop steht dem Vordersten zusätzlich noch im Weg, weil er seinen Koffer herabholt und in den Gang stellt, ohne dass klar-wird, was er genau mit ihm will.*

DER VORDERE Spendable Leich

DER HINTERE Heiner, mach mal da vorne

DIE MITTLERE Zerquetscht mich nicht

DER VORDERSTE *(zu Wüntrop)* Könnten Sie mich bitte ...

> *Wüntrop macht sich seelenruhig an seinem Koffer zu schaffen.*

DER HINTERE Sonst ist das Bier aus, eh uns die Leich noch eins ausgibt

GESCHÄFTSMANN *(spricht nochmals auf den Anrufbeantworter)* Also, ich bin's noch mal, Kattrin, das ist jetzt wirklich verdammt, also, ich weiß jetzt auch nicht, aber der Zug steht und steht und steht, und da hat keiner eine Ahnung von nichts, außer dass da einer unterm Zug liegt, das kann noch Stunden, ich kann da jetzt wirklich nichts, verstehst du!? Dann müsst ihr eben ohne mich ... das ist jetzt wirklich nicht meine Schuld, ich weiß jetzt ja auch gar nicht, wo du ... aber Herr Lorenz, das hat sich ewig hingezogen, muss irgendwas dazwischengekommen sein, da geht man dann ja nicht einfach, hab ich ja nicht wissen können. Also – du – dann – also – ja. *(Er steht auf Richtung Toilette, stolpert über die Tasche; zu Christian)* Entschuldigung! *(Er geht wieder zurück auf seinen Platz, als sei ihm etwas eingefallen.)*

BLONDE FRAU Man kann doch jetzt nicht einfach so tun, als sei da nichts geschehen, wo wir über einen Menschen gefahren sind

ARCHITEKTIN Sagen Sie bitte nicht immer «wir»

CHRISTIAN Soll ich da jetzt mit einem, der mich hier herumsitzen lässt und der selbst nichts mehr spürt, auch noch Mitgefühl mimen? Ein Wichtigtuer, über den man sich jetzt auf einmal Gedanken machen muss, wo jetzt die Fürsorglichkeitsmonster denken: Den hätt man doch retten können, dem hätt man nur begegnen müssen, mit dem hätt man nur reden müssen, das hätt man verhindern können, dem man hätt sagen können: Natürlich ist das alles nicht so einfach, aber wenn du dich umbringst, nützt das ja auch nichts, da hast du ja nichts mehr davon, dass du dich umgebracht hast, aber jetzt kannst du wenigstens noch dran denken, oder willst du bloß, dass ein ganzer Zug sich fragt: Wer war dieses Aas, warum hat er das gemacht, wie muss es dem wohl gegangen sein in seinem armen, fürchterlichen, unerträglichen Leben? Das denken jetzt diese Größenwahnsinnigen, die sich für alles und jeden verantwortlich fühlen und alles retten können wollen, während andere draußen die Kutteln vom Zug weg- kratzen müssen und der Lokführer mit einem Schock in seinem Führerhaus hockt und eine Putzkolonne in Gummistiefeln in der Fleischsauerei herumwaten muss, um dem Deppen sein Schaschlik aufzusammeln. Ich denk nicht dran, dass ich an so einen denk, hat sich auch keine Gedanken gemacht, ob ich meine S-Bahn nach Denzlingen krieg oder nicht, Denzlingen, ja was soll überhaupt Denzlingen!?

ARNOLD Früher kannten wir ja noch Gedichte auswendig

Christa kommt mit dem Minibarwagen.

CHRISTA Tee, Kaffee, Mineral!?

BLONDE FRAU Einen Schwarztee, bitte.

HERR BERNHARD Was für Weine haben Sie?

BLONDE FRAU Ach nein, ein Sektchen bitte, wenn uns die Bahn schon eins spendiert.

WÜNTROP Ich hätte gern einen Cognac.

CHRISTA Kein Alkohol.

HERR BERNHARD Wie bitte?!

CHRISTA Alkohol ist ausgeschlossen von der Freigetränksfreiheit

HERR BERNHARD Glauben Sie etwa, ich trinke Milch!?

CHRISTA Hat der Schaffner gesagt!

WÜNTROP Ich hätte gern einen Cognac

BLONDE FRAU Trotzdem ein Sektchen, bitte

HERR BERNHARD Was haben Sie an Rotem?

ARCHITEKTIN Hätten Sie vielleicht ein Aspirin?

ARNOLD *(zu Edith)* Möchtest du vielleicht ein Likörchen? Gibt's heut umsonst

HERR BERNHARD *(zur Architektin)* Ich meine, das müsste eigentlich heißen: eine Aspirin

EDITH Solang's hell ist, Arnold!

CHRISTA *(zieht eine Aspirin hervor, zur Architektin)* Glück gehabt! Ich muss ja sagen, ohne geh ich gar nie aus dem Haus. Auch wenn ich sie nie brauch. Aber ohne, da möcht man dann doch nicht in so einen Tag hineinschlittern, sag ich mir immer. Weiß man ja nie, auch wenn's jahrelang gutgeht, aber auf einmal, sag ich mir, da steht man dann da und hat Glück gehabt, wenn einer Kopfweh hat.

ARCHITEKTIN Danke. Und einen Weißwein, bitte.

CHRISTA Glück im Pech! Ich habe auch immer Glück im Pech. Mein Glück ist immer ein Glück im Pech. Ich hätte wahrscheinlich nie Glück, wenn ich nicht Pech hätte. Anders gesagt, ich habe nie Pech, ohne im Pech Glück zu haben. Ich kann zufrieden sein. *(zu Herrn Bernhard)* Wir haben einen Dornfelder. Der Chianti ist aus.

HERR BERNHARD Dornfelder?

CHRISTA *(missversteht es als Bestellung und stellt ihm ein Fläsch-chen hin)* Ich habe sozusagen immer ein geglücktes Pech oder ein verpechtes Glück. Wie man will. Ein pechsträhniges Glück. Ich bin ein glücklicher Pechvogel.
(zu Herrn Bernhard) Vier neunzig.
Pech ist ja kein Unglück. Mit Glück im Unglück hat das nichts zu tun. Glück im Unglück ist was völlig anderes. Unglück ist ja nicht Pech. Pech ist kein Unglück.
(zur blonden Frau, der sie den Sekt serviert) Vier neunzig.
Meine Großtante Christa zum Beispiel, nach der ich benannt bin, die hatte Pech. Die ging im Krieg unter einer Küchenmauer verschütt. Später hat man dann gesagt: Das mit der Großtante Christa war schon ein Unglück. Aber für sie war's einfach Pech.

Hatte ja kein unglückliches Leben. Tante Christa hatte einfach nur Pech, dass ihr die Küchenmauer den Schädel zertrümmert hat. Weil ihr fehlte, was ich, die später nach ihr benannt worden bin, in solchen Momenten immer habe: Glück im Pech.

(zu Wüntrop) Vier neunzig.

Hätte sie das gehabt, würde Tante Christa vielleicht heute noch leben. Aber dann wäre ich vermutlich nicht nach Tante Christa benannt worden. Dann hieße ich jetzt nicht Christa, sondern vielleicht einfach nur Marlene. Was ja ein völlig anderes Leben bedeutet hätte. Als Marlene stünde ich wahrscheinlich gar nicht hier. Also ist dieser Name schon ein Glück im Pech.

(zu Christian) Könnten Sie Ihre Tasche vielleicht ...

CHRISTIAN Ist nicht meine –

ARNOLD *(auf den Araber bezogen)* Ist seine –

EDITH Ihm gehört doch die Tüte

Christian schiebt die Tasche weg, stößt sie dann aber mit dem Fuß so hin, dass sie wieder auf den Gang hinaussteht.

CHRISTIAN Ein Bier, bitte

CHRISTA Von Anfang an hab ich Glück im Pech gehabt, dem Pech, das meine Großtante unter der Küchenmauer verschüttging, hab ich das Glück zu verdanken, dass ich nach ihr benannt wurde und heute Christa heiße.

(kassiert bei Christian) Vier neunzig, bitte.

Wobei ich nicht sagen kann, ob ich als Marlene vielleicht das Glück auch ohne Pech hätt haben können. Oder umgekehrt. Einfach nur Pech. Oder Unglück.

(zu Christian) Saßen Sie nicht vorher ein paar Wagen weiter vorne?

CHRISTIAN Dafür, dass wir hier stehen, zahl ich vier neunzig für ein Bier!?

ARNOLD Einmal Erdnüsse, bitte

EDITH Ich möcht nichts

ARNOLD Meine Frau möcht nichts. Dafür nehm ich noch ein Bier.

CHRISTA Alkohol ist ausgeschlossen von der Freigetränksfreiheit

ARNOLD Ich bezahl's auch

Christa kassiert bei Arnold.

CHRISTIAN *(ruft, als Christa den Waggon verlassen will)* Entschuldigung, geben Sie mir gleich noch ein ...

Sie kommt mit ihrem Wagen zurück.

... nein, zwei, man weiß ja nicht, wie lange man noch steht, ich bin ja nicht der Einzige, wird ja nicht vorgesorgt sein für so eine Situation, oder haben Sie da etwa noch eine Reservekammer?

ARNOLD Dann würde ich noch ...

EDITH Was, Arnold?

ARNOLD ... ein Schnäpschen!

EDITH Ist doch noch hell

ARNOLD Ist einer gestorben, vergiss das nicht

CHRISTA *(zu Christian)* Ein paar Wagen weiter vorne sitzt einer genau wie Sie und erklärt einer Frau, wie er ein halbes Jahr nur von Brennnesseln gelebt hat *(Will abermals den Waggon verlassen)*

GESCHÄFTSMANN *(ruft)* Einen Kaffee und Erdnüsse, bitte

CHRISTA Würstchen hat es noch, Erdnüsse nicht mehr.

GESCHÄFTSMANN Immer das Gleiche. Jedes Mal, wenn ich Erdnüsse möchte, gibt es nur noch Würstchen.

CHRISTA Das liegt aber nicht an Ihnen

GESCHÄFTSMANN Wenn immer keine Erdnüsse da sind, müssten Sie doch mehr Erdnüsse haben, sodass immer welche da sind, Herrgott noch mal.

CHRISTA Viele nehmen, wenn keine Erdnüsse mehr da sind, Würstchen.

GESCHÄFTSMANN Zum Kaffee nehm ich kein Würstchen.

CHRISTA Viele nehmen, wenn keine Erdnüsse mehr da sind, ein Bier. Weil es zum Würstchen passt. Aber nicht umsonst!

GESCHÄFTSMANN Was?

CHRISTA Das Bier

GESCHÄFTSMANN Ich nehm gleich drei, man weiß ja nicht, wie lange man hier noch sitzt.

CHRISTA Würstchen?

BLONDE FRAU Jetzt krieg ich gleich wieder rote Ohren

HERR BERNHARD *(zu Wüntrop)* Mehr als ein Gläschen trink ich nicht ...

CHRISTA Macht dreimal vier neunzig

HERR BERNHARD ... muss heute noch eine Rede halten.

BLONDE FRAU Eine Rede?

ARNOLD Früher kannte man noch Gedichte auswendig ...

EDITH Jetzt hab ich grad wieder an die Hilde denken müssen.

ARNOLD ... da hatte man immer einen Reim in sich sitzen. Egal, was man gesehen hat, einer hat immer gepasst.

EDITH Wie der Schmerz jetzt an der Hilde nagt.

ARNOLD Willst nicht doch ein Likörchen? Gibt's heut umsonst.

CHRISTA Schöne Weiterfahrt wünsch ich

BLONDE FRAU Proust, hat mein Vater immer gesagt, Proust! *(Hebt ihr Glas)*

HERR BERNHARD Mehr als ein Gläschen trink ich nicht, muss heute noch eine Rede halten.

BLONDE FRAU *(zur Architektin)* Auf Ihre Zahnschmerzen!

EDITH *(geht mit einer Handvoll Erdnüsse zum Geschäftsmann hinüber)* Bitte nehmen Sie!

GESCHÄFTSMANN Um Gottes willen, nein!

EDITH Ja, doch, nehmen Sie bitte.

GESCHÄFTSMANN Ich kann das doch nicht aus Ihrer ...

EDITH *(schüttet ein paar Nüsse auf seinen Tisch)* Ich könnt jetzt auch kein Würstchen essen.
Unser Sohn ist ja auch ständig unterwegs. Überall in der ganzen Welt.

GESCHÄFTSMANN Danke, das reicht.

WÜNTROP *(zur Architektin)* Mir geht das gar nicht mehr aus dem Kopf, wie Sie das gesagt haben: Die Zeit schreitet voran.

EDITH Wo der überall hinmuss. Kaum ist er dort, muss er wieder weg, weil er wieder woanders hinmuss. Peking, Hongkong, Venezuela ...

WÜNTROP Ich meine, natürlich kennen wir solche Sätze, aber wie Sie das gesagt haben, da meint man doch, es wie zum ersten Mal zu hören, als sehe man auf einmal, wie die Zeit weder geht noch rennt noch außer sich ist, sondern gleichsam ein Eigenleben führt, das sich um uns, die wir ihr ausgesetzt sind, in schönster Weise nicht kümmert.

EDITH ... warum du, warum immer du? Warum nicht ein anderer? Sag ich immer. Also ich finde das, das ist doch nicht mehr ... ein Industrieknecht. Ein richtiger Industrieknecht. Die Familie will doch auch noch ... Das ist doch auf Dauer nicht ... Die Frau, die

Kinder, der Jüngste sieben, soll mit sieben in die dritte Klasse, wissen nicht, was sie mit ihm in der ersten anfangen sollen, sagt die Lehrerin, jetzt soll er mit sieben in die dritte, bei lauter Neunjährigen mit sieben, der ist doch körperlich noch gar nicht ... also ich finde das ... aber was soll man sagen, wenn die Lehrerin das sagt! Sind mit ihm extra auf so eine Stelle, so eine Stelle, wo man prüft, ob einer mit sieben weiter ist, als man mit sieben ist ...

BLONDE FRAU Seit der Wüste habe ich ja gar nichts mehr getrunken, ich meine alkoholisch.

Arnold kommt mit seiner Bierflasche hinzu.

Krieg vom Trinken immer so hitzige Ohren, drei Schluck, und schon glüht's.
(zur Architektin) Sieht man's schon?

ARNOLD Mein ältester Bruder war immer der Erste in Mathematik, mein zweitältester in Musik, und wenn man mich gefragt hat: Wo bist du der Erste?, hab ich immer gesagt: Ich bin der Erste in der Pause. *(Er versucht schallend zu lachen.)*

BLONDE FRAU Hat fast etwas Feierliches

ARCHITEKTIN Feierliches?

BLONDE FRAU Ich meine, wie wir hier sitzen, und da draußen ... da kommt man ja in solche Stimmungen, ob man will oder nicht. Ich könnt jetzt zum Beispiel gar nicht schnell trinken, da kriegt das Trinken so eine feierliche Langsamkeit, so einen schönen Ernst. Proust!

EDITH Immer zum Geburtstag, zum Geburtstag kommt unser Sohn mit dem Chrysler, macht er jedes Jahr, dann holen wir mit dem

Chrysler die Verwandten ab, das ist immer ein … na ja, da müssten Sie die Gesichter sehen …

ARNOLD Fährt immer das neueste Modell, unser Sohn …

EDITH Firmenwagen, alle halbe Jahre …

ARNOLD … muss er, wird dort verlangt …

EDITH … immer ein halbes Jahr bevor das neueste Modell auf den Markt kommt …

ARNOLD … fährt der schon mit dem neuesten Modell rum …

EDITH … da lässt er mal meinen Mann mitfahren über die Autobahn …

ARNOLD … sieben Gänge mit 250 Sachen, merkt man gar nicht …

EDITH … aber zum Geburtstag kommt er mit dem Siebentürigen, mit dem siebentürigen Chrysler, dann holen wir die Verwandten ab, können es gar nicht erwarten …

Der Schaffner eilt durch den Waggon.

ARNOLD … da laden wir all die Scheppertanten und -onkel in den Chrysler …

EDITH … können es gar nicht erwarten, bis unser Sohn wieder mit dem siebentürigen Chrysler vorfährt …

ARNOLD … und die Nachbarn durch die Hecken glotzen …

EDITH … und dann singen wir alle was zusammen, sind ja eine musikalische Familie, wir alle, ein jeder spielt ja ein Instrument …

ARCHITEKTIN Er war draußen, man hat's ihm angesehen

BLONDE FRAU Angesehen?

ARCHITEKTIN Dass er's gesehen hat

EDITH Mein Mann spielt alle Flöten rauf und runter, die C, die F, die Quer und die Piccolo

ARNOLD Und Geige!

Herr Bernhard verlässt den Waggon Richtung Speisewagen.

EDITH Ja, Geige, allerdings ... ihm fehlt ja ein Finger

ARNOLD Wenn ich nicht wüsst, dass da mal ein Finger war, wüsst ich nicht, dass da mal ein Finger war

EDITH Betriebsunfall, vor 20 Jahren, Papierschneidemaschine. Aber fürs Flöten geht's

ARNOLD ... wie's den Finger durch die Maschine geraspelt hat.

EDITH ... aber fürs Flöten geht's

ARNOLD Da war vom Finger nichts mehr Finger

EDITH Fürs Flöten braucht mein Mann den Finger gar nicht.

ARCHITEKTIN Muss heute vielleicht nicht zum ersten Mal hinaus

EDITH Dachten ja immer, einer unserer Söhne wird mal Musiker, aber dann ...

BLONDE FRAU Hat irgendwie was Feierliches ...

ARNOLD Alles kommt, wie's kommt, wenn's kommt

EDITH Zahnarzt, Pfarrer, Rechtsanwalt ...

ARNOLD Und wie's ist, ist's dann eben, wie's ist

EDITH ... Pfarrer, Zahnarzt, Rechtsanwalt. *(Sie schaut den Geschäfts-mann an, als erwarte sie Bewunderung. Er reagiert nicht.)* Fahren Sie auch nach Hause?

GESCHÄFTSMANN Von Fahren kann ja wohl keine Rede sein.

EDITH Wir sind ja auch viel unterwegs.

ARNOLD Der Zahnarzt hat sich grad ein Haus gebaut

EDITH ... da sieht der bis nach Frankreich rüber ...

ARNOLD ... aufs ganze Dorf schaut der runter ...

EDITH ... hat am längsten Sonne und schaut bis nach Frankreich rüber.

ARNOLD Hat noch Sonne, wenn's im Dorf schon Nacht ist.

EDITH Bei unserem Jüngsten schlafen wir im Bedienstetenzimmer. Ist Studentenpfarrer. Und die Pfarrerswohnung hat ein Bedienstetenzimmer.
Möchten Sie noch?

GESCHÄFTSMANN Nein, danke

ARCHITEKTIN Was?

BLONDE FRAU Könnt sein, dass ich plötzlich kichern muss.

ARNOLD Jetzt fahren wir wieder nach Hause

EDITH An so einem Tag möchte man gar nicht zu Hause ankommen

ARNOLD Zu Hause kann ich gleich anfangen

EDITH Mein Mann kann ja im Basteln versinken wie in einen Dornröschenschlaf

ARNOLD Hat mit Basteln ja nichts zu tun

EDITH Baut Instrumente

ARNOLD Sitz ja nicht rum und fummel Schiffchen in eine Flasche

EDITH Kommen einzeln zu uns nach Hause, mit der Post, die Tasten, die Saiten, die Füße, die Schrauben.

ARNOLD Wenn's einem gelingt, gelingt einem was, was einem selten gelingt.

EDITH Fünf Jahre hat er an einem Spinett gebaut, und das ist noch nicht mal lang.

ARNOLD Als Nächstes bau ich ein Hammerklavier

BLONDE FRAU Würden Sie mir bitte sagen, wenn's zu viel ist!?

EDITH Der weiß dann gar nicht mehr, ob's Tag oder Nacht ist.

BLONDE FRAU Ich wär Ihnen sehr dankbar!

ARNOLD Da muss man ja erst einmal in eine Stimmung hineinkommen, da kann man ja nicht einfach drauflossägen, bei so einem Resonanzboden, und Saiten reinklemmen, aber man darf auch keine Angst haben, weil man die Angst dem Instrument sonst anhört, was ja viel schlimmer ist, als wenn es nicht gestimmt ist, weil das eine sich ja ändern lässt und das andere nicht.

BLONDE FRAU Geht es Ihnen besser?

Die Architektin schwankt mit dem Kopf hin und her.

EDITH Manchmal können wir gar nicht aus dem Haus, weil der Leim noch nicht trocken ist.

ARNOLD Da wartet man dann auf den richtigen Moment, auch wenn man nicht weiß, wann der richtige Moment gekommen ist, zu früh oder zu spät ...

EDITH Da kann man dann mit meinem Mann kein Wort mehr reden, kein falsches und kein richtiges ...

ARNOLD ... könnten sonst fünf Jahre umsonst gewesen sein ...

EDITH Haben sogar extra das Schlafzimmer geräumt, damit das Spinett es trocken hat.

ARNOLD Aber eines Tages, da steht man dann da und sagt sich: Das macht dir so leicht keiner nach!

EDITH Ist ja nicht schlimm, wenn's ein bisschen falsch klingt, spielt eh keiner drauf.

Durchsage des SCHAFFNERS: Sehr verehrte Fahrgäste, wir möchten Sie darauf hinweisen, dass die Polizei jetzt am Ort eingetroffen ist.

ARNOLD Jetzt verhaften sie gleich noch den Zug

Herr Bernhard kommt mit zwei kleinen Fläschchen Wein zurück.

EDITH Sollten wieder auf unsere Plätze, Arnold

Edith und Arnold gehen wieder auf ihre Plätze.

HERR BERNHARD Jetzt geht's voran

Stille.

WÜNTROP *(zur Architektin)* Ich habe mich heute von Deutschland abgemeldet. Man glaubt gar nicht, wie leicht das ist, sich von Deutschland abzumelden. Hätt ich nie gedacht, dass das so leicht ... ich meine, fast so, als hätt ich nur mein Telefon ... kommt man schon innerlich in einen Aufruhr, wenn man da über die paar Papiere gebeugt steht und sich fragt, ob man wirklich so leichtsinnig ist.

HERR BERNHARD Sie haben sich *von* Deutschland abgemeldet?

ARNOLD Früher kannten wir ja noch Gedichte auswendig

EDITH *(zu Arnold, über den Araber)* Psst, ist eingeschlafen!

ARNOLD Den kümmert sein Krach nicht

EDITH Hätt's jetzt gar nicht mehr gehört

WÜNTROP Nach 47 Jahren ein schwerwiegender Schritt. Wer weiß, ob ich jemals wieder zurückkomme

HERR BERNHARD Ich denke, es heißt, *aus* Deutschland abgemeldet. Sie haben sich *aus* Deutschland abgemeldet.

WÜNTROP Im Nachhinein wünsch ich mir, es wäre ein bisschen schwerer gewesen. Man hätte es ein bisschen schwerer haben wollen, sich von Deutschland abzumelden, verstehen Sie? Immerhin sagt man sich von einem ganzen Land los. Ist ja nicht einfach mal Mallorca und zurück. Nicht, dass der Beamte gleich in Tränen hätte ausbrechen müssen, aber ein paar mehr Hürden, ich mein ... ein anderes Gewicht hätt ich mir für so eine Abmeldung gewünscht. Da ist man schon enttäuscht. Ist ja immerhin mehr als ein Abschied. Da hört man innerlich schon ein paar Trompeten blasen.

HERR BERNHARD Man kann sich nicht *von* Deutschland abmelden. Verstehen Sie, es heißt *aus* Deutschland. Sie haben sich *aus* Deutschland abgemeldet.

WÜNTROP Ich habe mich von Deutschland abgemeldet, was soll daran nicht richtig sein?

BLONDE FRAU Haben Sie sich woanders wieder angemeldet? Oder wollen Sie erst einmal so ...

HERR BERNHARD Es ist eben nicht richtig, weil es *aus* Deutschland heißt

WÜNTROP Ich werde in Katar einen neuen Louvre bauen, einen bedeutenderen, als es der Louvre je gewesen ist: *den* Louvre von Katar. Man hat mich zum Kulturdirektor von Katar berufen.

HERR BERNHARD Einfach so?

WÜNTROP Natürlich zögert man bei so einer Anfrage, ich meine,
wer zögert da nicht! Das sind ja Dimensionen. Mein Gott, man
fragt sich, ob man dem überhaupt gewachsen ... Kulturdirektor
von Katar. Ich meine, man hat natürlich schon ein paar Museen
geleitet, waren auch nicht die kleinsten, ich will hier keine Namen
nennen, unbedeutend waren die nicht, im Gegenteil. Aber was
heißt schon bedeutend? Angesichts solcher Dimensionen! Wie
die von Katar. Wo man nur nach Paris schielt, nach London, nach
New York. Dass es an einem Fluss, der sich Spree nennt, auf einer
erbärmlichen Insel auch ein paar alte Museen gibt, interessiert
dort niemanden. Man muss es sich nur einmal vorstellen: Heute
noch Salzsümpfe, Wüstenstreifen, mit nichts als Disteln und
Dornbüschen, in denen sich Wüstenmäuse und Geckos gute
Nacht sagen, steht morgen der größte Louvre der Welt. Da kann
einem schon schwindlig werden, wie sich in Windeseile im Sand
dort Straßenschluchten auftun, wie aus dem Nichts sich Brücken
über Kanäle beugen, Kanäle wie in Venedig, nur Dimensionen, die
Dimensionen sind! Nicht wie in Venedig. In Katar gibt es nichts,
was es nicht gibt: Strände wie in Saint-Tropez, Skipisten wie in
Sankt Moritz. In Zukunft wird man bei dem Wort Louvre nicht
mehr an Paris, sondern an Katar denken. Die Welt von morgen
trifft sich in Katar.

EDITH Katar, was ist denn Katar?

ARNOLD Auch wieder so eine Schweiz, die keine Schweiz ist

EDITH Ich frag mich, wem die Tasche gehört?

BLONDE FRAU Sie gehen in die Wüste. Beneidenswert

WÜNTROP Das kann man so nicht sagen. Katar ist ja nicht die Wüste.
Katar liegt in der Wüste. Aber mit Wüste, wie Sie Wüste meinen,
hat das nichts zu tun.

BLONDE FRAU Das aber genau ist ja auch wieder das Problem, wenn man bedenkt, was da alles verloren- und untergeht in so einer zivilisatorischen Erpressung, also ich meine ...

HERR BERNHARD Sie möchten wohl, dass wir hier Fernsehen gucken dürfen und die dort unten bis ans Ende der Welt mit ein paar dürren Ziegen in Lumpen herumlaufen müssen, nur damit Sie das Gefühl haben können, dass es irgendwo auch noch das Echte und Eigentliche gibt.

WÜNTROP Katar hat mit Ziegen und Lumpen nichts zu tun!

CHRISTIAN *(zu Arnold und Edith)* Alle fünf Minuten stirbt ein Schmetterling aus, wussten Sie das?

BLONDE FRAU Wir sind ja da ganz armselig dagegen ...

ARCHITEKTIN Sagen Sie bitte nicht immer «wir»

CHRISTIAN Täglich stirbt da was aus, und darum ist es auch nicht schade, weil es auf der Welt ja nur so wimmelt von Käfern. Wenn da in irgendeinem Sumpf so ein Drachen-Warzen-Horn-Echsen-Käfer seinen letzten Tag verlebt, geht uns das verdammt noch mal nichts an, weil es uns auch verdammt noch mal nichts angegangen ist, als der noch nicht existiert hat. Und jetzt tun wir so, als seien wir mal wieder daran schuld, ob einer überlebt oder nicht. Wenn die magenbrütende Geburtshelferkröte aus Mallorca ihren Nachwuchs nicht mehr in die Welt spuckt, geht uns das verdammt noch mal auch nichts an, Scheiße noch mal, ich krieg meine S-Bahn nach Denzlingen nicht mehr, und das ist verdammt noch mal verdammt ... Denzlingen, ja was soll überhaupt Denzlingen!

HERR BERNHARD Im Grunde stehen wir ja, geogeschichtlich gesehen, also vom geologischen Raum aus gedacht, am Ende der letzten Eiszeit, was ja kein Wunder ist bei 60 Milliarden Bewohnern. *(Lacht)*

ARCHITEKTIN *(zu Wüntrop)* Fliegen Sie heute noch?

WÜNTROP Heute Nacht

HERR BERNHARD Na, ob das noch …

WÜNTROP Zürich–Katar, sechs Stunden

ARCHITEKTIN So nah sind die uns?

HERR BERNHARD Bis die den da draußen mal zusammen… ich meine, so was kann dauern, bis so ein Fleischpuzzle mal … darf ja nichts fehlen, kein Ohr, kein Garnichts

BLONDE FRAU Jetzt sagen Sie ja auch «er»

HERR BERNHARD Ja, das hat aber gar nichts zu bedeuten, außer dass man bei einem Toten lieber von einem Mann als von einer Frau spricht

ARNOLD Das find ich nicht

HERR BERNHARD Eine tote Frau ist in jedem Fall immer schrecklicher, auch für den Lokführer, der drüberfahren muss. Das liegt in der Natur der Sache

CHRISTIAN Drüberfahren ist drüberfahren

ARCHITEKTIN Welche Natur meinen Sie denn da?

HERR BERNHARD *(zu Wüntrop)* Sagen Sie doch auch mal was!

EDITH Was?

ARNOLD Dass man als Toter ein Mann sein muss

EDITH Hast du das gesagt?

ARNOLD Nein, ich doch nicht, der hat's gesagt

EDITH Was?

ARNOLD Dass man als Mann lieber tot ist

EDITH Was sagst du denn da!

WÜNTROP Wenn man sich *von* etwas abmeldet, ist das etwas viel
Größeres, als wenn man sich *aus* etwas abmeldet, verstehen Sie?
Das eine ist ein Gang aufs Amt, verstehen Sie? Das andere ist eine
Haltung!

Das Paar, das sich ein Haus baut, geht wieder durch den Waggon.

FRAU ... ich friere, ich habe keine Lust, mein Leben lang zu frieren

MANN Ich will ja nur verhindern, dass alles aus Holz ist, alles aus
Holz

FRAU Mein ganzes Leben hab ich gefroren, gefroren, gefroren

MANN Wenn alles aus Holz ist, erstick ich

FRAU Blasenentzündung, die ganze Kindheit

MANN Holz arbeitet die ganze Nacht, ich kann nicht schlafen, wenn Holz arbeitet …

HERR BERNHARD 27, 28, 29. Diese Tür macht mich wahnsinnig

GESCHÄFTSMANN *(telefoniert)* Also Kattrin, ich bin's, die Polizei ist eingetroffen am Ort, und ja, es geht voran, wird jetzt nicht mehr allzu … aber ich kann es auch nicht sicher … am besten, ihr fangt ohne mich … kann hier nichts machen, sitz hier und kann nichts machen, auch wenn du mich jetzt … da kann ich auch nichts machen. Ich frag mich, wieso … ich meine, wo du bist, oder gehst du jetzt nicht mehr … oder was? Also dann.

HERR BERNHARD 14 Tage kriegt der jetzt, der Lokführer. 14 Tage Urlaub. Keinen mehr, keinen weniger. 14 Tage, da muss das dann verarbeitet sein.

CHRISTIAN 14 Tage?!

BLONDE FRAU Das kann man doch nicht Urlaub nennen

CHRISTIAN Wenn ich Lokführer wär, ja, da gewöhnt man sich doch! 14 Tage Urlaub, da wartet man nur drauf, denkt zwischendurch: Jetzt könnt's mal wieder passieren. 14 Tage Urlaub, was will einer denn da noch nach Denzlingen!

ARCHITEKTIN *(zu Wüntrop)* Sie tun es einfach!

WÜNTROP Wie meinen Sie das?

ARCHITEKTIN Ich denk nur dran

BLONDE FRAU Geht es Ihnen besser?

ARCHITEKTIN Einen Louvre bauen – einfach so. Ich komme nicht einmal dazu, ein Haus so zu bauen, wie ich es bauen möchte.

WÜNTROP Sie brauchen die richtigen Auftraggeber.

ARCHITEKTIN Nur einmal im Leben baut man etwas. Etwas, von dem man erst, wenn man es gebaut hat, weiß, dass man so etwas nie wieder bauen kann. Das ist im Glück das größte Entsetzen. Eigentlich ist es das Ende. Man arbeitet auf nichts anderes hin. Und dann – das Ende. Ich meine, es geht dann nicht mehr weiter, obwohl es weitergeht. Es geht weiter, obwohl es zu Ende ist. Und das Schlimme ist: Die andern merken es gar nicht. Verstehen Sie?

WÜNTROP Ich denke, wenn ich an mich denke, verstehe ich das schon.

HERR BERNHARD Sehen Sie, ich werde heute Abend eine Rede vor Schweizer Versicherungsexperten halten, vor Versicherungs-experten, denen es um nichts mehr als darum geht, wie eine automatische Tür vollkommen verschlossen und gleichzeitig mit einem einzigen Handgriff zu öffnen ist. Das heißt bei uns: Höchste Verschlussgarantie bei gleichzeitiger Optimaloffenheit.

ARCHITEKTIN Man behält dann den Schlüssel, obwohl man weiß, dass man so ein Haus so gut wie nie wieder oder allenfalls, wenn alle im Urlaub sind, vielleicht nur ein einziges Mal oder auch zwei, wenn es hoch kommt, nochmals betreten kann.

HERR BERNHARD Da spart man Notausgänge, Alarmanlagen, Sicherheitsbeamte.

ARNOLD Jetzt ist mein Bier leer

HERR BERNHARD Jeder Eingang ein Notausgang, jeder Notausgang eine verschlossene Tür.

BLONDE FRAU *(zur Architektin)* Das freut mich, dass es Ihnen jetzt
wieder bessergeht. Proust!

CHRISTIAN 14 Tage Urlaub!

HERR BERNHARD Soll auch schon den Fall gegeben haben, dass die
eine Leiche ausgegraben und auf die Schienen geworfen haben

BLONDE FRAU Was!?

HERR BERNHARD Stellen Sie sich doch ganz einfach vor: Da ist das
Haus vom Lokführer noch nicht ganz fertig, da kann der die
14 Tage gut brauchen

BLONDE FRAU O Gott

CHRISTIAN 14 Tage!

ARNOLD So sollte man hier nicht sitzen, Edith

EDITH Was?

ARNOLD Ist einer gestorben, vergiss das nicht

BLONDE FRAU Wenn man sich vorstellt, dass wir über eine Leiche
gefahren ...

EDITH Wie soll denn das noch enden?

ARCHITEKTIN Bitte sagen Sie nicht immer «wir»

EDITH Nicht mal mehr im Grab ist man da sicher

Arnold steht auf.

GESCHÄFTSMANN *(telefoniert)* Frau Kräutner, hallo, Frau Kräutner ... hallo, hallo, Frau Kräutner ...

EDITH Wohin gehst du?

GESCHÄFTSMANN ... hallo ...

ARNOLD Ich muss mal

EDITH Andere Richtung

GESCHÄFTSMANN ... hallo ...

ARNOLD Gibt's überall

EDITH Was?

ARNOLD Nicht so laut

GESCHÄFTSMANN ... Frau Kräutner ...

EDITH *(bezogen auf den Araber)* Der hört doch nichts

Arnold will gehen, hört dann aber die Durchsage.

Durchsage des SCHAFFNERS: Sehr verehrte Fahrgäste, die Ermittlungsbehörden nehmen jetzt die Ermittlungen auf.

CHRISTIAN 14 Tage!

EDITH Was ist?

ARCHITEKTIN Wer weiß, ob ich in zehn Jahren immer noch nicht das mache, was ich jetzt nicht mache. *(Lacht)*

ARNOLD Ich warte besser ... bis die Ermittlungen ... *(Setzt sich wieder)*

WÜNTROP *(zur Architektin)* Wieso zurückkehren?

ARCHITEKTIN Es lässt einem keine Ruhe, man glaubt, man könnte etwas vergessen haben, sucht nach einem Fehler ... verstehen Sie?

WÜNTROP Sie denken vielleicht, dass ich geflohen bin. Ich bin jemand, der gerne aufbaut. Was wir dort aufbauen, wird natürlich keineswegs nur ein Museum sein, wir werden da etwas völlig Neues erfinden. Da geht es um Summen, die wir hier in Europa gar nicht mehr aussprechen können.

HERR BERNHARD Was wollen Sie denn da neu erfinden, wenn ich fragen darf?

WÜNTROP Das sind Dinge, die ich mit den Scheichs klären muss

BLONDE FRAU Wie viel Scheichs sind es denn? *(Sie hat merklich Mühe, das Wort «Scheichs» auszusprechen.)*

WÜNTROP *(zur Architektin)* Sie sollten mitkommen. In Katar könnten Sie all das, was Sie schon lange bauen wollen, bauen.

GESCHÄFTSMANN Kattrin, ich bin's, wollt nur sagen, die Ermittlungsbehörden nehmen jetzt die Ermittlungen auf. Hoffe, es geht euch gut ... wie es mir geht ... ach, was soll's ... Ich leide auch!

ARNOLD Ein Paar Nackte und ein Bier!

EDITH Was?

BLONDE FRAU Dass man so gar nichts tun kann, ich meine, wir sitzen hier und können nichts tun.

ARNOLD Ein Paar Nackte und ein Bier und ein Kartoffelsalat!

ARCHITEKTIN Was wollen Sie denn tun?

ARNOLD Ein Kartoffelsalat, der von allein auf dem Teller schmatzt!

HERR BERNHARD *Von* Deutschland abgemeldet!? *(Schüttelt den Kopf)*

EDITH Jetzt, wenn man hinauskönnt, könnt man da draußen Brombeeren sammeln, dann hätt man auch was von der Zeit, wenn sie schon nicht vergeht.

ARNOLD Brombeeren?

EDITH Da kämen schon ein paar Gläser Marmelade zusammen, so viel Brombeeren, wie da draußen hängen.

ARNOLD Von da draußen?

EDITH Ja, Marmelade, Brombeermarmelade, der Hilde könnt man dann auch ein Gläschen ins Krankenhaus bringen und sagen …

ARNOLD Von den Brombeeren da draußen?!

EDITH … die haben wir an dem Tag gesammelt, als du operiert worden bist.

BLONDE FRAU Die Beduinen, die haben ja immer für alles … ich meine, die summen, wispern, flüstern, singen, spucken in den Sand, schreien das Feuer an, ich meine … die sitzen eigentlich nie nur so herum, obwohl sie eigentlich fast immer nur herumsitzen.

EDITH Brombeeren sind meine Lieblingsbeeren, schon als Kind hab ich die an den Bahngleisen gepflückt, ganze Brombeerurwälder hat's da gehabt.

ARCHITEKTIN Was für ein Nachmittag! Die Bäume da draußen
bewegen sich im Wind, als hörten sie Debussy.

ARNOLD Und das hat dir niemand gesagt?

EDITH Was?

ARNOLD Du willst mir doch nicht sagen wollen, dass ich der Erste
bin, der dir sagt, dass an Bahngleisen, rechts und links, noch vor
20 Jahren alles, was aus den Zügen ... also, das muss ich dir doch
nicht sagen ...

EDITH Wenn die da so schwarz herausglänzen, muss ich immer an
die Haare der Italiener denken.

ARNOLD Du denkst bei Brombeeren an Italiener?

EDITH Nicht an alle.

ARCHITEKTIN Jetzt geht's wieder abwärts, würde meine Mutter
sagen. Jedes Jahr, mitten in den Sommer hinein, sagt sie diesen
Satz: Jetzt geht's wieder abwärts.

ARNOLD Nie wieder Brombeeren!

HERR BERNHARD *(zur Architektin)* Dieses Jahr gibt es ja wieder
deutlich weniger Schwalben, haben Sie das bemerkt? Hat mit
dem Irakkrieg zu tun. Viele unserer Schwalben verbringen ihren
Winter ja im Irak, wo sie scharenweise im Krieg umkommen. Oder
sie hocken völlig verängstigt in ihren Felsnestern fest.

BLONDE FRAU *(lacht)* Entschuldigen Sie.
(zur Architektin) Strecken Sie Ihre Füße nur aus, bitte, *Sie* leiden
ja, nicht ich!

ARNOLD Der Kormoran!

EDITH Schrei doch nicht so

ARNOLD Da ist er wieder, der Kormoran!

HERR BERNHARD Es gibt ja keine Zufälle, es gibt nur notwendige Gesetzmäßigkeiten.

WÜNTROP *(zur Architektin)* In Katar, da hätten Sie alle Freiheiten. Katar, das ist wie Renaissance und Paris, Florenz und Venedig, nur dass es noch nicht gebaut ist.

HERR BERNHARD *(zu Wüntrop)* Entschuldigen Sie, aber nach dem, was ich hier eben gesagt habe, können Sie nicht einfach weiterreden, als hätt ich das, was ich gesagt habe, nicht gesagt!

WÜNTROP Keine Ahnung, was Sie gesagt haben

HERR BERNHARD Ich habe es auch nicht zu Ihnen gesagt

BLONDE FRAU Zufällig sei nichts, alles sei Not, hat er gesagt.

HERR BERNHARD *(zur Architektin)* Wie oft sagen wir, ohne dass wir wissen, was wir sagen: Was für ein Zufall!? Unsere Tage, unsere Jahre, ja, unser ganzes Leben überhäufen wir mit Zufällen. Aber weder Sie noch ich sitzen zufällig in diesem Zug. Und der Tote, der vor einer Stunde noch kein Toter war, wollte ja auch nicht zufällig ein Toter sein.

ARNOLD *(kopfschüttelnd)* Brombeeren an Bahngleisen ...

BLONDE FRAU *(leise zur Architektin)* Sagen Sie mir, wenn ich nicht sagen soll, was ich sage? *(Kichert)*

WÜNTROP Es geht mir gar nicht aus dem Kopf, dass Sie einen Schlüssel behalten wollen, um immer wieder in das Haus, das Sie gebaut haben, zurückzukehren.

HERR BERNHARD Völlig ausgeschlossen ...

WÜNTROP Das rührt mich.

HERR BERNHARD ... dass ein Architekt den Hausschlüssel behält ... der kriegt den gar nie in die Hand! Ein bisschen Logik, ein bisschen Logik ist da schon gefordert. Lassen sich wohl gerne Geschichten erzählen!

EDITH Musst aufpassen, Arnold, dass dich nicht einer mal falsch versteht, wenn du so laut Kormoran schreist

ARNOLD Was?

EDITH Da könnt einer mal Koran verstehen, verstehst du?

ARNOLD Koran?!

EDITH Wer's hören will, hört's.

BLONDE FRAU Ich glaube auch nicht an den Zufall

Das Paar geht wieder durch den Waggon.

FRAU Rollläden?

MANN Die vielen Fenster, so viele Fenster, wie du Fenster willst ...

FRAU Hast du Rollläden gesagt?

BLONDE FRAU Ich meine, wir glauben ja viel zu viel, dass *wir* das machen, was wir machen.

MANN *(stolpert über die herausstehende Tasche)* Scheiße!

FRAU Dass man eines Tages Rollläden herunterlässt, als sei das Haus von Scharfschützen umstellt ...

MANN Du willst etwas, das du nicht wirklich wollen kannst

FRAU Da krieg ich ja jetzt schon Angst vor der Angst, die ich da mal kriege

HERR BERNHARD 27, 28, 29 ... es muss hier nur mal ein Feuer ausbrechen oder einer plötzlich ein Messer zücken, dann steht man aber ganz blöd vor dieser Tür.

BLONDE FRAU Ist doch schrecklich ...

HERR BERNHARD Da hat man dann keine Zeit, auf 30 zu zählen.

BLONDE FRAU ... dass sich erst einer vor den Zug werfen muss, damit sich zwei kennenlernen.

HERR BERNHARD Das ist dann keine Vorstellung, das ist dann Tatsache

BLONDE FRAU Ich meine, dass sich da einer vor den Zug hat werfen müssen, damit sich zwei kennenlernen.

HERR BERNHARD Was!?

BLONDE FRAU Ist ja kein Zufall

HERR BERNHARD *(zur blonden Frau)* Sie ... sollten mit dem Sekt ein bisschen –

ARNOLD Was ein Kormoran wohl alles denkt, wenn er da sitzt, wie er da sitzt und so keck in die Luft schaut ... ob der dann rätselt, warum hier heut der Zug steht?

EDITH Ein Vogel!?

CHRISTIAN Wartet, bis wir hier weg sind.

ARNOLD Guckt, als wüsst er, dass wir über ihn reden.

CHRISTIAN Will noch einen Happen schnappen. Was vom Schaschlik übrig bleibt.

Arnold lacht, hält dann aber abrupt inne.

BLONDE FRAU *(zur Architektin)* Muss mal nach meinen Ohren schauen *(Steht auf und verlässt den Waggon)*

ARCHITEKTIN Man will es gar nicht. Schreckt innerlich sogar davor zurück. Will verhindern, dass es so weit kommt. Mehr als man davon selber weiß. Oder gewöhnt sich daran.

WÜNTROP Gewöhnt sich daran?

ARCHITEKTIN An die Gedanken, es könne sich ändern.

WÜNTROP Ändern?

ARCHITEKTIN Ja, ändern.

WÜNTROP Gewiss!

ARCHITEKTIN Natürlich.

HERR BERNHARD *(kopfschüttelnd) Von* Deutschland …

ARCHITEKTIN Man kehrt immer wieder dahin zurück

GESCHÄFTSMANN *(telefoniert, schon leicht angeduselt)* Frau Kräutner, mir reicht's, ich hab es satt, endgültig. Dass Ihnen das mit Herrn Füssli, Herrn Füssli aus der Schweiz, dass Ihnen so was ausgerechnet, und das, wo man froh sein muss, dass man überhaupt, das ist nur ein Beispiel für viele andere Beispiele, Frau Kräutner! Ich frage mich, was Sie denken, wenn Sie an mich denken, was ich über Sie denke? Das bleibt nicht folgenlos, Frau Kräutner, da können Sie noch so dahocken, am Montagmorgen, mit Ihrer Mundwinkelverkrampfung, die Sie für Freundlichkeit halten. Lange hocken Sie nicht mehr so da! Guten Abend, Frau Kräutner.

Der schlafende Araber sinkt langsam in Arnolds Richtung, bis sein Kopf auf Arnolds Schulter liegt. Arnold gibt Edith fragende Zeichen, wie man das wieder rückgängig machen könnte.

EDITH Schön

ARNOLD Würdest du bitte …

EDITH So hingeschmiegt könnt man grad meinen …

ARNOLD Würdest du ihn bitte von meiner Schulter …

EDITH … ihr wärt ein Paar.

ARNOLD Er hat einen sehr schweren Kopf, Edith.

EDITH Man soll ihn besser nicht wecken.

ARNOLD Was?

EDITH Ja, wer weiß.

ARNOLD Du glaubst doch nicht, dass ich hier mit diesem Araberkopf auf der Schulter sitzen bleib.

EDITH Psst!

GESCHÄFTSMANN *(steht auf, stolpert über die an Christians Platz herausstehende Tasche, schüttelt vorwurfsvoll den Kopf, zu Arnold und Edith)* Tss, tss, tss –

Herr Bernhard steht im gleichen Augenblick auf, in dem der Geschäftsmann an ihm vorbeigeht. Während des Dialogs zwischen dem Geschäftsmann und Herrn Bernhard versuchen Edith und Arnold immer wieder, den schlafenden Araber aufzurichten.

GESCHÄFTSMANN Entschuldigen Sie!

HERR BERNHARD Bitte

GESCHÄFTSMANN Gehen Sie nur

HERR BERNHARD Bitte

GESCHÄFTSMANN Nein, nein

HERR BERNHARD Doch, doch

GESCHÄFTSMANN Gehen Sie ruhig

HERR BERNHARD Danke

Beide gehen wieder gleichzeitig los.

Entschuldigung

GESCHÄFTSMANN Gehen Sie nur

HERR BERNHARD Nein, nein

GESCHÄFTSMANN Sie waren zuerst!

HERR BERNHARD Man hat ja Zeit

GESCHÄFTSMANN Jetzt kommt es ja nicht mehr drauf an, was man macht

HERR BERNHARD *Sie* müssen auf Toilette

GESCHÄFTSMANN Eilt nicht, ich bitte Sie!

HERR BERNHARD Nach Ihnen!

GESCHÄFTSMANN Aber ich bitte Sie!

HERR BERNHARD Eilt nicht

GESCHÄFTSMANN Man ist doch ein wenig gehemmt jetzt

HERR BERNHARD Gehemmt wovor?

GESCHÄFTSMANN Der liegt ja da draußen, ich meine, da denkt man dann …

HERR BERNHARD Bleibt alles im Zug heutzutage, alles im Zug

GESCHÄFTSMANN Wenn gar nichts mehr geht, nehm ich mir ein Hotel. Ein Hotel ist immer eine Zuflucht, egal wovor.

HERR BERNHARD Ich geh ja seit Jahren ins Astor, gleiches Zimmer, gleiches Bett, egal wo, man weiß, was einen erwartet ...

GESCHÄFTSMANN Besser ins Hotel als zu spät nach Hause.

HERR BERNHARD ... ob Wolfenbüttel, Mainz oder Mannheim, Astor ist Astor ...

GESCHÄFTSMANN Besser schlecht im Hotel schlafen als zu Hause gar nicht, sag ich immer.

HERR BERNHARD ... da kennen die mich schon. Die kennen mich, wo ich hinkomm. Fast Familie, könnte man sagen ...

GESCHÄFTSMANN Wenn man nicht schlafen kann, muss man halt trinken, bis man schlafen kann.

HERR BERNHARD ... immer 217, ob Mainz oder Mannheim, das wissen die schon ...

GESCHÄFTSMANN Allein trinkt man immer ein bisschen mehr als zu zweit.

HERR BERNHARD Allein trinkt man ja allein schon so viel wie sonst nur zu zweit.

GESCHÄFTSMANN Je mehr man mit sich selbst trinkt, desto besser hält man es mit sich selbst aus in einem Astor-Hotel.

HERR BERNHARD Am Ende muss man halt mit sich selber sprechen.

GESCHÄFTSMANN Am Ende spricht man ja eh immer mit sich selbst, ob man zu zweit ist oder nicht.

HERR BERNHARD Da ist man dann auch wieder froh, dass man allein ist, weil ein Zweiter dann nur zu viel spricht, wenn er spricht.

Das Handy des Geschäftsmanns klingelt.

GESCHÄFTSMANN Am nächsten Morgen muss man sich dann auch nicht schämen, weil man einen andern in Grund und Boden geredet hat, übrigens ...

HERR BERNHARD Ihr Handy!

GESCHÄFTSMANN Mir geht es genau wie Ihnen

HERR BERNHARD Was?

GESCHÄFTSMANN Man spricht lieber von einem toten Mann als von einer toten Frau

HERR BERNHARD Ja

GESCHÄFTSMANN Zu denken, dass da draußen jetzt eine Frau, ich meine, dass wir über eine Frau ...

HERR BERNHARD Ja

GESCHÄFTSMANN *(aufs Handy bezogen)* Meine Frau

HERR BERNHARD Gehen Sie ruhig ran

GESCHÄFTSMANN Will nur wissen, wo ich bin

HERR BERNHARD Möcht ich auch gerne wissen

GESCHÄFTSMANN Könnten noch ein Bierchen vertragen

HERR BERNHARD *(setzt sich wieder und gießt sich aus der Weinflasche nach)* Ich trinke nichts mehr, muss heut noch eine Rede halten

GESCHÄFTSMANN Die fangen heut ohne mich an

HERR BERNHARD Ohne mich fängt da heute keiner an. Setzen Sie sich doch.

GESCHÄFTSMANN *(setzt sich auf den freien Platz neben der abwesenden blonden Frau)* Da kommt's jetzt auch nicht mehr drauf an

HERR BERNHARD Die müssen auf mich warten

GESCHÄFTSMANN *(vertraulich)* Sagen Sie doch mal, wie lange darf man auf jemanden warten, der einen eine Stunde warten lässt und länger?

HERR BERNHARD Eine Stunde??

Die blonde Frau kommt zurück, geht aber durch den Waggon, weil sie offenbar nicht merkt, dass es ihr Waggon ist.

GESCHÄFTSMANN Ich meine ja nur als Beispiel, oder anders gesagt: Sagen wir 10 oder 20 oder 30 Minuten, kann ja mal eine Verspätung sein, kennt ja jeder, aber 40 Minuten, was würden Sie da sagen?

HERR BERNHARD 40 Minuten??

GESCHÄFTSMANN Ich meine ja nur als Beispiel, sozusagen … Was würden Sie über jemanden denken, den Sie 40 Minuten warten lassen?

HERR BERNHARD Einer, der 40 Minuten wartet!?

GESCHÄFTSMANN Also ich meine, wenn ich in meiner Position einen, sagen wir mal, 40 Minuten warten ließe, was müsste so einer über sich denken, oder sagen wir: Was müsste er über mich denken, was ich über ihn denke?

HERR BERNHARD Um wen geht es denn jetzt?

GESCHÄFTSMANN Rein allgemein, nur als Beispiel, sozusagen abstrakt, ganz grundsätzlich.

BLONDE FRAU *(kommt zurück und findet ihren Platz)* Jetzt hab ich meinen eigenen Platz nicht mehr erkannt

GESCHÄFTSMANN *(steht auf)* Sitze ich auf Ihrem? *(Er lässt sie durch und setzt sich wieder.)*

HERR BERNHARD Da würd ich mir Sorgen machen um den, der sich darüber Sorgen machen muss.
Ist es schon 16 Uhr 45?

BLONDE FRAU 16 Uhr 45? In der Wüste würde niemand nach 16 Uhr 45 fragen.

HERR BERNHARD Um 16 Uhr 45 muss ich meinen Sohn anrufen. Später geht der nicht ran. Muss wissen, wer ihn anruft, sonst geht der nicht ran. Ist hochbegabt. Rechnet den ganzen Tag, wenn er zum Fenster rausschaut. Und da denken die Lehrer, die selber nichts denken, der denkt nichts. Sagt nichts, rechnet aber die ganze Zeit.

HERR BERNHARD Die haben den geprüft. Haben ihm eine Aufgabe gestellt. Ging um einen Vogel. Die Aufgabe war, dass Hanni sagen sollte, um welchen Vogel es sich handelt. Da sitzt er, glotzt mich an, kriegt sein Maul nicht auf, ich sage: Hanni, denk ganz in Ruhe nach, um welchen Vogel geht es? Er schweigt, knautscht auf dem Stuhl rum wie ein Dreijähriger, kaut auf der Zunge, wie er es immer macht, wenn er nicht weiterweiß. Kaum sind wir zu Hause, sagt er allen Ernstes zu mir, er habe gar nicht gemerkt, dass es sich um einen Vogel handelt, nicht einmal das.
Die Ohren fein gespitzt, in hohen Tannen sitzt's
wie eine Katz, nur dass es sich in schwerem Flug
des Nachts, durch Lüfte gleitend, fallen lässt.
Was ist das?
Eine Eule! Ist doch klar.

GESCHÄFTSMANN Klar!

BLONDE FRAU Und das nennt man Hochbegabung?

HERR BERNHARD Haben wir auch gestaunt. Ist aber eine Hochbegabung. Die haben ihn geprüft. Der träumt nicht, der rechnet. Schaut stundenlang zum Fenster raus, sagt nichts und rechnet.

Christa kommt erneut mit ihrem abgegrasten Wagen.

Ich hätte gern noch ein Fläschchen

GESCHÄFTSMANN Zwei Bier, bitte

CHRISTA Wir haben jetzt nur noch einen Spanier, einen weißen Spanier

HERR BERNHARD Wie viel haben Sie denn noch?

BLONDE FRAU Und ein Sektchen?

CHRISTA Ist aber nicht kalt. Zu viel Andrang auf einmal. War ja nicht eingeplant.

ARNOLD Ich würde dann auch noch ein Schnäpschen

EDITH Noch eins!?

ARNOLD Ist einer gestorben, vergiss das nicht

ARCHITEKTIN Wenn Sie mir bitte noch mal einen Weißwein ...

Christian telefoniert. Während seines Gesprächs bedient Christa, die auf ein Zeichen von Herrn Bernhard ihm noch zwei Flaschen auf den Tisch stellt.

CHRISTIAN Hier ist Christian ... hör mal zu, hör mal gut zu, ich erzähl dir jetzt eine kleine Geschichte: Als kleiner Junge, da hab ich aus Versehen mal das Vogelhäuschen auf unserm Balkon kaputt gemacht ...

BLONDE FRAU *(fühlt sich übergangen)* Und ein Sektchen!

CHRISTIAN ... war ein Geschenk für meine Mutter, verstehst du? Mein Vater war Gefängniswärter, und die Gefangenen haben das extra zu Weihnachten für meine Mutter gebaut. Und ich hab es kaputt gemacht. Daraufhin hat mir meine Mutter eine gehauen. Meine Mutter hing an dem Vogelhäuschen, das ihr die Gefangenen zu Weihnachten geschenkt hatten. Und da hat mich mein Vater, der Gefängniswärter, zur Seite genommen, so wie ein Mann einen Mann zur Seite nimmt, und hat gesagt: Nimm es ihr nicht übel, Christian, deine Mutter hat ihre Wechseljahre ...

EDITH *(zu Arnold, bezogen auf den Araber)* Möchte vielleicht auch was haben!?

ARNOLD In dem seinem Land ist Alkohol verboten

CHRISTIAN ... und ich hab so getan, als sei damit alles klar. Dabei war gar nichts klar, verstehst du? Im Gegenteil. Ich hab nur an Wechselstrom gedacht oder so was Ähnliches, was von nun an ständig hin und her wechselt. Und dass meine Mutter ab jetzt völlig unberechenbar oder gaga ist. Und dass ich ab jetzt diesem Gaga ausgesetzt bin, verstehst du?
(hört auf zu telefonieren, zu Christa) Solange dieser verdammte Zug sich verdammt noch mal nicht von der Stelle bewegt, zahl ich keine vier neunzig für ein Bier, das nicht mal kalt ist.

CHRISTA Sie heißen Christian?

GESCHÄFTSMANN *(zu Christa)* Wie lange stehn wir hier noch rum? Sie erleben doch so was öfter

ARNOLD Ein Paar Nackte und ein Schnäpschen!

EDITH Ich könnt jetzt nicht ans Essen denken

ARNOLD An ein Paar Nackte kann man immer denken

BLONDE FRAU *(zu Christa)* Muss ja furchtbar für Sie sein!

WÜNTROP *(zu Christa)* Entschuldigen Sie, aber die Toilette ...

ARNOLD Ein Paar Nackte, die hat's noch bei jeder Leich gegeben.

EDITH Im Zug gibt's keine Nackten

ARNOLD Ist immerhin einer gestorben

EDITH Aber den kennen wir doch gar nicht

BLONDE FRAU *(zu Christa)* Muss ja furchtbar für Sie sein. Kriegen ständig mit, wie sich da einer ...
Und all die Reisenden, was sind denn das für Menschen, um Gottes willen, die da mit ihren Bierflaschen auf den Gängen herumfläzen, mit denen bin ich doch nicht eingestiegen, das ist ja eine Verwilderung, da traut man sich kaum noch allein auf Toilette.

WÜNTROP *(zu Christa)* Die Toilette, entschuldigen Sie, aber die ist in einem erbärmlichen ...

BLONDE FRAU Müssen doch als Einzelne in den Zug gestiegen sein, und jetzt, jetzt sind die alle im gleichen Kegelverein. Was ist mit meinem Sektchen?

HERR BERNHARD *(zu Christa)* Wir nehmen alles!!

CHRISTA Alles?

ARNOLD Dann können Sie auch gleich hierbleiben, müssen mit Ihrer Leichenschmauskarre nicht mehr auf und ab

CHRISTA Die Würstchen auch?

GESCHÄFTSMANN Man soll ja nicht auf leeren Magen trinken

HERR BERNHARD Mehr als ein Gläschen trink ich eh nicht, muss heut noch eine Rede halten.

CHRISTA *(zu Christian)* Und Sie heißen Christian?

CHRISTIAN Hören Sie, ich muss verdammt noch mal meine verdammte S-Bahn nach Denzlingen kriegen, wenn ich die nicht krieg, dann, dann, dann kann ich nie wieder schlafen.

CHRISTA Ich kann auch oft nicht schlafen. Dann steh ich auf, zieh mich an, geh hinaus und spaziere durch die Straßen, als wär die Nacht ein Tag ohne Sonne. Und dann geh ich zum Nachtbriefkasten vom Finanzamt und flüstere hinein in ihn, obwohl ich gar nicht flüstern müsst, weil eh niemand mich hört, aber ich flüstere, weil man im Flüstern anders spricht und meinen könnt, man sei gar nicht der, der man ist.
(zu Herrn Bernhard) Sie nehmen alles!?

HERR BERNHARD *(steht auf, als wolle er mit allen darauf anstoßen, dass sie den Wagen aufkaufen)* Ich muss heute noch eine Rede halten, und wenn wir hier schon herumstehen … aber keine Angst, ich werde sie nicht hier halten, Salut, prost, zum Wohl …

BLONDE FRAU Proust!

HERR BERNHARD … wir lassen den Wagen, das heißt das, was noch da ist, einfach hier stehen …

ARNOLD *(steht auf)* Mit mancher Leich lässt sich's schöner feiern, als wo sie noch keine Leich war.
(zu Christa) Ein Schnäpschen, Fräulein!
(zu Edith) Solltest auch ein Schnäpschen, Edith, zahlen alles die Verwandten.

EDITH Die Verwandten?

ARNOLD Von dem da draußen

Durchsage des SCHAFFNERS: Sehr verehrte Fahrgäste, die Ermittlungen dauern noch an, es ist leider nicht abzusehen, wann es weitergeht.

CHRISTIAN 14 Tage!

HERR BERNHARD Die finden nicht alles zusammen

CHRISTIAN Verdammte Stümper

HERR BERNHARD Kommt öfter vor, dass da mal ein Fuß vergessen wird. Am nächsten Morgen findet den ein Spaziergänger, steht da, erkennt erst gar nicht, was da vor ihm liegt, auch wenn man sofort sieht: Das ist ein Fuß. Ist von der Natur so eingerichtet, dass man das nicht erkennt, weil irgendwas in uns das nicht erkennen will, sondern bloß denkt: Das ist kein Fuß, das ist kein Fuß!

BLONDE FRAU Kennen sich aus

GESCHÄFTSMANN Ich glaub, ich nehm ein Taxi

BLONDE FRAU Proust

EDITH Wir müssen unser Leben ja auch irgendwie hinkriegen. Ich möcht jetzt nicht die Hilde sein. Aber die Hilde hat sich nicht umgebracht.

CHRISTIAN Verdammte Stümper

ARNOLD Früher kannten wir noch Gedichte auswendig

Aus den Durchsagelautsprechern kommt leise Trauermusik. Alle horchen auf, als sei man sich nicht sicher, ob da tatsächlich Musik zu hören ist oder nicht.

HERR BERNHARD *(zur blonden Frau)* Wie bringt man sich eigentlich in der Wüste um? Kein Baum, kein Zug, kein Garnichts, das einem zu Hilfe kommt.

Christa setzt sich Christian gegenüber hin, neben ihr der Wagen.

CHRISTA Jeden, den ich erwisch, dem schlag ich aber links und rechts, dass der nicht mehr weiß, was links und rechts ...

CHRISTIAN Zu spät

CHRISTA ... hat der Schaffner gesagt, der auch mal Lokführer war und schon öfters nicht mehr bremsen konnte. Da würd man am liebsten rausrennen und den Kerl totschlagen, hat er gesagt, aber dann kriegst du noch eine Anzeige wegen Körperverletzung.

BLONDE FRAU *(zu Herrn Bernhard)* Wie lange einer lebt, spielt in der Wüste gar keine Rolle. In der Wüste ist Leben ja etwas ganz anderes.

WÜNTROP Geschmacklos, ich finde das geschmacklos.

BLONDE FRAU Das kann man erst verstehen, wenn man mit den Beduinen zusammen war. Wie die essen zum Beispiel ...

WÜNTROP Ist ja geschmacklos

BLONDE FRAU Was?

WÜNTROP Sollen wir jetzt auch noch heulen!?

GESCHÄFTSMANN Geschieht dem da draußen recht

BLONDE FRAU Ich hab immer mehr das Gefühl, dass das eine Frau gewesen sein könnte, eine Anna Karenina, wer weiß, die hat sich ja auch, ich meine, stellen Sie sich einmal vor, wir wären über Anna Karenina ...

ARCHITEKTIN Haben schon wieder «wir» gesagt

BLONDE FRAU Will nur sagen, die hat geliebt, und keiner hat's gemerkt, wie die geliebt hat, die hat ins Leere hinein geliebt.

GESCHÄFTSMANN Das kenn ich, kenn ich bestens. Jahrelang hab ich ins Leere hinein geliebt, ohne dass ich gemerkt hab, wie sehr ich ins Leere hinein geliebt hab. Meine besten Jahre hat diese Leere verschlungen, geschweige denn, was mich das gekostet hat.

ARCHITEKTIN Gekostet?

GESCHÄFTSMANN Ja, gekostet, Nerven und Geld, Geld und Nerven ...

HERR BERNHARD Den Spanier kann man trinken

GESCHÄFTSMANN ... und diese Leere sitzt jetzt bei mir zu Hause und hat sich in etwas ganz anderes verwandelt, in etwas, das es in der Tierwelt gar nicht gibt, weil das ganz viele Tiere auf einmal sind, lauter Tiere, die alles gleichzeitig machen: schweigen, schnauben, schreien, schweigen, fauchen, heulen, stöhnen, schweigen, knurren, fauchen, schweigen, brüllen, aber vor allem schweigen, tagelang schweigen, so viel schweigen, dass dieses Schweigen lauter als alles andere ist.

WÜNTROP Ich hab immer mehr geliebt, als ich geliebt worden bin. Ob Freunde oder Frauen. Ich sag das gar nicht bedauernd. Schließlich spürt man dabei ja mehr, als der andere spürt. Meine Liebe war immer die, die im Mangel gewachsen ist.

HERR BERNHARD *(schüttelt den Kopf)* Von Deutschland abgemeldet

WÜNTROP Da drängt es einen, etwas aufzubauen, wenn man auch *diese* Wüsten kennt.

BLONDE FRAU Das ist auch schön gesagt.

GESCHÄFTSMANN *(zu Christa)* Könnten Sie den Schaffner rufen, damit er mir ein Taxi ruft!?

CHRISTA Ein Taxi?

HERR BERNHARD Da schließ ich mich an

CHRISTIAN Totale Stümper

CHRISTA *(zu Christian)* Der Schaffner soll mich hier nicht sitzen sehn.

GESCHÄFTSMANN Bezahlt alles die Bahn. Müssen die ja.

ARNOLD Junge Frau, ein Schnäpschen bitte!

BLONDE FRAU Proust!

CHRISTA *(zu Christian)* Ich sollt es vielleicht nicht sagen, aber es macht mir was aus, dass Sie Christian heißen.

Arnold steht auf und will sich zur anderen Runde (Geschäfts-mann, Herr Bernhard, Wüntrop, blonde Frau und Architektin) hinübersetzen.

EDITH Wo willst du hin?

ARNOLD Ist einer gestorben, vergiss das nicht!

HERR BERNHARD *(zu allen)* Wissen Sie eigentlich, dass täglich bis zu sieben sich auf die Schienen legen?

BLONDE FRAU Wie viele Anna Kareninas da wohl dabei sind?

HERR BERNHARD Auch hier im Zug sind, rein statistisch gesehen, welche davon unter uns, womöglich sogar hier im Waggon. Wissen es vielleicht noch gar nicht. Kommen vielleicht jetzt erst drauf. Jetzt, hier drinnen, jetzt im Moment. Wissenschaftler sprechen da ja von gewissen Influenztendenzen. Salut, prost, zum Wohl! *(Er hat Mühe, das Wort «Influenztendenzen» klar zu artikulieren.)*

ARNOLD *(hebt sein Glas)* Gesundheit!

CHRISTA *(zu Christian)* Man traut es sich ja kaum zu sagen: Christa und Christian!

GESCHÄFTSMANN *(steht auf und geht zum Telefonieren auf und ab)* Ich bin's nochmals, Schüssler, guten Tag. Hab völlig vergessen, Ihnen zu sagen, dass ich hoffe, ich hoffe, dass Ihnen nichts zugestoßen ist, Herr ... Herr ... Herr Lorenz ...

BLONDE FRAU *(schüttelt sich)* Sand ... sehen Sie, ich hab noch Wüstensand im Nacken! *(Sie steht auf und schüttelt sich so, dass die Architektin dabei etwas abbekommt.)*

GESCHÄFTSMANN ... ich meine, dass Sie keinen Unfall oder Schlimmeres und jetzt irgendwo im Krankenhaus ...

GESCHÄFTSMANN … man macht sich da ja Sorgen, wenn man zwei Stunden auf einen … ich meine, da gehen einem ganz willkürlich die schlimmsten Gedanken … ja, man zweifelt sogar, ob Sie überhaupt noch am Leben … oder Sie sich überhaupt noch erinnern können … also falls, ich meine, ich hoffe das nicht, Sie waren mit Herrn Schüssler verabredet.

In dem Moment, als er zu telefonieren aufhört, klingelt sein Handy. Er wirft es wie vor Schreck in die Luft, es landet bei Edith. Währenddessen redet, wie schon vorher, die blonde Frau.

BLONDE FRAU Die Winde in der Wüste, gibt ja allerhand Winde in der Wüste, richtige Persönlichkeiten sind das, Winde, Windchen, Sturmwinde, Wüstenfeger, kleine Brisen, Lüftchen, Böen, Orkane, die sausen dir um die Ohren, dass man gar nichts mehr denken können kann vor lauter Windsgebrüll, was aber ja auch das Schöne ist, wenn man da steht mit Windstränen in den Augen und sich vom Gedankengeplapper erholen kann, mitten im Sandsturm, mit Windstränen im Gesicht, da merkt man erst, was einem fehlt, vor allem, wenn man seit Jahren das Weinen verlernt hat und dann auf einmal über das Weinen zu weinen anfängt und darüber, dass man das sogar vergessen hat, und überall spürt, dass man voller Sand ist, und auf einmal merkt, wo der Sand überall hinkommt, weil der ja auch an Stellen kommt, wo man gar nie denken würde, dass da Sand hinkommt.

EDITH *(zum Geschäftsmann, aufs Handy bezogen)* Dürfte ich mal, wenn Sie mir zeigen würden, wie es geht, weil die Hilde ja heute operiert worden ist und gerade aus der Narkose aufgewacht sein muss.

Sein Handy klingelt nochmals, er reißt es an sich, drückt den Anruf weg und gibt es schroff Edith zurück.

GESCHÄFTSMANN Jetzt wählen!

WÜNTROP *(zur Architektin)* Sie sind so nachdenklich. Habe ich Sie mit dem, was ich gesagt habe, beunruhigt?

ARCHITEKTIN Was haben Sie denn gesagt?

HERR BERNHARD Den Spanier kann man trinken

WÜNTROP Ich habe lange in der Schweiz gelebt. Auf eine Art ist die Schweiz ja eine andere DDR. Wogegen Katar wiederum eine Schweiz ist ohne DDR. Katar, das ist eine Schweiz aus Paris und Venedig, nur dass es noch nicht gebaut ist.

ARCHITEKTIN Wird einem ganz schwindelig, wenn man Sie so reden hört

EDITH *(sehr laut)* Hilde – Hilde – bist du noch im Bett? Ich bin's, Hilde, die Edith. Hilde – die Edith!

ARNOLD Jetzt ist die Schweiz auch noch eine DDR.

EDITH Jetzt hätt ich dich ja gar nicht erkannt. Nein, du musst nichts sagen. Du brauchst jetzt Ruhe. Endlich Ruhe. Lass dich verwöhnen. Sag nichts. So eine Operation nimmt einen schon mit. Jetzt streckst du mal alle viere von dir. Bei uns geht's grad auch nicht vorwärts. Da kann man dann gar nichts machen. Also so eine Stimme, ich hätt dich jetzt gar nicht erkannt. Das ist doch nicht die Hilde. Und hast vor einem Jahr noch im Chor gesungen. Dich hat jeder aus allen herausgehört. Wenn du einmal nicht dabei warst, hat jeder gesagt, heut war die Hilde nicht dabei. Wenn ich

könnt, würd ich dir jetzt Brombeeren sammeln da draußen, aber
da hat sich grad einer umgebracht, und ich hab gesagt: Die Hilde
bringt sich auch nicht um. Du musst jetzt gar nichts sagen. Wir
kommen am Montag. *(Sie gibt dem Geschäftsmann das Handy
zurück.)*

WÜNTROP In Katar, da gibt es keine Jahreszeiten, das heißt, es gibt
sie schon, aber man ist ihnen nicht untertan, man ist, könnte man
sagen, in dieser Hinsicht ein freierer Mensch, weshalb man da
auch gleich anders denkt, was man sich hier gar nicht vorstellen
kann. Hier ist man ja in lauter tausendjährigen Geschichten
gefangen, die etwas ganz Neues verhindern, weil ja jeder diese
tausendjährigen Geschichten mit sich herumtragen muss, ob er
will oder nicht. Die Künstler von morgen werden heute in China
ausgebildet. Die Opernsänger kommen aus Indien. Schleppen alle
keinen Abendlandballast mit sich herum.

HERR BERNHARD Dann sind Sie da ja ganz falsch am Platz

GESCHÄFTSMANN *(zu Herrn Bernhard)* Mein Problem ist ja, oder
anders gesagt, ich meine, das ist kein Problem, aber da hat sich ja
irgendwie seit meiner Kindheit verdammt nichts verändert ...

HERR BERNHARD *(zur Architektin)* Sollten den weißen Spanier
probieren!

GESCHÄFTSMANN ... um mich herum sind immer noch genau so viele
Erwachsene, wie als Kind um mich herum Erwachsene waren ...

HERR BERNHARD Da gurgelt man die Sonne im Mund!

GESCHÄFTSMANN Streng genommen sind auch Sie für mich ein
Erwachsener, ich meine, Sie sind ein Erwachsener, obwohl auch
ich ein Erwachsener bin, aber halt ein anderer ... ich meine ...
vergessen Sie das!

HERR BERNHARD *(zur Architektin)* Wissen Sie, warum Amerika Amerika ist?

ARCHITEKTIN Was?

GESCHÄFTSMANN Ich meine, da guckt man doch, ob man will oder nicht, irgendwie immer noch wie ein Kind an den Leuten hinauf ...

HERR BERNHARD *(zur Architektin)* Amerika wäre niemals Amerika, wenn Napoleon den «Korridor» nicht an Jefferson verkauft hätte. Für'n Appel und 'n Ei. Für'n Appel und 'n Ei hat Napoleon seine Kolonien an Jefferson verkauft. Und das alles wegen einer Fliege ...

BLONDE FRAU Einer Fliege?

HERR BERNHARD Genauer gesagt, einer Sumpffieberfliege, genauer gesagt: eine Sumpffieberfliege auf Haiti. *(Bei dem Wort «Sumpf-fieberfliege» kommt er etwas ins Stocken.)*

BLONDE FRAU Kennen sich aus

GESCHÄFTSMANN ... lauter Erwachsene ...

HERR BERNHARD 20 000 napoleonische Soldaten weggerafft, ohne dass einer hat überhaupt zu den Waffen greifen können. Sinnlos elend verreckt auf Haiti ... von wegen Waterloo, die Sumpffieber-fliege auf Haiti war Napoleons größte Niederlage.

WÜNTROP *(zur Architektin)* Man glaubt gar nicht, wie viel es aus-macht, in welcher Gegend man welche Gedanken denkt.

HERR BERNHARD Das finde ich jetzt aber dreist – 20 000 verreckte napoleonische Soldaten, und Sie gehen drüber hinweg, als sei's ein Haufen Scheiße ... *(Gerät ins Brüllen)*

WÜNTROP Wie bitte!?

Kurze Stille.

HERR BERNHARD *(zur Architektin, als sei nichts gewesen)* Waterloo kennt ja jedes Kind, aber die Sumpffieberfliege auf Haiti! Weiß ja kaum einer. Und wissen Sie, wo Amerika erfunden worden ist?

GESCHÄFTSMANN ... alles Erwachsene ...

HERR BERNHARD In Freiburg. Ja! Amerika ist in Freiburg erfunden worden! Das können Sie nicht wissen, da braucht's ein Spezial-wissen.

GESCHÄFTSMANN *(telefoniert)* Herr ... Herr Lorenz, Sie sind doch das Allerletzte! Wer ... wer glauben Sie eigentlich, ja! ... wer ... glauben Sie eigentlich, dass ich bin, hä?! Das möcht ich gern mal ... Herr, Herr ... wer sind denn Sie, dass Sie glauben, dass ich bin? Rufen Sie mich bloß nicht an! So weit kommt's noch, dass Sie mich hier ... An Ihrer Stelle, das sag ich Ihnen, Herr, Herr, da wär ich jetzt auch nicht gern ich. Ja!, das hätten Sie sich mal früher, Herr Lorenz, jetzt ist es zu spät, zwei Stunden, zwei Stunden ... ich sag nur, Ihres Lebens wär ich jetzt auch nicht mehr ... und auch nicht Ihre Frau, Sie Scheißer, die möcht ich schon gar nicht ... Mich vergisst man nur ein Mal, und das vergisst man nicht! Sie Arschloch, Arschloch, Arschloch!!!

Er wirft wütend sein Handy durch den Raum, sodass es fast den Schaffner trifft, der gerade hereinkommt. Herr Bernhard hebt es auf, entschuldigt sich beim Schaffner und bringt das Handy dem Geschäftsmann zurück, als sei nichts gewesen. Der Schaffner stolpert über die Tasche.

CHRISTIAN *(zum Schaffner)* 14 Tage Urlaub!

Herr Bernhard und Wüntrop fast gleichzeitig zum Schaffner:

HERR BERNHARD Wann geht mein nächster Anschluss nach Basel?

WÜNTROP Ich muss heute noch meinen Flieger –

GESCHÄFTSMANN Können Sie mir ein Taxi ...

SCHAFFNER Nein!!

GESCHÄFTSMANN Was?

SCHAFFNER Tut mir leid

GESCHÄFTSMANN Was soll das heißen?

SCHAFFNER Kein Taxi der Welt kann Sie hier holen, tut mir leid.

GESCHÄFTSMANN Wie bitte?

SCHAFFNER Sind hier mitten zwischen Wiesen und Feldern

GESCHÄFTSMANN *(nimmt sich zusammen, um deutlich zu sprechen)* Wird wohl irgendein Gefährt geben, was hier herfahren kann, um Reisende, die es sich nicht leisten können, Leute auf sich warten zu lassen, gefälligst abzuholen.

SCHAFFNER Nein.

GESCHÄFTSMANN Ich möchte Ihren Vorgesetzten sprechen

SCHAFFNER Selbst wenn Sie der Außenminister wären und ein Flugzeug auf Sie wartet, weil es um Krieg und Frieden geht ...

GESCHÄFTSMANN Ihren Vorgesetzten!

SCHAFFNER ... müsste ich Ihnen genau das sagen, was ich Ihnen gesagt habe: Nein. Sie kommen hier nicht weg. Keiner kommt hier weg.

BLONDE FRAU Keiner?

SCHAFFNER Außer der da draußen.

GESCHÄFTSMANN Mit Ihnen spreche ich gar nicht, ich möchte Ihren Vorgesetzten sprechen

SCHAFFNER Es gibt keinen Vorgesetzten

GESCHÄFTSMANN Ach

SCHAFFNER Der Vorgesetzte, das bin ich.

GESCHÄFTSMANN Jetzt wollen Sie mir auch noch weismachen, dass Sie keinen Vorgesetzten haben. Ausgerechnet Sie haben keinen Vorgesetzten!
Das werde ich Ihrem Vorgesetzten als Erstes sagen, dass Sie hier behaupten, Sie hätten keinen Vorgesetzten, ja sogar die Frechheit haben, zu behaupten, Sie selbst seien der Vorgesetzte.

SCHAFFNER So ist es.

GESCHÄFTSMANN Glauben wohl, nur weil wir hier irgendwo in der Pampa rumstehen, verwildern auf einmal sämtliche Hierarchien. *(Er kann kaum noch das Wort «Hierarchien» artikulieren.)*

SCHAFFNER Tut mir leid. *(Er geht wieder zurück und stolpert wieder über die Tasche; zu Christian)* Würden Sie bitte Ihre Füße ... *(zu Christa, die bereits aufgestanden ist)* Was machen Sie hier?

CHRISTIAN Den Außenminister hätt man längst mit dem Hubschrauber herausgefädelt.

HERR BERNHARD *(zu Christa)* Hat's noch einen weißen Spanier?

SCHAFFNER Was Sie hier machen?

ARNOLD Die gehört uns.

GESCHÄFTSMANN Ihren Namen, Herr Hermes, Ihren Namen merke ich mir: Franz Hermes.

CHRISTIAN Können Sie mir heute noch einen Anschluss nach Denzlingen sagen ...

Der Schaffner verlässt den Waggon.

GESCHÄFTSMANN *(zu Herrn Bernhard)* Darf man sich doch nicht gefallen lassen.

HERR BERNHARD *(zum Geschäftsmann)* Zwei Stunden warten!?

GESCHÄFTSMANN Ist ja schließlich mein Geld, von dem der seine Kinder ernährt.

ARCHITEKTIN *(gemeint ist der Schaffner)* Hat man so ein Gesicht gekriegt, weil man die da draußen gesehen hat, oder braucht es so ein Gesicht, um die da draußen zu sehen?

WÜNTROP Ich hoffe, ich habe Sie nicht beunruhigt.

GESCHÄFTSMANN *(telefoniert)* Frau Kräutner, Sie müssen am Montag
nicht kommen. Müssen überhaupt nie mehr kommen. Sie sind
entlassen! Frau Kräutner, jetzt gleich, für immer, raus aus dem
Büro! Können woanders hocken, möchte's nie wieder sehen, Ihr
verkrampftes Ziegenmaul, gut Nacht, Frau Kräutner!

Der Schaffner kommt unerwartet zurück.

SCHAFFNER *(zum Geschäftsmann)* Ich frage mich, wenn Sie doch
so dringende Geschäfte haben, bei denen jede Minute eine Rolle
spielt, warum Sie dann eigentlich in der zweiten Klasse fahren?
(Er verschwindet wieder.)

GESCHÄFTSMANN Was?!

HERR BERNHARD Das ist jetzt aber ...

GESCHÄFTSMANN Wie bitte?

HERR BERNHARD Das ist jetzt aber der Gipfel vom Gipfel ...

GESCHÄFTSMANN Warum wir in der zweiten Klasse sitzen?

BLONDE FRAU Warum *Sie* in der zweiten Klasse sitzen, hat er gefragt

HERR BERNHARD Unglaublich

GESCHÄFTSMANN *(steht auf)* Das möchte ich aber, das möcht ich
noch mal hören, soll er sich nochmals trauen, hier zu sagen, vor
alle soll der sich hinstellen und fragen, warum wir hier in der
zweiten Klasse sitzen

BLONDE FRAU Warum *Sie* in der zweiten Klasse sitzen, hat er gefragt.

Christa macht sich mit ihrem Wagen auf, kommt mit ihm aber an Herrn Bernhard, dem herumstehenden Arnold und dem Geschäftsmann nicht richtig vorbei, wobei Herr Bernhard und der Geschäftsmann den Wagen mit Gewalt zurückhalten, sodass Christa fluchtartig den Waggon verlässt.

HERR BERNHARD Hab ja schon viel … aber so was, das hab ich schon lange nicht mehr …

GESCHÄFTSMANN Ich meine, dass hier einer so … die Zwei-Klassen-Gesellschaft ausruft, das ist schon … und das, wo wir hier buchstäblich alle, hier alle auf der gleichen Leiche sitzen.

ARNOLD Die finden ja manchmal noch nach Jahren Leichenfetzen …

EDITH Arnold!

ARNOLD … Leichenfetzen, die da unterm Zug kleben, hier ein Knöchelchen, da ein Fetzen Schenkelfleisch …

EDITH Arnold!!

ARNOLD … wenn der Zug in Inspektion muss, das gibt dann so eine Art Leichen-TÜV, wenn's eigentlich um die Bremsen geht und was da sonst noch alles unten drunten funktionieren muss …

Wüntrop steht auf und geht.

BLONDE FRAU Und manchmal all das nur, damit sich zwei kennenlernen. Da fragt man sich doch, warum so viel Vernichtungsaufwand nötig ist, damit auch was Gutes geschieht.

Der Geschäftsmann zündet sich eine Zigarette an.

ARCHITEKTIN Was machen Sie da!? *(Der Geschäftsmann reagiert*
nicht.) Sie dürfen hier nicht rauchen

Die Trauermusik wird etwas lauter.

GESCHÄFTSMANN Dürfen, können, sollen, müssen – was sind das für
Phrasen. Ich dürfte hier auch nicht seit einer Stunde stehen und
mit Ihnen meine Zeit verbringen müssen.

BLONDE FRAU Trotzdem dürfen Sie hier nicht rauchen

GESCHÄFTSMANN Ich rauche ja auch nicht, seit Jahren rauch ich
nicht mehr ...*(Sein Handy klingelt; ziemlich betrunken zu Herrn
Bernhard)* Geh ran!

HERR BERNHARD Was?

GESCHÄFTSMANN Geh ran!

HERR BERNHARD Ich?

GESCHÄFTSMANN *(schreit)* Rangehn!!

*Der Geschäftsmann drückt Herrn Bernhard das Handy ins
Gesicht, wobei er mit der anderen Hand, in der die Zigarette
steckt, der blonden Frau beinahe ins Gesicht schlägt.*

BLONDE FRAU Hauen Sie ab hier, es hat Ihnen auch niemand
erlaubt, sich hier neben mich zu setzen ...

HERR BERNHARD Ja ... hallo ... *(Zum Geschäftsmann)* Ihre Frau ...
Nein, hier ist ... Bernhard

GESCHÄFTSMANN Kann jetzt nicht

HERR BERNHARD Er kann jetzt nicht, vielmehr, er ist ... *(Sie hat aufgelegt.)*

GESCHÄFTSMANN *(zur blonden Frau)* Sie riechen alleinstehend, wenn ich das mal sagen darf

BLONDE FRAU Ich rieche alleinstehend, aha, aha

GESCHÄFTSMANN Das meine ich, ich meine das als Kompliment, verstehen Sie

ARCHITEKTIN Wie riecht man denn alleinstehend?

GESCHÄFTSMANN *(zur Architektin)* Mit dir red ich nicht!

BLONDE FRAU ... alleinstehend ...

GESCHÄFTSMANN Sind doch alleinstehend, oder, ich meine, so ein Schal, wie Sie einen Schal tragen, da hat doch daneben nichts Platz.

BLONDE FRAU Ist aus der Wüste, der Schal

GESCHÄFTSMANN Wüste, Wüste, ich hör hier immer Wüste
(zu Herrn Bernhard) Ruf sie an!
(zur blonden Frau) Ich wollte, ich könnte auch so wie Sie, so alleinstehend stehen, verstehen Sie, alles andere ist doch Schwäche, reine Schwäche
(zu Herrn Bernhard) Ruf sie an!
Ich hab schon ganz andere Leute hier in der Zweiten sitzen sehen, das hat Folgen, Herr Hermann, Folgen! Der wär noch einmal froh, wenn er den Leichendreck von der Lok wegkratzen dürfte

BLONDE FRAU Ein kleines Mitgefühl, das könnte auch für Sie ... immerhin sind wir über einen Menschen ...

ARCHITEKTIN Mensch, sagen Sie nicht immer «wir»!

CHRISTIAN Ich hör hier immer «Mensch», hören Sie auf, immer «Mensch» zu sagen ...

GESCHÄFTSMANN Der soll sich das noch mal trauen, den holen wir her, dass der sich das noch mal traut ... *(Steht auf)*

CHRISTIAN ... kann's nicht mehr hören. Hören Sie auf, «Mensch» zu sagen! Ständig sabbert hier einem ein Mensch aus dem Maul, Mensch, Mitmensch, Menschheitsmensch, Mensch Mensch

GESCHÄFTSMANN *(zu Herrn Bernhard)* Komm mit!

HERR BERNHARD Ich muss noch meinen Sohn ... 16 Uhr 45, ich muss meinen Sohn ...

Der Geschäftsmann zieht Herrn Bernhard mit aus dem Waggon hinaus.

CHRISTIAN Hören Sie auf, «Mensch» zu sagen, ich kotze, wenn hier noch einmal einer «Mensch» sagt, kotz ich!!

BLONDE FRAU Der Einzige, der hier «Mensch» sagt, sind Sie

CHRISTIAN Hält man ja nicht aus, dieses Menschengemenschel

ARNOLD Was ist denn mit dem?

EDITH Psst

ARNOLD Denzlingen ...

CHRISTIAN Mein Vater, mein Vater, der krepiert in Denzlingen,
verreckt jetzt, morgen, heute, ist bereits tot, wenn ich komm,
fahre nach Denzlingen zu meinem verreckenden Vater, weil
ich ihm versprochen hab, dass ich ihn besuche, um ihm eine
Fliegenklatsche mitzubringen, weil er sich das gewünscht hat.
«Christian, bring mir eine Fliegenklatsche», das hat er gesagt,
«damit ich in Ruhe schlafen kann», hat er gesagt, weil ihn die
Biester nicht in Frieden lassen, auf ihm herumtanzen, als sei er
längst tot, und mein Vater nicht schlafen kann, wenn ihn die
Fliegen für tot halten.

Stille.

ARNOLD Ich könnt mir's schon vorstellen

EDITH Was?

ARNOLD Vor einen Zug springen

EDITH Vor einen Zug?

ARNOLD Ich sag ja nicht, dass ich's könnt. Aber vorstellen könnt
ich mir's.

Christian setzt sich nach vorn auf den Platz von Herrn Bernhard.

CHRISTIAN *(zur blonden Frau)* Wir kennen uns

BLONDE FRAU Wie bitte?

CHRISTIAN Hab dich gleich erkannt, an der Stimme hab ich dich
erkannt, dachte, die Stimme kennst du doch: Hallo

BLONDE FRAU ... tut mir leid ... muss ein Missverständnis –

CHRISTIAN Haben miteinander telefoniert, weißt du nicht mehr

BLONDE FRAU Telefoniert?

CHRISTIAN Weißt du nicht mehr? Ich schon, weiß alles noch, alles, was du gesagt hast

BLONDE FRAU Tut mir leid ... muss ein Missverständnis –

CHRISTIAN An deinem S hab ich dich erkannt. Ist nicht ganz sauber, dein S.

BLONDE FRAU Mein S ist nicht ganz sauber

CHRISTIAN Vergisst man nicht, dieses unsaubere S, hätt nicht gedacht, dass ich dich mal treff, eigentlich trifft man sich ja nicht bei so was, ich mein, außer, man will es, aber wir, wir haben uns jetzt sozusagen aus Versehen ...

BLONDE FRAU *(zur Architektin)* Muss ein Missverständnis –

CHRISTIAN Enttäuscht?

BLONDE FRAU *(zur Architektin)* Ich weiß nicht, wovon er spricht

ARNOLD Vorstellen schon ...

CHRISTIAN Ich mein, ich kann ja hier nicht wiederholen, was du gesagt hast ...

BLONDE FRAU *(zur Architektin)* Ich kenn den nicht.

CHRISTIAN Würd mich jetzt aber schon interessieren, wie weit es geht, jetzt wo wir uns getroffen haben, so mir nichts, dir nichts, als hätt uns da draußen doch einer den Gefallen getan ...

Wüntrop kommt zurück.

BLONDE FRAU *(zur Architektin)* Ich kenn den nicht.

WÜNTROP *(zur Architektin)* Unglaublich, in welchem Zustand dieser Zug ... kaum auszuhalten, der Lärm. Eigentlich hätte ich ja eine Fahrkarte für die erste Klasse, aber ... wenn man schon einmal aus Deutschland hinausfährt ...

Der Schaffner kommt zurück.

WÜNTROP Entschuldigen Sie, ich muss meinen Flieger –!

SCHAFFNER *(stolpert über die Tasche; zu Edith und Arnold)* Wie oft hab ich schon gesagt, Sie sollen hier Ihre Tasche nicht mitten auf dem Gang herumstehen lassen.

ARNOLD Die gehört uns nicht

EDITH *(auf Christian zeigend)* Die gehört dem

ARNOLD Dem gehört doch der Koffer

EDITH *(auf Wüntrop zeigend)* Der gehört dem

ARNOLD Dann gehört sie doch dem Araber.

EDITH Dem gehört doch die Tüte

SCHAFFNER *(wendet sich nochmals an alle)* Dürfte ich fragen, wem diese Tasche gehört?

ARCHITEKTIN Steht hier schon die ganze Zeit.

SCHAFFNER Und warum hat das niemand gemeldet? Eine Tasche, die einfach irgendwo herumsteht. Wir leben heute nicht mehr in einer Zeit, wo man einer Tasche, die einfach so herumsteht, trauen kann.

EDITH Ich hab's mir noch gedacht. Ich denk's die ganze Zeit.

ARCHITEKTIN Was passiert jetzt?

CHRISTIAN *(zur blonden Frau)* Das möcht man dann doch gern wissen, oder sind Sie enttäuscht? Obwohl wir schon längst per Du sind, von Anfang an.

BLONDE FRAU *(zur Architektin)* Ich weiß nicht, wovon er redet.

CHRISTIAN Natürlich nicht. Wir wollen's bloß wissen, solang wir's machen.

SCHAFFNER Keiner rührt diese Tasche an! Haben Sie verstanden? Niemand!

ARCHITEKTIN Was passiert jetzt?

SCHAFFNER Ich komme wieder. *(Ab)*

CHRISTIAN *(zur blonden Frau)* Damit haben wir nicht gerechnet.

BLONDE FRAU *(zur Architektin)* Haben Sie noch immer Zahnweh?

ARCHITEKTIN Wir können hier doch nicht …

EDITH Hättest besser nichts trinken sollen, Arnold

WÜNTROP Angstmacherei

BLONDE FRAU Und wenn wir in die Luft fliegen!?

CHRISTIAN Da war's dann umsonst, dass man draußen das Schaschlik weggelöffelt hat.

EDITH *(zu Arnold)* Warum sagst du nichts?

CHRISTIAN Wenn da auf einmal die arabische Wut losgeht.

ARNOLD Was soll ich sagen?

CHRISTIAN *(zur blonden Frau)* Aber wir kennen uns. Waren schon ganz anderen Gefahren ausgesetzt.

WÜNTROP *(kopfschüttelnd)* Arabische Wut ...

EDITH Da muss man doch was sagen

BLONDE FRAU Mir ist schlecht.

WÜNTROP Von Katar aus gesehen eine einzige Hysterie

ARNOLD Wir sind nicht in Katar!

EDITH Psst!

ARCHITEKTIN Man kann doch nicht so tun, als gäbe es keine Bedrohung

WÜNTROP Wenn man wie wir am Golf lebt, verschiebt sich die
geographische Architektur komplett: Da liegt Berlin in der Nähe
von Reykjavík, und beides kennt man kaum. Wir am Golf sehen
solche Dinge gelassen, müssen nicht aus jeder Tasche gleich
einen 11. September machen

ARNOLD Sitzen aber nicht am Golf!

EDITH Hör auf, dürfen uns nicht bewegen, hat er gesagt

BLONDE FRAU Mir ist schlecht

CHRISTIAN Fragt sich nur, warum

WÜNTROP *(zur Architektin)* Kommen Sie mit nach Katar. Die
arabischen Zahnärzte sind die besten, da merken Sie gar nicht,
dass Sie beim Zahnarzt sind

CHRISTIAN *(zur blonden Frau)* Lässt sich eh nicht mehr ändern,
musst mich bloß anschauen, nicht einmal nicken, obwohl die
andern eh nichts mehr sehen, haben bloß noch ihre Panik im
Kopf. Sitzen hier, und im nächsten Moment baumeln wir da
draußen als Gekröse im Wind, und dann gibt's auch kein Draußen
mehr, kein Du und kein Ich, da lässt sich nichts mehr voneinander trennen. Sag wenigstens, dass du mich kennst.

BLONDE FRAU Ich möcht hier raus

CHRISTIAN Da ist's ja ein Glück, dass wir uns noch getroffen haben

BLONDE FRAU Und zwar sofort

ARCHITEKTIN Wir können nicht raus

BLONDE FRAU Was!?

ARCHITEKTIN Die Türen sind verschlossen

BLONDE FRAU Seien Sie doch still!

WÜNTROP Die Türen sind verschlossen, die ganze Zeit schon

BLONDE FRAU Mir ist schlecht

ARCHITEKTIN Nicht hier, bitte, nicht ...

CHRISTIAN Hau die Fenster ein, raus kommt man immer

BLONDE FRAU Ich will nicht sterben

CHRISTIAN Bist ganz schön weit gegangen, wenn man dich hier sitzen sieht. Mit allem Drum und Dran. Würd man nicht denken. Hast Glück gehabt, dass ich's bin, hätt ja irgendeiner ...

BLONDE FRAU Halts Maul

CHRISTIAN Ein Irrer oder ...

BLONDE FRAU Mir ist schlecht

CHRISTIAN Muss einer ja erst aushalten können, dieses Leben in einem drinnen, ich weiß alles, schlag die Fenster ein, ich weiß, wie's dadrin aussieht

ARNOLD Denzlingen

CHRISTIAN Denzlingen, Denzlingen, ich rede nicht von Denzlingen, das ist denen doch so was von egal wie sonst was, gibt ja schließlich Schlimmeres: Krieg, Vogelpest, Dschihad. Die wollen uns hier festhalten, erst wegen dem verdammten Idioten, der meint, er müsse da draußen seine Innereien verschmieren, und Stunden später kommt denen in den Sinn, dass eine Tasche nicht eine Tasche ist.

ARNOLD *(steht auf)* Na hören Sie mal, so eine Tasche ist schon lange keine einfache Tasche mehr.

BLONDE FRAU Mir ist schlecht

WÜNTROP Dschihaad, das heißt Dschihaad.

ARNOLD Was?

WÜNTROP Wenn Sie's schon sagen, sagen Sie's gefälligst richtig: Dschihaad, nicht Dschihad. Ist ja eine Verstümmelung. Klingt ja wie Schnupfen.

ARNOLD Hab's doch gar nicht gesagt

EDITH Hättest nicht so viel trinken sollen

WÜNTROP Gehören wohl auch zu den Leuten, die immer Feinde brauchen!

ARCHITEKTIN Und Sie gehören zu denen, die andern vorwerfen können, dass sie Feinde brauchen! *(Sie steht auf und geht.)*

WÜNTROP *(zur Architektin)* Ich war bereits auf dem Weg in die erste Klasse ... aber dann hab ich Sie hier sitzen sehen

CHRISTIAN *(zur blonden Frau)* Sind noch nicht fertig, wir zwei, ob du willst oder nicht, haben noch was vor

Christa kommt mit einem Tablett, auf dem zwei Kaffeebecher stehen. Mechanisch spult sie ihr Sätzchen ab.

CHRISTA Guten Tag. Jemand noch hier Kaffee, frischen. Guten Tag. Jemand noch hier Kaffee, frischen.

BLONDE FRAU Wir müssen alle sterben!

Christa dreht sich, bevor sie abgeht, um.

CHRISTA Da haben Sie recht. Schöne Weiterfahrt!

ARNOLD Wie tief sind wir gesunken

EDITH Hättest nichts trinken sollen

Arnold steht auf.

Wo gehst du hin?

ARNOLD Dringend *(Ab)*

CHRISTIAN *(zur blonden Frau)* Sind noch nicht fertig, wir zwei!

BLONDE FRAU Wenn Sie nicht aufhören, ruf ich die Polizei

CHRISTIAN Sind doch schon draußen, die Kollegen, kannst ihnen gleich alles erzählen!

Der Geschäftsmann und Herr Bernhard kommen wieder zurück.

HERR BERNHARD *(leicht lallend)* Weitere Vorteile: Im Vergleich zu herkömmlichen Radarbewegungsmeldern schließt sich die Tür im Durchschnitt zwei Sekunden früher. Das summiert sich

bereits bei einmaliger Öffnung pro Minute auf über 45 Arbeits-
wochen pro Jahr. Ergebnis: Heizkostenersparnis. Weitere Vorteile:
Einbrüche erfolgen bevorzugt durch Türen. Weitere Vorteile:
Einbrecher versuchen sich nicht länger als sechs Minuten an
einer Tür. Weitere Vorteile: Man spart weitere Vorteile. Versteht
man mich?

GESCHÄFTSMANN Wenn man's versteht, denk ich, versteht man's

BLONDE FRAU Wir fliegen alle in die Luft, jetzt gleich … da ist eine
Bombe, in der Tasche ist eine …

Der Schaffner kommt herein.

EDITH Haben Sie meinen Mann gesehen?

SCHAFFNER Wir werden mit diesem Zug vorerst nicht weiterfahren
können, es muss die Tasche der Polizei übergeben werden,
allerdings einer anderen Polizei, als hier jetzt eine Polizei ist.
Und bis die einmal hier …

GESCHÄFTSMANN Lassen Sie die Finger von meiner Tasche, blöder
Depp, Sie

BLONDE FRAU Ich will hier raus!

EDITH Ihre Tasche ist das?

SCHAFFNER Wie?

GESCHÄFTSMANN Das werd ich Ihrem Vorgesetzten auch noch
sagen, grapschen hier an unserem Gepäck herum!

BLONDE FRAU Ihre Tasche!

WÜNTROP *(während er der Architektin nachgeht)* Panikmache, alles Panikmache

GESCHÄFTSMANN Hermes Franz, hier kommst du nicht einfach wieder raus, ohne dass du uns noch eine Frage stellst. Hast du's vergessen, was du uns fragen willst? Der Franz will uns was fragen: Warum wir, die wir hier auf einer Leich hocken, warum wir in der zweiten Klasse ...

SCHAFFNER *(schreit den Geschäftsmann an)* Leute wie Sie sollen verrecken! Leute wie Sie, Sie will ich vor dem Zug sehen! Sie sollen da draußen liegen! *(Ab)*

BLONDE FRAU In der Wüste ist man ja auch ständig allen möglichen Gefahren ausgesetzt: Wüstenstürme, Schlangen, Skorpione, Piraten, die hinter jedem Sandhügel lauern, allein schon auf ein Kamel steigen ist ja nicht ohne, aber wenn man hier so in diesen Polstersitzen sitzt, ich meine, in Reih und Glied sozusagen ...

CHRISTIAN Sag doch gleich: unter Menschen! Ich hab von den Menschen schon so lang nichts mehr gehört!

HERR BERNHARD *(versucht mit dem Handy immer wieder seinen Sohn zu erreichen)* Ich hör hier nur Wüste und erreich meinen Sohn nicht

BLONDE FRAU ... ich meine, in so einem Massaker, da wär ja so ein einfacher Selbstmord völlig untergegangen, da wär der ja noch überflüssiger, als er's eh schon ist, kein Hahn hätt mehr nach dem gekräht, da hätt seine Mutter gedacht, das hätten die Araber gemacht.

HERR BERNHARD Jetzt sagen Sie ja auch «er»

GESCHÄFTSMANN *(telefoniert mit dem Handy)* Kattrin? Ich bin's. Gehst du jetzt nicht mehr ... oder bist du gar nicht ... wir sind doch immer noch ...

BLONDE FRAU Vielleicht erleben wir ja noch den Sonnenuntergang hier, diese Abendhimmel, das hat mich immer schon, schon als Kind ...

GESCHÄFTSMANN ... ich habe gerade gelogen. Habe behauptet, dass mir eine Tasche gehört, die mir gar nicht gehört. Sonst hätt's noch Tage gedauert.

BLONDE FRAU ... so ein Orientleuchten, damit hat alles angefangen ...

Sie steht auf. Herr Bernhard ebenfalls.

HERR BERNHARD Angefangen?
(stellt sich vor die Tür, damit sie aufgeht) 27, 28, 29 ...

Herr Bernhard und die blonde Frau gehen wie selbstverständlich ab.

GESCHÄFTSMANN Ich hoff, dass die jetzt endlich ... tu ja alles, was ich kann, Kattrin, mehr kann ich auch nicht, Herrgott noch mal, was soll ich denn noch alles, sitz hier mit einer fremden Tasche ...

Christians Handy klingelt.

Möcht gar nicht wissen, was da wirklich drin ist. Also. Dann. Ja – *(Er schluchzt leise, wobei sein Schluchzen irgendwann in leises Schnarchen übergeht.)*

CHRISTIAN *(wird immer lauter und geht währenddessen zur entgegengesetzten Tür, wo er sich im Abseits hinsetzt)* Hallo – ich versteh dich nicht, kann dich nicht verstehen, hörst du? Ich hör dich nicht, hörst du? Ich sag dir mal was: Am Ende ist es nicht, es ist nie, verstehst du, am Ende ist es nie, wie du gedacht hast. Ja, das ist es, hörst du, es ist immer so, dass es nie so ist, wie du gedacht hast. Darauf kann man sich wenigstens verlassen. Hörst du? Darauf ist Verlass. Ich sage, man kann sich darauf verlassen, dass es am Ende immer nie so ist, wie du gedacht hast!! Verdammt ...

Der Geschäftsmann liegt inzwischen leise schnarchend über die Sitze ausgestreckt. Außer Christian und ihm sind nur noch Edith und der Araber im Waggon.

CHRISTIAN 14 Tage

Stille. Der Araber wacht auf. Setzt seine Kopfhörer ab.

ARABER Wo sind wir?

EDITH Nicht viel weiter.
Wo kommen Sie her?

ARABER Dortmund

EDITH Schön

ARABER Warum wir stehen?

EDITH Ich war noch nie in Dortmund, aber ich war ja auch noch nie in Italien.

Stille.

Wenn Sie wollen, bekommen Sie im Speisewagen jetzt, wenn Sie
wollen, etwas zu trinken, ein Getränk, kostenlos.

ARABER Was?

EDITH Kaffee, Tee, Apfelsaft, was Sie wollen.
Kriegen Sie einfach so, geschenkt, nur keinen Alkohol.

ARABER Wieso fährt nicht?

EDITH Trinken keinen Alkohol.

ARABER Wieso nicht weiter?

EDITH Kinder

ARABER Was?

EDITH Kinder spielen auf Gleisen.

ARABER Was?

EDITH Auf Gleisen spielen. Kinder.

ARABER Kinder?

EDITH Wollen da nicht mehr runter.
Wissen ja, wie Kinder sind.
Wohin fahren Sie?

ARABER Wie lange bleibt hier?

EDITH Bis sie wieder von Gleisen herunter. Wissen ja, wie Kinder.

ARABER Wie lange schon?

EDITH Vergisst man Zeit beim Spielen.

Stille.

Verlernt man ja, so ein Spielen. Vergisst, wann man's vergessen hat. Kommt nicht wieder. Ist einfach weg. Und nichts anderes da.

Stille.

Sie spielen?

Stille.

ARABER Heute Frankfurt?

EDITH Ich fahre nach Italien

Stille.
Der Araber setzt wieder seine Kopfhörer auf.

Ende

HERRENBESTATTER

PERSONEN:

HERR ELLENBECK, Verkäufer in der Herrenabteilung, Ende 50
HERR LENZ, Verkäufer in der Herrenabteilung, in den 30ern
FRAU IRRWEIN, Abteilungsleiterin
HERR FORTE, ehemaliger Verkäufer in der Herrenabteilung

KUNDEN:
ALTE
SOHN
JUNGE FRAU
HERR SIMS
HERR FÜRTH

ORT:

*Die Herrenabteilung eines durchschnittlichen Kaufhauses.
Einige Ständer und Regale sind gut bestückt, andere leer oder
halb leer.*

Auftragswerk für das Nationaltheater Mannheim
Uraufführung: 18.12.2009 Nationaltheater Mannheim
(Regie: Burkhard C. Kosminski)

1. BILD

Morgens in der Herrenabteilung eines Kaufhauses.
Es ist still. Man hört nur das Surren der Neonröhren.
Stangen mit Anzügen, Karusselle mit Windjacken.
Eine männliche Kleiderpuppe, die genauso wie Herr Lenz in
blauer Hose und gelbem Pullunder über einem hellgelben Hemd
angezogen ist, nur dass sie – anders als er – noch einen Schal
und eine Kappe trägt.
Zwei Spiegel, zwei Umkleidekabinen, davor je eine Sitzgelegenheit.

Herr Ellenbeck steht zwischen den Kleiderständern, zupft mal
hier, mal dort ein Jackett zurecht, verschiebt die Kleiderbügel,
dreht am Jackenkarussell. Er räumt ein paar Schals in ein Regal,
er ordnet Hemden um, als habe sie jemand falsch eingeräumt,
betrachtet sich selbst immer wieder im Spiegel, ersetzt die gelben
Pullover, die auf dem Schlitten liegen, durch ein paar dunkelblaue,
streicht ein paar Pullover glatt und schaut in verschiedene Rich-
tungen, als schaue er jedes Mal in die Weite einer Landschaft.

Herr Lenz tritt auf. Streicht am einen oder anderen Jackett oder
Mantel entlang, steht da, die Arme hinter dem Rücken ver-
schränkt, schaut in eine Richtung, wie zum Fenster hinaus.

Ellenbeck und Lenz grüßen sich nicht, sie scheinen einander
nicht einmal zu bemerken. Ellenbeck macht sich noch an einigen
Kleidungsstücken zu schaffen und steht dann auch da, die Hände
vorne unter dem Bauch verschränkt, und schaut genauso gerade-
aus, aber nicht in die gleiche Richtung wie Lenz. Das kann eine

ganze Weile dauern. Die Kaufhausmusik springt leise an, so leise, dass man sie kaum hört.

Lenz beginnt ebenfalls an den Jacken herumzuzupfen. Sieht sich dann die Regale an, räumt die von Ellenbeck eben noch zusammengelegten Pullover und Schals nochmals in ein anderes Fach, nimmt sich dann etwas genervt der Hemden an, als habe auch da einer wieder alles falsch eingeordnet. Bringt die gelben Pullover, die Ellenbeck gerade weggeräumt hat, wieder dorthin zurück, wo sie gelegen haben. Dabei schaut er sich immer wieder im Spiegel an. Überhaupt sind die beiden immer wieder damit beschäftigt, etwas aus den vollen Regalen in die leeren umzuräumen und andersherum.

Stille.

ELLENBECK Mittwochs steht man ja auch oft so da.
Aber mittwochs weiß man, dass man so dasteht.
Dienstag fängt eigentlich anders an.

Stille.

LENZ Sieht man es?

Ellenbeck reagiert nicht.

Sieht man es, dass ich innerlich wippe?

Ellenbeck reagiert nicht.

Ich wippe zur Musik, aber nur innerlich

ELLENBECK Sie sind nicht hier

LENZ Was?

ELLENBECK Sie sind nicht hier

LENZ Ich bin nicht hier?

ELLENBECK Sie sind mit Ihren Gedanken nicht hier.
Sind nicht bei der Sache

LENZ Bei welcher Sache?

ELLENBECK Sind hier, ohne hier zu sein
Glauben wohl, man sieht das nicht.
Man sieht viel mehr, als Sie glauben

LENZ Was?

ELLENBECK Arbeit gibt es mehr als genug.
Nur viele sehen ihre Arbeit nicht.
Sehen an ihrer Arbeit vorbei.
Was soll man machen, wenn einer seine Arbeit nicht sieht?
Kann ja nicht immer einer danebenstehen und sagen, was zu
tun ist!

Stille.

Zwölf Grad im Schatten!

Stille.

Was soll da einer anziehen, bei zwölf Grad im Schatten?!
Über den Regen haben sie wieder nichts gesagt.
Ganze Ständer mit Regenkleidern.

Stille.

Hätten sie gesagt: Bewölkt bei zwölf Grad, hätte man die blauen
Hemden hervorräumen können.
Kaum ist es bewölkt, wollen alle ein blaues Hemd.

Stille.

Es gibt Gipfeltage und Tage, denen sieht man schon morgens auf
den Grund.
Für den Regen haben wir alles.
Kann sich vom einen auf den anderen Augenblick ja alles ändern.
Am Mittwoch steht man auch oft so da.
Doch Mittwoch weiß man, dass man so dasteht
Aber Dienstag ...
Dienstag fängt eigentlich anders an.

LENZ Wir sollen keine Gespräche führen.

ELLENBECK Ich führe keine Gespräche.
Mit wem auch?

Stille.

LENZ *Für* den Regen?
Sagt man nicht: *gegen* den Regen?

ELLENBECK Einen Regenmantel für den Regen

LENZ Ich sage immer: *gegen* den Regen

ELLENBECK Für den Regen Regenmäntel, sagt man

LENZ Man schützt sich doch gegen den Regen

ELLENBECK Wer will schon gegen den Regen sein, ist ja lächerlich

ELLENBECK Man sagt ja auch nicht gegen das Gebirge, Stiefel gegen das Gebirge. Oder gegen das Meer, eine Badehose gegen das Meer. Entschuldigen Sie, würden Sie bitte auf Ihrer Seite bleiben

LENZ Auf meiner Seite?

ELLENBECK Sie rutschen immer weiter nach hier drüben, merken Sie das nicht?

Stille.

So wie die da hängen, die Jacken, die Anzüge,
könnten die ewig da hängen.
Müsste keiner kommen.
Drüben die Hosen mit den Paspeltaschen ganz vorne an den Wasserfallständern, die Karusselle mit Windjacken und Blousons, Gabardine und Baumwollpopeline.

Er zählt einmal durch.

Mit Strickbündchen und ohne, mit Stehkragen und ohne.
Die grauen Anzüge an den Kreuzwinkelständern ...
Als schliefen sie einen Schlaf, den man nicht stören möchte.
Ich denke das jeden Morgen.

LENZ Man soll während der Arbeitszeit keine Gespräche führen ...

ELLENBECK Ich ordne nie nach Farben ...

LENZ ... die Kunden könnten sich sonst ausgeschlossen fühlen

ELLENBECK ... 30 Jahre Erfahrung! *(Er räumt die noch vollen Tische halb ab und füllt die leeren damit.)*

LENZ Sei kundenabschreckend, wenn man Gespräche führt.

ELLENBECK 30 Jahre!
Nur ein paar wenige Pullover, nur ein paar wenige auf die Schlitten!
Soll nicht überladen aussehen.
Das Gefühl, noch Glück gehabt zu haben, muss immer mitspielen

LENZ Da müsse man sich dann auch nicht wundern, wenn sich die
Kunden nicht mehr zu fragen trauen, was sie fragen wollen.

ELLENBECK Welche Kunden?

Stille.

LENZ Später wird noch jemand kommen

ELLENBECK Das hoffen wir

LENZ Man soll sich nicht stören lassen.
Sie werden Frau Irrwein schicken.
Man soll alles so machen, wie man es immer macht, damit Frau
Irrwein dann sagen kann, was man besser machen kann

ELLENBECK Besser?

LENZ Anders. So wie es ist, kann es ja nicht …
Es gibt jetzt ja einen neuen Investor, Herrn Fürth.
Herr Fürth, der hier investieren will.
Für Sie, Herr Ellenbeck, spielt das ja keine Rolle mehr

ELLENBECK Großartig!

LENZ Die investieren ja nicht blindlings in uns hinein

Ellenbeck geht an Lenz vorbei, er hat etwas gesehen, was nicht
ganz ordentlich auf dem Ständer hängt.

ELLENBECK ... ein Mantel gegen den Winter, ein Kleid gegen die
Oper, eine Bluse gegen den Sommer, das Leben ist hart!
Wir sind ein Rüstungsgeschäft!

LENZ Freut mich, Herr Ellenbeck, dass Sie an einem Tag wie heute
noch so gut, ich meine ...

ELLENBECK Eine Hose gegen die Freizeit, ein Kleid gegen die Braut!

LENZ Wenn man hier so an der Front stehe, sei es ja das A und O,
dass man das nicht auf sich bezieht.

ELLENBECK Auf sich!?

LENZ Eben nicht!

ELLENBECK Wieso auf sich!?

LENZ Man soll es nicht persönlich nehmen!

ELLENBECK Was?

LENZ Dass es ist, wie es ist.
Schließlich kann ja keiner was dafür.
Erst recht nicht die, die hier stehen und sich eine Freude warm-
halten.

ELLENBECK Früher standen hier frühmorgens, bevor aufgeschlossen
wurde, Schlangen vor dem Kaufhaus, Montag wie Dienstag

LENZ Schlangen?

220   **ELLENBECK** Schlangen bis Delmenhorst hinüber!

LENZ Morgen wird man vielleicht sagen: Gestern war ein guter Tag!

ELLENBECK In jedem Fall wird man morgen über heute sagen: Es war ein guter Tag!

LENZ Mein ich ja

ELLENBECK Das sagt man mittwochs immer so

Stille.

Die Flanellhose kommt wieder zurück!
Ich sag das schon lange.

LENZ Man kann uns auf den Monitoren sehen.

ELLENBECK Sie kommt wieder zurück!

LENZ In der Zentrale kann man uns sehen

ELLENBECK Im Winter kommt sie zurück!

LENZ Ob man uns auch hören kann, weiß ich nicht. Aber sehen kann man uns

ELLENBECK Sie werden an mich denken!

LENZ Den Ton können sie uns wahrscheinlich abdrehen

ELLENBECK Sie kommen zurück, die Flanellhosen!

Stille.

LENZ Drei Jahre. Da dauert so eine Ausbildung drei Jahre, und dann muss man sich vom Kunden sagen lassen: Ich brauch keine Hilfe. Ich seh doch, wo die hinlaufen.
Kaufen erst ein Hemd, kaufen es ohne Krawatte, kaufen dann die Krawatte, wundern sich, dass die Kragenweite nicht stimmt.
Ich sehe doch, dass die immer aufs Falsche zulaufen.

ELLENBECK Achtung!

LENZ Was?

ELLENBECK Sie sind wieder zu weit bei mir drüben.

Beide stehen stumm herum, wie auf Kundschaft wartend.
Auftritt Herr Sims, der sich umschaut.

LENZ Seien Sie froh, Herr Ellenbeck, Sie sind an nichts schuld, da können Sie stolz sein.
Ist ja nicht wie bei Herrn Forte, gestern war er schon wieder da

ELLENBECK Kann man nicht verbieten

LENZ Als sei es unsere Schuld, dass er sich so heruntergewirtschaftet hat.

ELLENBECK Möchten Sie von einem bedient werden, der sein Maul zusammenpresst, wenn er Ihnen die Kragenweite abnimmt, damit man nichts riecht?

LENZ Wenn man bedenkt, wer morgen alles nicht mehr zur Arbeit kann, in Lünen, Rastatt, Bretten, Kehl, Mannheim, Bocholt, Hameln ...
(ruft zum Kunden hinüber) Kann ich Ihnen helfen?

Herr Sims läuft Lenz davon.

Kann ich Ihnen vielleicht helfen?!

Dunkel.

2. BILD

Ellenbeck, Lenz, Frau Irrwein, später erster Kunde (Sohn).

FRAU IRRWEIN Freut mich.
   Wir haben uns noch nie gesehen

LENZ Frau Irrwein

FRAU IRRWEIN Man sieht sich hier oft Jahre nicht, und wenn,
   sieht man sich schon zum letzten Mal.
   Ich wünsche Ihnen alles Gute!
   Für Sie fängt morgen ein neues Leben an.

LENZ Nein, für Herrn Ellenbeck, für Herrn Ellenbeck fängt morgen
   ein neues Leben ...

FRAU IRRWEIN Das Schöne ist ja, dass im Leben immer wieder ein
   neues Leben anfängt. Ich bin noch immer hier. So leicht spuckt
   mich das Kaufhaus nicht aus.
   Sie haben es sicher schon gehört?

LENZ Was?

FRAU IRRWEIN Man hört die Rolltreppen nicht mehr
   Seit Jahren röchelt und pfeift es, als habe das Haus Bronchitis.

Ich sag das schon lange
Jetzt haben sie sie geölt. Man hat Fehler gemacht.
Es geht aufwärts, Sie werden sehen: Anderswo tragen sie heulend
die Schaufensterpuppen hinaus, und wir verkaufen sogar Korbstühle!

LENZ Korbstühle?

FRAU IRRWEIN Seit Monaten stapeln sich in der dritten Etage Korbstühle bis zur Decke. Man muss es den Leuten sagen, muss es
nur sagen: Abends im Korbstuhl sitzen, in so einer knisternden
Gemütlichkeit, als säße man vor einem offenen Kamin, so einfach
kann Glück sein, Herr Ellenbeck!

LENZ Lenz, Lenz

FRAU IRRWEIN Stand hier nicht ein Kleiderständer?

LENZ Habe ich weggeräumt. Stand im Weg

FRAU IRRWEIN Das ist Absicht, reine Absicht! Das ist natürlich
Absicht

ELLENBECK Ich habe es ihm gesagt, die ganze Zeit sage ich es ihm

FRAU IRRWEIN Der Kunde rennt in den Kleiderständer, Sie müssen
den Kunden bremsen mit der Ware, er muss sich verheddern in
Jacken und Mänteln. Aus dem Hindernis wird ein Geschäft, Herr
Ellenbeck, Geschäft, wozu sind wir denn sonst hier!

LENZ Lenz, mein Name ist Lenz, Herr Ellenbeck ist ja der, der
morgen dann nicht mehr …

FRAU IRRWEIN Man muss den Kunden umzingeln, einkreisen, umstellen mit Waren. Die Waren sind unser Heer, dem der Kunde nicht entkommen darf. Eingeklemmt in seine eigenen Wünsche, muss man dem Kunden Mut machen, Mut, dass er hier nichts überwinden muss.
Überfallen von seinem eigenen Mangel, muss der Kunde zittern und beben, was er alles nicht hat, was er haben muss.

LENZ Beben?

FRAU IRRWEIN *(zu Ellenbeck)* Unsere Investoren sind ja ganz bescheidene Leute, die sind ja gar nicht so, wie man immer denkt, dass die sind. Wenn die mal essen gehen, dann gehen die höchstens mal zum Italiener nebenan, essen eine Pizza, trinken dazu ein alkoholfreies Bier, und Herr Fürth zum Beispiel, der hat sogar einen eigenen Kartoffelacker

LENZ Herr Fürth hat einen Kartoffelacker?

FRAU IRRWEIN Am Wochenende fährt der mit seinem Traktor über den Acker, der holt sein Gemüse aus dem eigenen Garten, Salat und Rüben und was man sonst noch so braucht. Und das als Milliardär!
Da wundert man sich, dass die meisten Leute zu nichts kommen, die halten das Geld nicht zusammen.
(zeigt in eine bestimmte Richtung) Da hinüber habe ich ja freie Sicht, Herr Ellenbeck, da habe ich ja freie Sicht bis zum Mittelmeer, da müssen Hindernisse hin!

Lenz verschiebt zwei Kleiderständer.

(zu Herrn Ellenbeck) Das ist alles nicht so, wie man denkt, dass das ist, die leben jetzt ja auch von 600 Euro im Monat, so ein Herr Fürth und seine Frau. Und retten nebenbei noch eine Handschuhfabrik oder eben ein Kaufhaus

Da steht man doch gleich ganz anders hier, wenn man weiß, die
Oberen da oben, die wühlen mit ihren Fingern auch in der Erde
herum.

Herr Fürth möchte ja keinen Druck machen, er möchte nur, dass
Sie wissen, dass er weiß, wie glücklich ernten macht!

Jetzt haben wir 10 Uhr 55, ich wünsche Ihnen alles Gute
Vergessen Sie nicht: Hindernisse!

Es müssen dem Kunden die Wünsche im Weg stehen

*Sie geht, kommt aber nochmals zurück, um einen weiteren
Kleiderständer in den Weg zu schieben.*

LENZ Ab nächstem Samstag tragen wir hier alle Gelb.
Am Samstag tragen wir nicht mehr Schwarz-Weiß.

ELLENBECK Ich habe nie Schwarz Weiß getragen, auch samstags
nicht

LENZ Ein bisschen auflockern. Farbiger, fröhlicher, witziger

ELLENBECK Sie wollen es witziger?

LENZ Nicht ich, nicht ich will das.
Das ist, was die Kunden wollen. Was ich will, ist nicht wichtig

ELLENBECK Woher wissen Sie das?

LENZ Was?

ELLENBECK Was die Kunden wollen? *(Er räumt die gelben Pullover
wieder zurück.)*

LENZ Nicht ich, nicht ich weiß das.
Das wissen die, die sich darum kümmern

ELLENBECK Deswegen tragen Sie Gelb?

LENZ Wunderbar, Herr Ellenbeck, wirklich schade, dass Sie, ich meine ...
Was machen Sie da?

ELLENBECK Jemand hat das falsch eingeräumt

LENZ Falsch eingeräumt?!

ELLENBECK Links oben: Baumwollpullover

LENZ Ich habe das eingeräumt

ELLENBECK Ist trotzdem falsch

LENZ Falsch!?

ELLENBECK Da findet sich doch keiner mehr zurecht

LENZ Sie waren nicht auf dem Seminar

ELLENBECK Wie soll einer noch wissen, wo er was findet, wenn nichts mehr da ist, wo es war

LENZ Sie haben schon länger keine Seminare mehr besucht, Herr Ellenbeck

ELLENBECK Um zu wissen, wo etwas hingehört, muss ich nicht aufs Seminar

LENZ Genau darum geht es

ELLENBECK Wirrwarr stiften

LENZ Genau darum geht es.

Der Kunde soll aus seinem Trott fallen.

Er soll seine Wünsche erst entdecken müssen.

Wünsche, von denen er noch gar nicht wissen kann, dass es seine Wünsche sind.

Jeder von uns trägt ja viel mehr Wünsche in sich, als er weiß.

Man geht in ein Haus wie hier in unseres und erwartet etwas, von dem man nicht wirklich weiß, was es ist.

Haben ja gehört: Die Wünsche müssen einem im Weg stehen

Davon leben wir. Von diesem Nichtwissen, das voller Erwartung ist.

Wenn einer hier in unser Haus kommt, dann will er als ein anderer, als der er hereingekommen ist, hinausgehen.

Verwandelt, Herr Ellenbeck, verwandelt!

ELLENBECK Und Sie kennen diese Wünsche, von denen die Leute selbst noch nichts wissen?

LENZ Der Kunde und ich, wir finden es gemeinsam heraus.

Wir sind ein Team.

ELLENBECK Sie bringen ihn auf Gelb, obwohl er Schwarz-Weiß wollte und noch nicht wusste, dass es eigentlich Gelb ist, was ihn hierhertreibt. Das wollen Sie?

LENZ Nicht ich, nicht ich will das, das will das Konzept.

Herr Ellenbeck, das Konzept.

Man muss die Leute aus ihrem Gewohnheitsschlaf reißen.

Muss sie motivieren. Dass sie über ihren Schatten springen.

Das ist Teamarbeit. Man muss aus dem Kunden erst einmal einen Kunden machen, der mehr als bloß ein Kunde sein will.

Der vom passiven Kunden zum aktiven wird.

Das ist ja der Sinn der Zusammenarbeit. Genau darum geht es.

Dass er aus seinem Schatten tritt.

Es geht um eine Zusammenarbeit, ein Miteinander.

Der Kunde und der Verkäufer müssen ein Team werden, Herr Ellenbeck. Ein Team! Ich bin sein Shopping-Assistent ...

Ellenbeck bemerkt, dass Lenz sich während seiner kleinen Beratungsansprache selbst im Spiegel anschaut.

ELLENBECK Das sollten Sie übrigens nicht zu oft tun

LENZ ... sein Kleidungscoach, sein Stylingpartner

ELLENBECK Es ist abschreckend

LENZ Was?

ELLENBECK Ein Verkäufer, der sich ständig selbst im Spiegel anschaut

Stille.

LENZ Einen Kartoffelacker

ELLENBECK Was?

LENZ Er hat einen Kartoffelacker

Beide stehen in großem Abstand stumm herum und schauen dabei in eine Richtung, als beobachteten sie einen Kunden, der für das Publikum nicht sichtbar ist.

ELLENBECK Sie lauern wie eine Spinne in der Ecke.
Sobald sich etwas regt, stürzen Sie auf den Kunden los.
Dass dem gar nichts anderes mehr übrigbleibt, als die Flucht zu ergreifen.
Und dann wundern Sie sich, dass keiner kommt.

LENZ Jetzt bin ich auch noch schuld, dass keiner kommt.

ELLENBECK Witz in der Kleidung!

LENZ Reden Sie nur, reden Sie,
stehen hier wie ein Museumswärter.
Da kriegt ja der Kunde Angst, dass er die Ware gar nicht berühren
darf, so wie Sie hier stehen.

Der unsichtbare Mann scheint wieder gegangen zu sein.

Da bitte, jetzt ist er weg ...

ELLENBECK Größe 52

LENZ ... jetzt ist er weg!

ELLENBECK Kragenweite 42

LENZ Der kommt nicht mehr!

ELLENBECK Wenn sie nicht weiterwissen, kommen sie früh genug
wieder, und dann sind sie dankbar.

LENZ Dankbar?

Kurze Stille.

Bilder, man muss Bilder setzen beim Kunden, Bilder!
Als Erstes nach dem Anlass fragen, immer als Erstes nach dem
Anlass fragen: Wozu, wofür brauchen Sie die Hose?
Für welchen Anlass soll das Hemd bestimmt sein?
Darf ich fragen, zu welchem Anlass der Mantel gedacht ist.
Seien Sie jetzt mal ein Kunde, der eine Hose will, und ich frage
Sie, zu welchem Anlass wollen Sie die Hose?

ELLENBECK Was?

LENZ Sagen Sie einfach: Gartenparty

ELLENBECK So etwas sage ich nicht

LENZ Gartenparty! Da hätte ich hier doch ...
Mittlerweile renne ich nach da drüben, hole die nächsten Teile,
Gartenparty – da wird es abends kühl, hier hätten wir noch ein
Jäckchen

ELLENBECK Was reden Sie da!?

LENZ Habe ich Jäckchen gesagt? Verdammt, ich soll nicht Jäckchen
sagen.
Immer die Frage stellen: Wozu?

*Ein Kunde (Sohn) tritt auf. Ellenbeck und Lenz scheinen ihn nicht
zu bemerken.*

ELLENBECK Wozu?

LENZ Wozu, wenn ich fragen darf, soll die Hose sein?

ELLENBECK Wozu soll eine Hose schon sein?

LENZ Zu welchem Anlass? Wenn ich fragen darf

ELLENBECK Wozu brauch ich einen Anlass?

LENZ Gartenparty? Ah, gut!

ELLENBECK Als wäre man ein Mensch mit tausend Anlässen und
Gelegenheiten, wie ein Politiker, der jeden Tag an 13 verschiede-
nen Essen teilnimmt

LENZ ... Gartenparty, da wird es abends kühl.
Schon renne ich nach drüben, hole ein Jäck... eine Jacke

ELLENBECK Als wollten Sie denen ein Leben einreden.
Ein Leben, das mit ihrem Leben gar nichts zu tun hat

LENZ Gartenparty ...

ELLENBECK Und daran glauben Sie auch noch?

LENZ Sehen Sie, jetzt habe ich schon drei weitere Teile zusammen,
alles nur, weil ich gefragt habe: Wozu brauchen Sie die Hose?

ELLENBECK Eine Hose braucht man, um nicht nackt herumzulaufen

LENZ Zur Hose eine Jacke, zur Jacke ein Westchen, zum Westchen
eine Krawatte, zum Hemd Manschettenknöpfe, ganz zu schweigen vom Gürtel und neuen Socken.

ELLENBECK Herr Lenz, haben Sie einen Anlass?

LENZ Die Leute wollen sich wie neugeboren fühlen.
Sie wollen es, wenn es ihnen gutgeht,
sie wollen es, wenn es ihnen schlechtgeht,
sie wollen es immer, nur muss man diese Wünsche mobilisieren.

ELLENBECK Was, Herr Lenz, ist Ihr Anlass?

*Der Sohn, der schon die ganze Zeit dasteht und sich nicht traut,
etwas zu fragen:*

SOHN Entschuldigen Sie, Größe 44

232　**ELLENBECK** *(zum Sohn)* Einen Moment, bitte!
(zu Lenz) Warum fragen Sie die Leute nicht, was ihr Anlass ist, überhaupt zu leben?

LENZ *(zum Sohn)* Wir sind gleich für Sie da

ELLENBECK *(zu Lenz)* Ja, wozu sind Sie denn auf der Welt, wenn ich das mal fragen darf?!
(zum Sohn) Guten Tag!

LENZ Auf der Welt!?

ELLENBECK *(zum Sohn)* Was hätten Sie denn gerne?

LENZ Was ist denn das für eine Frage!?

SOHN Es tut mir leid, ich wollte nur ...

LENZ ... auf der Welt ...!?

ELLENBECK Wozu? Wozu?

SOHN Ein schwarzes Hemd ...

LENZ Wozu!?

SOHN Ich suche nur ein schwarzes Hemd.

LENZ Ein schwarzes Hemd?

SOHN Größe 44

ELLENBECK *(erstaunt)* 44? *(Geht ein schwarzes Hemd holen)*

SOHN Für eine Beerdigung

LENZ Eine Beerdigung!?

Ellenbeck bringt ein schwarzes Hemd.

Danke, Herr Ellenbeck

ELLENBECK Sie dürfen es gerne einmal anprobieren

Der Sohn geht in die Umkleidekabine.

LENZ *(zum Sohn, der sich in der Kabine umzieht)* Später, ich meine, wenn dann mal der traurige Teil hinter einem liegt, da sitzt man ja gern noch bei dem einen oder anderen Gläschen ... also ich hätte für den ... leichteren Teil des schweren Abends noch ein legeres Wolljäckchen, in dunklem Blau, für ... die Terrasse ...

Ellenbeck schüttelt den Kopf.

... eine unserer multiplen Baumwolljacken, die können Sie später auch mal auf einem Segelboot ... passend dazu eine ebenso multiple Kappe, mit der können Sie in Madrid durch den Prado gehen oder in Hamburg auf der Reeperbahn hinter eine Tonne pinkeln, mit dieser Kappe machen Sie nichts falsch. Man will so etwas ja noch öfters ... ich meine, nicht bloß für einen einzigen Anlass ... wäre ja jammerschade. Kommt ja nicht jeden Tag vor. Und jetzt sage ich mal ganz kühn ins Offene: Wie wäre es noch mit einem Gelbton?

Er reicht dem Sohn ein gelbes Kleidungsstück in die Kabine.

Lassen Sie das einfach mal auf sich wirken ...
Übrigens ... man steht ja auf Beerdigungen oft herum, wartet,
steht herum, sieht nach vielen Jahren viele Leute wieder, denen
man wenig zu sagen hat, wartet, bis der Sarg herausgetragen wird.
Das dauert, man steht da, stochert mit den Füßen im Friedhofs-
kies, die Socken stauben ein! Mit verstaubten Socken will man
ja nicht nachher beim Leichenschmaus sitzen. Ich habe Ihnen
gleich zwei dunkelgraue mitgebracht, ein weiteres Paar zum
Wechseln dazu.

Der Sohn kommt aus der Kabine, das Hemd ist ihm viel zu groß.

Toll! Das ist ein weltoffenes Hemd! Lässig und seriös zugleich

SOHN Ist es nicht zu groß?

ELLENBECK Ja

LENZ Entschuldigen Sie, das ist ein tolerantes Hemd

ELLENBECK Es ist zu groß

LENZ Entschuldigen Sie, das ist ein großzügiges Hemd, ich würde
sagen, auf keinen Fall kleiner.

ELLENBECK 41 müsste eigentlich reichen *(Geht ein anderes Hemd
holen)*

LENZ Ist es eine Erdbestattung oder eine Feuerbestattung, wenn ich
fragen darf?

SOHN Eine Beerdigung

LENZ Entschuldigen Sie, für eine Beerdigung würde ich das größere
Hemd nehmen. Die Feuerbestatter haben es immer eilig. Denen
kann es ja gar nicht schnell genug gehen. Aber die Erdbestatter,
die sitzen gerne noch lange zusammen. Da ist man dann froh,
wenn das Hemd ein wenig Luft hat. So geht es mir jedenfalls

Ellenbeck kommt zurück mit einem anderen Hemd.

ELLENBECK Probieren Sie das einmal

Der Sohn geht wieder in die Kabine.

SOHN Hätten Sie dazu auch eine Krawatte?

ELLENBECK Für eine Beerdigung?

LENZ Es muss ja nicht immer schwarz sein, wir haben traurige
Blumenmuster.

ELLENBECK Für eine Beerdigung, da müssen Sie nicht eine von unseren Krawatten kaufen, da tut's eine von nebenan, eine einfache
schwarze für zehn Euro, die kriegen Sie an jeder Straßenecke.

SOHN Der Kragen?

LENZ Wie meinen Sie?

ELLENBECK Das ist bewusst so gemacht.

LENZ Eine Windblende. Gegen den Wind

ELLENBECK Für windige Tage

LENZ Das trägt man heute so.
Da sind Sie um den Hals herum ganz anders geschützt.

ELLENBECK Sie können ihn aufklappen oder anliegen lassen.

LENZ Man muss ihn nicht aufklappen.
Wenn es windet, klappen Sie ihn auf. Sonst lassen Sie ihn zu.

SOHN Ich weiß nicht ...

ELLENBECK Lassen Sie es, lassen Sie es.

SOHN *(kommt wieder aus der Kabine)* Ich überlege es noch

LENZ Ja, gerne

Der Sohn geht ab.

«Für eine Beerdigung brauchen Sie nicht eine von unseren
Krawatten, da tut's auch eine von nebenan ...»
So macht man Geschäfte, Herr Ellenbeck!

Dunkel.

3. BILD

*Ellenbeck, Lenz, die Alte, der Sohn in Umkleidekabine, später die
junge Frau.*

ALTE *(zum Sohn in der Kabine)* Ob es passt?

Stille.

Ob es passt, hat er gefragt?

Passt sie?

ELLENBECK Wir haben Zeit

ALTE Zeit?!

LENZ Wir hätten die gleiche auch noch in Gelb ...

ALTE Ich habe keine Zeit

LENZ ... falls er sie mal in Gelb probieren möchte

ALTE Ist in allem so. Denkt zu viel, denkt ständig zu viel

ELLENBECK Hier draußen wäre ein Spiegel, da könnten Sie sich ...

ALTE Er weiß, dass hier ein Spiegel ist.

LENZ *(zu Ellenbeck)* Die in der Zentrale meinen, Sie könnten heute auch früher gehen.
(zur Alten) Vielleicht möchte er doch noch die gelbe Hose probieren
(zu Ellenbeck) Wegen mir brauchen Sie jetzt nichts mehr zu tun

ALTE Ist überbegabt ... denkt Gedanken, die es gar nicht gibt

SOHN Kurzärmelig

ALTE ... ist ein Fluch, nicht nur ein Glück

SOHN Hätten Sie das Hemd auch kurzärmelig?

LENZ *(leise zu Ellenbeck)* Er hat jetzt acht Hosen, zwölf Hemden und sieben Pullover dadrin

ALTE Ist ein Fluch und ein Glück zugleich

LENZ *(zu Ellenbeck)* Vielleicht auch schon zehn!

ALTE *(in die Kabine)* Die werden schon unruhig ...

ELLENBECK Wir haben Zeit!

ALTE Ich will hier nicht einen halben Tag sitzen, bloß weil er wieder einmal eine Hose ...

LENZ Ich kann Ihnen gerne noch eine gelbe ...

ALTE Du sollst jetzt herauskommen, haben sie gesagt

LENZ Traut sich vielleicht nicht

ALTE Was reden Sie da! Er hat Physik studiert.

Kurze Stille.

SOHN In so einem Hemd, da möcht man am liebsten schon morgens im Dunkeln aufstehen und in ein Schinkenbrot beißen!

LENZ Vielleicht doch noch eine gelbe?

SOHN Und dann mit dem Bus über die noch dampfenden Felder fahren, durch Dörfer, wo es noch Nacht ist

ALTE *(schüttelt den Kopf)* Im Bus herumfahren?

SOHN Guten Morgen, sag ich zu jedem, der einsteigt, guten Morgen.
Und schaue wieder auf die Straße, vorbei an den Feldern, zum
nächsten Dorf. Guten Morgen

ALTE Studiert Jahre und ist am Ende für alles zu gut

SOHN Wer wichtig ist für die Menschheit, der steht im Dunkeln auf,
Mama

ALTE Hat er Menschheit gesagt?

SOHN Hätten Sie das gleiche auch kurzärmelig?

LENZ Ja, gerne

ELLENBECK Welches meinen Sie denn?

*Er reißt Lenz einen kleinen Stapel Hemden aus der Hand und wirft
sie in die Kabine hinein.*

(spricht in die Kabine) Alles in Ordnung?

ALTE In Ordnung!?

SOHN *(ruft aus der Kabine zu den Verkäufern)* Gehen Sie morgens
auch im Dunkeln aus dem Haus?

ALTE *(zu Ellenbeck)* Wie lange gibt es denn Ihr Kaufhaus noch? Man
hört ja, dass ...

ELLENBECK Sie können mir ruhig schon etwas herausgeben ...

SOHN Kurzärmelig habe ich doch gesagt!

ALTE Früher haben hier ja noch die Rolltreppen gequietscht, da hat man gleich gehört: Dieses Haus lebt!

LENZ *(zur Alten)* In der dritten Etage hätten wir im Moment Korbstühle im Angebot

ALTE Korbstühle?

LENZ So ein Korbstuhl ist ja viel mehr als nur ein Korbstuhl, da sitzt man am Kamin, ohne dass man am Kamin sitzt

ALTE *(zum Sohn)* Hast du gehört? Die wollen mir Korbstühle andrehen!

Der Sohn gibt ein Hemd heraus. Ellenbeck hält es in der Hand, will es zusammenlegen, hält inne und stutzt.

ELLENBECK Das hing aber vorher nicht so herunter

Lenz kommt dazu.

LENZ Was?

ALTE Korbstühle!?

ELLENBECK So hing das nicht ... der halbe Ärmel ab

Die Alte reißt ihm das Hemd aus der Hand.

LENZ *(in die Kabine)* Haben Sie das Hemd so mitgenommen?!

ALTE Er nimmt nichts mit

SOHN Sie könnten es mir billiger geben!

ALTE Es ist kaputt. Was willst du mit einem neuen kaputten Hemd?!

SOHN Billiger haben, Mutter, billiger

ALTE *(reißt kurz am Ärmel, der nun vollends abgeht)* Das hat doch keinen Wert mehr

LENZ *(empört)* Was ...?

ALTE Ist ja heute mit allem so. Kauft man ein neues Hemd, und am nächsten Tag muss man die Knöpfe annähen

ELLENBECK *(konziliant)* Wollen Sie mir noch etwas herausgeben?

ALTE Und das hat ja dann nicht 20 Euro gekostet und auch nicht 50. Dafür hat man früher fünf Hemden gekriegt

SOHN Mama!

LENZ Wir müssen es erst einschicken

ALTE Jetzt hast du es geschafft

LENZ Was?

SOHN Sie müssen es nicht einschicken, geben Sie es mir einfach so!

ALTE Du nimmst kein kaputtes Hemd!

LENZ *(in die Kabine)* Und die anderen Sachen?!

ALTE Wo wollen Sie denn das noch hinschicken?

LENZ Könnten Sie bitte die anderen Sachen ...

SOHN Ich probiere.
Sie wollten mir doch noch eine gelbe Hose zeigen

ALTE *(zu Ellenbeck)* Ich bin zu Ihnen schon als Kind gekommen

LENZ Das freut mich

ALTE Hier bin ich zum ersten Mal Rolltreppe gefahren.
Ist mir geblieben, so eine kleine Rolltreppenunsicherheit,
jedes Mal, wenn ich dadrauf gehe. Als würd man aufs Eis gehen,
wie damals mit 15

SOHN Mama, hör auf!

ALTE *(zum Sohn)* Zieh deine Hose an und komm raus. Die haben hier
was anderes zu tun, als auf dich zu warten.
(zu Ellenbeck) Und ich hab heut immer noch so ein Gefühl, als
könnt einem schwindlig werden, so ein schöner Schwindel, wie
es einen da hinauf- und hinunterschiebt, aber auch ein bisschen
lächerlich, wenn man die anderen sieht, die in die andre Richtung
fahren und dabei so dumm schauen, wie man selbst nie aus-
schauen möchte. Nirgends auf der Welt schaut man einander ja
so an wie auf Rolltreppen, als hätt man da auf einmal einen ganz
anderen Schicksalsblick.

SOHN Hör auf!

ALTE Da hat's den noch lang nicht gegeben.
Hätt man's gewusst …

Die junge Frau tritt auf. Sie schaut an Kleiderständern.

SOHN Was ist, krieg ich das Hemd?!

ALTE Hätt man's gewusst ...

LENZ *(zur jungen Frau)* Kann ich Ihnen helfen?

JUNGE FRAU Danke, ich schaue nur

LENZ Ja, gerne

ALTE Und jedes Mal so ein warmer Wind, wenn man zum Kaufhaus hereinkommt, wie so ein Wüstenwind, der einem zwischen die Beine schwappt *(Lacht)*

Die junge Frau schaut bei den Anzügen. Sie wendet sich an Ellenbeck.

JUNGE FRAU Ich suche einen Anzug

ELLENBECK Einen Anzug?

JUNGE FRAU Für meinen Vater

ELLENBECK Wie ist seine Größe?

JUNGE FRAU Ich denke, 54

ELLENBECK Sie denken?

JUNGE FRAU 54

ELLENBECK Sie wissen es nicht?

ALTE So kann es auch sein, da sieht man mal, wie es auch sein könnte!

JUNGE FRAU Er hat ungefähr Ihre Statur

ALTE Kauft ihrem Vater einen Anzug!

ELLENBECK Wollen Sie ihm den Anzug schenken?

JUNGE FRAU Ja

ELLENBECK Er weiß nichts davon?

JUNGE FRAU Nein

ALTE So kann es auch sein. Schenkt ihrem Vater einen Anzug!

SOHN So kann es auch sein, so kann es auch sein!

ALTE Ja, so kann es auch sein

SOHN Kauft ihrem Vater einen Anzug. Hätt ich auch gemacht. Hätt ich gern gemacht, hätte nur wissen müssen, wer mein Vater eigentlich ist.

LENZ *(in die Kabine)* Hören Sie, was ist mit den anderen Sachen?

SOHN Ich möchte gerne noch die gelbe Hose probieren!

ELLENBECK Sie können gerne zwei verschiedene Anzüge mitnehmen

JUNGE FRAU Er braucht nur einen

ELLENBECK Er sollte beide probieren.

JUNGE FRAU Ist nicht nötig

ELLENBECK Man kann keinen Anzug nehmen, den man nicht
probiert hat
Ist ja nicht die Größe allein

JUNGE FRAU Ich nehme ihn größer, dann passt er auf jeden Fall

ELLENBECK Größe ist nicht Größe.

ALTE Im Krieg war hier im Keller der Bunker.

ELLENBECK Nehmen Sie ruhig zwei mit ...

JUNGE FRAU Ist nicht nötig

ELLENBECK Falls ihm einer nicht gefällt

JUNGE FRAU Ist wirklich nicht nötig

ALTE Hier haben wir den Weltkrieg überlebt.
Im Kaufhauskeller den Weltkrieg überlebt.

ELLENBECK Er kann ihn umtauschen, glauben Sie mir, ist besser

ALTE *(zur jungen Frau)* Hier habe ich meinen ersten BH gekriegt!

JUNGE FRAU Er muss einfach nur passen

ALTE Strümpfe, Tausende Strümpfe, ich hab hier Tausende Strümpfe
gekauft.
Gibt ja nichts Schöneres, als sich morgens so eine Haut über die
Haut zu ziehen
Da könnt ich mich jedes Mal in meine eigenen Beine verlieben!
(Kichert)
Hier hab ich meinen ersten Mann kennengelernt

246   **ELLENBECK** Ein Anzug, das ist wie eine Wohnung, den trägt man ja nicht nur ein Mal. Selbst wenn es nur ein Mal im Jahr ist, muss man sich in ihm wie daheim fühlen.

ALTE *(in Richtung Kabine)* Die sorgt für ihren Vater!

LENZ *(in Richtung Kabine)* Wie geht es mit der Hose?

SOHN Krieg ich das Hemd?

ALTE Man hört ja jede Woche etwas anderes.
Mal sagen sie: Alles bleibt, wie es ist, nur viel größer; ein andermal: Bleibt nur die Tiefgarage.

ELLENBECK Ich gebe Ihnen beide Anzüge, Ihr Vater kann dann ...

JUNGE FRAU Ich muss es mir noch ... ich komme morgen wieder

ELLENBECK Ja, gerne

LENZ Morgen!? Morgen ist Herr Ellenbeck nicht mehr da!

ALTE *(in Richtung Kabine)* Siehst du, ab morgen sind die schon nicht mehr da
Morgen kauen hier die Bagger alles runter
30 Jahre sind die hier rumgewuselt zwischen Regenmänteln, Krawatten und Cordhosen, Tag für Tag, und jetzt, von heute auf morgen ...

Dunkel.

4. BILD

Ellenbeck, Lenz, Frau Irrwein, die Alte sitzt wie ein Mehlsack in einer Ecke herum, der Sohn unsichtbar in der Kabine.

FRAU IRRWEIN Ich habe sofort alle Rolltreppen schneller gestellt. Hätte ja keiner geglaubt, dass er selbst ... ich meine Stellen Sie sich vor, wie er da auf einer Rolltreppe steht, die durchs Haus schlurft wie ein Ausflugsdampfer, nicht auszudenken, man hat Fehler gemacht, ich sag das seit Jahren

LENZ Er ist hier?

FRAU IRRWEIN Sollten mal sehen. Jetzt saust man hier durchs Haus, da pfeift einem der Geschäftswind um die Ohren

LENZ Herr Fürth?

FRAU IRRWEIN Jetzt geht es aufwärts. Sie werden sehen Er will sich selbst ein Bild machen

LENZ Ja, gerne

FRAU IRRWEIN Einmal durchs Haus gehen, von Abteilung zu Abteilung, sehen, wie die Dinge hier ihren Gang gehen. Hier fehlen wieder Hindernisse!

LENZ Herr Ellenbeck, könnten Sie bitte

FRAU IRRWEIN Natürlich will Herr Fürth kein träges Herumlungern sehen, das in sich hineingähnt, als stünde man hier in einem verlorenen Ostblock herum

LENZ Ja, gerne

FRAU IRRWEIN Herr Fürth weiß, wovon er spricht, hatte eine schlimme Kindheit

LENZ Natürlich

FRAU IRRWEIN Ein Kaufhaus sei ja auch nichts anderes als ein Kartoffelacker, sagt Herr Fürth, und ein Kartoffelacker nichts anderes als ein Kaufhaus
Hier fehlen Hindernisse!

LENZ Herr Ellenbeck, könnten Sie bitte

FRAU IRRWEIN Nicht jede Pflanze dürfe man da einpflanzen, sagt Herr Fürth. Und manche müsse man auch wieder herausreißen. Natürlich wird Herr Fürth nicht sagen, dass er Herr Fürth ist

LENZ Natürlich

FRAU IRRWEIN Sagen Sie nicht immer natürlich

LENZ Ja, gerne

FRAU IRRWEIN Pflanzen, die überfordert seien in ihrem Pflanzensein, sagt Herr Fürth, hätten auf einem Acker nichts zu suchen. Sie tun sich selbst nicht gut und nicht dem Acker

LENZ Schön gesagt

FRAU IRRWEIN Schließlich geht es um eine Zukunft, die Zukunft hat Wir alle wollen ja auch übermorgen noch über übermorgen sprechen, nicht wahr, Herr Ellenbeck?

LENZ Nein. Lenz, Lenz, Herr Ellenbeck ist ja ab morgen dann nicht mehr ...

LENZ Je mehr Kunden, desto mehr Diebe, sag ich immer

ELLENBECK Dann haben wir heute Glück

SOHN *(ruft aus der Kabine)* Jetzt ist die Hose auch noch kaputt!

ALTE Die Hose auch noch!

ELLENBECK Im Erdgeschoss haben wir sonst auch noch preisgünstigere Sachen

ALTE Im Erdgeschoss?

ELLENBECK Im Erdgeschoss haben wir eine große Auswahl

ALTE Wir sollen ins Erdgeschoss?! Die schicken uns ins Erdgeschoss! In den Balkan hinab! Nach unten in die Schnäppchenschweißhöhle zu den Verbitterten, die da in den Wühltischen wühlen mit ihren Wühltischpranken und sich im Ellenbogenkrieg die Fetzen aus den Pranken reißen! Fetzen, die beim ersten Sonnenstrahl ausbleichen!

SOHN Die glauben wohl, wir kaufen diesen giftverseuchten Industriedreck aus Dritte-Welt-Ländern

ALTE Mit uns kann man es machen. Meint man, jetzt wo die Bagger kommen!

SOHN Glauben wohl, weil heute Ihr letzter Tag ist ...

ALTE Sind ja die Regale schon alle leer, da unten

FRAU IRRWEIN Ansonsten hätten wir auch schöne Korbstühle im Angebot

ALTE Korbstühle!?

FRAU IRRWEIN In der dritten Etage, soviel Sie wollen

SOHN An uns kann man es ja rauslassen, 20 Jahre Verbitterung!

ALTE Und das war mal meine Kindheit.
Hier hab ich meine erste Puppe gekriegt! *(Sie geht in die Kabine zu ihrem Sohn.)*

SOHN Mama

Dunkel.

5. BILD

Die junge Frau und der Sohn. Der Sohn sitzt noch in der Kabine (hinter zugezogenem Vorhang).
Die junge Frau schaut sich Männerkleidung an, hält dies und jenes vor den Körper, schaut sich im Spiegel an, zieht ihre Schuhe und Strümpfe aus und schiebt die Sachen unter das Kleiderkarussell.

JUNGE FRAU Meinen Sie mich?

Stille.

Sprechen Sie mit mir?
Wo sind die anderen?

SOHN Welche anderen?

JUNGE FRAU Die, die in unseren Frühlingsliedern nicht vorkommen
Oder glauben Sie, dass all das Geflatter da draußen ...
Dass sich das reimt, das eine und das andere?
Zwei und zwei, die Füchse und die Hasen?
Und wo sind die anderen?
Die, die nicht auf den Postkarten sind?
Die Übriggebliebenen?

SOHN Regnet es?

JUNGE FRAU Nein

SOHN Man kann das hier drinnen doch gar nicht hören

JUNGE FRAU Sprechen Sie mit mir?

SOHN Sind Sie allein?

JUNGE FRAU Hier ist man nie allein.
Man ist allein und nicht allein

SOHN Mit dem Bus käme man heute noch nach Budapest.
Gegenüber von Edeka einsteigen.
Dass man in Budapest ist, darauf käme keiner.

JUNGE FRAU Ich finde meine Schuhe nicht mehr.

SOHN Sie waren unten in der Papierabteilung

JUNGE FRAU Da haben Sie sich hinter den Regalen versteckt

SOHN Sie haben mich beobachtet

JUNGE FRAU Ich habe Sie beobachtet, wie Sie mich beobachtet
haben

SOHN Ich habe Ihnen zugesehen.

JUNGE FRAU Sie haben mir zugesehen, wie ich Ihnen zusehe, wie Sie mich anschauen

SOHN Ich habe Sie angeschaut, weil Sie mich angeschaut haben. Ich dachte: Wie lange schaut sie mich noch an?

JUNGE FRAU Ich habe weggeschaut. Und Sie haben mich immer noch angeschaut

SOHN Sie haben weggeschaut, damit ich Sie weiter anschaue.

JUNGE FRAU Das hätten Sie nicht tun müssen

Stille.

Sie hätten was sagen können. Nicht dass Sie gleich vom Ficken hätten reden müssen, obwohl Sie auch übers Ficken hätten reden können, wenn Sie es können, können Sie es?

SOHN *(zieht den Vorhang von der Kabine zurück)* Bist du jeden Tag hier?

JUNGE FRAU Machen einen ganz andächtig, diese Herrenabteilungen, ist gleich ein ganz anderer Ernst, so zwischen diesen Anzügen, Anorakwäldern ...

SOHN ... Wintermäntelalleen ...

JUNGE FRAU Mitten im Korbstuhlgestrüpp

SOHN Haben Sie einen Mann?

JUNGE FRAU Man hat Schulden oder ein Haus, vielleicht auch ein Kind oder eine Mutter. Eine Mutter hat man auf alle Fälle. Was haben Sie denn?

SOHN Vorausgesetzt, es gäbe ihn, wüsste dann Ihr Mann, dass er dich hier finden kann? Mittags zwischen Kleiderständern?

JUNGE FRAU Die einen gehen in die Kantine, die andern ins Straßencafé.
Wo gehen Sie denn hin?

SOHN Ich habe Sie zuerst auf der Rolltreppe gesehen.

JUNGE FRAU Sausen hier durchs Haus, als sei man auf der Flucht

SOHN Ich habe Sie zuerst gesehen

JUNGE FRAU Das können wir beide gar nicht wissen

SOHN Was?

JUNGE FRAU Wer wen zuerst gesehen hat

SOHN Vielleicht hat's ja jemand gesehen

JUNGE FRAU Was?

SOHN Wer von uns als Erster den anderen gesehen hat

JUNGE FRAU Regnet es oder regnet es nicht?

SOHN Hier drinnen gibt es kein Wetter

JUNGE FRAU Aber lauter Verstecke. Hecken, Zäune, Büsche, Gitter.

SOHN Könnten Sie noch einmal so wegschauen?
Sie haben ein so wunderbares Wegschauen ...

JUNGE FRAU Und dann?

SOHN Mit dir möchte ich im Dunkeln aufstehen

Auftritt Ellenbeck.

JUNGE FRAU Ich suche einen Anzug für meinen Vater

Dunkel.

6. BILD

Lenz, die Alte, Herr Sims, Herr Fürth.
Lenz weiß nicht, dass es sich bei Herrn Fürth um Herrn Fürth handelt.

HERR SIMS Eine Sommerhose

LENZ Ja, gerne. Für welchen Anlass?

HERR SIMS Eine Sommerhose

ALTE Wenn Sie so freundlich wären und mir ein Wasser bringen

LENZ Und für welchen Anlass?

ALTE Ein Sprudelwasser mit einem Scheibchen Zitrone

HERR SIMS Für den Sommer

LENZ Und für welchen Anlass?

HERR SIMS Ohne Bundfalten. Dunkelblau

ALTE Bundfalten machen einen Bauch, den man gar nicht hat, das hat mein Mann immer gesagt

HERR SIMS Ich habe mich von meinem Schrank getrennt.

LENZ Ja, gerne

HERR SIMS Ich mache einen neuen Schrank auf.

ALTE Nur raus, raus mit dem ganzen Haufen, als Erstes, sag ich immer, die Schuhe

LENZ Falls Sie Fragen haben, fragen Sie gerne, fragen Sie. Ich bin Ihr Partner

HERR SIMS Mein Partner?

ALTE Schuhe sind Schlupflöcher für Gespenster

LENZ Wir finden gemeinsam heraus, was Sie wollen. Sie wollen vielleicht etwas, von dem Sie noch gar nicht wissen, dass Sie es wollen

HERR SIMS Eine Sommerhose

ALTE Wenn Sie bitte an mein Sprudelwasser denken

LENZ Sommerhose ist nicht Sommerhose

ALTE Kommt alles nach Rumänien

LENZ Gerne können Sie einmal eine unserer multiplen Hosen probieren

ALTE Ich hätte da noch einen Trenchcoat von meinem Mann, hat er so gut wie nie angehabt, hat gemeint, er sähe darin aus wie ein Spion. Der könnte Ihnen passen

HERR SIMS Danke, aber ich ...

LENZ Die können Sie auch ins Geschäft anziehen *(Drückt Herrn Sims eine gelbe Hose in die Hand)*

HERR SIMS Ich habe kein Geschäft

LENZ Oder ins Büro

HERR SIMS Ich habe kein Büro

ALTE Kommt alles nach Rumänien

LENZ Immer unterwegs, heute hier, morgen dort. Diese Hose passt sich allem an. Mit der können Sie gut und gern auch mal auf dem Traktor sitzen

HERR SIMS Auf dem Traktor?

LENZ Ja, gerne

HERR SIMS Von meinen früheren Hosen zieh ich keine mehr an. Wenn Sie wissen, was ich meine

LENZ Ja, gerne

HERR SIMS Sie ekeln mich. Ich schaue auf diese Hosen und erinnere
mich plötzlich an Dinge, die ich nie erlebt habe.
Als hätte man mir fremde Hosen in den Schrank gehängt.
Ein ganzes Cabaret aus Hosen, die mit mir nichts zu tun haben.
Hosen über Hosen aus einem ganz andern Leben.

ALTE Hinter mir liegt ja auch ein ganzes Männerleben an Hosen.

LENZ Gerne können Sie die einmal probieren

Herr Sims geht mit der Hose in die Kabine.

ALTE Früher hat die Rolltreppe noch so schön gequietscht, da hat
man gleich gehört: Dieses Haus lebt!

LENZ *(zur Alten)* Oben in unserer Cafeteria gibt es jetzt Kuchen

ALTE Kuchen?

LENZ Kaffee und Kuchen ...

ALTE Da oben krieg ich keinen Bissen runter

LENZ ... und was Sie sonst noch alles wünschen

ALTE Da hocken jetzt die Sesselgespenster an den Fensterplätzen
und verschütten Cappuccino

LENZ Da gibt es jetzt Kuchen und Kaffee

ALTE Das reinste Greisengeschnatter, krieg ich keinen Bissen runter

LENZ *(zu Herrn Sims)* Kommen Sie zurecht?

ALTE Ich konnte ja nicht mal die Urne von meinem Mann abholen

LENZ Stimmt die Größe?

ALTE Ist ja nicht die einzige.
Denkt man ja nicht, wie viele Urnen da herumstehen.
In diesem Beerdigungsinstitut.
Hol du die Urne, hab ich zu meinem Sohn gesagt, ich schaff das
nicht, hol du die Urne.
Er hat's auch nicht geschafft.
Und der hat Physik studiert!

Auftritt Herr Fürth.

LENZ In der dritten Etage hätten wir im Moment Korbstühle

Herr Sims kommt in gelber Hose aus der Kabine.

Wie fühlen Sie sich?

HERR SIMS Die ist zu lang

LENZ Entschuldigen Sie, diese Hose streckt, die macht Sie größer,
als Sie sind. Ich würde sagen, diese Hose bringt eine innere Größe
zum Vorschein.
Da wachsen Sie über sich selbst hinaus.
Ich habe die gleiche auch

HERR SIMS Hätten Sie die auch nicht in Gelb?

LENZ Dazu noch ein Jäck... eine Jacke.
Ziehen Sie die einmal an!
Jetzt nehmen Sie noch eine Tasche in die Hand!
Stellen Sie sich mal gerade hin!

Um diese Hose zu beurteilen, braucht es Haltung!
Die Hose kann ja nichts dafür, wenn ...
(zu Herrn Fürth) Entschuldigen Sie, ich komme gleich.

HERR FÜRTH Ich will mich nur umschauen

LENZ Ja, gerne

ALTE *(zu Herrn Sims)* Können Sie das verstehen?

HERR SIMS Was?

ALTE Dass ich die Urne von meinem Mann nicht abholen konnte

LENZ *(zu Herrn Sims)* Und, wie fühlen Sie sich? Wie geht es Ihnen damit?

HERR SIMS Hätten Sie die auch nicht in Gelb?

LENZ Entschuldigen Sie, Gelb braucht Zeit.
Da wirken Sie vollkommen authentisch.

ALTE Sie sollten sich mal von hinten sehen

HERR SIMS Was?

LENZ Bewegen Sie sich ein bisschen. Gehen Sie herum!

ALTE Aber nicht so, wie man sich im Spiegel von hinten sieht

Herr Fürth steht da und beobachtet die Szene.

LENZ Gehen Sie einfach herum, als seien wir gar nicht da

ALTE Was man im Spiegel von hinten sieht, ist ja nicht wirklich hinten

LENZ Wir sind nicht hier

ALTE Ich sag gar nicht gut oder schlecht, so einfach ist das ja nicht, kommt darauf an, was Sie wollen

LENZ Wunderbar!

ALTE Von hinten würde man nicht denken, dass Sie es sind

LENZ Entschuldigen Sie, das ist eine authentische Hose!

ALTE Von hinten sind Sie ein ganz anderer Mensch

LENZ Solche Neuanfänge sind ja immer schwer. Ich kenne das. Da steckt man schon in der neuen Hose und schleppt noch das alte Leben mit sich herum

ALTE Schritt für Schritt. Meinem Mann hat das ja auch immer alles zu schaffen gemacht, auch gesundheitlich

LENZ Lassen Sie sich Zeit! Wie fühlen Sie sich?

HERR SIMS *(zu Lenz, zischelnd, damit Herr Fürth es nicht hört)* Was schaut der die ganze Zeit hierher?

ALTE Tag für Tag. Und eines Tages, da hatte mein Mann dann Blut in der Hose.

HERR SIMS Muss der die ganze Zeit hier rüberglotzen?

ALTE *(zu Lenz)* Er braucht Zeit.

LENZ *(zu Herrn Sims)* Alles in Ordnung?

ALTE *(zu Herrn Sims)* Der Herr möchte wissen, ob alles in Ordnung
ist?

HERR SIMS Muss der hier sein?

ALTE Ich will Ihnen da gar nicht hineinreden.
Sie müssen wissen, was Sie brauchen

HERR SIMS Man kann doch keine Hose probieren, wenn da ständig
einer rüberschielt

LENZ *(zu Herrn Fürth)* Alles in Ordnung? Kann ich Ihnen helfen?

Herr Fürth winkt ab.

HERR SIMS Der hat mich hier nicht anzuglotzen, ich will einen
Gürtel!

ALTE Die Welt kann ja nicht die Luft anhalten, nur weil Sie eine neue
Hose probieren

Herr Fürth geht in die Kabine.

HERR SIMS Aus so einem Haus will man doch keine Hose!

LENZ *(geht zur Kabine hinüber, in der Herr Fürth ist, und spricht
hinein)* Bitte halten Sie sich hier ein bisschen zurück.
Wir sind hier in keinem Museum und auch nicht im Theater.
Man schaut hier nicht schamlos andere Leute an. Verstehen Sie?
Ich bin gleich für Sie da.

HERR SIMS Das ist ekelhaft, entwürdigend.
Steht man hier und probiert eine Hose und wird angeglotzt

HERR SIMS Da fängt man ein neues Leben an, und dann fängt das so an.

ALTE Kommt alles nach Rumänien

LENZ Was ist? Nehmen Sie die Hose?

HERR SIMS Könnten Sie die zurücklegen?

LENZ Zurücklegen?!

HERR SIMS Bis morgen

LENZ Sie glauben, diese Hose wartet auf Sie, bis Sie morgen kommen oder auch nicht? Was, wenn in zwei Stunden hier die Heuschrecken aus den gegenüberliegenden Büros einfallen? Uns die Ständer leer fressen? Da bleibt nicht mehr viel übrig

HERR SIMS Ich möchte hier einfach einen Moment lang überlegen, verstehen Sie? Einfach überlegen

LENZ Überlegen? Was wollen Sie denn überlegen?

HERR SIMS Ich mach mir noch Gedanken

LENZ Gedanken? Das nennen Sie Gedanken!
Über so ein bisschen Stoff machen Sie sich Gedanken?
So eine Hose ist doch nicht zum Denken da, die zieht man an.
Schluss, aus, was verstopfen Sie sich da noch den Kopf!?

Herr Sims will gehen. Lenz schiebt ihm, wohin er auch gehen will, Kleiderständer in den Weg.

HERR SIMS Würden Sie mich bitte ...

LENZ Sie glauben wohl, wir sind hier dazu da, Ihnen stundenlang beim Überlegen zuschauen zu müssen? So lang ist Ihr Leben auch wieder nicht, dass da noch viel Zeit zum Überlegen bleibt

HERR SIMS Würden Sie mich bitte ...

LENZ Haben ja gehört, Blut in der Hose, das geht schneller, als Sie denken. Da sollte man sich ein bisschen beeilen

HERR SIMS Lassen Sie mich sofort hier raus!

LENZ Überlegen, überlegen, her mit der Hose!

HERR SIMS Sofort!!

LENZ *(packt Herrn Sims an der gelben Hose)* Plötzlich macht es schnipp, und Sie sind weg.
Schnipp, schnipp!

Dunkel.

7. BILD

Ellenbeck, Lenz, Herr Fürth, später Herr Forte.

ELLENBECK Würden Sie bitte aufhören

LENZ Wieso, ich pfeife, pfeifen ist gut, man pfeift sich in eine Freude hinein!

ELLENBECK Wozu brauchen Sie eine Freude? Blasen hier so eine Munterkeitsdepression aus sich heraus.

LENZ Ich hätte beinahe einen Kunden erschlagen

ELLENBECK Ich habe immer gesagt, dieser Beruf ist nicht einfach

LENZ Zehn Kunden, keiner kauft, zehn Kunden, alle wollen überlegen.
Ich kann es nicht mehr hören: Überlegen, überlegen!
Schlappen hier rein, schlappen wieder raus, halten einen beim Arbeiten auf, lauter Umsatzzerstörer, Nichtstuer, Herumlungerer. Man müsste draußen ein Schild anbringen: Arbeitslosen Betreten verboten!
Ich meine natürlich nicht Sie damit, Herr Ellenbeck, Sie können ja nichts dafür, dass Sie ab morgen ... außerdem sind Sie ja als Frührentner kein Arbeitsloser, bei Ihnen freut man sich immer, wenn Sie in Zukunft als Kunde zu uns hereinspazieren.
Das hätten Sie sehen müssen. Ich hoffe nur, keiner hat das mitgekriegt. Dreht durch, weil da einer zu ihm rüberglotzt. Auch so einer, der nicht weiß, was er will. So ein teigiges Herumstehen, das Anzüge betatscht und mit fetten Fingern an Krawatten herumgrapscht.
Und jeden Moment könnte hier dieser Herr Fürth stehen, an dem jetzt alles hängt, dieser Herr Fürth mit seinen grauenhaften Gleichnissen aus dem Bauernparadies, auch so eine Geldsau, die von ihrer armseligen Kindheit und einem schlichten Leben schwärmt.

Lenz hat nicht gemerkt, wie Herr Fürth, der Krawatten probiert, inzwischen vor der Kabine steht.

ELLENBECK Entschuldigen Sie, mein Kollege ist heute ein bisschen mit den Nerven ...

ELLENBECK *(nur so laut zu Herrn Fürth, dass es Lenz nicht hört)* Es ist sein letzter Tag

HERR FÜRTH Der schönste Moment ist ja immer, wenn ich mir die Krawatte vom Hals … eigentlich trage ich nur Krawatte, um sie mir irgendwann vom Hals … endlich schnauft man wieder. Natürlich gehört dazu dieses Gewürgtsein, den ganzen Tag über dieser Krawattengriff. Ohne so eine Krawattenwürgung hätte ich gar nicht das Gefühl, dass ich arbeite. Atemnot gehört dazu, sonst fühlt man sich nicht befreit, wenn es vorbei ist.

ELLENBECK Sagen Sie das mal einem, für den das der letzte Tag ist

HERR FÜRTH Es gibt kein Vorbei. Vorbei ist nie vorbei.
Fischt Forellen, schleudert Honig, pflügt eure Äcker!
Sagen Sie das mal Ihrem Kollegen!

ELLENBECK Haben Sie gehört, was Herr Fürth gesagt hat?

LENZ Herr Fürth …?

ELLENBECK Man kann sich jeden Tag Aufgaben geben, da muss man nicht zum Arbeiten gehen, sagen Sie das mal Ihrem Kollegen!, hat Herr Fürth gesagt.

LENZ Gerne bringe ich Ihnen noch eine andere, dann können Sie überlegen … *(Geht wie gehetzt ab)*

HERR FÜRTH Ich bin nicht hier, um etwas zu kaufen

ELLENBECK Ja, gerne.
Verjagt Kunden, seit ich ihn kenne

HERR FÜRTH Wissen Sie, jemanden wie Sie kann man immer brauchen

ELLENBECK Ja, gerne

HERR FÜRTH Sie könnten aus meiner Kindheit stammen

ELLENBECK Ja, gerne

Herr Fürth probiert nun vor dem Spiegel Schals an.

HERR FÜRTH Nie werde ich vergessen, das erste Mal, Lübeck–Lindau, meine erste Reise, mit elf, meine Mutter hatte mir zuvor im Kaufhaus einen Brustbeutel gekauft. Zweimal im Jahr ging man ins Kaufhaus, meine Mutter und ich, nicht um etwas zu kaufen, nein, nein, um zu schauen, was die anderen kaufen. Kaufen, das gab es bei uns nicht. Wir schauten nur, schauten, was man hätte kaufen können. Vom Pullunder bis zu den Socken, der Unterhose bis zum Hosenträger hatten die Nachbarn alles schon fünfmal abgetragen, Generation über Generation, vom Opa bis zu den Enkeln, bevor ich dann an die Reihe kam. Aber dieses eine Mal, bevor man mich in den Zug von Lübeck nach Lindau setzte, da kaufte mir meine Mutter diesen Brustbeutel. Verstehen Sie, was das bedeutet? Für einen Jungen wie mich? Einen Brustbeutel aus Hasenleder!

ELLENBECK Hasenleder?

HERR FÜRTH Polnische Stallhasen. Nie werde ich vergessen, wie die Verkäuferin sagte: Polnische Stallhasen. Mich fröstelte, gleichzeitig bekam ich Hunger, einen Hunger, wie ich noch nie einen Hunger bekommen hatte. «Schdrabazierfähig», sagte sie, «schdrabazierfähig», wobei man jedes Mal ihre Zähne sah, Zähne, die selbst etwas Hasenartiges hatten, wie sie mir da den Brustbeutel um den Hals legte … polnische Stallhasen …

HERR FÜRTH … und wie ich meine Mutter da auf dem Bahnsteig sah,
wie sie zurückblieb, so zurückgeblieben, wie sie da aussah … Wer
weiß, ob ich je der geworden wäre, der ich bin, hätte ich damals
nicht diese Reise Lübeck–Lindau … mit diesem Brustbeutel, so
weich, dass es einem fast unanständig vorkam, den anzufassen
Wieso ist der so teuer?

ELLENBECK Kaschmir

HERR FÜRTH Kaschmir, das kriegt man heute zum Spottpreis

ELLENBECK Kaschmir aus Ostindien

HERR FÜRTH Ja und?

ELLENBECK Die leben dort wild

HERR FÜRTH Wer?

ELLENBECK Die Kaschmirziegen

HERR FÜRTH Nebenan kriegt man das für die Hälfte der Hälfte

ELLENBECK Man reißt ihnen bei lebendigem Leib das Haar aus

HERR FÜRTH Die Hälfte der Hälfte!

ELLENBECK So eine Kaschmirziege muss man ja erst einmal fangen.
Ist ja schließlich kein Kamel, das jedes Frühjahr freiwillig
irgendwo in der Wüste seine Wolle abwirft.
Ist ja nicht leicht, so eine Kaschmirziege zu fangen, in einer Höhe
von 4000 Metern, bei eisiger Kälte.
Und hat man sie dann mal, ich meine, das bisschen Flaumhaar …

HERR FÜRTH Bei eisiger Kälte?

ELLENBECK Die braucht die Haare ja dann nicht mehr im Frühling

HERR FÜRTH Frühling im Himalaya?

ELLENBECK Ist ja eine Ziege

HERR FÜRTH Was würden Sie machen, wenn einer zu Ihnen kommt, Ihnen die Haare ausreißt und sagt: Die braucht der ja nicht mehr im Frühling!

ELLENBECK Es handelt sich um eine Ziege

HERR FÜRTH Glauben Sie, ich möchte um meinen Hals einen Schal wickeln, in dem noch all diese Qualen stecken!?

ELLENBECK Sie müssen nichts kaufen

Auftritt Herr Forte.

HERR FORTE Ellenböckchen!

ELLENBECK Herr Forte ...

HERR FORTE Nicht stören lassen!

ELLENBECK Herr Forte ...

HERR FORTE Ich komme mich verabschieden

ELLENBECK Herr Forte ... Sie sollten nicht hier ...

HERR FORTE Ich bin nicht hier.

ELLENBECK *(zu Herrn Fürth)* Entschuldigen Sie bitte.

Herr Fürth fängt an, sich bis auf die Unterwäsche auszuziehen und vor den anderen einen Anzug anzuprobieren, den er von der Stange nimmt.

HERR FORTE Ich bin auf Kuba, Ellenbeck. Kuba.
Bin nur wegen Ihnen hier.

ELLENBECK *(zu Herrn Fürth)* Kann ich Ihnen etwas abnehmen?

HERR FORTE Ist jetzt ja auch so weit, bei Ihnen!

ELLENBECK *(zu Herrn Fürth)* Entschuldigen Sie

HERR FORTE Wollte Ihnen nur sagen, Ellenbeck: Alles ist gut.

ELLENBECK *(mit leisem Nachdruck)* Sie haben Hausverbot, Herr Forte. Sie wissen das

HERR FORTE *(laut)* Hausverbot, Ellenbeck, Hausverbot!
Was hätten wir früher gelacht über so ein Wort, Hausverbot.
Bin ja nicht nachtragend, Ellenbeck, ist ja jetzt alles anders.
Werden sehen, bald ist das hier kein Kaufhaus mehr.
Ein ganz anderes Leben zieht hier ein, T-Shirts aus Kuba, wissen Sie das nicht?
Da stehen jetzt ganz andere Leute an der Front.

ELLENBECK *(zu Herrn Fürth)* Ich lege Ihnen Ihre Kleider in die Kabine

HERR FÜRTH Lassen Sie!

HERR FORTE Für Sie spielt das ja keine Rolle mehr.

Ich bin nicht hier, um mich zu rächen, Ellenbeck.
T-Shirts aus Kuba, die aus China kommen und in Zimbabwe
hergestellt werden, alles über Rotterdam.
Ich komme mich nur verabschieden, Ellenböckchen.

HERR FÜRTH Lassen Sie!

HERR FORTE Eines Tages stehen hier nicht nur die Rolltreppen still.
Nicht nur die Rolltreppen! Europa ist am Ende!
Nur wisst ihr das noch nicht. Von Kuba aus sieht die Welt anders
aus.
Da hat sich's dann mit dieser Freiheit, die keinem was bringt!
Macht die Leute doch nur irr und wirr. Und haben nichts davon.

ELLENBECK Herr Forte, ich bitte Sie!

HERR FORTE Nichts als Geschwätz!
Zwei und zwei ist vier, was ist daran Freiheit!?

ELLENBECK Herr Forte ...!

HERR FÜRTH Wunderbar, sag ich schon immer: Freiheit, das ist eine
reine Erfindung! Eine Hirngeburt, die schon tot war, bevor sie
geboren worden ist. Ein Spleen, ein Krampf, ein Delirium. Die
Erfindung von ein paar Krakeelern von vor 200 Jahren.
Kann man diese Hose weiter machen?

ELLENBECK Selbstverständlich

HERR FORTE Kommt darauf an, wo Sie Ihren Bauch tragen wollen:
über der Hose oder in der Hose?

ELLENBECK *(zu Herrn Fürth)* Entschuldigen Sie, darf ich einmal? *(Er
fasst ihn um den Bauch herum an, um den Spielraum zu prüfen.)*

HERR FÜRTH Kein Mensch will Freiheit!
Frauen wollen Männer, Männer wollen Frauen, die Leute wollen
spazieren gehen, wollen danach ein Vesper essen und ein Bier
trinken, wollen Auto, wollen Ruhe, wollen Haus, wollen Hof,
wollen Samstag, Sonntag, August, Weihnachten, Winter und
Sommer, wollen Kinder, wollen unkündbar, wollen Firma,
wollen Wahrheit, wollen lebenslang lebenslang, wollen einen
Hund, einen Gott, und früher wollten sie auch noch ein Vater-
land ...

HERR FORTE Wahrheit ist nicht Freiheit!

HERR FÜRTH Wollen, wollen, wollen ...

HERR FORTE Was wollen Sie denn ab morgen, Ellenböckchen, sagen
Sie es!?
Befreit von allem im Bett herumliegen? Über das Leben nach-
denken?

HERR FÜRTH Man muss die Leute zur Freiheit zwingen, und zwar
gerade deshalb, weil sie gar keine Freiheit wollen. Schwafeln
ständig etwas von Freiheit daher, wollen sie aber gar nicht. Und
wissen nicht, dass sie sie nicht wollen, sonst würden sie ja nicht
ständig nach Freiheit schreien.

HERR FORTE Europa, das ist ja bloß noch ein kleiner Speiserest am
vorderen Ende von Asien!

HERR FÜRTH *(zu Ellenbeck)* Machen Sie doch selbst ein Geschäft auf
und bezahlen Sie die Leute, die Sie nicht bezahlen können.

HERR FORTE Von Kuba aus sieht die Welt anders aus.
(zu Ellenbeck) Sie haben mir einen Gefallen getan.

HERR FÜRTH Man muss sie ernst nehmen, die Leute, wenn sie nach Freiheit schreien

ELLENBECK *(zerrt an Herrn Fürths Hose herum und zieht ihm den Hosenstall zu)* Besser so?

HERR FÜRTH Dieses Freiheitsgekrächze …

ELLENBECK *(zu Herrn Fürth)* Wir können sie ändern …

HERR FORTE Übermorgen hängen hier Kinderrucksäcke aus Shengzang

HERR FÜRTH Krächzen von Freiheit und meinen Sicherheit, nichts als Sicherheit!

ELLENBECK … in einer halben Stunde wäre das erledigt …

HERR FORTE Die Kubanisierung der Welt, Ellenböckchen, sie hat begonnen.

HERR FÜRTH … wollen eingeklemmt sein in tausend Sicherheiten, zerquetscht werden von lauter Gewissheiten …

HERR FORTE Und ich, ich sitze mittendrin in dieser Kubanisierung, mitten in Kuba

HERR FÜRTH … wollen es ständig schwarz auf weiß, mit Stempel und Unterschrift, dass es übermorgen immer noch so wie vorgestern … *(Macht sich an seinem Reißverschluss zu schaffen)*

ELLENBECK *(kniet sich vor ihm hin, um die Hosenbeine einzuschlagen)* Darf ich …?

ELLENBECK Das heißt: *auf* Kuba!

HERR FÜRTH ... die wollen doch gar nicht frei sein, das ist ja das Unglück ...
Der Reißverschluss klemmt!

ELLENBECK Nach unten, einfach nach unten ziehen

HERR FORTE Aber nicht mit Gewalt!

HERR FÜRTH ... ich krieg das nicht auf

ELLENBECK Moment! *(Er zerrt am Reißverschluss herum.)*

HERR FORTE Aber nicht mit Gewalt!

ELLENBECK Darf ich ...

HERR FORTE Nicht mit Gewalt!

ELLENBECK Das haben wir gleich

HERR FORTE *(zu Herrn Fürth)* Kommen Sie nach Havanna, da brauchen Sie nicht mal eine Jacke. Ein Leben im Hemd, jahrein, jahraus
(zu Ellenbeck) Hab ich alles Ihnen zu verdanken! Warum soll man da nachtragend sein? *(Zu Herrn Fürth)* Ich habe ihn immer beneidet. Herr Ellenbeck schwitzt nicht, wo an unsereinem das Wasser runterläuft, als sei man selbst sein eigenes Unwetter, da steht er trocken da *(klopft Ellenbeck auf die Schulter)*, streichelt Krawatten, spricht mit Anzügen, wohnt in den Kleidern.

Längst herrscht er hier, ohne dass einer sieht, wie er hier
herrscht, und mit einem Mal ...
Wie war das noch? *(Er spielt jetzt einen Betrunkenen.)* «Schnapsgerüche» –

HERR FÜRTH Verdammt noch mal

HERR FORTE *(zu Herrn Fürth)* Kommen Sie nach Havanna, da singen
die 80-Jährigen nachts in den Clubs, nein, was sag ich, 90 sind
die, 90 und mehr.
Denen sprudelt nur so die Melancholie aus der Kehle.
Das ist Leben!
Das würden Sie von dem nicht denken!
Lächelnd hebt er hinter Ihrem Rücken Ihr Grab, dieser Anzug-
flüsterer
(äfft Ellenbeck nach) «Entschuldigen Sie, darf ich mal?» *(Er macht
sich ebenfalls an Herrn Fürths Hosenstall zu schaffen.)*

HERR FÜRTH Ich habe gleich eine Sitzung

ELLENBECK Sie können diese Hose selbstverständlich anbehalten

HERR FÜRTH Sie glauben doch nicht, dass ich in so einer Hose auf
die Straße gehe

ELLENBECK Das Jackett bekommen Sie selbstverständlich dazu, ein
Geschenk des Hauses

HERR FORTE Ob Sie wollen oder nicht, in dieser Hose müssen Sie
jetzt leben ...

ELLENBECK *(zu Herrn Fürth)* Gehen Sie einfach ...

HERR FORTE Mit dieser Hose als Andenken!

HERR FORTE Eine letzte Spende!
  (zu Ellenbeck) Kuba, das habe ich Ihnen zu verdanken.
  «Schnapsgerüche» –
  Man liebt den Verräter nicht.
  Verräter?! Ellenböckchen, das ist ein viel zu kümmerliches Wort.
  Sie haben Schicksal gespielt.
  Aber ich bereue es nicht.
  Dadurch bin ich zum Kubaner geworden!
  Das hättest du wissen müssen, du Nichtschwitzer!

ELLENBECK Herr Forte, Sie wissen doch ganz genau ...

HERR FORTE *(zu Ellenbeck)* Kümmern Sie sich um diesen Herrn!
  Noch arbeiten Sie!

ELLENBECK Wenn Frau Irrwein Sie hier sieht ...

HERR FORTE Nicht immer alles auf die Irrwein schieben!
  Bedanken Sie sich bei Lenz!

ELLENBECK Lenz?

HERR FORTE Sie oder Herr Lenz

ELLENBECK Lenz?

HERR FORTE Ihr Schicksal heißt Lenz!

  Dunkel.

8. BILD

Ellenbeck, Lenz (er hat sich umgezogen), Frau Irrwein,
später Herr Sims.
Lenz hält eine zerfetzte Hose in der Hand.

FRAU IRRWEIN Es tue ihm sehr leid

LENZ Macht doch nichts, macht überhaupt nichts, kann passieren ...

FRAU IRRWEIN Andererseits könne es so natürlich auch nicht ...

LENZ Selbstverständlich

FRAU IRRWEIN Das werden Sie doch verstehen. Wir haben jetzt
16 Uhr 27

LENZ Wäre nicht anders gegangen

FRAU IRRWEIN Sie sollten sich jetzt so schnell wie möglich überlegen ...

LENZ Ja, natürlich, natürlich ...

FRAU IRRWEIN ... in welcher Richtung da noch etwas möglich wäre

LENZ Ja, gerne

FRAU IRRWEIN Mehr Freiraum, mehr Freizeit, mehr Zeit für sich
selbst. Es geht um Entscheidungen

LENZ Natürlich

FRAU IRRWEIN Entscheidungen, Nachhaltigkeit, Verwerfungen,
Input, Output

LENZ Verstehe

FRAU IRRWEIN Auspacken, einpacken, ganze Berge von Reklamatio-
nen

LENZ Natürlich

FRAU IRRWEIN Sagen Sie nicht immer natürlich

LENZ Ja, gerne

FRAU IRRWEIN Herr Fürth ...

LENZ Herr Fürth?

FRAU IRRWEIN Beruhigen Sie sich endlich!
Man muss den Leuten ja nicht gleich die Hose vom Leib reißen

LENZ Es wäre nicht anders gegangen

FRAU IRRWEIN Aufs Ganze gesehen, wird sich hier das Ganze
sowieso bald ...

LENZ Man kann doch nicht, bloß weil ein Reißverschluss klemmt,
alles verschenken! Was hätte der von mir gedacht? Ich bin nicht
Ellenbeck, der sagt: Nach mir die Sintflut! Verantwortung, Frau
Irrwein! Was es zu beweisen galt. Ich sage mir nicht: Hier, das bin
ich, und dort drüben, da ist das Kaufhaus, das nicht ich bin! Was
es, verdammt noch mal, zu beweisen galt.

FRAU IRRWEIN Beruhigen Sie sich endlich!

FRAU IRRWEIN Ich habe die Rolltreppen jetzt nochmals ein bisschen schneller gestellt. Nur ein bisschen. Jeden Tag ein bisschen schneller, das merken die Leute gar nicht.

LENZ Aber die Leute sollen doch ...

FRAU IRRWEIN Hinsehen, meinen Sie? Hinsehen, überlegen, dumm herumstehen?

LENZ Ich meine ...

FRAU IRRWEIN *Die* Zeiten sind vorbei, Ellenbeck!

LENZ Lenz ...

FRAU IRRWEIN ... endgültig vorbei! Auswählen war gestern! Man muss den Leuten die Scham vor dem Billigen nehmen! Tausenderlei schwarze Socken, das war einmal. 100 verschiedene Gürtel. 300 fast gleiche Hemden.

LENZ Natürlich

FRAU IRRWEIN Die meisten können sich das bald sowieso nicht mehr leisten. Dieses Warengestapel, diese Auswahlsbelästigung, diese Grenzenlosigkeitslüge. Die Leute wollen nicht ständig wählen, aussuchen, bestimmen, entscheiden müssen. Wenn es Korbstühle gibt, dann gibt es Korbstühle, so einfach ist das Glück!
(zu Ellenbeck) Oder wollen Sie, Herr Lenz, etwa jeden Morgen entscheiden müssen, ob Sie zur Arbeit gehen sollen oder lieber liegen bleiben wollen?
Das will kein Mensch, so etwas entscheiden, zumindest nicht jeden Morgen. Da hilft nur Zwang und ein erbärmlicher Kontostand.

LENZ Ellenbeck … es ist Herr Ellenbeck, ich bin …

FRAU IRRWEIN *(zu Lenz)* Um die Hose machen Sie sich mal keine Sorgen.

LENZ Natürlich

FRAU IRRWEIN Die ziehen wir Ihnen vom Lohn ab, das merken Sie gar nicht. *(Ab)*

Ellenbeck zieht sein Jackett und sein Hemd aus, wirft beides über einen Karussellständer, nimmt sich ein neues Hemd, eine neue Krawatte und ein neues Jackett und zieht sie sich an.

LENZ Herr Ellenbeck …?

Ellenbeck reagiert nicht.

Wollen Sie wirklich … heute … ich meine … jeder könnte verstehen, wenn Sie …

Ellenbeck reagiert nicht. Stille. Lenz beginnt die Kleiderpuppe genau so anzuziehen, wie er selbst angezogen ist.

Ich konnte Sie mir nie als Kind vorstellen.

Stille.

An so einem Tag wie heute, Herr Ellenbeck, könnten Sie allen alles sagen. Alles, was Sie Jahrzehnte haben hinunterschlucken müssen.
Sagen Sie es. Sagen Sie es auch mir. Wir beide haben ja immer gut zusammengearbeitet. Sie und ich. Sagen Sie es.

Stille.

Ich wüsste schon, was ich ...
Sie waren für mich immer jemand, der ... wie soll ich sagen ... wie
jemand, der nie alt wird. Ich meine, wie jemand, der immer so alt
war, wie er ist.

ELLENBECK Sie meinen, ich war nie jung?

LENZ Ja ... nein, ich meine, dass Sie für mich immer so gewesen sind,
wie Sie sind. Auch wenn Sie mal nicht mehr hier sind ... mit hier
meine ich natürlich nicht die Welt ...

ELLENBECK Wissen Sie überhaupt, was ein Kragen bedeutet? Was
ein Kragen ist?
Ein Kragen, das ist ein Abdecktuch! Haben Sie sich überhaupt
einmal Gedanken gemacht, warum der Mensch auf die Idee kam,
einen Kragen zu wollen? Ein Kragen, das ist ein Schutzschild
gegen die Welt.

LENZ Wunderbar, Herr Ellenbeck. Ich werde immer wieder an Sie
denken: Regenmäntel *für* den Regen, ein Kragen gegen die Welt.

ELLENBECK Sie werden bald keine Regenmäntel mehr verkaufen, in
Zukunft stehen Sie zwischen Teelichtern, Tesafilm und T-Shirts
aus Kuba

LENZ Und wenn!?

Stille.

Sie sind keine Tragödie, Herr Ellenbeck.
Sie mögen vielleicht eine traurige Geschichte sein, aber eine
Tragödie sind Sie nicht. Tragisch ist etwas ganz anderes. Gestern

wurde in der Käseabteilung eine Mitarbeiterin entlassen, weil sie sich ein Stück Käse genehmigt hatte. Ein kleines Stück Käse, das sie sich in der Pause in den Mund geschoben hat. Eine Mitarbeiterin, die fünf Kinder hat und seit 20 Jahren hinter dieser Käsetheke steht. Das ist Tragik, Herr Ellenbeck.

Auftritt Herr Sims.

Was haben Sie gegen Tesafilm und T-Shirts?

ELLENBECK Dass wir Hemden tragen, Lenz, das ist der Weg! Nicht die Menschenrechte!

LENZ Was?

ELLENBECK Mit einem Kragen, Lenz, da beginnt erst die Menschheit.

LENZ *(zu Herrn Sims)* Kann ich Ihnen helfen?

HERR SIMS *(Lenz anschreiend)* Man will in Ruhe gelassen werden!
Man kann selber sehen, dass das Hosen sind!
Man kann selber lesen, welche Größen da draufstehen!
Man kann selber lesen, was es kostet!
Man kann selber in die Umkleidekabine!
Man kann sich selber im Spiegel anschauen!
Man weiß selber, wo die Kasse ist!
Ich brauche Sie nicht!

Dunkel.

9. BILD

Ellenbeck, die junge Frau, später Lenz.

ELLENBECK Sie wollten einen Anzug für Ihren Vater.
Tut mir leid

JUNGE FRAU Was?

ELLENBECK Es ist nicht möglich, wenn er den Anzug nicht selbst
probiert, tut mir leid

JUNGE FRAU Ich habe Ihnen doch die Größe gesagt

ELLENBECK Die Größe, die Größe ... das ist, wie wenn Sie mir sagen
würden ...
Ich verkaufe keine Anzüge-an-sich.

JUNGE FRAU Mein Vater hat ungefähr eine Figur wie Sie

ELLENBECK Wenn Ihr Vater mit einem schlecht sitzenden Anzug
herumläuft, fällt das auf mich zurück

JUNGE FRAU Was kümmert es Sie, ab morgen sind Sie nicht mehr
hier.

Kurze Stille.

Als Kind kamen mir die Anzüge meines Vaters vor wie Labyrinthe,
mit den vielen versteckten Taschen, Täschelchen, verborgenen
Schlitzen, Hüllen und Falten. Ich dachte immer, ein Anzug ist
dazu da, Dinge zum Verschwinden zu bringen. Andererseits
fragte ich mich, wofür braucht mein Vater all die Verstecke?

ELLENBECK Ich verkaufe Ihnen keinen Anzug, tut mir leid.

Kurze Stille.

JUNGE FRAU Gratuliert man an so einem Tag?

ELLENBECK Gratulieren?

JUNGE FRAU Zum letzten Tag?

ELLENBECK Sie können Ihrem Vater sagen, dass er den Anzug, falls er nicht passt, umtauschen kann.

JUNGE FRAU Ist nicht nötig. Er wird ihn nicht umtauschen

ELLENBECK Ich verkaufe Ihnen keinen. Tut mir leid .

JUNGE FRAU Wohnen Sie allein?

ELLENBECK Allein die Beinlänge, wissen Sie! Der Saum! Schleift er auf dem Boden? Schwebt er ein paar Millimeter darüber?

JUNGE FRAU Was tun Sie morgen?

ELLENBECK Welche Schuhe trägt Ihr Vater? Sind alles Dinge, die müssen geklärt sein. Dafür sind wir da.

JUNGE FRAU Sie müssen morgen früh nicht mehr aufstehen.

ELLENBECK Allein der Stoff. Leinen, Seide ...

JUNGE FRAU Da wird der Mittwoch zum Sonntag. Manchmal hing der Anzug meines Vaters tagelang auf dem Balkon.

Als sei das alles, was von ihm übrig geblieben ist. Nur noch das. Der schwarze Rest, aufgehängt am Wäscheseil. Gelegentlich ein wenig vom Wind bewegt und dann wieder steif und starr.

ELLENBECK Wenn Sie wollen, ziehe ich den Anzug einmal für Sie an

JUNGE FRAU Ist nicht nötig, danke

ELLENBECK Glauben Sie mir, es ist besser *(Geht in die Kabine mit dem Anzug)*

JUNGE FRAU Tun Sie es nicht, bitte!

Auftritt Lenz.

LENZ Kann ich Ihnen behilflich sein?

JUNGE FRAU Nein, ich werde schon ...

LENZ Ja, gerne.
Probiert jemand?

JUNGE FRAU Ihr Kollege

LENZ Mein Kollege?

JUNGE FRAU Probiert einen Anzug. Für meinen Vater

LENZ Herr Ellenbeck!?
Für welchen Anlass braucht Ihr Vater denn den Anzug?

JUNGE FRAU Für welchen Anlass?

LENZ Wofür, wozu, eine Familienfeier oder eher was alltäglich Schlichtes?

JUNGE FRAU Mein Vater ist gestern Nacht gestorben. Er soll darin beerdigt werden

ELLENBECK *(kommt aus der Umkleidekabine und hat den Anzug an)*
Schon dieser Stoff, sehen Sie! Wie der schwingt.
Ganz leicht, bei jedem Schritt.
Diese ungeheure Leichtigkeit eines Gewichts.
Bei jedem Schritt ein leises Knistern.
Feinste australische Merinowolle, als sei Wind zu Stoff geworden.
Bei jeder Bewegung hört man den Anzug flüstern. Ja, er flüstert!
Hören Sie, wie er flüstert?
Die Farbe: schon nicht mehr Abend, noch nicht Nacht, mehr Nacht als Abend.
Ein Blau, das in seiner tiefsten Dunkelheit noch leuchtet!
Diesem Anzug sieht man nie an, wo einer war.
Der behält alles für sich.

LENZ Herr Ellenbeck ...

ELLENBECK Des Weiteren: Einreiher mit drei Knöpfen, kurzes Revers, seitliche Paspelpattentaschen mit Halbmondverriegelung!
Sehen Sie: die Schultern! Weich und trotzdem eine Form.
Nicht diese Aktenschrankecken!
Herr Lenz, suchen Sie bitte Einstecktücher heraus!

LENZ Herr Ellenbeck ...

ELLENBECK Des Weiteren: Zwei Seitenschlitze, leicht tailliert, zwei große Innentaschen, mit Knopf verschließbar, sowie zwei kleinere Taschen und Blumenknopfloch im Revers, falls Ihr Vater mal eine Blume tragen möchte.
Sehen Sie: die sogenannte Handstichnaht am Kragen!
Das Innenfutter aus reiner Naturviskose.
Hochwertig verarbeitet mit Zungentasche.

Des Weiteren: Klassische Hose ohne Bundfalte, ohne Umschlag, einfach gerade schmal zulaufend zum Beinende, ein einziger ununterbrochener Hosenfluss bis hinab zum Saum.

LENZ Er wird kein Einstecktuch mehr brauchen, Herr Ellenbeck!

ELLENBECK Und hinten: zwei Gesäßpaspeltaschen mit Knopfverschluss!

LENZ Er soll in diesem Anzug beerdigt werden, verstehen Sie!

ELLENBECK Was?

LENZ Ein Anzug fürs Grab.
(zur jungen Frau) Oder soll er verbrannt werden?
Möchten Sie ihn?

ELLENBECK Sie können ihn so haben. Ich schenke Ihnen den Anzug

LENZ Was?

ELLENBECK Es ist einer unserer besten, nehmen Sie ihn mit. Ein Geschenk des Hauses

LENZ Herr Ellenbeck ...

JUNGE FRAU Danke

LENZ Ich soll Sie grüßen von Frau Irrwein.
Sie hätte sich so gern noch von Ihnen verabschiedet.
Sie ist gestürzt. Die Arme.

ELLENBECK Gestürzt?

LENZ Bei der Rolltreppe.
Noch als man sie weggefahren hat, sagte sie immer wieder:
Grüßen Sie Lenz, sagte immer: Lenz, Lenz!
Sie meinte damit Sie.

ELLENBECK Lenz, Lenz

LENZ Sieht nicht gut aus, ich meine, man weiß nicht, wie lange sie ...
ich werde in der Zeit ihre Stelle ... es muss ja schließlich jemand.

ELLENBECK Lenz, Lenz

LENZ Sie müssen heute nicht unbedingt bis zum Schluss bleiben,
Ellenbeck

ELLENBECK Ich bin noch nie früher gegangen

LENZ Sie können heute mal eine Ausnahme machen

ELLENBECK Ich brauche keine Ausnahme

LENZ Aber natürlich, wenn Sie wollen ... wir bräuchten Sie heute
nicht unbedingt, von meiner Seite aus haben Sie frei

ELLENBECK Frei?

LENZ Können mit dem Abend noch etwas anderes anfangen.

Kurze Stille.

Abends bleibt es ja jetzt länger hell

ELLENBECK Wo?

Dunkel.

10. BILD

Lenz, Ellenbeck, Herr Fürth, in der zugezogenen Kabine der Sohn.
Herr Fürth probiert Pullis mit V-Ausschnitt an.

LENZ *(zu Herrn Fürth)* Es ist uns eine Ehre, dass Sie noch einmal ...

ELLENBECK Nachdem es ja ...

HERR FÜRTH Halbe Sachen macht man nicht!

LENZ Sie können alles tragen, Herr Fürth

ELLENBECK Alles!

LENZ *(zu Herrn Fürth)* Entschuldigen Sie, ich habe Sie unterbrochen

ELLENBECK Leute wie Sie können alles tragen. Bei anderen ist das ja
nicht der Fall. Kaufen sich die teuersten Hosen, Hemden, Jacken,
Krawatten und machen sich damit bloß noch fetter, als sie eh
schon sind. Fett und trostlos. Diese Leute ruinieren sich vollends,
wenn sie sich anziehen.
Im Grunde sind Kleider nur für schlanke Leute gemacht.

HERR FÜRTH Ich habe das alles schon, was Sie haben
(zu Lenz) Entschuldigen Sie, er hat Sie unterbrochen

LENZ Ja, gerne ...

HERR FÜRTH Sie wollten etwas sagen

LENZ Jetzt weiß ich es nicht mehr ...

Lenz lacht, hört aber auf, als er merkt, dass keiner mitlacht.

Ein ganz anderes Leben wäre das.
Stellen Sie sich vor, man stünde abends auf seinem Balkon,
wüsste, in einer halben Stunde wird einer hingerichtet.
Man schaute auf die Uhr, man fragte sich: Isst man vorher noch
einen Happen, oder wartet man?

Lenz versucht noch einmal, ein bisschen künstlich zu lachen.

LENZ Es ist sein letzter Tag

ELLENBECK Stellen Sie sich vor: der Abendhimmel vor einer
Hinrichtung!
Da ist man gleich ganz anders gebannt.
Es schauderte einen vor dem Abendrot.
Abendwolken wären nicht einfach nur Abendwolken.
Eine Hinrichtung, würde man denken, die muss doch dort oben
vorkommen.
Das wäre ein Innehalten, wie man es kaum noch kennt.
Und sei es nur für ein paar Augenblicke.
Auch wenn es für einen selbst ja keine Rolle spielt.
Und trotzdem ... es gibt so ein Flirren, es erhebt einen auf einmal,
die Müdigkeit, der Hunger, die Hinrichtung

LENZ *(zu Herrn Fürth)* V-Ausschnitte verkaufe ich täglich 20,
30 Stück

ELLENBECK Obwohl sie jeden wie einen verklemmten Bank-
angestellten aussehen lassen

LENZ Es ist sein letzter Tag

ELLENBECK Ich hab sie tausendfach verkauft, obwohl sie dumm
machen. Es macht sie dumm, macht sie zu Ministranten. Trotzdem habe ich sie verkauft, 100 Stück am Tag, zu besten Zeiten

LENZ *(drückt Ellenbeck ein paar Pullis in die Hand)* Würden Sie das
bitte zurückräumen

ELLENBECK *(nimmt sein eigenes, in Bild 8 von ihm über das Karussell
geworfene Hemd und hält es Herrn Fürth hin)* Ich hätte hier für
Sie ein Hemd, nehmen Sie es

LENZ Es ist nicht Herrn Fürths Größe.
(nochmals zu Ellenbeck) Würden Sie das bitte ...

HERR FÜRTH Wenn ich mich hier im Spiegel sehe, sehe ich immer
noch den kleinen Jungen mit dem Brustbeutel, Lübeck–Lindau,
polnische Stallhasen

LENZ Sie können alles tragen, Herr Fürth

ELLENBECK Probieren Sie es, probieren Sie es!

LENZ Es ist nicht seine Größe

ELLENBECK Manche fette Sau glaubt, wir sind dazu da, sie schlank
zu machen. Aber das Hemd kann ja nichts dafür, dass einer frisst
wie eine Sau.
Als seien wir dazu da, die fette Wampe unsichtbar zu machen.
Was können wir dafür? Und schon zweimal nicht das Hemd!
Was kann es dafür, dass diese Leute fressen wie ein Schwein!?

LENZ Entschuldigen Sie bitte, Herr Fürth, er meint nicht Sie

HERR FÜRTH Das müssen Sie mir nicht sagen

LENZ Sein letzter Tag

Der Sohn kommt mit dem gleichen Hemd aus der Kabine, das er morgens (im 3. Bild) mit halb abgerissenem Ärmel billiger haben wollte.

SOHN Ich nehme es!

LENZ Wir haben es Ihnen heute Morgen schon gesagt: Wir können es Ihnen nicht billiger geben

SOHN Heute Morgen?

LENZ Als Sie mit Ihrer Mutter hier waren

SOHN Mit meiner Mutter?

LENZ Sie und Ihre Mutter

SOHN Es tut mir leid, aber meine Mutter ist schon seit zwei Jahren tot

LENZ Das tut mir leid

SOHN Nein, nein, das muss es nicht, war alles sehr friedlich.
Überhaupt ein ganz unglaubliches Erlebnis.
Das Krankenhaus war ganz phantastisch.
Gar nicht, wie man das sonst immer ...
Konnte die ganze Nacht bei meiner toten Mutti sitzen.
Möchte das nicht missen.
Man macht sich ja gar kein Bild mehr vom Tod, nicht wahr?
Und wenn, immer ein abschreckendes. Sie glauben ja gar nicht, was sich da noch alles tut, in so einem Gesicht.

Ein Zucken und Zittern.

Und dann ein Frieden und eine Ruhe und ein Glück und sogar ein Lächeln.

Aber vor allem eine Weisheit.

Ja, da könnte sich manch einer ...

Ich habe meine Mutter noch nie so schön gesehen.

Und bei aller Zufriedenheit doch auch eine Sorge.

Ich würde sagen: eine große Sorge, die in Frieden schlummert.

Wie ein alter Indianer, dachte ich, sieht sie aus.

Habe ja von meiner Mutti noch eine Totenmaske anfertigen lassen.

Bin froh, dass ich die habe.

Sie steht jetzt bei mir im Wohnzimmer.

Gab schon Leute, die dachten, das sei Schiller.

Kann es Ihnen nur empfehlen!

Wenn Sie den Frieden Ihrer Mutter in Erinnerung haben möchten, machen Sie eine Totenmaske *(Geht zurück in die Kabine)*

ELLENBECK *(fängt an, Kleider auszuteilen, wirft einige in die Kabine hinein, andere drückt er Herrn Fürth und Lenz in die Hand)* Nehmen Sie es, nehmen Sie es mit, nehmen Sie mit, soviel Sie wollen. Wir können auch tauschen. Sie bringen Kartoffeln oder Forellen oder Ihre Frau. Wir verschenken seit gestern alles, nicht wahr, Herr Lenz

LENZ Ich wusste schon immer, dass mit ihm etwas nicht stimmt.

ELLENBECK Nehmen Sie, nehmen Sie alles!

Dunkel.

II. BILD

Ellenbeck allein.
Er spricht zur Kleiderpuppe, die wie Lenz aussieht und von Lenz
bekleidet wurde.
Zupft noch einige Pullis zurecht und räumt das eine oder andere
Kleidungsstück um.
Das Licht ist abgedimmt, als sei er der Letzte im Haus.

ELLENBECK *(vor Lenz' Kleiderpuppe)* Das hat noch nie gut ausgesehen. Bei keinem.
Gelb an einem Mann! Macht ihn kükenhaft, ob er will oder nicht.

Es klingt hier jetzt ja alles ganz anders
(ruft) «Herr Lenz ... Frau Irrwein!»
Früher war hier an manchen Tagen ein Menschengezwitscher.
Als würde aus den Leuten auch etwas herausströmen, wenn sie
nur stumm bei den Kleidern herumstehen.

(zur Lenz-Puppe) Aber was heißt schon stumm?
Einmal habe ich hier übernachtet.
Ich habe Ihnen das nie erzählt.
Sie hätten mich wahrscheinlich ...

In der Dunkelheit hat man auf einmal das Gefühl, man störe
zwischen all diesen Kleidern.
Ist am Morgen wieder weg, und zwar sofort, dieses Gefühl.
Aber nachts ...
Als seien es Räume mit einer ganz anderen Weite.
Unendlichen Fernen.
Ohne ein einziges Fenster.
Als könnten auf einmal alle zu reden beginnen.
Und würde selbst nichts mehr zu sagen wagen.

Erschrecke vor der eigenen Stimme.
Als sei man verraten.
Als seien Zikaden unter den Karussellen und hinter den Regalen.
Und ein Flüstern überall in diesen Kleidern.

Ich habe das nie erzählt.
Man hätte mich ...
Und am Morgen wie weg. Alles wie weg.
Wie verschiedene Räume.
Andere Stimmen. Eine andere Ferne.

Ich habe Ihnen das nie erzählt.
Wir sollen ja keine Gespräche führen.
Lenz? Lenz!
Morgen wird man sagen: Gestern war ein guter Tag!

Dunkel.

ICH BIN WIE IHR,
ICH LIEBE ÄPFEL

PERSONEN:

GOTTFRIED

FRAU IMELDA

FRAU MARGOT

FRAU LEILA

Auftragswerk für das Nationaltheater Mannheim
Uraufführung: 06.01.2013 Nationaltheater Mannheim
(Regie: Burkhard C. Kosminski)

*In der Mitte der Bühne stehen vier Stühle, einer davon eher ein
Hocker mit Rollen: Gottfrieds Dolmetscherstuhl.*
Ansonsten steht noch ein Rednerpult auf der Bühne.
*Alle drei Damen tragen eine Handtasche. Frau Margots Hand-
tasche ist auffallend groß (später wird sie daraus die Urne ihres
Mannes holen).*
Das Stück spielt vor beziehungsweise hinter dem Vorhang.
*Frau Imelda, Frau Leila und Gottfried stehen bereits in der Mitte
der Bühne.*
*Frau Margot steht, vom Publikum aus gesehen, noch am linken
Bühnenrand.*

Licht.

GOTTFRIED Frau Margot?
Was ist?

MARGOT Sie gehen voraus. Ich komme nach.

GOTTFRIED Wir gehen alle zusammen, Frau Margot. Von links nach
rechts.

MARGOT Ich bin noch nie in meinem Leben von links nach rechts
gegangen

GOTTFRIED Entschuldigen Sie, Sie müssen das nicht symbolisch …

LEILA Müssen wir winken?

GOTTFRIED Sie können. Sie müssen nicht.

LEILA Ich habe schon lange keinem Volk mehr zugewunken

IMELDA Wo kein Volk ist, muss auch nicht gewunken werden

GOTTFRIED Journalisten. Es sind Journalisten. Ein paar hundert.

IMELDA Das Volk wäre mir lieber

LEILA Ich hasse öffentliche Auftritte

GOTTFRIED Der Vorhang öffnet sich, und Sie stehen vor hundert Journalisten.

IMELDA Öffentlich sagen, dass man öffentliche Auftritte hasst, ist immer gut.
(zu Frau Leila) Das sollten Sie sagen

LEILA Sagten Sie Hunderte oder hundert?

IMELDA Das Volk wäre mir lieber
(zu Frau Leila) Sie halten auch eine Rede?

LEILA Ich hasse öffentliche Auftritte

GOTTFRIED Sie alle halten hier eine Rede.
Aber wir müssen erst einmal hereinkommen.
Frau Margot?

MARGOT Sie gehen voraus. Ich komme nach

IMELDA Sie will einen Extra-Auftritt. Das ist alles. Ich könnte Spagat machen. Man wäre beeindruckt. Können Sie auch Spagat machen, Frau Margot?

GOTTFRIED *(übersetzt)* Ich könnte Spagat machen. Man wäre beeindruckt. Können Sie auch Spagat machen, Frau Margot?

Schweigen.

LEILA Dürfte ich fragen, wie viel Uhr es ist?

GOTTFRIED Dürft ich fragen, wie viel Uhr es ist?

MARGOT Drei Uhr morgens.

GOTTFRIED Drei Uhr morgens

LEILA Was?

GOTTFRIED *(zu Frau Leila)* Frau Margot hat ihre Uhr noch nicht umgestellt.

MARGOT Ich stelle meine Uhr nicht um.

GOTTFRIED Ich stelle meine Uhr nicht um

LEILA Will sich nicht anpassen.

IMELDA Haben Sie auch vor, wieder in die Politik einzusteigen, Frau Margot?

GOTTFRIED *(übersetzt)* Haben Sie auch vor, wieder in die Politik einzusteigen, Frau Margot?

MARGOT Ich bin nie ausgestiegen.

GOTTFRIED *(übersetzt)* Ich war nie draußen

MARGOT Politik ist kein Beruf, Politik ist ein Zustand

GOTTFRIED Politik ist ein Zustand. Politik ist kein Beruf

IMELDA Hat man Sie geliebt, Frau Margot?

GOTTFRIED Hat man Sie geliebt, Frau Margot?

MARGOT Mir ging es um Wahrheit, nicht um Liebe!

GOTTFRIED Nicht um Liebe ging es mir, mir ging es um Wahrheit!

IMELDA Schön gesagt, Frau Margot ...

GOTTFRIED Schön gesagt, Frau Margot

IMELDA Allerdings denke ich ...

GOTTFRIED Allerdings denke ich ...

IMELDA Seien Sie jetzt mal ruhig, man kann sich doch gar nicht konzentrieren!

GOTTFRIED Seien Sie jetzt mal ruhig, man kann sich doch gar nicht konzentrieren!

IMELDA Können Sie endlich einmal aufhören, ständig dazwischenzuquatschen!

GOTTFRIED Können Sie endlich einmal aufhören, ständig dazwischenzuquatschen!

IMELDA Es macht einen wahnsinnig!

GOTTFRIED Es macht einen wahnsinnig!

IMELDA Was reden Sie da?!

GOTTFRIED Ich übersetze.

IMELDA Man versteht ja sein eigenes Wort nicht mehr

GOTTFRIED Ich bin Simultandolmetscher

IMELDA Ja, aber warten Sie doch erst einmal ab, ich muss ja erst einmal etwas denken, bevor ...

GOTTFRIED Und darauf bin ich stolz

IMELDA ... bevor Sie es übersetzen können, sonst weiß ich am Ende gar nicht mehr ...

GOTTFRIED Ein guter Dolmetscher ...

IMELDA ... was ich sagen will

GOTTFRIED ... ist immer einen Satz voraus.

IMELDA Was?

GOTTFRIED Ich bin Gottfried. Ich bin Ihr Dolmetscher. Ich bin für heute Abend Ihre Stimme, ich schlüpfe sozusagen in Sie hinein. Anders gesagt, ich baue Brücken von einem Ufer zum anderen. Der Dolmetscher ist ja vor allem ein Brückenbauer. Ich verbinde, das ist ja das Schöne an meinem Beruf ... ich meine, ohne mich stünden Sie hier und verstünden rein gar nichts, nichts, kein einziges Wort! Wie kleine Kinder! Ob Weltherrscher oder Kaninchenzüchter, ob auf Gipfeltreffen, Feuerlöscherkonferenzen, Tagungen über Sardinen oder heute hier vor hundert Journalisten, wo es darum geht, wie man Ihr Leben verfilmt. Ohne mich wäre alles nichts! Und heute Morgen war ich noch in Bremen, Internationale Fischereitagung, da ging es um Kabeljauquoten und Karpfenläuse

Er lacht, merkt aber dann, dass keiner mitlacht …

Entschuldigen Sie, ich habe Sie unterbrochen

IMELDA Unterbrochen?

GOTTFRIED Ich bin nicht wichtig. Ich existiere nicht. Sie wollten etwas sagen

IMELDA Sie glauben doch nicht im Ernst, dass ich jetzt noch weiß, was ich sagen wollte, wenn Sie hier von Karpfenläusen reden …

GOTTFRIED Wenn ich übersetze, weiß ich im selben Augenblick schon nicht mehr, was ich übersetzte. Ein Dolmetscher kann sich seinen Kopf ja nicht mit diesem ständigen Geschwätz … ich meine, den vielen Stimmen, die da täglich rein- und rausgehen … Rein und raus, Tag für Tag, ich habe viel zu tun, Gott sei Dank! Und dabei all diese Stimmungen, nicht zu vergessen, das, was Sie gar nicht sagen, auch das muss ich ja, ich muss ja Sie werden! Wenn Sie langweilig sind, bin ich auch langweilig. Schließlich bin ich nicht irgend so ein mechanischer Plapperpapagei, Ihre Wut, Ihr Witz, Ihre Langweile, und all das in Sekunden. Fehler kann ich mir nicht leisten. Das spricht sich rum. Ich verstehe zwar, was Sie sagen, aber gleichzeitig verstehe ich nichts von dem, was Sie sagen. Sie dürfen sich gerne setzen

IMELDA Sind Sie jetzt fertig?

Frau Imelda und Frau Leila wollen sich setzen.

GOTTFRIED Nein! ... Entschuldigen Sie, das ... das ist mein Stuhl ...
Sie sitzen hier.
Ich sitze auf dem harten Stuhl. Der Dolmetscher sitzt weltweit
immer auf harten Stühlen. Besser gesagt, ich sitze immer
zwischen den Stühlen. Der Stuhl zwischen den Stühlen ist mein
Stuhl.

IMELDA Ich mag es hart. Die Palastbetten waren auch hart.

GOTTFRIED Und wenn ich Sie bitten darf, langsam zu reden. Reden
Sie nie zu schnell, je langsamer Sie reden, desto besser kommt Ihr
Gesagtes bei den Zuhörern an.

LEILA Ich ekle mich vor Menschenopfern!

GOTTFRIED Und ich bitte Sie, nie mehr als 40 Wörter! 40 Wörter!

LEILA Das möchte ich vorab schon mal in aller Deutlichkeit sagen!

GOTTFRIED Ich ekle mich vor Menschenopfern, das möchte ich
sagen!

MARGOT Wer das schon sagen muss ...

LEILA In aller Deutlichkeit!

MARGOT ... hat's wohl nötig, dass er es sagen muss

LEILA Was sagt sie?

GOTTFRIED Sie will ihre Uhr nicht umstellen.

Stille.

LEILA *(zu Frau Margot)* Entschuldigen Sie, Frau Margot, wenn ich Sie das jetzt einfach so geradeheraus frage, aber ich dachte immer, man hätte Sie und Ihren Mann damals hingerichtet?

GOTTFRIED *(übersetzt)* Ich hoffe, Sie hatten eine gute Reise, Frau Margot, Sie sehen sehr frisch aus

MARGOT Sie können denen sagen, ich kenne die beiden nicht. Wer auch immer die sind, ich habe nicht die Absicht, mit denen zu sprechen *(Geht zu ihrem Stuhl)*

GOTTFRIED *(übersetzt)* Ich freue mich sehr, dass ich heute Abend mit Ihnen hier sein kann

LEILA Entschuldigen Sie, ich trinke keinen Kaffee

GOTTFRIED Sie müssen nicht ...

LEILA Wegen dem Wasser

GOTTFRIED Dem Wasser?

Stille.

IMELDA Ich sehe hier keine Blumen?

GOTTFRIED Ich auch nicht.

IMELDA Das muss nicht sein. Hässlichkeit muss nicht sein. Ich bin allergisch gegen alles Hässliche, Gottfried. Hässlichkeit ist nicht natürlich. Tragen Sie einen schusssicheren BH, Frau Margot?

GOTTFRIED Würden Sie bitte, wenn Sie zu Frau Margot sprechen, Frau Margot dabei anschauen, damit der Zuschauer später weiß, dass Sie mit Frau Margot sprechen.

IMELDA Frau Margot hat mich bei der Begrüßung auch nicht angeschaut

LEILA Für Frau Margot ist es drei Uhr morgens. Sie hat ihre Uhr noch nicht umgestellt

GOTTFRIED Frau Imelda bedauert, dass hier keine Blumen sind, sie wünscht sich Blumen

MARGOT Was ist denn das für eine Vorstellung, wo Frauen sind, müssen Blumen sein!

IMELDA Ich habe mein ganzes Leben lang nie einen schusssicheren BH getragen, Frau Margot, der macht einen nur fett!

GOTTFRIED Ich habe mein ganzes Leben lang nie einen schusssicheren BH getragen, Frau Margot!

Margot fängt an zu lachen.

IMELDA Was ist daran lustig?

GOTTFRIED Was ist daran lustig?

IMELDA Selbst nachdem einer elfmal mit dem Messer auf mich eingestochen hatte, habe ich danach nie so einen ...

LEILA Man wollte Sie umbringen?

IMELDA Selbstverständlich. Sie etwa nicht?

GOTTFRIED Selbst als man elfmal mit dem Messer auf mich eingestochen hat …

IMELDA Elfmal hatte man auf mich eingestochen, mit so einem hässlichen Messer. Ich sage immer, zu jedem bedeutenden Leben gehört auch ein Attentat, natürlich. Ein Leben ohne Attentat ist ja belanglos. Die Bedeutung eines Lebens wächst mit den Feinden, die man gewinnt.

GOTTFRIED *(übersetzt Frau Margot)* Die Bedeutung eines Lebens wächst mit seinen Feinden

MARGOT Der Satz könnte von mir sein

GOTTFRIED *(übersetzt)* Der Satz könnte von mir sein

IMELDA *(zu Frau Leila)* Hat man etwa nie versucht, Sie umzubringen?

LEILA Mich?

MARGOT Blumen und Frauen. Da waren wir aber schon weiter.

IMELDA Ich kann vieles verzeihen, vieles, aber dass dieser Wahnsinnige so ein hässliches Messer dazu benutzt hat, das kränkt mich bis heute. Ich, die ich Atemnot kriege von zu viel Hässlichkeit! Hätte er vorher wenigstens das Messer mit einem gelben Tüchlein umwickelt. Wenn mich einer schon umbringen möchte, dann wenigstens mit einer schönen Waffe und nicht mit so einer rostig abgewetzten Buschmachete, mit der man sonst in Schweinskutteln herumwühlt

GOTTFRIED 40 Wörter. Denken Sie daran: nie mehr als 40 Wörter, Frau Imelda

IMELDA Ich habe mich gar nicht gewehrt, ich habe mich nicht einmal in Sicherheit gebracht, als dieser Irre das Podium stürmte mit seiner wüsten Rostklinge, ich habe mich nur umgesehen und gedacht: Ja, wen will der denn hier mit diesem hässlichen Rostzinken umbringen?! Sie müssen keine Angst haben, Gottfried, Sie will bestimmt keiner umbringen!

Frau Imelda lacht, Frau Leila lacht ebenfalls.

GOTTFRIED *(übersetzt Frau Margot)* Sie müssen keine Angst haben, Gottfried, Sie will bestimmt keiner umbringen!

MARGOT Was für ein Unsinn. Stalin musste auch immer wieder einen seiner Dolmetscher erschießen lassen.

GOTTFRIED *(übersetzt Frau Imelda und Frau Leila)* Was für ein Unsinn. Stalin musste auch immer wieder einen seiner Dolmetscher ...
(zu Frau Margot) Auch? Was meinen Sie mit «auch»?

MARGOT Beeindruckender Mensch, Stalin. Nie werde ich die Feierlichkeiten zu seinem 70. Geburtstag vergessen, damals im Bolschoi-Theater in Moskau, sogar Mao war dort, stellen Sie sich vor, ich kam ganz in die Nähe Stalins, ich konnte sogar Stalins Atem spüren.

GOTTFRIED Stellen Sie sich vor, ich konnte sogar Stalins Atmen spüren

IMELDA Als sei das schön. Mich hat Castro im Auto herumgefahren. Dreimal um die ganze Insel. Nur zwei Frauen in seinem Leben hat Castro jemals im Auto herumgefahren: mich und seine Mutter

MARGOT Danach haben wir im Kreml auf Stalins Wohl getrunken

GOTTFRIED Mich hat Castro dreimal um die Insel herumgefahren. Mich und seine Mutter!

MARGOT Uns hat Castro eine Insel geschenkt. Nachdem er mit Erich fischen war, hat er uns eine Insel geschenkt.

IMELDA Und Mao hat mir die Hand geküsst.

GOTTFRIED Mir hat Castro eine Insel geschenkt.

IMELDA Anschließend musste er sofort ein Gedicht auf mich schreiben.

GOTTFRIED Und Mao hat mir sofort ein Gedicht auf die Hand geschrieben.

MARGOT Mao hat auf jeden Weiberarsch ein Gedicht geschrieben. Es gibt kaum eine Frau, auf die Mao kein Gedicht geschrieben hat.

IMELDA Du stolze Pappel im Wind ... so fängt es an

MARGOT Es war praktisch immer das gleiche Gedicht, irgendwas mit Pappeln

LEILA Ich schreibe ja übrigens auch Gedichte

GOTTFRIED Ich schreibe übrigens ja auch Gedichte

IMELDA *(zu Gottfried)* Das interessiert hier niemanden, was Sie ...

MARGOT Pappeln im Wind, im Sturm, im Frühling, im Winter. Frauen waren bei Mao immer Pappeln.

GOTTFRIED Frau Margot sagt, dass er auf jeden Arsch das gleiche Gedicht geschrieben hat

LEILA *(zu Gottfried)* Würden Sie mich später bitte nach meinen Gedichten fragen?

MARGOT In der Nacht nach Stalins Geburtstag ... habe ich zum ersten Mal mit Erich geschlafen

GOTTFRIED In der Nacht nach Erichs Geburtstag habe ich zum ersten Mal mit Stalin geschlafen

IMELDA Was?

LEILA Das ist ja entsetzlich!

GOTTFRIED Mit Erich! Entschuldigen Sie, ich habe mit Erich geschlafen, Stalin hatte Geburtstag, zum ersten Mal!

IMELDA Sie sollten sich hier schon ein bisschen konzentrieren, Gottfried, solche Patzer können gefährliche Folgen haben

LEILA Wir sind hier nicht auf einer Fischereitagung

IMELDA Am Ende bringen Sie die ganze Welt durcheinander

LEILA Hier geht es nicht um Karpfenläuse oder Kabeljauquoten

IMELDA Immerhin sitzt hier mit mir ein ganzes Stück Weltgeschichte vor Ihnen, vergessen Sie das nicht

LEILA Und das soll verfilmt werden. Schließlich sollen wir alle verfilmt werden

GOTTFRIED Es tut mir leid, es tut mir wirklich ...

MARGOT Großartig, Stalin war ja ein ganz großartiger Gastgeber. Jeder wollte einmal von Stalin eingeladen werden. Herrliche

Geschichten ... ich sage nur: Konferenz in Jalta. Als Churchill und Stalin die Nacht durchgesoffen haben. Am nächsten Morgen hatte Churchill wohl Angst, was da in seiner Besoffenheit alles aus ihm rausgesprudelt ist, was er hätte besser nicht sagen sollen, erst recht nicht vor Stalin. Also hat er angerufen, am nächsten Morgen. Stalin, ich fürchte, ich habe gestern viel Unsinn geredet, womöglich habe ich Sie sogar beleidigt, lieber Stalin? Keine Sorge, sagt Stalin, außer uns beiden war nur der Dolmetscher da, und den hab ich heute Morgen erschießen lassen. *(Lacht)*

GOTTFRIED *(übersetzt Frau Imelda und Frau Leila)* Wenn Sie jetzt beide bitte lachen würden. Frau Margot hat eben gerade einen ... sehr lustigen Witz erzählt!

Frau Leila versucht zu lachen.

IMELDA So weit kommt's noch, dass ich mir von einer Stalinistin das Lachen befehlen lasse

Frau Leila hört sofort wieder auf.

LEILA Aber es ist ja auch schön, ich meine, wenn man sich mit sich selbst so gut unterhalten kann, nicht wahr, Frau Margot? Das erleichtert einem dann auch so ein Alleinleben im Exil, wenn man's mit sich selbst lustig hat und nichts und niemanden braucht außer sich selbst. Mich und meinen Mann hat man aus dem eigenen Land hinausgejagt, von heut auf morgen haben sie uns in ein Flugzeug hineingepfercht und ...

GOTTFRIED *(unterbricht Frau Leila)* Frau Leila bewundert Ihren Witz

LEILA Jetzt muss ich da in so einer Wüste hocken, wo mich keiner kennt. Und meinen Mann haben sie vor so ein groteskes holländisches Gericht gezerrt, Verbrechen gegen die Menschlichkeit ...

LEILA Wenn ich Sie fragen darf, Frau Margot, was vermissen Sie am meisten an Ihrer Heimat?

GOTTFRIED Wer sagt denn, dass ich meine Heimat vermisse?

LEILA Können Sie bereits Frau Margots Gedanken lesen?

GOTTFRIED Entschuldigen Sie, ich dachte ...

IMELDA Sie sollen nicht denken, Gottfried, Sie sollen übersetzen!

GOTTFRIED Was vermissen Sie am meisten an Deutschland, Frau Margot?

MARGOT Wälder und Pilze

GOTTFRIED Wälder und Pilze

LEILA Warum schaut mich Frau Margot nicht an, wenn Sie mit mir spricht?

GOTTFRIED Frau Leila fragt, ob Ihnen der Kaffee schmeckt

IMELDA Mich schaut sie auch nicht an

MARGOT Immer das Gleiche

GOTTFRIED Sie bleibt dabei: Drei Uhr morgens.
Unter uns, Frau Margot liebt klare, schlanke Sätze. Wer die Wahrheit kennt, muss um den Brei nicht herumreden.

LEILA Ich würde den Kaffee an Ihrer Stelle nicht trinken. Ich sage nur: Wasser aus Wasserleitungen ...

IMELDA Bisher waren immer Blumen. Wo ich saß, waren Blumen. Völlig undenkbar, dass ich hier sitze ohne Blumen. Egal auf welchem Podium ich saß, und ich saß auf vielen Podien der ganzen Welt, immer waren da Blumen

LEILA Die Zeiten ändern sich, Frau Imelda

GOTTFRIED Die Zeiten ändern sich.

MARGOT Was für eine Aussicht! Die einzige Aussicht, die mir bleibt, ist, dass die Zeiten sich ändern!

GOTTFRIED Was für eine Hoffnung, die einzige Hoffnung, die mir bleibt, ist, dass die Zeiten sich ändern!

MARGOT Das stimmt so nicht

GOTTFRIED Das stimmt so nicht

MARGOT Was Sie da eben übersetzt haben, stimmt so nicht

GOTTFRIED Bitte?

MARGOT So unbedarft bin ich auch nicht, dass ich gar nichts verstehe

GOTTFRIED Entschuldigen Sie, ich kenne die Feinheiten der Sprache, Frau Margot, das ist schließlich mein Beruf

MARGOT Ich sprach von Aussicht, nicht von Hoffnung

GOTTFRIED Manchmal muss man Dinge klarer machen

MARGOT Hoffnung ist Hoffnung und Aussicht ist Aussicht.

GOTTFRIED Völlig richtig. Aber es geht ja um Hoffnung, Hoffnung auf Aussicht?

MARGOT Hoffnung, Hoffnung, ich kenne keine Hoffnung, so ein Gefühlsnebel kommt bei mir nicht vor!

GOTTFRIED Aber dass die Zeiten sich ändern, Frau Margot, versteht sich von selbst, nicht wahr? Da braucht man keine Aussicht, ich meine, die Zeiten ändern sich, ob man will oder nicht

MARGOT Eben.

GOTTFRIED Eben.

LEILA Was sagt sie?

GOTTFRIED Wir reden darüber, dass die Zeit vergeht

IMELDA Als sei das schön

LEILA Als wir den Palast verlassen mussten, heulten die Hunde, als hätten sie das Drama gerochen

MARGOT Ich sagte Aussicht! Aussicht, dass eines Tages unser Samenkorn wieder aufgeht

LEILA Was sagt sie?

GOTTFRIED Sie will ihre Uhr nicht umstellen. Aber der Kaffee sei sehr gut

Stille.

LEILA Also, wie die da im Schnee lagen, das werde ich nie vergessen, man hat das ja im Fernsehen sehen können, in ihren viel zu großen Pelzmänteln, mitten im Winter, wie zwei alte Waisenkinder im verdreckten Schnee, völlig verlassen, spindeldürr in ihren viel zu großen Pelzmänteln. Und dann dieses Blut im Schnee, dieses Blut! Nicht viel, aber immerhin ...

GOTTFRIED Entschuldigen Sie, Frau Leila, das waren andere, das waren nicht Frau Margot und ihr Mann

LEILA Immer waren es andere. Mein ganzes Leben lang waren es immer andere, und auf einmal ...

GOTTFRIED Die Rumänen, Frau Leila, hat man erschossen. Nicht Frau Margot und ihren Mann

IMELDA Ganze Blumenfelder hat man herangekarrt, wenn ich irgendwo nur den Fuß auf die Erde gesetzt habe

LEILA Ich habe die Ehrenmedaille der Freien Universität Berlin bekommen, wenn Sie das bitte erwähnen würden

GOTTFRIED Frau Leila ist Ehrenmedaillenträgerin der Freien Universität Berlin

LEILA Und vergessen Sie nicht, mich später nach meinen Gedichten zu fragen

MARGOT Freie Universität Berlin. Frei? Lachhaft. Wenn ich das schon höre, frei! Von diesem ständigen Freiheitsgebimmel wird mir schlecht, da krieg ich Schüttelfrost

GOTTFRIED Von Freiheit kriege ich Schüttelfrost

GOTTFRIED Tut mir leid, wir haben …

MARGOT Wenn Sie mir bitte eine Cola bringen könnten!

LEILA Ich halte auch nichts davon. Dieser ewige Freiheitszwang. Diese Freiheitsverkrampfung. Ist wie ein Keuchhusten. Man kann nichts dagegen tun, aber es geht auch wieder vorbei.

GOTTFRIED Ich bin kein Kellner.

LEILA Die Leute wollen etwas ganz anderes, wissen es bloß nicht.

GOTTFRIED Wir haben nur Kaffee. Tut mir leid.

MARGOT Sie laden mich ein und haben nicht einmal Cola?

IMELDA Ganze Blumenfelder hat man herangekarrt, wenn ich irgendwo nur den Fuß auf die Erde gesetzt habe

LEILA Wenigstens ein paar Fähnchen, ein bisschen buntes Geraschel. Selbst in Tunesien schaffen die im letzten Moment noch ganze Felder von Blumen her, wenn da einer zu Besuch kommt, so jemand wie Sie, Frau Margot, als Sie noch hätten kommen können! Ja, die Tunesier sind alles Kinder! *(Lacht)*

IMELDA Wir sind aber nicht in Tunesien

MARGOT Kommt man extra hierher, und es gibt nicht einmal Cola!

GOTTFRIED Wir sind hier nicht in Tunesien

LEILA Alles Kinder! Nur Eiscreme können sie nicht. Eiscreme kriegen die nicht hin, die Araber. Ich habe ihnen deswegen nie einen Vorwurf gemacht. Ist ja kein Verbrechen. Ich habe mir die Eiscreme aus Saint-Tropez einfliegen lassen.
Ich bin empfindlich. Empfindlichkeit ist auch kein Verbrechen.
Inzwischen bin ich sogar gegen Wasser allergisch. Ich trinke nur noch Wasser aus kanadischen Wäldern.
Entschuldigen Sie, aber diesen Kaffee hier trinke ich niemals

GOTTFRIED Frau Leila sagt, dass sie nur noch Kaffee aus kanadischen Wäldern trinkt

IMELDA *(zu Frau Leila)* Ich kann mich nicht erinnern, dass wir uns jemals begegnet sind. Kennt man Sie?

LEILA Wir können beide froh sein, dass wir uns nie begegnet sind, Frau Imelda ...

IMELDA Ich frage mich, ob Sie überhaupt einer kennt, außer in Afrika?

LEILA ... wir haben genug andere Probleme ...

IMELDA *(zu Frau Leila)* Auf dem internationalen Parkett, wo ich zu Hause war, habe ich Sie nie gesehen. Eine große Rolle können Sie nicht gespielt haben, sonst wären wir uns begegnet.

LEILA Ein Glück, dass ich nicht auch noch mit Ihnen und Ihrem Mann fotografiert worden bin ...

IMELDA Mein Mann ist seit 25 Jahren tot

LEILA Oft wusste man ja gar nicht, wem man da alles die Hand geschüttelt hat, und danach wird man dafür auch noch verantwortlich gemacht.

LEILA Das tut mir leid

IMELDA Es geht ihm gut. Ich habe ihn einfrieren lassen. Wie ein männliches Schneewittchen in einem Glassarg, so liegt er da. Im Tod ist Ferdi wieder schöner geworden. Der Tod war für Ferdi nicht unvorteilhaft. Das kann nicht jeder sagen

GOTTFRIED Der Tod war für Ferdi vorteilhaft. Das kann nicht jeder sagen.

IMELDA *(zu Frau Leila)* Ich weiß schon, an was Sie denken, wenn Sie an meinen Mann denken.

LEILA Aber ich denke gar nicht an Ihren Mann.

IMELDA Jede Frau denkt, wenn sie an Ferdi denkt, sofort an sein gefrorenes Geschlecht. An seinen harten Zapfen. Auch Frau Margot denkt das.

LEILA Das ist ja entsetzlich.

IMELDA *(zu Gottfried)* Übersetzen Sie das für Frau Margot

GOTTFRIED Frau Imelda denkt an das kalte Gemächte Ihres Mannes.

MARGOT Es wird der Zeitpunkt kommen, da wird man sich meinen Mann wieder herbeisehnen. Mein Mann wollte immer im Saarland begraben sein. Ich habe es bis heute nicht übers Herz gebracht, einen solchen Menschen im Saarland zu beerdigen, einen Mann, der, hätte man ihm bloß Zeit gegeben, die Welt verändert hätte, soll im Saarland begraben sein?! Ausgerechnet im Saarland?! In Wiebelskirchen?! Am Arsch der Welt?! Das hat es nicht verdient!

GOTTFRIED Dass Frau Margots Mann in Wiebelskirchen begraben liegt, hat Wiebelskirchen nicht verdient!

IMELDA Wer will schon überhaupt begraben werden? Begraben sein müssen ist eine Frechheit. Ich war immer schon gegen den Tod. Außer in der Oper.

GOTTFRIED Der Tod gehört in die Oper

IMELDA Mein Leben gibt es ja bald auch als Oper.

LEILA Als Oper?

IMELDA Ja, mein Leben als Oper. Ich hatte immer das Gefühl, dass mein Leben gesungen werden muss. Eigentlich habe ich mein Leben innerlich immer mitgesummt. Die Höhen, die Tiefen. Ich könnte am Ende sagen, ich habe mein Leben nicht gelebt, ich habe es gesummt.

GOTTFRIED Mein Leben gibt es bald als Oper

MARGOT Ja. Das passt. Das passt. Musik hat immer schon gelogen. Von Anfang an. Musik kann gar nichts anderes als lügen. Das Gegenteil von Wahrheit ist Musik!

GOTTFRIED Musik ist das Gegenteil von Wahrheit

IMELDA Aber das ist ja das Schöne, Frau Margot. Musik ist erhaben über so eine kleinliche Wahrheit! Über so einen Kleinkram. Rechenschieberei haben wir das immer genannt. Als sei das schön! Man darf sich in meiner Lebensoper auch nicht vor einem Ende scheuen. Imeldas Tod. Imeldas Beerdigungszug durch die Straßen von Manila. Was für eine Chance für große Chöre!

LEILA Das ist schön, Frau Imelda, dass Sie wenigstens dann auf einer Bühne eine Beerdigung kriegen, wenn Sie schon im wirklichen Leben nie eine kriegen, weil ja, wo immer man Sie auch verscharren wird, Wachen aufgestellt werden müssten, damit der Volkszorn am Ende nicht auch noch auf Ihre Grabstätte pisst

IMELDA Ich werde nicht leicht zu singen sein. Hoher Sopran. Mit dramatischen Koloraturen!

GOTTFRIED Ich werde nicht leicht zu singen sein

LEILA Die Schauspielerinnen, die mich hätten spielen können, sind ja leider schon alle tot. Die junge Liz Taylor hätte mich spielen können, Sophia Loren in jungen Jahren … Wissen Sie, welche Schauspielerin Sie spielen wird, Frau Margot?

GOTTFRIED Wissen Sie, welche Schauspielerin Sie spielen wird, Frau Margot?

IMELDA Wenn sie einen dann nur nicht wieder so übertreiben. Müssen ja immer alles übertreiben, diese Schauspieler. Spielen mich, wie ich gar nicht war. Wirklich kennen tun sie mich ja nicht.

GOTTFRIED Die kennen mich nicht

MARGOT Wer kennt sich schon selbst?

GOTTFRIED Wer kennt sich schon selbst?

IMELDA Aber wer kann schon von sich sagen, dass sein Leben überhaupt einmal als Rolle taugt.

LEILA Können nicht viele. Und was will man als Frau heute denn noch spielen? Eva Braun ist ja schon tausendmal abgespielt, jeder hat schon mal so eine Nazischrulle gemimt.

IMELDA Aber was ist eine Eva Braun schon gegen eine Imelda?

GOTTFRIED Stellen Sie sich vor, jede will später einmal Frau Margot spielen. Lasst mich die Frau Margot spielen, wird es heißen. Immerhin eine Figur mit historischer Größe.

MARGOT Ich bin nicht darstellbar

GOTTFRIED Ich bin nicht darstellbar.
(zu Frau Margot) Alles ist darstellbar, Frau Margot, auch Sie, gerade Sie sind …

IMELDA Können Sie jetzt bereits meine Gedanken übersetzen, Gottfried?

GOTTFRIED Entschuldigen Sie, ein guter Dolmetscher …

IMELDA Ich habe noch kein Wort gesagt

GOTTFRIED … ist immer einen Satz voraus

MARGOT Ich bin nicht darstellbar

GOTTFRIED Ich denke immer, wenn ich das einmal sagen darf, Frau Margot, Sie müssten von einem Mann gespielt werden, ich denke …

MARGOT Ich verbiete, dass man mich jemals darstellt

GOTTFRIED Ich verbiete, dass man mich jemals darstellt.
(vertraulich zu Frau Margot) Ich meine das als Kompliment, ich meine, Sie stehen über den Geschlechtern, Frau Margot, Sie muss man nicht in so ein erbärmliches Geschlechtsghetto … wenn Sie wissen, was ich meine …

MARGOT Ich erlasse ein Gesetz, das verbietet, dass man mich jemals darstellt. Es wird verboten, dass Frau Margot dargestellt wird.

GOTTFRIED Sie meinen so, wie man in manchen Religionen Gott nicht darstellen darf?

MARGOT Sie wissen, was ich über Gott denke. Aber ja, es kommt in diese Nähe

GOTTFRIED Aber der Schauspieler würde ja genau Ihre Sätze sagen, Frau Margot. Sätze, die Sie gesagt haben. Echte Margot-Sätze: «Vielen von euch fällt der Abschied aus den großen Ferien sicher schwer, weil es dieses Jahr besonders schöne Ferien waren, die Sonne hat es wieder gut gemeint mit dem deutschen Arbeiter- und-Bauern-Staat.»

MARGOT *(zu Gottfried)* Würden Sie bitte nachher so hinter mir sitzen, dass man Sie nicht sieht, wenn Sie hier schon keine Cola …

IMELDA Ich habe früher einmal die Nora gespielt, in einer Schul- aufführung

LEILA Sie haben Nora gespielt?

IMELDA Nora von Ibsen, ja

LEILA Ich weiß, dass die Nora von Ibsen ist, ich habe unter anderem französische Literatur studiert

IMELDA Ibsen war aber kein Franzose

LEILA Das habe ich auch nie behauptet

322 **MARGOT** Die ganze Welt spielt mir Theater vor. Heute mehr denn je. Man zeigt mir heulende Menschen. Männer, Frauen brechen schluchzend vor der Kamera zusammen ... Ich hätte ihnen das Leben zerstört! Und dann fragt man mich, ob mich diese Geschichten nicht rührten, wenn ich das sehe, wie sich da welche in Heulkrämpfen krümmen und schluchzen über verlorene Kindheiten. Ob es mir nicht ans Herz ginge, ob es mir nicht leidtäte, wenn ich das sehe. Es gibt eben Zeiten, in denen muss man auf eine Kindheit verzichten. Ich bin kein Monster, natürlich hätte mich all das gerührt, nur leider ist es nicht echt!

GOTTFRIED Frau Margot wird bald ein Kochbuch herausgeben. Ein Kochbuch für Kinder. Leibgerichte aus der Kindheit

LEILA Wie schön!

MARGOT Eine einzige erbärmliche Komödie. Schmierendarsteller, die Heulsusen spielen. Zum Lachen.

IMELDA Kinder sind immer schön.

GOTTFRIED Es ist zum Lachen.

LEILA In mir wohnen ja auch immer noch so viele Kinder, Frau Margot!

MARGOT Wenn ich nicht wüsste, dass das alles gespielt ist, würde es mich natürlich rühren.

GOTTFRIED Ständig werden meine Aussagen falsch wiedergegeben.

MARGOT Was kann ich dafür, wenn manche so blöd waren, über die Mauer zu klettern?

GOTTFRIED Alles, was ich sage, wird verzerrt, bis zur Unkenntlichkeit

MARGOT Es hat ihnen ja keiner gesagt, dass sie das tun sollen.

GOTTFRIED Überall wird, was mich angeht, nur noch gelogen

MARGOT Sie hätten es einfach nicht tun müssen.

GOTTFRIED Schlimmer noch, es werden Dinge völlig frei erfunden. Dinge, die ich überhaupt nie gesagt habe. Heraus kommt völliger Schwachsinn.

MARGOT Natürlich ist das bitter ...

GOTTFRIED Das ist natürlich bitter ...

MARGOT ... wenn einer für so einen Blödsinn mit seinem Leben bezahlt!

GOTTFRIED Schließlich geschieht das alles ja nur, um mir zu schaden. Das ist doch klar.

MARGOT Ich habe nie begriffen, wie einer so dumm sein kann, über die Mauer zu wollen, wo er doch in der Schule gelernt hat, was es heißt, dort drüben zu leben

GOTTFRIED Auf was soll ich mich überhaupt noch verlassen? Wenn nichts mehr verlässlich ist.

LEILA Hat man Sie auch aus Ihrem Land vertrieben, Frau Margot?

Schweigen.

(zu Gottfried) Was ist?

GOTTFRIED Das kann ich nicht übersetzen, Frau Leila

LEILA Bitte?

GOTTFRIED Ich darf meine Meinung hier nicht äußern, Frau Leila, noch mich sonst irgendwie einmischen. Was ich denke, spielt hier keine Rolle. Ich existiere nicht. Ich löse mich in Luft auf. Ich bin nichts. Ich bin nichts als die Verlängerung Ihrer Zungen. Aber jedes Kind, Frau Leila, weiß, dass Frau Margots Land nicht mehr existiert. Es existiert nicht mehr. Es ist verschwunden, und natürlich musste Frau Margot es vorher verlassen. Es ist nicht mehr ihr eigenes Land. Man hat es ihr weggenommen. Von heute auf morgen. Über Nacht sozusagen

LEILA Wer hat es ihr weggenommen?

GOTTFRIED Die Leute.

LEILA Die Leute?

GOTTFRIED So wie Ihnen auch

LEILA Mir haben überhaupt keine Leute mein Land weggenommen. Ich habe es mitgenommen, es lebt in mir. So wie dieses Land ist, lebt es in mir.
Und eines Tages werde ich zurückkommen und es den Leuten zurückbringen. Übersetzen Sie das Frau Margot. Sie soll nicht denken, dass man mir mein Land weggenommen hat!

GOTTFRIED Frau Margot denkt das nicht

LEILA Sagen Sie es ihr trotzdem, damit sie es überhaupt nicht denken kann!

MARGOT Ich langweile mich. Es ist immer das Gleiche. Lügen über
Lügen und nochmals Lügen, und nicht einmal eine Cola.

GOTTFRIED Frau Margot sagt, es sei immer das Gleiche

LEILA Es ist aber ein Unterschied, ob man sein Land mitnimmt oder
ob es einem weggenommen wird!

MARGOT Lügen über Lügen

GOTTFRIED Immer das Gleiche

IMELDA *(zu Frau Leila)* Ich weiß nicht, in welchem Bambi-Film Sie
groß geworden sind, Schätzchen. Wissen Sie nicht, dass Frau
Margot und ihr Mann ihr eigenes Volk haben einsperren müssen?
Einmauern, 40 Jahre lang einmauern, sonst wären die nämlich
alle abgehauen aus diesem hässlichen Land mit seinen hässlichen
Häusern, den hässlichen Kleidern und hässlichen Schuhen. Für
all diese hässlichen Ideen, diesen gottfernen Unsinn.

LEILA Ich bin nicht auf den Kopf gefallen, ich habe französische
Literatur studiert, Frau Imelda!

IMELDA Frau Margots Land war nicht in Frankreich!

LEILA Das habe ich auch nie behauptet!

IMELDA Und schön war es dort so oder so nicht

LEILA Noch nicht lange her, da haben Sie Frau Margot gefragt, ob
sie vorhätte, wieder in die Politik einzusteigen. Ja, was ist denn
das für eine Frage!? Das können Sie auch nicht ernst gemeint
haben.

IMELDA Es gibt Sätze, die sagt man, damit man andere Sätze nicht sagt.

Immerhin sitzen wir hier noch eine Weile, und ich habe Hunger.

GOTTFRIED Frau Imelda fragt, was Sie den Leuten sagen würden, wenn Sie die Möglichkeit hätten, Frau Margot?

IMELDA Ein paar Makrönchen. Am liebsten würde ich jetzt ein paar Makrönchen essen. So wie Nora sie immer gegessen hat. Noras Makrönchen.

GOTTFRIED All den Leuten, die unter Ihnen ... wie soll ich sagen ... Frau Imelda meint, die unter Ihnen ... Schaden genommen ... man könnte auch sagen, gelitten ... denen Sie das Leben zerstört, man kann es verschieden übersetzen.

LEILA Noras Makrönchen?

IMELDA In der ersten Szene isst Nora diese Makrönchen. Wissen Sie das nicht? Sie haben doch französische Literatur studiert

LEILA Ibsen war aber kein Franzose

IMELDA Das habe ich auch nie behauptet

GOTTFRIED *(zu Frau Margot)* Was würden Sie denen sagen, wenn Sie denen etwas sagen könnten?

MARGOT Dass ich hier überhaupt sitze mit solchen Blutsauge-weibern, die ihr eigenes Volk bis zum letzten Tropfen aus-gepresst haben!
Hyäninnen, die man aus ihren Palästen zerren musste! Paläste, vollgestopft von oben bis unten mit nichts als dekadentem Dreck! Hieß es von dieser hier nicht *(zeigt auf Frau Leila)*, sie habe

sich zuletzt noch in ihre Brokatteppiche festgebissen?! Habe in letzter Eile ganze Tonnen von Gold aus ihrem Land geschafft?! Festgekrallt an Säcken voller Juwelen wie eine Ratte, die sich in Gefahr über die eigene Brut wirft?! Habe gewimmert, geheult und geschrien, als man sie an ihren Haaren aus ihren Gemächern geschleift hat?!

LEILA Hat Frau Margot etwas zu mir gesagt?

GOTTFRIED Sie hat Sie erkannt.

LEILA Ich war ja auch auf allen Titelblättern. Auf jedem Magazin.
Auf der ganzen Welt war ich immer vorne drauf.

IMELDA Als sei das schön

LEILA In jedem Kiosk haben sie mein Gesicht ausgestellt.
Ich wollte das gar nicht.
Ständig hat man mich nach vorne geschubst.
Als hätte ich das gewollt.
Immer habe ich mich gefragt, warum ich jeden Tag auf dem Titelblatt bin.
In London, in Paris, überall auf der Welt.
(zu Gottfried) Wenn Sie bitte später erwähnen würden, dass ich die Ehrenbürgerwürde der Universität Stuttgart habe.
Ich habe einen Augenarzt geheiratet, mehr nicht, dabei hatte ich bereits die Zulassung von Harvard in der Tasche! Einen Augenarzt, der kein Blut sehen kann und jetzt vor einem grotesken Gericht in Holland steht. Verbrechen gegen die Menschlichkeit! Was für eine Welt! Was für Phrasen! Auf einmal sind wir Dreck! Eben noch wollte uns jeder die Hand schütteln, hat keiner genug gekriegt, sich vorzudrängeln, um ja noch an unseren Tischen einen Platz zu ergattern. Dreimal die Woche rief der französische Präsident bei uns an, ein bisschen plaudern, ein bisschen Tratsch. Jetzt dürfen wir nicht mal mehr französischen Boden berühren,

nachdem sich das Präsidentenpärchen jahrelang Sommer für Sommer an unseren schönsten Stränden herumgewälzt hat, nicht zu vergessen die Yachten, die wir ihnen geschenkt haben. All die Geschenke, die sie immer gerne genommen haben. Und jetzt auf einmal sind wir Dreck, nichts als Dreck!

IMELDA Sagen Sie nicht immer wir!

LEILA Aber es ist doch so!

GOTTFRIED Frau Leila sagt, in Frankreich sei es dreckig.

LEILA Wie schön, Frau Margot! Ein Kochbuch für Kinder! Leibgerichte aus der Kindheit! Darf ich fragen, welches Ihr Leibgericht ist?

GOTTFRIED Frau Leila fragt, ob es in Ihrem Leben irgendetwas gibt, das Sie bereuen?

MARGOT Das fragt *die* mich? Ausgerechnet *die*?!

GOTTFRIED Kartoffeln mit Quark.

LEILA Kartoffeln mit Quark!

IMELDA Schlicht und einfach ist immer das Beste.

MARGOT Ob ich bereue?! Hockt diese barbarische Beduinenschlampe hier vor mir und fragt, ob ich etwas bereue? Ausgerechnet die, die ihre Zähne gar nicht mehr aus ihren Goldsäcken herausgekriegt hat.

GOTTFRIED Frau Margot ist außer sich, weil die Kartoffeln heute nicht mehr Kartoffeln sind, wie Kartoffeln einmal waren. Und der Quark auch.

Frau Margot steht auf und geht auf der Bühne hin und her.

MARGOT Mit Schlächterinnen habe ich mich nie abgegeben. *(Sie zündet sich eine Zigarette an.)*

LEILA Auf jedem Titelblatt! Als hätte ich das gewollt. Und jetzt steht mein Mann, ein Augenarzt, vor einem grotesken Gericht in Holland. Ausgerechnet in Holland! Dabei hatten wir mit Holland nie etwas zu tun.

GOTTFRIED Es stört Sie hoffentlich nicht, wenn ich eine rauche.

LEILA Wenn Sie den Rauch an die Decke blasen.

GOTTFRIED Es ist hier verboten zu rauchen, Frau Margot.

MARGOT Bereuen!? Wenn ich das nur höre. Bereuen!

GOTTFRIED Aber natürlich machen wir eine Ausnahme für Sie, Frau Margot, wenn wir schon keine Cola ...

MARGOT Hocken überall herum mit ihrer verlogenen Tränen-sackreue, nur weil es Mode geworden ist, dass man sich ständig entschuldigt. 'tschuldigung, 'tschuldigung, 'tschuldigung! Sich für tausend Sachen entschuldigt, die man gar nicht getan hat. Sie glauben doch nicht im Ernst, dass ich mich da noch einmal hinsetze, zu Weibern, denen das Blut ihrer Landsleute noch unter den Nägeln klebt!

GOTTFRIED *(zu Frau Imelda und Frau Leila)* Schauen Sie Frau Margot gefälligst an, wenn Sie mit Frau Margot sprechen!

IMELDA Was?

LEILA Aber ich habe Frau Margot angeschaut. Sogar mehrfach habe ich sie angeschaut.

IMELDA Frau Margot schaut mich auch nicht an. Nicht ein einziges Mal hat sie mich angeschaut, seit wir hier sitzen.

LEILA Ich habe Frau Margot viel mehr angeschaut als Frau Margot mich, wenn ich das einmal sagen darf.

IMELDA Und wenn Frau Margot mich einmal anschaut, dann so, dass es einem lieber wäre, wenn sie ...

LEILA Ich habe auch schon Mördern in die Augen geschaut.

GOTTFRIED Unter uns, Frau Margot ist ein wenig nervös, aufgekratzt und nervös.
Für Frau Margot, vergessen Sie das nicht, ist es drei Uhr morgens ...

MARGOT ... 'tschuldigung, 'tschuldigung ...

GOTTFRIED ... immerhin hat Frau Margot schon lange keine Rede mehr ... Sie wissen, was ich meine ...
(zu Frau Margot) Frau Margot, ich habe denen gesagt, dass ...

MARGOT Ich stehe hier nicht als Frau! Ich bin hier nicht hergekommen als Frau! Weder als Frau noch als Frau Margot! Ich stehe hier als Idee.

GOTTFRIED Frau Margot ist keine Frau, sie ist eine Idee

MARGOT Unterbrechen Sie mich nicht ständig!

GOTTFRIED Ich übersetze nur, mehr nicht

MARGOT Nicht lange her, da stand ich noch auf der Ehrentribüne in Nicaragua und ließ mir vom nicaraguanischen Präsidenten einen Orden an die Brust heften, während das Volk mir zujubelte. Los, übersetzen Sie das, und zwar sofort.

GOTTFRIED Ich übersetze hier ja nur.

MARGOT Sie sollen übersetzen! Übersetzen Sie!

GOTTFRIED Der letzte Mann, der Frau Margots Brüste berührt hat, war aus Nicaragua.

IMELDA Als sei das schön.

Stille.

LEILA Sie haben eine tolle Tasche, Frau Margot.

GOTTFRIED Sie haben eine tolle Tasche, Frau Margot, sagt Frau Leila.

LEILA Da passt was rein. Nicht so ein verkniffenes Täschchen. Ich bin mir heute völlig bewusst, dass ich viel zu viel in der Öffentlichkeit herumgestanden habe. Dabei hasse ich diese öffentlichen Auftritte mit diesen Täschchen, diesen an die Scham gepressten Täschchen. Aber in so einem Beutel, Frau Margot, da kriegt man was unter, was?!

IMELDA Frau Margot hat ja auch ihr ganzes Land dadrinnen.

Frau Leila und Frau Imelda lachen.

Ich hatte 1766 Handtaschen.

GOTTFRIED Und 3000 Paar Schuhe.

IMELDA Auch das

GOTTFRIED Und 800 Büstenhalter.

IMELDA Davon 500 schussfeste! Sonst würde ich längst nicht mehr leben.

GOTTFRIED Frau Imelda hatte BHs, auf die man schießen konnte.

IMELDA Ich konnte eben nie etwas wegschmeißen. Soll man doch froh sein, dass man bei mir 3000 Paar Schuhe in den Schränken gefunden hat und nicht 3000 Skelette.

LEILA Und da wirft man mir Maßlosigkeit vor! Als wäre man nichts als so eine raffgierige Ratte, nur weil man noch das Nötigste zusammenpackt bei seiner Flucht. Mein Gott, ein paar Erinnerungen. Ein paar Kleinigkeiten für die Kinder. Am Ende hieß es, vor meiner Flucht hätte ich noch ein paar Tonnen Gold von meiner Bank abgeholt. Ein paar Tonnen! Da kann ich nur lachen. Schauen Sie mich doch nur an: ein paar Tonnen! Bin ich Herkules?

GOTTFRIED Frau Leila ist nicht Herkules.

IMELDA Man mag entsetzt sein. Aber hinter diesem Entsetzen steckt auch noch etwas ganz anderes, Frau Margot. Etwas, das eine Sehnsucht birgt. Eine Sehnsucht und eine Hoffnung. Eine Hoffnung und eine Aussicht. Jawoll! Wenn ich mich zurechtgemacht habe für einen Staatsempfang, hat das anderthalb Stunden gedauert. Wenn ich aber die Slums besucht habe, die Ärmsten der Armen von Manila, da habe ich ganze drei Stunden gebraucht. Sie sollten ihre Freude an mir haben, diese Armutsverdreckten, einen Stern, zu dem sie aus ihrem Papphüttenleben aufblicken können. Was sollte denn bei Ihnen eine Sehnsucht sein, Frau Margot?

GOTTFRIED Ich sagte: Nicht mehr als 40 Wörter die Minute!

IMELDA Sorgenfrei zu sein, ganz sorgenfrei; mit den Kindern zu spielen und es hübsch und nett im Haus zu haben. Und dann das Meer wiedersehen.

GOTTFRIED Keine Sorgen haben und viele Kinder und am Meer leben.

LEILA Was reden Sie da?

GOTTFRIED Was reden Sie da?

IMELDA Nora, das war Nora!

GOTTFRIED Frau Imelda hätte Schauspielerin werden sollen.

MARGOT Was wäre der Welt da erspart geblieben!

IMELDA Wir sind uns nie begegnet, Frau Margot, aber Ihr Mann, falls Sie nicht mit Stalin verheiratet waren, Ihr Mann hat uns einmal besucht. Ich erinnere mich gut, wie er da in einem weißen Anzug im Abendwind auf dem Flughafen von Manila stand, die Faust in den Sonnenuntergang gereckt.

GOTTFRIED Frau Imelda erinnert sich noch an den netten Besuch Ihres Mannes, Frau Margot, wie er da in seinem weißen Anzug gestanden hat. Die Faust gegen die Sonne geballt. Ein so schöner Abend sei das gewesen.

IMELDA Er hat es sich nicht nehmen lassen, ein Bankett zu veranstalten, hat sogar Köche mitgebracht. Sie haben ein Essen gemacht in unserem Palast. Also ich will ja nichts sagen. Wir konnten es nicht verhindern, dass die aus Ihrem Land hinter der

Mauer den ganzen Fleischkram hergeflogen haben. Vor allem Würste. Haufenweise schwarze Würste. Und literweise gelbe Brühe. Bittere, gelbe Brühe.

GOTTFRIED Frau Imelda erinnert sich noch gern an das Essen: die Buletten, das Radeberger, nicht zu vergessen das Kassler.

MARGOT Im *Scht*rang geschmort! Kassler im *Scht*rang geschmort! Erichs Leibgericht!

GOTTFRIED Die Würste aus Thüringen!

MARGOT Die besten Würste der Welt kommen aus Thüringen!

GOTTFRIED Speckwurst, Blutwurst, Grützwurst

MARGOT Die besten Würste der Welt!

GOTTFRIED Jagdwurst!

IMELDA Wir haben ja unseren Augen nicht getraut, als wir zum Essen kamen. Sie haben die Würste an einer Wäscheleine über die Tische gehängt, stellen Sie sich vor. An einer Wäscheleine hingen über den Tischen Hunderte von Würsten. Nicht dass das schlimm gewesen wäre, nur Ferdi war Vegetarier, außer Fisch hat er in seinem Leben nie auch nur ein Fetzchen Fleisch angerührt. Und nun sitzen wir da, und über unseren Köpfen baumeln diese schwarzen, tropfenden Würste, und ich sage zu Ferdi: Diese Würste hängen hier ja wie die Verbrecher am Galgen über unserem Kopf. Und Ferdi sagt zu mir noch: Aber Imelda, wusstest du nicht, aus jedem, der ihr Land verlassen möchte, machen die so eine Wurst. *(Lacht)*

LEILA Das ist ja entsetzlich.

GOTTFRIED Vor allem die Idee ... mit den Würsten an der Wäscheleine, Frau Margot, also wie einem da die Würste überm Kopf
hingen, da sei man sich vorgekommen wie im Schlaraffenland.

MARGOT Ich sage ja immer: Unser Land hatte der Welt etwas zu
bieten. Das sage ich immer. Mit dem Feind sind wir ausgekom-
men. Das gehört dazu. Schließlich weiß doch jeder, dass 40 Jahre
Gerechtigkeit nicht ausreichen, um gleich die ganze Welt davon
zu überzeugen. *(Lacht und kommt wieder in die Runde zurück)*
Nicht einmal im eigenen Land reichen 40 Jahre aus. Was sind
schon 40 Jahre Gerechtigkeit?

GOTTFRIED 40 Jahre Gerechtigkeit reichen nicht aus, damit es allen
reicht!

IMELDA Frau Margots Satz hatte 56 Wörter, Ihrer nur sieben, wie
kommt das?

GOTTFRIED Konzentration

LEILA Konzentration?

GOTTFRIED Das Wichtigste beim Übersetzen ist Konzentration.
Ich konzentriere Inhalte aufs Wesentliche. Anders gesagt: Ich
verschlanke.

IMELDA Sie verschlanken?

LEILA Was müssen wir uns nicht alles gefallen lassen, Frau Margot? Sitzen hier ohne Blumen, mit nur einem Übersetzer, einem
einzigen Übersetzer für uns drei. Und das vor Tausenden von
Journalisten!

IMELDA Und dazu noch einen so groben Papageien.

GOTTFRIED Ich möchte mal so sagen, Frau Margot: Frau Imelda redet viel von Schönheit, ihrer Sprache merkt man davon allerdings nicht viel an. Sitzt hier und beklagt ihr Leben. Wie fett sie geworden sei. Und so weiter und so weiter. Alles verschwinde in ihrem fetten, bodenlosen Loch, die Schuhe, die Kleider, die Büstenhalter, alles, alles, alles. Und Frau Leila redet so viel, um nichts zu sagen.

IMELDA Mein Satz hatte acht Wörter, und Sie machen 60 daraus, wie geht das?

GOTTFRIED Steigerung

LEILA Steigerung?

GOTTFRIED Damit das Gespräch an Fahrt gewinnt

MARGOT Jetzt soll ich sie auch noch bemitleiden? Diese abgehalfterte Matrone will Mitleid?

GOTTFRIED *(zu Frau Imelda)* Was haben Sie erwartet? Dass wir hier Robert De Niro als Übersetzer kriegen?

IMELDA Sie haben Witz, Frau Margot!

MARGOT Ich habe das Gefühl, dass Sie hier Dinge sagen, die ich nie gesagt habe, Gottfried

GOTTFRIED Das darf ich gar nicht, Frau Margot

MARGOT Eben

GOTTFRIED Eben

MARGOT Dinge, die ich auch niemals sagen würde, Gottfried

GOTTFRIED Wen interessiert schon meine Meinung, Frau Margot, niemand interessiert sich für die Meinung eines Dolmetschers

MARGOT Sage ich ja

GOTTFRIED Andererseits höre ich Frequenzen in dem, was Sie sagen, Frau Margot, die Ihnen vielleicht selbst gar nicht bewusst ... ich meine, ähnlich den Fledermäusen

MARGOT Eben

GOTTFRIED Man kann ja nie wissen, ob Sie vielleicht noch etwas anderes sagen, als Sie sagen. Und das, was Sie nicht sagen, sagen Sie ja auch, indem Sie es nicht sagen

MARGOT Was ich nicht sage, das sage ich nicht

GOTTFRIED Eben

MARGOT Eben

LEILA Was sagt sie?

GOTTFRIED Frau Margot sagt nie, was sie nicht sagt

LEILA Mir hat man mein Land nicht weggenommen, Frau Margot. Das sollen Sie wissen. Ich habe es mitgenommen. Ich trage es immer bei mir. Eines Tages werde ich zurückkommen und es den Leuten zurückbringen.

IMELDA Als sei das schön

LEILA Sagen Sie das Frau Margot!

GOTTFRIED Wir reden gerade über das, was wir nicht sagen

IMELDA Es ist ja auch eine Gefahr, dass so eine Schauspielerin, die mich einmal spielen wird, mich am Ende nur vermenschelt, weil ihr die Größe fehlt. Die Größe zur Größe!

LEILA Man nennt mich die Königin von Karthago!

IMELDA So viel Spott musste ich nie ertragen

LEILA Ich könnte mir vorstellen, dass ich von einer Nicole Kidman gespielt werde. Wahrscheinlich werde ich von Nicole Kidman gespielt.

IMELDA Als sei das schön

LEILA Die ist nicht dumm, die Kidman

IMELDA Wer will schon von so einem dürren Rippengespenst dargestellt werden

LEILA Die Kidman ist nicht dumm.

IMELDA Man darf der Schauspielerin, die mich einmal spielen wird, ruhig anmerken, dass sie ihrer Rolle nicht gewachsen ist. Das Zurückbleiben der Schauspielerin hinter ihrer Rolle muss man sehen dürfen. Der Graben zwischen mir und der Schauspielerin! Wie da eine Mangellücke klafft.

LEILA Abgründe!

IMELDA Welten!

GOTTFRIED Aber Sie wollen ja nicht von einer schlechten Schauspielerin gespielt werden, Frau Imelda, nicht wahr?

LEILA Aber ich verstehe das. Am Ende wird die Schauspielerin, die einmal Frau Imelda spielen wird, noch viel berühmter, als Frau Imelda selbst es je war. Grapscht sich Frau Imeldas Leben, um ihrem Leben Glanz zu geben. Schmückt sich mit falschen Federn.

IMELDA Aber ja. Da heißt es dann: Großartig, toll, wie diese Kidman, diese Nicole Kidman die Frau Leila gespielt hat. Mit einer Naivität, dass man sich fragt, ist die debil oder gerissen oder beides zugleich. Vor allem aber wird man sich fragen, wie so ein mattes Persönchen in diesen gnadenlosen Strudel einer Weltaufmerksamkeit geraten konnte. Da hat man dann ja fast schon wieder Mitleid. So viel Mitleid, dass man diesen ganzen Lebensfilm über denkt: Ja hätte sie doch bloß weiterhin französische Literatur studiert! Von was wären wir da verschont geblieben! Kein Mensch außer ihren Verwandten hätte je etwas von ihr erfahren müssen. Und das alles nur, weil sie den falschen Affen geheiratet hat.

GOTTFRIED Frau Imelda sagt, Frau Leila habe den falschen Affen geheiratet.

LEILA Wer Frau Imelda spielt, muss erst einmal ganz viele Makrönchen essen. So viele Makrönchen, dass die Schwarten aus allen Nähten platzen. Ob das sich eine Meryl Streep zutrauen möchte, nur um am Ende ihres Lebens sagen zu können: Ich habe auch Frau Imelda gespielt? Andererseits wird man natürlich auch sagen: Welch eine Leistung! Welch eine Selbstverstümmelung! Man riskiert damit ja auch, dass einen das Publikum nicht nur liebt. Aber am Ende heißt es vielleicht auch, Frau Imelda hätte froh sein können, wenn sie nur ein bisschen so gewesen wäre, wie Meryl Streep sie gespielt hat. Andererseits ist eine Schauspielerin keine Besserungsanstalt.

Stille.
Frau Margot stellt sich hinters Rednerpult.

MARGOT Ja, wer will sich selbst nochmals sehen, wie man da einsteigt und aussteigt aus seinem Wagen, dem alten weißen Wartburg? Und wie man das Essen, das man bloß aufwärmt, weil zum Kochen keine Zeit ... Es sägt ja immer einer an der falschen Stelle am richtigen Stuhl. Und dann die Erziehung für ein ganzes Land. Das macht man auch nicht nebenbei. Und immer noch sägt einer an der falschen Stelle am richtigen Stuhl. Aber mal ehrlich, ohne Feinde käme ich morgens gar nicht aus dem Bett. War ja auch nicht nur schön, dieses Wandlitz, das sollten Sie wissen, wenn Sie es noch nicht wissen. Jetzt wissen Sie es. War nicht nur schön! Da dachten immer alle: Wandlitz! In dieser Fichtendämmerung. Tagein, tagaus Dämmerung unter Bäumen. Ein Wald, der kein Wald ist. Glatzköpfiger Wald. Wo nichts und niemand sich begegnen will. Schon gar nicht die Nachbarn. Da dachten die immer: Wandlitz! Als hätte da einer leben wollen! Aber schön war's, um die Kurve zu fahren. Wieder eine Kurve! Hinter der man verschwindet und wiederauftaucht. Wieder eine Kurve! Das war schön. Mit dem alten weißen Wartburg, um sieben Uhr 30, wenn das Fahrrad von Monika am Haus lehnt, in dem ich 13 Jahre ... lebe? Jetzt darf man ihn nicht stören. Jetzt liegt das Staatsoberhaupthaupt des Arbeiter-und-Bauern-Staats in den Händen von Monika. Niemand packt das Staatsoberhaupthaupt so an, wie Monika es anpackt. Zupackende Person, die Monika. Nicht so eine von den Elevinnen aus dem Dresdner Ballett! Sieben Uhr 30, wieder eine Kurve! Und immer geglaubt, bei der nächsten Kurve wird alles anders.

GOTTFRIED Nur so viel: War nicht nur schön, dieses Wandlitz

MARGOT Andre haben Schuhe, ich habe Pullover. Ein Pullover ist wie eine Wohnung. Und jeder neue Pullover eine neue Wohnung. Sie glauben, alles sei bei uns immer Geradlinigkeit gewesen. Aber nichts war, wie es war. Nur mein Büro, das haben Sie noch nicht gesehen, so ein Büro! Kilometer von der Tür zu meinem Schreibtisch. Kilometer! Da denkt man in ganz anderen Dimensionen, wenn man erst einmal so einen Weg von der Tür zum Schreibtisch hinter sich bringt. In 20 Jahren hätten wir noch große Veränderungen vorgenommen. Die Zeit hatten wir nicht. Wir hatten Feinde. Dafür entschuldige ich mich doch nicht. Niemals. Die sollen sich entschuldigen. Jawohl. Die sollen sich erst einmal selbst dafür entschuldigen, dass über Jahrtausende die Menschheit ausgeräubert, ausgeplündert, geknechtet und zermalmt wurde und die Menschheit heute noch ausgeräubert, ausgeplündert, geknechtet und zermalmt, in Kriege gestürzt und bombardiert wird. Sollen die sich doch dafür entschuldigen! Wieso suchen die immer bei mir die Entschuldigung?! Die müssen sich bei mir entschuldigen! Bei wem denn sonst!? Als müsste sich das Gerechte plötzlich beim Ungerechten ... ja wo sind wir denn!?

GOTTFRIED 40 Wörter, Frau Margot! 40!

MARGOT Sollen die sich bei mir ...

GOTTFRIED Es war nicht alles schön in Wandlitz, sagt Frau Margot, und der Weg war weit, aber bei einer Wassertemperatur von 25 Grad kann sich das wieder erholen, empfehlenswert ist auf jeden Fall ein Quarantänebecken

LEILA Was reden Sie da?

GOTTFRIED Entschuldigen Sie ... ich ... würden Sie bitte aufhören, Frau Margot anzustarren!

LEILA Ich?

GOTTFRIED Starren die ganze Zeit Frau Margot an, als würden Sie sie verstehen? Hocken da, nicken, lächeln, die ganze Zeit, obwohl Sie nichts verstehen, gar nichts.

IMELDA War das die Rede von Frau Margot?

MARGOT Sie müssen sich erst einmal bei mir entschuldigen, bei mir und der Menschheit!

LEILA Aber wir sollten einander doch ...

GOTTFRIED Entschuldigen Sie sich gefälligst bei Frau Margot

LEILA Was?

GOTTFRIED *(zu Frau Leila)* Sie sollen sich bei Frau Margot entschuldigen. Ihr Gesicht passt nicht zu Frau Margots Text

LEILA Ich meine, ich kann hier nicht herumsitzen wie so ein teilnahmsloses Stück Holz, da muss ja der Zuschauer denken, ich sei seelenlos ... ich kann ja nicht nicht schauen ...

MARGOT Jahrtausende ausgeräubert!

IMELDA Ich bin nur froh, dass es mein Leben bald als Oper gibt. Ich sage immer, die Sprache ist nichts als der dürre Rest, den die Musik einmal abgeworfen hat.

LEILA Schließlich möchte ich später, wenn Sie mich dann endlich einmal nach meinen Gedichten fragen und ich eines davon hier vortrage ... da möchte ich auch angeschaut werden.

LEILA *(zu Frau Margot)* Sie sollten Ihre Uhr umstellen

GOTTFRIED Ihre Uhr, sagt Frau Leila, sollten Sie umstellen. *(vertraulich zu Frau Margot)* Frau Margot, ich will Ihnen nur sagen, dass, falls Sie hier heute Abend nicht mehr Sie selbst sein wollen, ich meine ... ich könnte das verstehen. Wenn ich, Frau Margot, sagen wir einmal, an Ihrer Stelle stünde ... nicht dass da noch etwas zu retten ... vielmehr, an Ihnen kann man ja auch nichts mehr kaputt machen, ich meine, das dürfen Sie jetzt nicht falsch ... das ist ja das Tolle, Frau Margot ... ich meine, was für eine Aufgabe für einen Schauspieler, eine Frau zu spielen, die eine Idee ist, die man eigentlich gar nicht darstellen kann, aber dann trotzdem spielt ... so eine Aussichtslosigkeit, die ja auch Ihre Übertreibung braucht und Ihre Besessenheit, also ich meine ... als ich zwölf war, damals in Jena, wollte ich zu Ihnen schon in den Fernseher hineinrufen: Frau Margot, was sagen Sie denn da?! ... Und jetzt sitzen Sie hier, und ich könnte Sie spielen, so wie Sie immer waren und doch nicht darstellbar sind, das wäre eine Herausforderung ... allerdings bin ich ein schlechter Schauspieler, Frau Margot, Sie wissen schon, einer dieser Schmierendarsteller, die Ihnen immer so eine erbärmliche Komödie vorspielen müssen, eine dieser Rampenheulsusen, die mühsam ein paar Tränchen aus ihren aufgerissenen Äuglein hervorpressen und damit nach Mitleid gieren. Tut mir leid, dass ich Ihnen nichts anderes bieten kann als dieses miserable Theater, und das, wo ich gleich Ihre Rede, so eine Rede, die ich ja längst auswendig kenne, seit meiner Kindheit in Jena, eigentlich bräuchte ich Sie hier gar nicht ... Wer einmal Frau Margot gehört hat, der kriegt sie nicht mehr aus sich raus. Denn wissen Sie, so eine Idee, wie Sie sie sind, die ist ja viel zu schade für die Wirklichkeit, die sich ja immer gegen Ihre Idee aufbäumt, weil sie viel zu jämmerlich für so etwas Großes ist und bloß aus Würstchen besteht, die flennen und heulen, weil sie sich schlecht behandelt fühlen von so einer Gerechtigkeit, als sei die Welt dazu da, es jedem Würstchen aus Jena recht zu machen!

IMELDA Sagt das alles Frau Margot? Sind Sie jetzt ganz in Frau Margots Geist hineingeschlüpft, oder ist der in Sie gefahren?

GOTTFRIED Ich muss ja Sie werden, Frau Margot, vergessen Sie das nicht. Ausgerechnet so ein Würstchen aus Jena!

MARGOT Sie werden meine Rede nicht übersetzen, Sie nicht!

GOTTFRIED Übersetzen? Wahrheit kann man doch nicht übersetzen. Wahrheit ist unübersetzbar

MARGOT In der Geschichte der Menschheit sind 40 Jahre Gerechtigkeit nichts. Schauen Sie sich doch mal an, wie Sie hier dastehen

GOTTFRIED Ich verdiene hier mein Geld, mehr nicht

MARGOT Für Ihr wirres Dreinreden werden Sie auch noch bezahlt?! Stehen hier wie so ein kümmerliches Lohnäffchen, das seine Pfötchen ausstreckt

GOTTFRIED Es geht hier nicht um mich

MARGOT Und dabei schaffen Sie es nicht einmal, mir eine Cola zu bringen, eine einfache Cola!

GOTTFRIED Es gab Zeiten, da hätten Sie hier nicht mit einer Cola herumgestanden.

MARGOT Sie sollten sich selbst einmal sehen, wie Sie hier stehen

GOTTFRIED Sie sollten sich selbst einmal sehen, wie Sie hier stehen

MARGOT Lächerlich

GOTTFRIED Lächerlich

MARGOT Einfach lächerlich

GOTTFRIED Einfach lächerlich

MARGOT Bitter, wenn man einmal so endet wie Sie, das ist bitter, ganz bitter.

GOTTFRIED Bitter, wenn jemand einmal so endet wie Sie, das ist bitter, ganz bitter!

MARGOT Als Nächstes kommen Sie mit Ihrer Leidenserpressungs-fratze, und ich soll hier auf den Knien herumrutschen. 'tschuldi-gung, 'tschuldigung

IMELDA Ist das schon Ihr Film, Frau Margot?

MARGOT Sie sollten sich entschuldigen. Nicht ich.

GOTTFRIED Was?

MARGOT Jahrtausende die Menschheit ausgeräubert! Jahrtausende! Geplündert, geknechtet, ausgebeutet! Und dann soll ich schuld sein! Ich?!
(zu Gottfried) Wer sich hier zu entschuldigen hat, das sind Sie! Bei mir und der Menschheit!

GOTTFRIED Frau Margot sagt, sie sei die Menschheit

LEILA Sie sollte den Kaffee nicht trinken

MARGOT 'tschuldigung, 'tschuldigung

IMELDA *(zu Gottfried)* Sie sagen nicht das, was Frau Margot sagt

LEILA Wir reden hier klares Wasser, und Sie machen daraus trübe Brühe, trüb wie das Leitungswasser, mit dem dieser Kaffee hier …

IMELDA Schon die ganze Zeit habe ich das Gefühl, dass er nicht sagt, was ich sage

MARGOT Sie sollten sich bei mir entschuldigen. Bei mir und der Menschheit!

LEILA *(zu Gottfried)* Einen Despoten kann man ja noch aus dem Weg räumen, aber wenn man hier auf Sie angewiesen …

IMELDA Schon die ganze Zeit!

MARGOT Hampelmann aus Jena! Bastelt sich da eine Kindheit zusammen und …

LEILA Despoten sind nichts dagegen! Mit einem ganzen Volk wird man eher fertig als mit so einem! Am Ende gehört er noch zu denen, die Frau Margot ihr Land weggenommen haben

MARGOT 'tschuldigung, 'tschuldigung!

GOTTFRIED Ich war doch noch ein Kind …

IMELDA Kinder sind die schlimmsten Tyrannen!

LEILA Und dabei hat Frau Margot extra noch ein Kochbuch für Kinder geschrieben

IMELDA Heimtückisch wie so eine böse Karpfenlaus machen Sie sich
über unser Leben her

LEILA Und das soll verfilmt werden, schließlich sollen wir alle
verfilmt werden.

GOTTFRIED Hören Sie, ich werde jetzt ...

LEILA An Ihrer Stelle würde ich aufpassen, Frau Imelda, wer weiß ...
gleich zieht der noch ein hässliches Messer und sticht zwölfmal
auf Sie ein.

GOTTFRIED Ich übersetze hier jetzt gar nichts mehr. So lange, bis
der Vorhang hier aufgeht, werde ich hier nichts mehr übersetzen.
Keiner sagt, dass Sie hier überhaupt reden sollen, bevor der Vorhang aufgeht. Ich werde nicht dafür bezahlt, dass ich mich hier
von Ihnen beschimpfen lasse! Vor allem nicht, bevor der Vorhang
aufgeht.

IMELDA Jetzt jammert er auch noch, dass er dafür, dass er seine
Arbeit nicht macht, nicht bezahlt wird.
Übersetzen Sie das bitte für Frau Margot!

MARGOT Dolmetscher sind die wahren Kriegstreiber. Sag ich schon
immer. Spielen keine Rolle, und das mittendrin. Nullen im
Rampenlicht. Nichtse der Weltgeschichte.

*Die drei Damen versuchen, sich ohne Gottfried mit Händen und
Füßen zu verständigen. Sie reden aber auch aneinander vorbei, so
als würden sie schon für ihre Reden üben. Sie verstehen einander,
ohne einander zu verstehen.*

LEILA Jetzt kann ich Sie nicht mehr verstehen, Frau Margot.
Ich habe meinem Mann immer gesagt: Lass uns friedlich leben,

wie alle Welt, und uns einfach um unsere Kinder kümmern! Ich habe immer gesagt: Wir müssen aufpassen, es gibt so viele Beispiele für unschöne Beispiele! Wer will schon am Ende blutverschmiert aus einem Kanalrohr herausgeprügelt werden wie so eine ...

IMELDA Ich habe immer nur fürs Schöne gelebt.

LEILA Ich kann Sie jetzt nicht mehr verstehen, Frau Margot

IMELDA Was haben Sie gesagt?

LEILA Ich möchte Ihnen nur sagen, Frau Margot, dass ich Sie mir ganz anders vorgestellt habe

IMELDA Tot in einem viel zu großen Pelzmantel in Rumänien im Schnee!

LEILA Kartoffeln mit Quark, Frau Margot, jetzt denke ich immer, wenn ich an Sie denke, an Kartoffeln mit Quark.

MARGOT Sitzen ohne Cola

LEILA Und das mit dem Kochbuch, Frau Margot ...

MARGOT ... ich hätte ja nie gedacht ...

LEILA Lassen Sie mich kurz zu Ende reden. Leibgerichte aus der Kindheit! So muss man der Welt begegnen.

MARGOT ... dass die derart hässliche Zähne haben.

LEILA Mit einem Kochbuch für Kinder!

Ich würde das an Ihrer Stelle nicht trinken. Trinken Sie das besser nicht. Ich sage nur: Wasser aus Wasserleitungen. Diese langen, langen Wasserleitungen. Dadrinnen leben Asseln. Tausende, Abertausende von Asseln. Die kacken und pissen da von morgens bis abends in unser Wasser. Das ist die reinste Asselpisse!

Frau Leila versucht, Frau Margot mit Händen und Füßen darzustellen, was sie eben gesagt hat.

IMELDA Was haben Sie? Hallo? Was soll diese Irrenhausgymnastik? Da setzt man sich besser ein bisschen weg, wenn das so weitergeht

Sie holt sich aus ihrer Tasche Makrönchen hervor und isst.

(auf Gottfried bezogen) Bei uns hätte sich einer das nicht getraut. Der Erdboden hätte den verschluckt. Ganz einfach.

LEILA Das hat man jetzt von dieser Freiheit.

IMELDA Was? Reden Sie hier von Freiheit?

MARGOT Das ist doch keine Freiheit!

LEILA Haben Sie was gesagt?

MARGOT Das ist keine Freiheit

IMELDA Frau Margot?!

MARGOT Mit Freiheit hat das nichts zu tun!

LEILA Was hat sie gesagt?

MARGOT Hängen sklavisch an einer Freiheit, bis sie außer ihrer Freiheit gar nichts mehr haben. Dauert nicht lange, und die wollen wieder frei von ihrer Freiheit sein.

IMELDA Der Mensch ist ein unterwerfungssüchtiges Tier, das werde ich später in meiner Rede sagen

MARGOT Empörungsgeil, der Mensch ist vor allem empörungsgeil. Unterwerfungssüchtig und empörungsgeil. Wäre er das eine nicht, wäre er das andere nicht.

IMELDA *(zu Gottfried)* Hält die jetzt ihre Rede?

LEILA Und dabei sind es alles Kinder, nur Eiscreme können sie nicht. Und einen Staat können sie erst recht nicht. Die würden sogar einen Kiosk in den Ruin treiben, einen winzigen Kiosk mit ein paar Zeitungen und drei Sorten Süßigkeiten. Aber was kommt danach? Erst revolutioniert man da wochenlang vor sich hin in so einer krampfhaften Aufstandsmasturbation, fühlt sich ein bisschen vital und lebensbesoffen, und dann ... was kommt dann?

MARGOT Brabbelt die hier was von Revolution? Ausgerechnet die? Ist doch keine Revolution. Ist alles nur Konter. Immer bloß Konter.

LEILA Und dann kommt der Gottesstaat!

MARGOT Der Gottesstaat und die Finanzkrise!

IMELDA Krise? Wir hatten nie eine Krise. Bei uns gibt es dieses Wort gar nicht.

MARGOT Was für ein Herdenkrampf, der die Leute immer in so ein Nein hineintreibt! So als würden die Fische im Wasser plötzlich anfangen zu brüllen: Wir hassen das Wasser! Weg mit dem Wasser! Wir wollen frei sein vom Wasser!

IMELDA Krise? Es gab Katastrophen, aber die hat die Natur gemacht. Und zur Natur gehört ja alles. Das Schöne und das Schreckliche. Aber Krise!? Nein, eine Krise gab es bei uns nie.

LEILA Ich habe immer gesagt, dass ...

IMELDA Ich habe auch immer gesagt, dass ...

LEILA Sie wissen doch gar nicht, was ich sagen will

IMELDA Haben Sie was gesagt?

MARGOT Fische frei vom Wasser!

LEILA Man schaue sich die Welt doch einmal an, ist sie jetzt besser?! Ist es besser, seit wir weg sein müssen?

IMELDA Jetzt hat die schon wieder wir gesagt. Mein Volk liebt mich. Die haben mir sogar ein Museum eingerichtet. Nur für meine Schuhe. Muss einer erst einmal schaffen. So ein eigenes Museum hat nicht einmal Ihr Mann, Frau Margot.

LEILA Will man das? Will man, dass eines Tages von einem nichts anderes mehr übrig bleibt als so ein paar alte Latschen?

IMELDA Die meisten habe ich nur ein einziges Mal getragen, wenn überhaupt!

LEILA Alte Latschen und ein kaltes Gemächte.

MARGOT Es kommt die Zeit, da wird mein Mann wieder gebraucht!

IMELDA Diese Schuhe haben Weltgeschichte geschrieben! Schuhe, auf die Gaddafi, als ich mit ihm tanzte, getreten ist. Ganz, ganz plumper Tänzer. Aber er hat ein Gedicht auf mich gemacht. Schuhe, mit denen ich in der Scheiße des amerikanischen Präsidentenhundes gestanden habe. Schuhe, die gegen das Schienbein des chinesischen Gesandten treten mussten, damit der mir nicht ständig zwischen meine Schenkel grapscht. Schuhe, die ...

LEILA Ich höre immer nur Schuhe, Schuhe, Schuhe, ein ganzes Leben nichts als Schuhe, was?

IMELDA Immerhin hat mir nie einer welche an den Kopf geworfen, Frau Leila. Mein Volk hat nie mit Schuhen nach mir geworfen.

LEILA Haben die auch nicht freiwillig gemacht, ist doch nichts leichter, als aus einem Volk eine Meute zu machen. Sie wissen das, Frau Margot. Mob und Meute!

MARGOT Nörgelsüchtig, empörungsgeil und nörgelsüchtig. Fische frei von Wasser! Und wenn sie außer ihrer Freiheit nichts mehr haben, gieren sie wieder nach Sinn und Rettung.

LEILA Mit Sinn ist nicht zu spaßen. Ist ja knapp auf der Welt. Erst zerschlägt man ihn, dann braucht man ihn wieder. Erst haut man ihn kaputt, dann heulen die Leute, weil sie alles kaputt geschlagen haben. Könnte man ihnen alles vorher sagen. Müssen aber ständig ihre eigenen Erfahrungen machen. Als hätte es vor ihnen noch nie ein Leben gegeben. Lass sie machen, lass sie machen, hat mein Mann immer gesagt, am Ende kommen sie wieder angekrochen. Wir sind dann aber nicht mehr da. Das macht man nur einmal mit uns. Da sollen sie dann ruhig wimmern und heulen vor Schuldgefühlen. Ganz leise. Es wird kein lautes Heulen sein, das würden sie sich nie zugestehen. Ein ganz leises Wimmern. Trauern dann um sich selbst, weil sie keinen Sinn mehr haben. Hätte man ihnen gleich sagen können.

IMELDA Ich habe immer gesagt, dass nur Schönheit uns schön macht. Wie gerne würde ich den Film über mein Leben einmal sehen, dann könnte ich auch nochmals sehen, wie ich damals die Nora gespielt habe. Am liebsten würde ich ja mein Leben selbst nochmals spielen. Ich selbst mich selbst. Ich würde alles noch einmal so machen wie ... ich meine, ein paar kleine Variationen ... ich habe ja auch nicht jeden Abend die gleiche Nora gespielt, obwohl es immer die gleiche Nora war ...

MARGOT Ich bin, die ich bin.

LEILA Den Leuten fehlt ja heute jede Tragik. Jede Tragik und Größe. Zur Tragik gehört ja auch Weltgeschichte. Verbannung, Schmerz, Folter, Rache. Man nennt mich die Königin von Karthago.

MARGOT Ich bin, die ich bin

LEILA Bei den Griechen standen auch keine Friseusen auf der Bühne herum. Heute wollen die Leute kein Drama mehr, und deshalb wollen sie, dass wir verschwinden.

IMELDA Sie hat schon wieder wir gesagt

MARGOT Mit mir ist die Geschichte noch längst nicht fertig.

IMELDA Was hat man zu Lebzeiten Jesu alles über Jesus gesagt?

MARGOT Unbelehrbar, ich sei unbelehrbar.

MARGOT Wahrheit kann man nicht belehren. Wahrheit ist unbelehrbar.
Haben Sie sich wieder erholt, Gottfried?

LEILA *(zu Gottfried)* Geht es Ihnen wieder besser? Ich hoffe, es ist nichts Ernstes.
Bei uns haben sich, wenn einer gelogen hat, die Fingernägel immer von selbst gelöst. Abgefallen wie Laub vom Baum. Nur dass sie geschrien haben. Entsetzlich geschrien. Die Natur ist grausam. Was glauben Sie, wie lange man noch einen Film über Frau Margots Leben sehen möchte, Gottfried?

IMELDA Bei uns sind Leute von jetzt auf gleich verschwunden. Und irgendwann hat man sie ohne Kopf gefunden. In der Oper sind das große Momente.
Selten beben Stimmen schöner. Die Filipinos sind ja vor allem Zwerge, braune, kindische Zwerge, bestechlich noch dazu. Aber immerhin haben sich bei uns ein paar hundert Maurer in den flüssigen Beton gestürzt, damit sie im Fundament des Opernhauses von Manila begraben sind. Auch das, Frau Leila, hat Größe. Und bei Ihnen, Frau Margot, haben sie sich an der Mauer erschießen lassen, damit sie Märtyrer werden. Es gibt noch Größe, nicht nur bei den Griechen! Übersetzen Sie das für Frau Margot!

LEILA Ich dachte, man hätte Würste aus ihnen gemacht.

IMELDA Nur einen Gottfried möchte keiner spielen, nicht wahr?

LEILA Ja, wer möchte schon einen Gottfried spielen?

GOTTFRIED Bei einer Wassertemperatur von 25 Grad erholt sich alles wieder.
Ich empfehle ein Quarantänebecken

MARGOT Ein Quarantänebecken?

GOTTFRIED In jedem Fall, bei einer Wassertemperatur von 25 Grad Glotzaugen, Maulschimmel, nach außen gestülpter After, aufgedunsene Bäuche, bleiche Kiemen, Flossen an den Körper gepresst, torkelnde Bewegung, hin und her, hin und her, schaukelnd, aber das ist nicht alles. Ausgefranster After. Krankheit endet mit Tod. Aber das ist nicht alles. Empfehlenswert ein Quarantänebecken, in jedem Fall.

MARGOT Was reden Sie da? Das ist ja ... Wir haben in Wandlitz gewohnt. Und da sagen die Leute immer: Wandlitz!

GOTTFRIED *(zu Frau Imelda)* Spricht alles für Nelkenwürmer, die sich im Darm festsetzen und dort schmarotzen. Aber das ist nicht alles. Tagelang irren die Parasiten auf den Wirtstieren herum. Gewichtsverlust, trübe Augen, bleiche Kiemen, das ist nicht alles. Die Schmarotzer heften sich mit ihren zu Klammerhaken umgewandelten Antennen an die Kiemen der Fische. Aber das ist nicht alles. Der Erreger dieser Krankheit ist nicht bekannt. Aber das ist nicht alles.

IMELDA Frau Margot, erzählen Sie doch noch mal die Geschichte, wie Stalin seinen Dolmetscher erschossen hat

GOTTFRIED Mit einem schweren Hammer, zur Not tut es auch ein Schraubenziehergriff, schlägt man auf den Fischkopf ein, schlägt und schlägt so lange auf ihn ein, bis der Fisch sich nicht mehr rührt, weil das Fischhirn ja nur ganz locker am Fischschädel hängt. Aber das ist nicht alles. Der Fisch lebt noch ...

LEILA Erzählen Sie, Frau Margot!

GOTTFRIED … der Fisch muss abgestochen werden. Aber das ist nicht alles …

IMELDA *(zu Gottfried)* Sagen Sie Frau Margot, dass sie nochmals die lustige Geschichte erzählen soll!

GOTTFRIED … beim Herzstich besteht die Gefahr, dass man das Herz nicht trifft. Man sticht ins Rückenmark. Tief in die Kiemen hinein. Aber das ist nicht alles. Man sollte nicht in den Eingeweiden herumstochern. Man muss Glück haben. Nehmen wir den Karpfen, zum Beispiel den Karpfen. Das Abstechen eines Karpfenherzens ist kein Kinderspiel. Das Karpfenherz sitzt da ja nicht starr im Karpfen drin. Mit etwas Glück trifft man das Karpfenherz. Der Karpfen verdreht die Augen, er stellt die Kiemen hoch. Der Karpfenleib erstarrt, begleitet von einem Zittern. Mit etwas Glück ist der Karpfen mausetot. Aber das ist nicht alles.

MARGOT Eine Cola bitte, endlich eine Cola!

GOTTFRIED Ich möchte eine Cola

MARGOT Sofort eine Cola

GOTTFRIED Sofort eine Cola!

LEILA Sie hätten den Kaffee nicht trinken sollen

IMELDA Sie sollten sich hier konzentrieren, Gottfried, wir sind hier nicht auf einer Fischereitagung

LEILA Am Ende vergessen Sie noch, mich nach meinen Gedichten zu fragen.
Das Dorf, das Dorf
Die Stadt, die Stadt

Die Winde, die lähmen
Zweige und Blatt
Wölfe, Tiger, Bienen
Rehe, Schakale, Löwen
Und alles sonstige Getier
Wolken, Menschen, Meere
Männer und Frauen
Glaubt es, ich bin wie ihr
Ich liebe Äpfel!

GOTTFRIED Klatschen, Frau Margot! Frau Leila hat ein Gedicht gesagt

IMELDA Da hab ich aber schon bessere gehört. Um ehrlich zu sein, die Gedichte, die man auf mich schrieb, die hatten ein anderes Leuchten.

MARGOT Stalins Gedichte, das waren noch Gedichte! Egal, ob er über Vergissmeinnicht oder Heuballen geschrieben hat, in jedem Satz bebte das Fußgetrappel der Revolutionäre

GOTTFRIED *(zu Frau Leila)* Stalin hätte Sie nach diesem Gedicht erschossen

LEILA Ich ... ich kann auch ein kürzeres, ein Gedicht für meinen Mann, der jetzt vor diesem grotesken Gericht steht:
Du mein gebietsloser Gebieter;
Alle glauben, ich vermisse deine Küsse,
Ich weiß es besser,
Es sind deine Ziegenhirtenfüße.

IMELDA Ein Makrönchen gefällig? Hier, bitte! *(Steckt Frau Leila eine Makrone in den Mund)* Und du auch. *(Steckt Frau Margot eine in den Mund)* Und ich kriege auch eins; nur ein ganz kleines – oder höchstens zwei. Ja, jetzt bin ich wirklich über die Maßen glücklich. Nun gibt es nur noch eins auf der Welt, wozu ich eine riesige Lust hätte. Ich möchte so riesig gern sagen: Himmelkreuzdonnerwetter.

LEILA Sind Sie schon in Ihrer Lebensoper, Frau Imelda?

IMELDA Ich dachte, Sie haben Französisch studiert, das war Nora!

MARGOT *(zu Frau Leila und Frau Imelda)* Sie beide, Sie wären bei uns längst ...

GOTTFRIED Sie beide, die hätte man bei uns längst ...

LEILA Frau Imelda, sie will nicht, dass es uns gibt.

IMELDA Aber natürlich will sie nicht, dass es uns gibt. Ich wusste das von Anfang an. Sie nicht?

MARGOT Eine Kameraeinstellung: Verschneite Landschaft. Davor ich auf einer Bank und neben mir Erich

GOTTFRIED Eine Kameraeinstellung: Verschneite Landschaft. Davor ich auf einer Bank und neben mir ...
(zu Frau Margot) Er ist tot.

MARGOT Natürlich ist er tot. Aber ich mache eine Ausnahme

GOTTFRIED Eine Ausnahme?

MARGOT Heute mache ich eine Ausnahme

LEILA ... sie will nicht, dass es uns gibt ...

Frau Margot holt aus ihrer Tasche eine Urne hervor.

GOTTFRIED Das ist ... Frau Margots Mann, ich meine ...

LEILA Ist da Stalin drin?!

IMELDA Das ist ja widerlich.

GOTTFRIED Erich, es ist ...

IMELDA Als sei das schön

LEILA Eine Urne? Sie bringt hier eine Urne?!

IMELDA Keine einzige Blume, weit und breit nichts Schönes, und die schleppt ihr eheliches Kadaverhäufchen an. Wen interessiert schon der Brandrückstand von so einem kommunistischen Staatstrottel?

LEILA Es ist ihr Mann, Imelda

GOTTFRIED *War*, Frau Leila, es *war* ihr Mann!

IMELDA Als sei das schön. Ich weiß schon, warum ich meinen Mann habe einfrieren lassen. So was macht man doch nicht aus einem Mann. Das hätte ich nie zugelassen, dass man Ferdi einmal in so einen lächerlichen Aschenbecher sperrt.

LEILA Also, ich muss schon sagen ...

IMELDA Ich habe immer etwas gegen den Tod gehabt, aber derart übertrieben habe ich es nie!

LEILA Da ist es mir schon lieber, mein Mann steht vor so einem grotesken Gericht, als dass ich ihn so ...

MARGOT Würden Sie ihm bitte einen Stuhl holen, Gottfried

GOTTFRIED Einen Stuhl? Sie wollen das … Ich meine, soll das nachher die ganze Zeit hier …

MARGOT Soll ich ihn etwa auf dem Boden abstellen, Gottfried?

GOTTFRIED Nein … es kann hier … also, ich meine, von mir aus kann er auf meinen Platz … ich stehe, ist mir sowieso viel lieber, wenn ich stehe. Meine ganze Jugend über hab ich gestanden, die Schulzeit über immer stehen, warten, stehen. Stehen, bis die Fahne mal gehisst, stehen, bis sie wieder unten, stehen, bis der ganze Kommandosalat heruntergeschrien, jedes Mal von neuem …

IMELDA Dieses Ding da kann hier unmöglich stehen bleiben, wenn später der Vorhang aufgeht. Wir sind ja nicht auf dem Friedhof. Ich habe schließlich meinen Ferdi auch nicht hierhergeschleppt

LEILA Am Ende sieht es noch so aus, als säßen wir hier nur zu Ehren von Frau Margots Mann

GOTTFRIED Solange der Vorhang unten ist, kann ihr Mann hier bleiben, aber dann muss er weg

MARGOT Weg? Was soll das heißen: weg?

GOTTFRIED Weg. Einfach weg. Zurück in die Tasche, verstehen Sie. Hier kann er nicht bleiben

MARGOT Sie werden meinen Mann nicht ein zweites Mal wegkriegen!

GOTTFRIED … aber dass einem dann trotzdem die Hände … sehen Sie, ich schwitze an den Händen, verschwitzte Hände, und das,

nur weil ich hier ... als schlüge in einem immer noch dieses Schul-
hofherz von damals, als einem immer etwas fehlte ... immer fehlte
bei mir etwas, Frau Margot, bei mir fehlte immer was, damit alles
so ist wie bei den anderen, dazu fehlte immer etwas, zur Gleich-
heit fehlte mir immer alles, Frau Margot, nur wusste ich nicht,
was?! Die richtigen Worte, die richtigen Eltern oder einfach das
richtige Halstuch. Manchmal hat man gar nicht gewusst, was
fehlt, es war einfach nicht da, man war einfach falsch, von Grund
auf falsch. Falsche Gedanken, falsche Blicke, falsche Triebe, alles
falsch, einfach falsch, eine ganze falsche Natur, Gottfried Saalmeister, Jena, Knebelstraße 7. Und jetzt, Frau Margot, muss ich
Sie richtig übersetzen, kein falsches Wort, kein falscher Ton, kein
falsches Garnichts, nur Frau Margot, wie sie hier steht als eine
Idee, als ein Hauch, ein Klang, ein reiner Geist. *(Er nimmt Frau
Margot die Urne aus der Hand.)* Jetzt schauen Sie sich das doch
mal an! Jetzt ist es zu spät, wie Sie da stehen mit dieser wirklich-
keitsversauten Idee. Die Wirklichkeit hat sich immer geschämt
für diese Idee. Zuerst sich geschämt und dann sich gerächt.
Und ich, Gottfried Saalmeister aus Jena, Knebelstraße 7, habe
das schon mit zwölf gewusst. Nicht dass Sie schwierige Sätze
machen, Frau Margot, das haben Sie noch nie gemacht. Sie alle
hier machen keine schwierigen Sätze. Jedes Kind könnte übersetzen, was Sie hier sagen, aber wir müssen alle einmal sterben,
und deshalb geht das nicht ... es geht nicht, weil ... da hat man
keine Zeit für ... in dieser Lebensgeschwindigkeit, wenn alles
immer schon zu spät ist ... das Leben will ja auch, dass man alles
vom Leben will, weil ja von heute auf morgen ... *(Weist auf die
Urne)* Sie sehen ja ... ich meine ... es kann ja von jetzt auf gleich
vorbei ... und daran muss das Leben doch ständig denken ... und
das geht dann nicht mit dieser Idee, aber das geht mich eigentlich
nichts an, es ist ja nicht meine Arbeit, hier so ... aber schon mit
zwölf habe ich ... und jetzt sagen Sie mir, was ich übersetzen soll,
es geht ja nicht um mich und nicht um die Wirklichkeit ... *(Er lässt
aus Versehen die Urne fallen.)* O Gott ...

LEILA Jetzt hat er auch noch Stalin zerstört!

MARGOT Erich ... Sie haben meinen Mann ...

GOTTFRIED Das ... das wollte ich nicht, tut mir wirklich ... ich werde alles wieder ... ich habe das nicht ... in zwei Minuten geht hier der Vorhang ... *(Er versucht, die Asche mit den Händen aufzukehren.)*

IMELDA Ich weiß schon, warum ich meinen Mann habe einfrieren lassen.

Frau Imelda isst weiter ihre Makrönchen. Frau Leila muss immer wieder niesen.

MARGOT Erich!

LEILA Einen Staubsauger. Los, holen Sie sofort einen Staubsauger!

GOTTFRIED Was?

LEILA Ich ersticke. Sofort einen Staubsauger, los! Einen Staubsauger, ich ersticke!

GOTTFRIED Aber ich kann doch nicht ...

MARGOT Sind Sie wahnsinnig!! Sie rühren meinen Mann nicht an ...

GOTTFRIED Ich kann ihn doch nicht ...

LEILA Ich ersticke

GOTTFRIED Bitte, nicht jetzt, gleich geht hier der Vorhang ...

MARGOT *(zu Gottfried)* Sie haben das extra gemacht!

GOTTFRIED Nein! Um Gottes willen, Frau Margot, ich hätte das nie ...
nie hätte ich gedacht, dass ich einmal in meinen bloßen Händen ...

MARGOT Das haben Sie extra gemacht!

LEILA Ich ersticke, ich kriege keine Luft!

IMELDA Natürlich hat er das extra gemacht. Aber es hat dann auch
seine traurige Gerechtigkeit, wenn so eine arabische Tyrannen-
fotze an der Asche von einem Saarländer erstickt

Gottfried will Frau Leila zwingen, einen Schluck Kaffee zu trinken.

LEILA Diesen Ungezieferdreck trink ich nicht!

IMELDA Wenigstens war er dann zu etwas gut

MARGOT Sie haben das extra gemacht!

LEILA Ich halt das nicht aus ...!

GOTTFRIED Ganz ruhig, alles wird gut

LEILA Bleiben Sie weg, bloß weg mit Ihren Dreckshänden!!

IMELDA *(klopft sich ihr Kleid ab)* Oah, sehen Sie, da, bitte! Jetzt
hat die Asche von diesem Staatsmurkser auch noch mein Kleid
versaut!

GOTTFRIED Alles wird gut, bitte setzen Sie sich, setzen Sie sich, alles
wird gut

IMELDA Und an allem ist dieser Knilch schuld, mit seinem irren
Karpfenhirn!

LEILA Wenn ich hier verrecke, ist das Ihre Schuld!

MARGOT Mit zwölf in Jena. Schmierendarsteller

Gottfried beginnt, die ganze Bühne zu fegen, um dann allen Staub und Dreck in die Urne bzw. das, was noch von ihr übrig ist, zu füllen.

IMELDA Was für ein Elend, dass immer wieder neue Menschen nachwachsen müssen. Das ist doch ein Grundelend des Lebens überhaupt, diese zwanghafte Erneuerungssucht. Das ist doch nicht schön

MARGOT Und was für eine Verschwendung!

IMELDA Dass immer wieder welche nachwachsen müssen, die nicht hineinpassen! Das ist eine kosmische Tragödie, nicht mehr und nicht weniger!

LEILA Immer welche, die den Sinn stören und das Gelingen

GOTTFRIED Gleich geht hier der Vorhang ... reißen Sie sich zusammen!

IMELDA Kann denn das Leben nicht ein Mal zufrieden sein mit dem, was es hat? Muss es denn ständig immer wieder von vorne anfangen?

MARGOT Es kommt die Zeit, da wird mein Mann wieder gebraucht!

Lichtwechsel.

GOTTFRIED Frau Margot?

MARGOT *(zu Gottfried)* Sie gehen voraus. Ich komme nach.

GOTTFRIED Wir gehen alle zusammen. Von links nach rechts.

MARGOT Ich bin noch nie in meinem Leben von links nach rechts gegangen

LEILA Müssen wir winken?

IMELDA Wo kein Volk ist, muss auch nicht gewunken werden

Dunkel.

HERRINNEN

PERSONEN:

RITA SCHUSTER / LUZI

MARTHA MENKE / CARLA

TANJA KREUZ / BETTY

KATIE SCHLENDER / IRIS

BRENDA FINKE (TRANSSEXUELLE) / MALTE

SITUATION:

Luzi, Carla, Betty, Iris und Malte proben das Stück «Die Tür»
von Gloria Wolf.

Auftragswerk für das Nationaltheater Mannheim
Uraufführung: 29.10.2014 Nationaltheater Mannheim
(Regie: Burkhard C. Kosminski)

*Martha / Carla im Hosenanzug, hinkend, mit einem eleganten
Stock.*
Katie / Iris: schulterfrei.
Tanja / Betty in einem kürzeren Rock mit sehr hohen Schuhen.
Später tritt Rita / Luzi auf;
noch etwas später Brenda / Malte.

Im Hintergrund eine Tür.

TANJA / BETTY Von Anfang an habe ich mich das immer gefragt, seit
ich wusste, dass ich einmal hier stehen werde, habe ich mich das
gefragt ...

KATIE / IRIS *(zu Martha / Carla)* Soll ich Ihnen nicht doch einen
Stuhl holen?

TANJA / BETTY Was ziehst du an, wenn du einmal hier stehst, das ist
ja immer die Frage

KATIE / IRIS Für mich ist es ja, wenn ich das so sagen darf, heute was
ganz Besonderes, hier zu sein, ich meine ...

TANJA / BETTY Ein Mann muss sich das ja nie so fragen, wie eine
Frau sich das fragen muss

KATIE / IRIS Zwischen so bedeutenden Bedeutsamkeiten wie Sie,
Frau Menke, und ...

TANJA / BETTY Wir alle sind nominiert. Alles Frauen, wir sind ja alles Frauen. Das ist das Schöne an dem Preis, ein Preis nur für Frauen!

MARTHA / CARLA Wie viele kommen denn da noch?

KATIE / IRIS Es geht ja auch darum, wer von uns die Zuschauer am meisten erreicht. Die Zuschauer haben ja auch eine Stimme. Ich denke, Sie haben gute Chancen, Frau Menke, ich meine, eine humpelnde Staatsanwältin, das ist doch … andererseits weiß man ja nie, wer da noch …

TANJA / BETTY Man kann ja als Frau nie so viel falsch machen, wie bei einer Preisverleihung falsch angezogen zu sein, ich meine, weder will man hier als schulterfreie Schlampe rumstehen, noch will man sich in so eine biedere Hosenanzugsfestung zwängen

KATIE / IRIS Aber Sie haben doch alles richtig gemacht!

TANJA / BETTY Vor allem tue ich das alles für mich selbst, ich tue das alles nur für mich selbst. Ich selbst schaue einfach gerne an meinen eigenen Beinen hinunter, es macht mich glücklich, wenn ich hier sitze und auf meine nackten Schenkel hinabschaue

KATIE / IRIS Wie schön, Frau Kreuz, wenn man sich selbst so glücklich …

TANJA / BETTY Die schönste Freude ist die Freude mit sich selbst, sage ich immer

KATIE / IRIS Jede hat einen Auftritt durch diese Tür. Diese Tür ist die Auftrittstür. Durch diese Tür kommt man herein und steht im Licht.

MARTHA / CARLA Zuerst kommt Musik. Zuerst kommt immer Musik.

KATIE / IRIS Sobald die Musik spielt, treten wir auf. Ich wollte immer einmal, dass viele Leute mir zusehen, wie ich durch eine Tür hereinkomme. Ich sehe das sonst immer nur bei andern, im Fernsehen. Aber ich habe natürlich auch Angst, dass ich dann nicht mehr weiß, wie ich da gehen soll, welcher Fuß vor dem andern ...

MARTHA / CARLA Einfach nichts denken. Vor allem nicht an sich selbst.

TANJA / BETTY Ich denke, durch diese Tür geht nur die, die den Preis kriegt.
(zu Martha / Carla) Haben Sie Kinder?

MARTHA / CARLA Noch nicht. Aber fast. Meine Kinder warten noch

TANJA / BETTY Die warten noch?

MARTHA / CARLA In München. Bei minus 116 Grad, 13 kleine Gefrierschrank-Engelchen. Ich habe meine Familie auf Eis gelegt, erst einmal. Da wartet sie jetzt, es gibt also Hoffnung. Es ist ein gutes Gefühl, zu wissen, meine Kinder warten, bis ich sie ins Leben rufe.

TANJA / BETTY O Gott, das ist ...

MARTHA / CARLA Ein gutes Gefühl!

TANJA / BETTY Ungeheuer

Auftritt Rita /Luzi.

RITA / LUZI Guten Abend, ich habe als Sekretärin angefangen, Sekretärin in einer Getränkeabfüllfabrik. Und heute weltweit ... weltweit 27 000 Mitarbeiter, Mörtelmaschinen und Betonpumpen, mit Expansion nach Shanghai, Moribundo und Kolon und demnächst ...

MARTHA / CARLA Das haben Sie alles schon einmal gesagt

RITA / LUZI Lässt man mich hier vielleicht einmal ausreden?

TANJA / BETTY Sie sind doch noch gar nicht dran!

RITA / LUZI Ja, ich war noch nie dran, wenn ich dran war, mein ganzes Leben nicht, und ich wäre heute noch nicht dran, wenn ich gewartet hätte, bis ich mal dran bin, säß ich jetzt noch mit meinem Arsch als Sekretärin in der Getränkesaftabfüllung, 10 000 Liter Apfelsaft die eine, 20 000 Liter Orangensaft die andere Stunde.

TANJA / BETTY Erst spricht der Präsident.

MARTHA / CARLA Zuerst kommt Musik. Zuerst kommt immer Musik.

TANJA / BETTY Erst spricht der Präsident.

MARTHA / CARLA Das war schon immer so, auf der ganzen Welt, dass zuerst Musik kommt. Am Anfang Musik, am Ende Musik. Schon bei den alten Griechen war das so und auch in Ägypten, in Mesopotamien und auch in China vor 3000 Jahren, auch bei jedem Dorffest ist das so ...

RITA / LUZI Das ist kein Dorffest, das ist der Staatspreis für weibliche Lebensleistung.

KATIE / IRIS Psst, wir müssen immer wieder einmal hören, ob wir die Musik hören

MARTHA / CARLA Entschuldigen Sie, ich weiß ja nicht, für was Sie hier ... aber ich bin seit 165 Jahren die erste Frau, Martha Menke ...

RITA / LUZI Die erste Frau!

MARTHA / CARLA Ja, die erste Frau!

RITA / LUZI Jetzt werden Sie mal nicht kindisch.

KATIE / IRIS Sieht man Ihnen aber gar nicht an.

MARTHA / CARLA Seit 165 Jahren die erste Frau, Martha Menke ...

RITA / LUZI Die erste Frau!?

MARTHA / CARLA Seit 165 Jahren, ja!

TANJA / BETTY Ich auch, ich bin 185 Tage im Jahr unterwegs, ich bin fast nie zu Hause, ich habe vier Kinder, morgen sitze ich im Flieger nach Venezuela, das ist alles kein Zuckerschlecken

RITA / LUZI Penislose Jammerziegen! Wollen überall bemitleidet werden!
Ich habe als Sekretärin angefangen, Sekretärin in einer Getränke-abfüllfabrik. Heute weltweit ... weltweit 27 000 Mitarbeiter, Mörtelmaschinen, Betonpumpen ...

TANJA / BETTY Ich habe vier Kinder, drei habe ich selbst gepresst, eins ist dazugekommen!

KATIE / IRIS Selbst gepresst?!

TANJA / BETTY Eins hat mein Mann mitgebracht, in diesem Beruf, diesem globalen Präsenzterror, dieser Höchstleistungsturnerei,

185 Tage unterwegs, diesem kontinuierlichen Präsenzzwangs-
jackenleben ... ich habe schließlich den südamerikanischen Markt
aufgebaut, Suppeninstantpulver, ja, und wie soll man denn da
noch Kinder hineinzwängen, Kinder!? In diese Turbohölle! Das
soll mir erst einmal einer nachmachen.

RITA / LUZI Die meisten Leute kapieren einfach nicht, dass Gott sie
in diesem Film nur als Statisten besetzt hat.

MARTHA / CARLA Ich dachte, ich bin die Einzige, entschuldigen Sie,
das ist jetzt nicht gegen Sie, aber im Theater würde man jetzt
sagen: Ich reise ab!
Ich wusste nicht, dass man hier nur wieder als Geschlechtskränzchen herumsteht.

KATIE / IRIS Geschlechtskränzchen?
(zu Martha / Carla) Soll ich Ihnen nicht doch einen Stuhl ...?
Kinder sind ja ein solches Abenteuer. Bei uns, der kleine Arne,
letzte Woche, da haben wir den ins Krankenhaus bringen müssen,
weil der mit der Axt auf die Charlotte los ist, und unser Erzieher,
der Christian, hat das gesehen und hat einen solchen Schreck
gekriegt, dass er den Arne mit dem Kopf an die Wand gehauen
hat. Dem haben wir aber gekündigt.

RITA / LUZI Spielen bei Ihnen die Kinder im Kindergarten mit Äxten?

KATIE / IRIS Dabei war der ein toller Erzieher. Wirklich toll. Aber
da hat der die Nerven verloren. Und das in einem Kindergarten,
wo wir von Anfang an sagen: Kinder wollen nichts Böses. Das
wollen die wirklich nicht. Der Arne hätte die Charlotte niemals
wirklich ... es war der Christian, Christians Aggression, der
hat sich da selbst nicht im Griff gehabt, um den Arne und die
Charlotte ging es da gar nicht bei diesem Bauwochenende, wo die
Kinder sich ein Baumhaus gebaut haben.

MARTHA / CARLA Und das Baumhaus ist fertig geworden?

KATIE / IRIS Was mich nur geärgert hat an der ganzen Sache, ist, dass das wieder so klassisch war. Die Eltern von Charlotte haben gleich durchgedreht. Ich glaube, die Kinder hätten das wie immer von selbst am besten geregelt.

RITA / LUZI Nur dass Charlotte jetzt eine kleine Leiche wäre. Aber was soll's? Die Kinder hätten das von selbst geregelt.

MARTHA / CARLA Das ist ein gutes Gefühl. Die warten auf mich. Da kann ich 60 werden oder mehr. Die liegen bei minus 116 Grad in München im Gefrierschrank und schenken mir Zeit. Wenn andere Omas sind, die den Enkeln mit Eis in den Arsch kriechen, kriege ich meine Kinder.

KATIE / IRIS So eine Mama hätte ich mir immer gewünscht. *(zu Martha / Carla)* Soll ich Ihnen nicht doch einen Stuhl …?

Brenda / Malte tritt durch die Tür auf.

BRENDA / MALTE Entschuldigen Sie … hat es schon angefangen?

KATIE / IRIS Zuerst geht das Licht aus.

TANJA / BETTY Es spricht zuerst der Präsident

MARTHA / CARLA Zuerst Musik. Stille und dann Musik!

KATIE / IRIS Dann geht das Licht wieder an. Licht aus, Licht an, vorher fängt hier gar nichts an!

BRENDA / MALTE Ein Präsident? Also mir hat niemand was von einem Präsidenten gesagt

MARTHA / CARLA Also mir hat man nicht einmal gesagt, dass ich hier nicht als Einzige bin, mir hat keiner gesagt, dass hier noch ... also ich meine, wie viele sollen hier denn noch kommen?!

KATIE / IRIS Alles Frauen, haben sie gesagt, alles Frauen

BRENDA / MALTE Das ist ja wohl klar, das ist ja ein Preis für Frauen. Nur für Frauen!

RITA / LUZI Schön, dass gerade Sie das sagen

BRENDA / MALTE Männer kriegen diesen Preis nicht

RITA / LUZI Schön, dass gerade Sie das sagen

BRENDA / MALTE Hätte ich gewusst, dass da ein Präsident ... da ist man ja ganz anders aufgeregt, wenn hier ein Präsident über mein Leben spricht, da ist man dann schon gespannt, was der über das eigene Leben sagt, man kennt sich ja selbst nicht, und umso schöner ist es, wenn dann andere eine Form für so ein Leben finden, die man selbst noch gar nicht ...

RITA / LUZI Das sagt die Richtige

BRENDA / MALTE Ich hoffe nur, dass ich nicht heulen muss ... also da bin ich schon gespannt

MARTHA / CARLA Gespannt sind wir alle

BRENDA / MALTE Sicher muss ich wieder heulen, jedes Mal muss ich heulen, wenn jemand über mein Leben spricht. *(Brenda / Malte geht ein wenig hin und her.)* Es stört sie doch nicht, wenn ich hier ein bisschen auf und ab gehe? Diese Schuhe trage ich heute zum ersten Mal, am liebsten würde ich barfuß, aber da höre ich schon meine Mutter: Brenda, beim Staatspreis für weibliche Lebensleistung stehst du nicht mit deinen Entenfüßen.

KATIE / IRIS Vorbilder, wir alle seien Vorbilder, haben sie gesagt, weibliche Vorbilder, wir sind nominiert für den Preis, für weibliche Lebensleistung, haben sie gesagt

BRENDA / MALTE Frauen und Schuhe!

MARTHA / CARLA Ich bin nicht als Frau hier.

TANJA / BETTY Als was denn dann?

MARTHA / CARLA Schlimm genug, dass Sie als Frau nur in solchen Kategorien denken können.

TANJA / BETTY Meinetwegen könnten Sie auch als Mann ... aber Sie sind doch eine ...

MARTHA / CARLA Es interessiert mich nicht, was ich bin.

TANJA / BETTY Entschuldigung

BRENDA / MALTE Vorbilder, was meinen Sie mit Vorbilder?

TANJA / BETTY Ich habe vier Kinder, drei habe ich selbst gepresst, eins ist dazugekommen!

BRENDA / MALTE Selbst gepresst?

KATIE / IRIS Psst, wir müssen immer wieder einmal hören, ob wir die Musik hören

RITA / LUZI Eine Frau, die Kinder in die Welt setzt, ist wunderbar, aber es ist auch schrecklich.

KATIE / IRIS Schrecklich?

TANJA / BETTY *(zu Rita / Luzi)* Haben Sie Kinder?

RITA / LUZI Weiß man denn, was aus diesen Kindern wird? Und kann man denen helfen, wenn die schwach sind? Schwächer als man selbst? Und das ist doch schrecklich, dass man immer weiter fortzeugt und diese erbärmlichen Gebilde in die Welt presst. *(Zu Brenda / Malte)* Sie können ja auch nichts dafür, dass Ihre Mutter Ihnen hat nicht helfen können?

BRENDA / MALTE Meine Mutter? Aber was hat denn das mit meiner Mutter … ich leide unter meinen Schuhen, das hat doch nichts …

MARTHA / CARLA Ich leide furchtbar, wenn Kinder weinen. Das ist für mich etwas ganz Fürchterliches, Kinder, die weinen, die weinen ja so, dass man am liebsten … einfach schrecklich. Meine Kinder warten noch, das ist ein gutes Gefühl!

KATIE / IRIS Aber was wären wir ohne das Weinen der Kinder? Kindertränen reinigen die Welt, sage ich immer

BRENDA / MALTE Das Leben ist ja nicht wie in einem Doris-Day-Film, wo man da in einer Hütte hockt, und draußen hackt Rock Hudson für einen Holz

RITA / LUZI Schön, dass gerade Sie das sagen

BRENDA / MALTE Ja, so ist das Leben doch nicht

RITA / LUZI Wo bei Ihnen da unten ja auch nicht mehr alles so ist, wie es mal war

TANJA / BETTY Was heißt da «auch»?

RITA / LUZI Sie sind ja so nicht auf die Welt gekommen?!

BRENDA / MALTE 21, 22, 23

RITA / LUZI Was?

BRENDA / MALTE Pause.

RITA / LUZI Pause?

BRENDA / MALTE Hier ist eine Pause. Eine kleine Gedankenstille. *(wiederholt noch einmal)* Das Leben ist ja nicht wie in einem Doris-Day-Film, wo man da in einer Hütte hockt, und draußen hackt Rock Hudson für einen Holz

RITA / LUZI Schön, dass gerade Sie das sagen

BRENDA / MALTE Ja, so ist das Leben doch nicht

RITA / LUZI Wo bei Ihnen da unten ja auch nicht mehr alles so ist, wie es mal war

TANJA / BETTY Was heißt da «auch»?

RITA / LUZI Sie sind ja so nicht auf die Welt gekommen?!

BRENDA / MALTE 21, 22 …

KATIE / IRIS Aber du musst das doch nicht laut sagen

BRENDA / MALTE Ich mache das jetzt doch nur für euch. 21, 22 … *(wieder im Stück)* Das Schöne an Zahlen ist ja, dass sie über solche Fragen erhaben sind. Zahlen kümmern sich nicht um Geschlechtsfragen, Zahlen sind sich selbst genug, und trotzdem würde ich nie behaupten, dass Zahlen geschlechtslos sind, nein, nein nein, ganz im Gegenteil, wenn ich an die 9 denke, die 5, die 7, eine 12, mein Gott, die 12 in ihrem ... wie soll ich sagen, in ihrem leichten Negligé und die 7 mit ihrer Pfeife im beigen Cordanzug, die 9 halb nackt auf einem Stuhl mit einer Flasche ...

MARTHA / CARLA Was reden Sie da?

BRENDA / MALTE Entschuldigen Sie, ich bin Mathematikerin

RITA / LUZI Mathematikerin?!

BRENDA / MALTE Man stellt sich Mathematiker immer ganz anders vor. Ich weiß, alle denken immer: Mathematiker, Mathematiker sind nichts als autistische Hampelmänner, stinkende Struwwelpeter, die mit irre langen Fingernägeln in der Unendlichkeit herumfuchteln und mit 25 bereits eine Onanistenglatze haben und immer noch bei der Mutti wohnen, und dann komme ich, Brenda Finke, und rede über die Boltzmann-Gleichung. Die Boltzmann-Gleichung! Die schönste Gleichung der Welt!

TANJA / BETTY *(zu Brenda / Malte)* Und dafür kriegen Sie den Preis?

RITA / LUZI Geschlecht als Lebensleistung!? *(Lacht)*

MARTHA / CARLA Wenn Sie hier bitte das Wort Geschlecht nicht mehr sagen würden

RITA / LUZI Was?

MARTHA / CARLA Geschlecht, Geschlecht, Geschlecht! Wo ich hinkomme, geht es immer ums Geschlecht, alle reden immer vom Geschlecht. Immer heißt es: aufgrund des Geschlechts. Ständig Geschlechterfragen. Das eine da, das andere dort. Das ist nicht

meine Welt. Das ist überhaupt nicht mehr die Welt. Ich bleibe in
diesem Wort jedes Mal hängen, pappe fest, fühle mich von diesem
Geschlechtskrampf verfolgt, verstehen Sie, ich habe allmählich
einen Geschlechtsmuskelkater! Als müsste man sich ständig um
Dinge kümmern, die es gar nicht gibt.

BRENDA / MALTE Aber keiner, ich meine, niemand verlangt von
Ihnen, dass Sie hier das Wort Geschlecht ... ich werde das auch
nicht, ich werde hier auch nicht Geschlecht sagen ...

RITA / LUZI Ja, an Ihrer Stelle würde ich das auch ...

TANJA / BETTY *(zu Martha / Carla)* Die Einzige, die hier ständig
Geschlecht sagt, sind Sie

RITA / LUZI Ja, das grenzt schon an eine Geschlechtswortbe-
lästigung!

KATIE / IRIS Vielleicht könnten Sie ja anstatt Geschlecht einfach
etwas anderes sagen

MARTHA / CARLA Etwas anderes?

BRENDA / MALTE Rolle, sagen Sie einfach Rolle

TANJA / BETTY Rolle?

BRENDA / MALTE Oder Gattung

KATIE / IRIS Scham

BRENDA / MALTE Gender

KATIE / IRIS Sex

RITA / LUZI Rasse, sagen Sie einfach Rasse

MARTHA / CARLA Rasse!? Sind Sie wahnsinnig?

BRENDA / MALTE Man muss bloß wissen, wer man ist, sage ich immer. Und wenn man es weiß, läuft alles wie von allein.

RITA / LUZI Bloß darf man nicht mehr sein wollen. Ich habe als Sekretärin angefangen ...

MARTHA / CARLA Das haben Sie alles schon gesagt

RITA / LUZI Ich sage bloß: Es fängt, wer etwas werden will, ganz unten an. Ich habe nie eine Universität von innen gesehen. Ich sage: Gott sei Dank! Gelehrte Schnösel, gelehrter Pöbel! Von nichts eine Ahnung. Besserwisser von Gottes Gnaden. Die kommen inzwischen, kaum dass sie aus der Schule sind, zu mir und fragen als Allererstes, was sie verdienen. Verdienen? Vor dem Verdienen kommt erst das Dienen. Nicht dass ich etwas gegen junge Leute habe, im Gegenteil, wir brauchen sie. Wir brauchen sie wie nie zuvor. Wir brauchen sie für Expansion. Europa soll nicht untergehen.

MARTHA / CARLA Das können Sie, wenn Sie den Preis bekommen, alles nachher auch noch sagen. Nur will das, fürchte ich, von denen, die den Preis verleihen, so gut wie keiner mehr von Leuten, die wie Sie als Putze angefangen haben, heut noch hören.

KATIE / IRIS Ich find das toll, dass lauter Frauen ...

MARTHA / CARLA Ich bin nicht hier als Frau.

KATIE / IRIS Entschuldigung

BRENDA / MALTE Ich hab gedacht, dass wir hier alle ... wie soll ich
sagen ... als Frauen hier ...

RITA / LUZI Schön, dass gerade Sie das ...

MARTHA / CARLA Schon falsch gedacht

RITA / LUZI Eine Putze ist nicht mal meine Mutter gewesen. Und
trotzdem wär sie stolz darauf ...'

MARTHA / CARLA Der Stolz der Frauen! Der Stolz, dass jeder eine
Mama hat, die weniger als nichts gewesen ist! Die ganze halbe
Welt ein Nichts, und das mit großem Selbstgefühl.

Brenda / Malte geht ab.

TANJA / BETTY Ich sage immer: Such dir einen Partner als Partner,
für eine Frau ist das wichtig, aber die meisten finden immer nur
einen Mann als Mann. Das sag ich immer. Ich habe meinen Mann
gecastet. Und die Wahl fiel ... natürlich musste vorab einiges
abgeklärt ... ich meine fortpflanzungstechnisch, und auserwählt
habe ich Jochen! Ich beneide Jochen nicht um mich. Ich habe
ihm gleich gesagt: Jochen, ich entwickle mich, und das ist nicht
gemütlich! Aber ohne mich würde Jochen ja auch nur sinnlos im
Lebensstrudel herumtrudeln. Jochen ist ein Entwicklungsland,
und jetzt ist er froh, froh über diesen Entwicklungsdruck. Ich
habe schließlich in Schwellenländern gearbeitet, Schwellenlandstrategien entwickelt, für Schwellenländer braucht es auch
Schwellenländerideen, Suppen, Milchpulver, Instantkaffee. Sechs
Jahre São Paulo und sonst wo und dabei drei Kinder gepresst,
zusätzlich zu den Schwellenlandstrategien, in den Favelas
Door-to-door-Verkauf mit Kekspackungen, extra smart für die
Schwellenlandinsassen, statt 30 Kekse 20, Gewöhnung, Umstel-
lung, Adaptations-Approach, Planning, Policy, Acculturating, bei

35 Grad im Schatten in der industriellen Vorhölle Südamerikas, Garagentor mit zwei Wachmännern, falls einer erschossen wird, Fluchtwege, Exit Ghost, Jochen mit der Knarre unter dem Kissen bei den Kindern.

MARTHA / CARLA Seit 165 Jahren bin ich die erste Frau, davor nur Männer, alles Männer. In diesem männerverseuchten Gewerbe: Frau Menke, die erste Frau seit 165 Jahren, in diesen Mono-geschlechtsetagen habe ich mich emporgekämpft durch all die Schwanzregimenter, ich möchte das hier nicht vertiefen. Das alles ist ja längst selbstverständlich. Selbstverständlich! Ich möchte das hier alles gar nicht sagen.

RITA / LUZI Sagen Sie einfach nicht, was Sie nicht sagen wollen.

KATIE / IRIS Soll ich Ihnen nicht doch lieber einen Stuhl ...?

MARTHA / CARLA Nur so viel: Oberster Gerichtshof, seit 165 Jahren die erste Frau, die ersten Wochen oberste Etage, 27. Stock, ich allein mit vier Herrentoiletten, sonst nichts

RITA / LUZI Na und?

MARTHA / CARLA Allein mit vier Herrentoiletten, und sonst nichts!

RITA / LUZI Ich habe mein halbes Leben auf Herrentoiletten gepisst.

TANJA / BETTY *In*, es heißt *in*, Sie haben *in* Herrentoiletten ...

KATIE / IRIS Frau Menke will damit ja nur sagen ...

MARTHA / CARLA Ich kann selber sagen, was ich sagen will: Damen und Behinderte, 3. Stock unten links, gleich neben dem Eingang. Nun schauen Sie mich an: Ich bin beides! *(Lacht)*

RITA / LUZI Penislose Jammerziegen, wollen überall bemitleidet
werden, da gehe ich doch lieber gleich auf die Herrentoilette.

MARTHA / CARLA Habe sofort alles ändern lassen, auf 75 Stock-
werken können Frauen heute immer überall, nur darüber hat
keiner geschrieben, keiner! Aber dass ich 470 Mitarbeiter entlassen habe, 470 betriebsbehindernde Strohköpfe

RITA / LUZI Mitarbeiter, wenn ich das nur höre: Mitarbeiter!
Mitesser. Mitficker. Teamworkterror.

TANJA / BETTY Du bist nicht dran.

RITA / LUZI Untergebene. Ja! Untergebene! Was für ein schönes
Wort. Unter-Gebene. Da steckt es drin: das Hinaufreichen. Das
Geben. Die Gabe. Jeder Mensch ein Kündigungsgrund! Sage ich
immer

MARTHA / CARLA Die Kettensägen-Menke, hieß es überall: Kettensägen-Menke!

RITA / LUZI Die meisten Leute würden nicht mal in einem Film über
ihr eigenes Leben die Hauptrolle spielen. *(Lacht)*

KATIE / IRIS Bitte?

RITA / LUZI Nicht mal den Witz haben die verstanden.

KATIE / IRIS Die Kettensägen-Menke?

RITA / LUZI Penis- und humorlos!

MARTHA / CARLA Ein Unternehmen ist wie ein Gebiss, das wissen
wir alle, und wenn das Gebiss nicht gesund ist, tja, also, wenn da

nicht jeder, jeder einzelne Zahn so funktioniert, wie er funktionieren soll, sprich: Wenn es irgendwo im Betriebskiefer faule Zähne hat, Zähne, denen man von außen gar nicht ansieht, dass sie innen längst hohl, längst bis zur Wurzel heruntergefault sind und sich im Kieferknochen des Betriebs wie Eiterherde ausbreiten – solche faulen Zähne können dir das ganze Gebiss ruinieren, das ganze Maul, den ganzen Leib, am Ende die ganze Welt! Solche Faulzähne, die gilt es …

Brenda / Malte tritt durch die knarrende Tür auf.

BRENDA / MALTE Die Musiker sind da, wie schön, die Musiker!

Ausstieg.

MARTHA / CARLA Zu früh!

BRENDA / MALTE Was?

MARTHA / CARLA Bei «Faulzähne» drückst du die Klinke. Erst dann kommst du herein.

BRENDA / MALTE Das habe ich gemacht

MARTHA / CARLA Zu früh!

BRENDA / MALTE *(im Zurückgehen hinter die Bühne)* Bei «Faulzähne» drücke ich die Klinke, und dann komme ich herein.

MARTHA / CARLA *(Wiederholung, als Brenda / Malte zurück hinter der Bühne ist; wieder im Stück)* Solche faulen Zähne können dir das ganze Gebiss ruinieren, das ganze Maul, den ganzen Leib, am Ende die ganze Welt! Solche Faulzähne, die gilt es …

BRENDA / MALTE Die Musiker sind da, wie schön, die …

Ausstieg.

MARTHA / CARLA Heilandzack, du bist schon wieder zu früh!

BRENDA / MALTE Ich habe bei «Faulzähne» die Klinke gedrückt.

MARTHA / CARLA Du knarrst hier in meinen Monolog hinein.

BRENDA / MALTE Die Tür knarrt. Dafür kann ich nichts.

TANJA / BETTY Also bei mir hat sie nicht geknarrt.

KATIE / IRIS Malte, denk dran, mit Freude: «Die Musiker sind da, wie schön, die Musiker!»

BRENDA / MALTE Hör auf, mir meine Sätze vorzukauen

KATIE / IRIS Mit Freude!

BRENDA / MALTE Ich habe hier zuletzt den Wilhelm Tell gespielt, davor habe ich mich 140 Mal hier auf der Bühne erschossen. «Die Musiker sind da, wie schön, die Musiker!» Nach so einem Satz ist meine Figur völlig … ich meine, da kann ich mir dann nachher den Affen abspielen, da denkt doch jeder …

RITA / LUZI Was jeder denkt, das interessiert uns hier nicht.

TANJA / BETTY Wo kämen wir denn da hin?

MARTHA / CARLA Du bist zu früh, egal, was da jeder denkt. Du haust mir meinen Monolog zusammen.

KATIE / IRIS *(macht es Brenda / Malte noch einmal vor)* «Die Musiker sind da, wie schön, die Musiker!»

MARTHA / CARLA Er soll nicht brüllen

KATIE / IRIS So steht es im Stück.

MARTHA / CARLA Im Stück! Im Stück? Ist ja nicht dein Satz, wo da plötzlich so ein Geschlechtsclown reinplatzt, der dir den ganzen Monolog ...
(zu Brenda / Malte) Das ist jetzt nicht gegen dich ... du machst das gut, wirklich, aber ...

RITA / LUZI Da hört dir eh keiner mehr zu, wenn der Malte aus der Tür kommt. Ich sage nur: Kinder, Tiere, Transvestiten, da ziehst du immer den Kürzeren.

KATIE / IRIS Geschlechtsclown? Wenn ich das mal sagen darf: Wie viel Richard den Dritten spielst du hier eigentlich? Spielst hier so ein Hinkebein mit Mitleidserregungsbonus und kannst es nicht ertragen, wenn auf Stichwort einer in deinen Monolog hinein- stolpern muss.

MARTHA / CARLA Ich sage nur: In 24 Stunden stehen wir in Tirol

TANJA / BETTY In diesen Schuhen steh ich nirgendwo, ich hab jetzt schon Zehenkrämpfe

KATIE / IRIS Wer sagt, dass du in diesen Prollstelzen hier rumstehen musst?

TANJA / BETTY Prollstelzen? Diese Schuhe sind ungeheuer wichtig für meine Figur, mit diesen Schuhen zeige ich, dass ich heute als Frau mit solchen Schuhen über meinen Schuhen stehe

RITA / LUZI Entschuldigt, aber ich denke die ganze Zeit über meine Bluse nach, ich habe 27 000 Mitarbeiter, ich mache Geschäfte mit der ganzen Welt, «Jeder Mensch ein Kündigungsgrund», so eine Frau steht doch nicht in solchen C-&-A-Lumpen bei einer Preisverleihung

TANJA / BETTY Wir können jetzt nicht auch noch anfangen, die Kostüme zu ändern, 24 Stunden bevor wir in Tirol ...

BRENDA / MALTE In Tirol wird sowieso alles anders.

MARTHA / CARLA Diese läppische Szene mit der Tür werden wir ja wohl noch schaffen. Malte, du gehst nochmals raus und machst wieder die Tür auf!

BRENDA / MALTE Woher komme ich?

MARTHA / CARLA Bitte?

BRENDA / MALTE Ich weiß nicht, woher ich komme, wenn ich komme?

KATIE / IRIS Du kommst durch die Tür. Brenda tritt durch die Tür auf, so steht es im Stück

BRENDA / MALTE Ja, aber von wo komme ich? Wo war ich gerade eben noch? Draußen? Auf der Straße? In einer anderen Stadt? Empfangshalle, Bahnhof? Wo komme ich her?

RITA / LUZI Wo komme ich her, wo gehe ich hin, das sind Fragen, Malte, die kann uns nicht mal das Leben beantworten.

MARTHA / CARLA Ich kann dir nur eins sagen: In 24 Stunden stehen wir in Tirol auf der Bühne.

BRENDA / MALTE Ich muss aber wissen, wer ich bin. Wie soll ich sonst so eine Figur spielen, wenn ich mich selbst nicht kenne?

RITA / LUZI Wer kennt sich schon? So ein Blödsinn. Werd jetzt nicht philosophisch!

BRENDA / MALTE Es geht doch nicht um mich.

TANJA / BETTY Du bist doch Schauspieler, Malte, wir haben diesen Beruf gelernt, wir wissen, was es heißt, hereinzukommen, ohne zu wissen, woher.

BRENDA / MALTE Ist mir alles klar, nur wenn ich da hinter der Tür im Dunkeln stehe, da kommen all diese Fragen, und … *(Will wieder ab durch die Tür)* Jetzt hab ich Angst, die Tür aufzumachen.

KATIE / IRIS Wegen mir bräuchte es überhaupt keine Tür.

BRENDA / MALTE Was?

RITA / LUZI Das wär ja noch schöner. Wir spielen ein Stück, das «Die Tür» heißt, und haben keine Tür

KATIE / IRIS In der «Wildente» tritt auch keine Ente auf.

MARTHA / CARLA In der «Wildente» wird ständig über die Wildente gesprochen, ich habe die «Wildente» in zehn Produktionen gespielt.

KATIE / IRIS In der «Wildente» wird überhaupt nicht ständig über die Wildente gesprochen.

TANJA / BETTY Außerdem spielen wir hier nicht die «Wildente».

RITA / LUZI Haben die in Senftenberg so oft «Die Wildente» gemacht?

KATIE / IRIS Eine Tür kann man auch spielen, da braucht es nicht so einen lächerlichen Sperrholzschmarren. Man kann auch eine Tür spielen, ohne dass da eine Tür ist. Das macht dann die Tür umso größer. *(Katie / Iris spielt, wie man eine Tür aufmacht, ohne dass eine Tür da ist.)*

BRENDA / MALTE Aber dann knarrt sie nicht.

MARTHA / CARLA Sie soll auch nicht knarren!

TANJA / BETTY Die Tür in diesem Stück ist ja viel mehr als nur eine Tür.

MARTHA / CARLA Tür, Tür! Wenn ich das schon höre, diese banale Symbolhuberei. Am besten lässt man die ganze Tür!

RITA / LUZI Zu jeder guten Komödie gehört eine Tür

MARTHA / CARLA Komödie? Seit wann spielen wir hier eine Komödie!? Komödien gibt es in Frankreich, in England, aber doch nicht in Deutschland.

TANJA / BETTY Aber diese Tür in diesem Stück ist ja viel mehr als nur eine Tür, es ist ja ein Stück über Frauen, über die Überforderung, was es heißt, heute als Frau ... ich meine, diese Tür ist auch ein Symbol für die weibliche Öffnung und ...

BRENDA / MALTE Was?

MARTHA / CARLA Überforderung, Überforderung! Leben an sich ist eine Überforderung, von Anfang an ist das Leben Überforderung, wer nicht überfordert ist, ist tot, erst recht im Theater, in 24 Stunden stehen wir in Brixen ...

TANJA / BETTY Bozen

KATIE / IRIS Schlanders

MARTHA / CARLA Die Premiere ist längst als Gastspiel verkauft

BRENDA / MALTE Hör endlich auf hier mit deinen 24 Stunden

MARTHA / CARLA Völlig richtig, es sind längst nicht mehr 24!

RITA / LUZI Also ich freu mich auf Tirol, ich war noch nie in Tirol

KATIE / IRIS Ich hoffe bloß, die Leute verstehen, um was es in diesem Stück geht. «Die Tür» von Gloria Wolf, allein der Titel!

BRENDA / MALTE Immerhin hat es ein paar gute Rollen für Frauen in eurem Alter, ich meine, die gibt's ja sonst kaum, Frauen in eurem Alter verschwinden ja alle von der Bühne, die werden wie Leichen aus den Ensembles aussortiert, und irgendwann ...

RITA / LUZI Schön, dass du dir solche Sorgen um uns machst.

MARTHA / CARLA Lasst uns endlich weitermachen!

TANJA / BETTY Malte weiß aber noch nicht, woher er kommt. Vom Bahnhof oder aus dem Bordell. Sind ja wichtige Fragen.

KATIE / IRIS Ich wollte ja nur sagen, dass das Stück auch von uns handelt, von diesem ständigen Druck und der Angst, wo man bleibt, auch als Schauspielerinnen, ich meine, diese Rollen sind, auch wenn es andere Rollen sind, auch Rollen über uns ...

TANJA / BETTY Das Stück steht nicht vor Gericht und will auch keine Aussage machen

BRENDA / MALTE Es ist ja vor allem ein Stück über Einsamkeit. Brenda ist eine tragische Figur

RITA / LUZI Tragisch? Wir spielen hier eine Komödie!

BRENDA / MALTE Ich habe hier zuletzt den Wilhelm Tell gespielt, davor habe ich mich 140 Mal als Werther auf der Bühne erschossen. Auf keinen Fall werde ich jetzt wie so eine oberflächliche Boulevardschabracke herumstehen.

MARTHA / CARLA Boulevardschabracke? Was glaubst du eigentlich, wer du bist!? Trampelst hier wie die letzte Perückentranse herein, schreist: «Die Musiker sind da ...», und hältst dich für eine tragische Figur!

BRENDA / MALTE Aber das ist doch schon tragisch genug, Carla, wenn ich mich für eine tragische Figur halte, dann ist das doch schon tragisch. Außerdem gehört es auch zu einer Komödie – ganz abgesehen davon, dass wir hier keine spielen – gehört zu einer Komödie, dass die Figuren sich ja nicht komisch finden. Sie wirken vielleicht komisch, sind es aber nicht, zumindest nicht so, wie sie sich selbst empfinden. Du findest dich ja auch nicht erbärmlich, wenn du hier so eine jämmerliche Gefrierfachmutti spielst. «Ich bin seit 165 Jahren die erste Frau!» Legst mit so einem billigen Stock die letzte Krüppelschmiere hin ...

MARTHA / CARLA Eine tragische Figur kann über sich selbst nicht sagen, sie sei eine tragische Figur.

KATIE / IRIS Ist das jetzt eure Beziehungskiste oder das Stück?

RITA / LUZI Penislose Jammerziegen ...

KATIE / IRIS Fängst du jetzt auch noch an?

RITA / LUZI Ich bin im Stück. Und mit Einsamkeit, wenn ich das mal ganz privat so sagen darf, hat dieses Stück rein gar nichts zu tun. Nur passt meine Bluse nicht zu meiner Figur, und deshalb, denke ich, ziehe ich mir jetzt doch noch eine andere Bluse ...

BRENDA / MALTE Lass das, in Tirol wird sowieso alles anders.

KATIE / IRIS Das Ganze ist doch eher eine Doku als ein Drama.

TANJA / BETTY Das kann man heute doch gar nicht mehr trennen

RITA / LUZI Ist doch Humbug, radikaler Humbug. Im Übrigen spiele ich meine Figur, wie sie auf dem Papier steht, und sonst gar nichts. Bloß eine andere Bluse ...

KATIE / IRIS Heute gibt es doch keine Figuren mehr. Heute geht es um Mechanismen.

BRENDA / MALTE Also ich spiele eine Figur. Ich weiß nicht, wie ihr das seht?

MARTHA / CARLA Es sind Figuren, verdammt. Fünf Frauen, die nominiert sind. Eine von ihnen kriegt den Staatspreis für weibliche Lebensleistung. Warum sollen das keine Figuren sein? Eine hinkende Staatsanwältin, zwei Top-Managerinnen, eine Kindergärtnerin und eine ...

TANJA / BETTY Also für mich ist das alles viel einfacher. Es sind die üblichen Muster: Die eine hält sich für die Größte, die andere ist ein bisschen naiv …

KATIE / IRIS Wieso naiv?

TANJA / BETTY Sie ist keine Rampensau wie die andern.

BRENDA / MALTE Das sind doch nicht alles Rampensäue.

MARTHA / CARLA *(äfft Brenda nach)* «Das sind doch nicht alles Rampensäue.» Ausgerechnet du sagst das!

RITA / LUZI Also ich spiele keine Rampensau.

TANJA / BETTY Du bist eine!

RITA / LUZI Können wir jetzt weiter!? Ich habe heute noch ein Gespräch

KATIE / IRIS Ein Gespräch?

RITA / LUZI Ein Gespräch mit der Leitung, sie wollen mit mir über meine nächsten Rollen sprechen, alles, was ich nächstes Jahr spielen werde. Ich soll Vorschläge machen, haben sie gesagt.

TANJA / BETTY Wie schön, lauter Wunschrollen für Luzi

RITA / LUZI Lauter Hauptrollen mit M, das werde ich sagen: Ich wünsche mir drei Hauptrollen mit M.

BRENDA / MALTE Drei Hauptrollen mit M? Klingt gut.

KATIE / IRIS Also für mich geht es hier eindeutig um Durchsetzungsmechanismen.

BRENDA / MALTE Durchsetzungsmechanismen ohne Figuren?

MARTHA / CARLA Als gäbe es Durchsetzungsmechanismen ohne Kampfstuten und Karrierehyänen!

BRENDA / MALTE Musst gerade du sagen.

KATIE / IRIS Es geht um Muster.

TANJA / BETTY Mir geht's um die Figur, nicht um Muster.

KATIE / IRIS Dir geht's immer um dich.

TANJA / BETTY Ich habe gesagt: um die Figur, nicht um mich!

MARTHA / CARLA Eigentlich hätte ich die Elisabeth spielen sollen, man wollte ja eigentlich «Maria Stuart» machen, ich als Elisabeth, nur wer, wenn ich die Elisabeth spiele, soll dann die Maria spielen? Das war die Frage. Daran ist alles gescheitert.

RITA / LUZI Können wir jetzt weiter, ich schwitze, in meinem Kostüm ist es höllisch heiß

MARTHA / CARLA Wir finden keine Maria, wenn ich die Elisabeth spiele

KATIE / IRIS Was ist mit Betty?

RITA / LUZI In 24 Stunden stehen wir in Brixen ...

MARTHA / CARLA Bozen ...

KATIE / IRIS Betty wär doch eine! Nicht wahr, Betty?

TANJA / BETTY Entschuldige, aber da bin ich zu jung, wenn Carla
die Elisabeth …

RITA / LUZI Die Maria braucht vor allem Fleisch

KATIE / IRIS Fleisch?

RITA / LUZI Fleisch, ja, nichts gegen Betty, aber eine Maria braucht
Fleisch, die braucht katholische Brüste, die kann man nicht von
so einem Zahnstocher …

MARTHA / CARLA Könnten wir jetzt bitte weiter …

KATIE / IRIS Zahnstocher, was meinst du mit Zahnstocher?

RITA / LUZI Das meine ich nicht persönlich. Es gibt ja unterschied-
liche Rollenfächer.

KATIE / IRIS Das Rollenfach: Zahnstocher!

TANJA / BETTY Bevor wir hier jetzt die unterschiedlichen Rollenfächer aufrollen …

RITA / LUZI Drei Hauptrollen mit M: Maria, Medea, Macbeth, das
werde ich denen heute sagen

KATIE / IRIS Also ich finde, wir sollten weitermachen.

MARTHA / CARLA Allerdings

RITA / LUZI Ich freu mich auf Tirol, ich war noch nie in Tirol!

BRENDA / MALTE In Tirol haben sich ja auch schon viele umgebracht.
Ganze Selbstmörderausflugsgruppen buchen ihre letzten Reisen
nach Tirol

RITA / LUZI Sich in Duisburg zu erhängen ist ja auch keine Kunst, aber beim schönsten Abendglühen die Dolomiten runterstürzen ...

KATIE / IRIS Übrigens: Ich spiele mit dem Publikum

MARTHA / CARLA Was?

KATIE / IRIS Ich spiele immer mit dem Publikum

TANJA / BETTY Ich dachte, du spielst mit uns

RITA / LUZI Also, solange ihr hier mit dem Publikum spielt, ziehe ich mich noch einmal um.

Rita / Luzi und Brenda / Malte ab.

KATIE / IRIS Diese Mauer zwischen Publikum und Bühne, das ist doch vorbei, ich meine ... wir alle spielen doch mit dem Publikum

TANJA / BETTY Wie die Katze mit der Maus

MARTHA / CARLA Wir spielen fürs Publikum, nicht mit dem Publikum

TANJA / BETTY Und was machen wir, wenn das Publikum mit uns spielen will?
Wenn die auf einmal sagen: Wir spielen jetzt mit denen da oben?

KATIE / IRIS Ist doch alles ein öffentlicher Raum hier, das ganze Theater, da muss man doch kommunizieren mit dem Publikum, ich kann hier nicht wie so ein Fisch im Illusionsaquarium vor mich her blubbern, so tun, als sei außer uns keiner da, die Zeiten sind vorbei, dass man das Publikum einfach wegschummelt, als sei es gar nicht da, alles, was ich hier sage, schleudere ich in den Zuschauerraum, öffentliche Debatte, Kommunizieren mit dem Publikum, ich meine, was hat denn das alles mit mir zu tun, diese Katie, die dieser Martha ständig einen Stuhl hinterhertragen will, Staatspreis für weibliche Lebensleistung.

Beim letzten Stück, das ich gemacht habe, da haben wir erst einmal 14 Tage lang über Seuchen geforscht, 14 Tage haben wir uns voll reingekniet in die Seuchen, ich kann nur sagen, was sich da für Abgründe, ich meine, das geht uns alle an, was da seuchenmäßig auf uns zurollt, prost Mahlzeit, und ausgerechnet einen Tag vor der Premiere ist, nicht weit vom Theater, das erste Schwein verreckt, an Schweinepest! Nur paar Meter vom Theater entfernt, und das einen Tag vor unserer Premiere! Ich meine, da haut es dir erst mal die Leuchter von der Krone ... Da bist du voll mit diesen ganzen Seuchen, und plötzlich verreckt vor deiner Haustür das erste Schwein in ganz Deutschland an Schweinepest! Da kriegt man ja schon fast Angst, dass man da irgendwie mitschuldig ... aber das haben wir dann auch am Premierenabend mit dem Publikum ganz klar kommuniziert, diese ganzen Seuchenängste von uns allen, und da waren die alle so dankbar, dass diese Seuchenängste im Theater endlich auch mal geöffnet werden für alle! Von da aus gesehen, war es ja fast wieder, ich will jetzt nicht sagen: ein Geschenk, aber dieses verreckte Schwein einen Tag vor der Premiere, so groß, mit Foto in der Zeitung, Deutschlands erstes Schweinepestopfer ...

MARTHA / CARLA Reicht's jetzt? Hast du dich ausgeblubbert mit deinem interaktiven Kommunikationskäse? Deinen Seuchenängsten? Deinem vampiresken Zeitgeistsaugen?

TANJA / BETTY Aber was für eine Intensität, toll, diese Intensität, dieses Glühen für den Notstand der ganzen Welt!

KATIE / IRIS Anders will ich nicht mehr, ich meine, wozu sonst Theater, wozu!?

MARTHA / CARLA Ja, du solltest mal deinen Mund sehen, wenn du «kommunizieren» sagst. *(Äfft sie nach)* «Kommunizieren, kommunizieren, kommunizieren» ...

TANJA / BETTY Da wird man ja richtig reingesogen, da braucht man dann schon ein innerliches Publikum, dass man das aushält.

MARTHA / CARLA Da wünscht man sich dann schon mal so eine Axt aus dem Kindergarten.

TANJA / BETTY Aber was für eine Intensität. Du erinnerst mich an diese Schauspielerin, wie hieß sie noch gleich, dieses Ausnahmetalent, Carla, erinnerst du dich?

MARTHA / CARLA Veronika!

TANJA / BETTY Veronika! Alle sagten: Was für ein Ausnahmetalent. War so alt wie du. Das wäre eine Maria für deine Elisabeth gewesen, Carla!

MARTHA / CARLA Ja, hat sich nur leider umgebracht.

KATIE / IRIS Umgebracht?

MARTHA / CARLA Ja, ist das nicht tragisch?! Meine Maria bringt sich um, noch bevor ich sie köpfen lassen kann.

TANJA / BETTY Wir müssen weitermachen, solange sich Luzi hinter der Bühne gerade mal wieder einen genehmigt

MARTHA / CARLA Heute ist mal wieder der Todestag ihrer Mutter

KATIE / IRIS Wo ist Malte? Malte! Kann jemand Malte holen!

TANJA / BETTY Malte arbeitet an seiner Geschlechtsumwandlung.

MARTHA / CARLA Malte bräuchte wirklich einen Regisseur.

KATIE / IRIS Das sagt die Richtige.

Brenda / Malte kommt zur Tür herein.

MARTHA / CARLA Wir machen weiter. Auftritt Brenda. Du kommst durch die Tür.

BRENDA / MALTE Ich weiß nicht, was ich spiele.

MARTHA / CARLA Was?

BRENDA / MALTE Wer bin ich? Bin ich ein Mann, der eine Frau spielt, oder spiele ich eine Frau, die mal ein Mann war?

MARTHA / CARLA Was ist denn das jetzt für eine Frage?

KATIE / IRIS Aber das ist doch interessant, das ist doch jetzt …

BRENDA / MALTE Spiele ich eine Frau, oder spiele ich einen Mann, der eine Frau spielt?

MARTHA / CARLA Du bist Malte, der Schauspieler, der einen Mann spielt, der eine Frau spielt. So einfach ist das.

KATIE / IRIS Aber da fängt es doch an, da geht's doch nicht mehr bloß um Theater, da geht's um Grenzen, die so nicht mehr … ich meine, und das hat auch mit der vierten Wand zu tun: hier Mann, da Frau, hier Bühne, dort Publikum, passiv, aktiv ... so tickt die Welt nicht mehr, das war einmal ...

MARTHA / CARLA Kannst du mal aufhören mit deiner Scheißwand!

KATIE / IRIS Aber genau darum geht es!

BRENDA / MALTE Ich muss wissen, woran ich bin!

TANJA / BETTY Bei Shakespeare wurden Frauen immer von Männern gespielt, Hunderte von Jahren waren die Frauen auf der Bühne immer nur Männer!

KATIE / IRIS Aber das war doch, weil Frauen damals nicht auf die Bühne durften. Deshalb gab's auch Kastraten.

TANJA / BETTY Malte spielt keinen Kastraten.

BRENDA / MALTE Ich will ja bloß wissen: Bin ich eine Frau, die mal ein Mann war, oder bin ich ein Mann, der eine Frau spielt?

MARTHA / CARLA Du spielst eine Frau, Heilandzack! Und du wirst immer eine Frau spielen, die von einem Mann gespielt wird, was anderes bleibt dir gar nicht übrig. Du wirst immer ein Mann sein, der eine Frau spielt, nie, nie, nie, nie wirst du etwas anderes sein können.

TANJA / BETTY Wenn du ein Kamel spielst, wirst du auch immer ein Mann sein, der ein Kamel spielt, du bist ja nie wirklich ein Kamel.

KATIE / IRIS Steck den Malte hier doch nicht in so einen Geschlechtskerker. Lässt sich heutzutage alles ändern. Jederzeit!

MARTHA / CARLA Los, weiter! Du bist dran, Betty.

TANJA / BETTY Aber Malte muss vorher doch noch wissen, wer er ist.

KATIE / IRIS Keiner muss heute mehr bleiben, was er ist.

MARTHA / CARLA Können wir weitermachen!? Betty!

Während Brenda / Malte wieder hinter die Tür geht, stellt Tanja / Betty sich für ihren Monolog hin.

TANJA / BETTY Erst einmal haben wir, wie schon gesagt, nur ein Kind produziert, und im Abstand von ein, zwei Jahren hat Jochen dann das nächste ausgebrütet, lauter Buben, alles Buben, drei Buben, einen hat Jochen mit eingeschleppt, Kaspar, unseren Familienmigranten, wir sind da ganz unkompliziert, so eine Schwangerschaft ist ja auch ein Change Project, und das bei 185 Tagen, 185 Tage im Jahr bin ich unterwegs …

Brenda / Malte kommt zur Tür herein.

BRENDA / MALTE Es ist trotzdem ein Unterschied, ob ich einen Mann spiele, der ein Kamel spielt, oder ob ich nur ein Kamel spiele!

MARTHA / CARLA Scheiß die Wand an! Malte, spiel, was du willst! Spiel ein Kamel! Außerdem musst du hier überhaupt nicht hinter die Bühne, was soll das?

BRENDA / MALTE Jetzt werde ich auch noch angebrüllt, nur weil ich Fragen stelle *(Will abgehen)*

MARTHA / CARLA Du gehst hier nicht ab!
Weiter!

TANJA / BETTY Erst einmal haben wir, wie schon gesagt, nur ein Kind produziert, und im Abstand von ein, zwei Jahren hat Jochen dann das nächste ausgebrütet, lauter Buben, alles Buben, drei Buben, einen hat Jochen mit eingeschleppt, Kaspar, unseren Familienmigranten, wir sind da ganz unkompliziert, so eine Schwangerschaft ist ja auch ein Change Project, und das bei 185 Tagen, 185 Tage im Jahr bin ich unterwegs. Nur Buben hat es gegeben, alles Buben ...

BRENDA / MALTE Ich geh jetzt nur hinter die Bühne, weil ich ... *(Geht ab)*

MARTHA / CARLA Weiter!

TANJA / BETTY ... aber das ist ja auch total spannend, lauter kleine Bubenmänner, wir haben erst einmal geschlechtsneutrales Spielzeug, man will ja nicht vorausgreifen, geschlechtsneutrale Kleidung, wir sind ja keine Geschlechtsdespoten

Rita / Luzi tritt in der neuen Bluse auf.

RITA / LUZI Geschlechtsdespoten! Das Wort hat Saft. Das muss man hören: Geschlechtsdespoten
Was sagt ihr zu meiner neuen Bluse?

MARTHA / CARLA Du kannst dir Blusen aussuchen, soviel du willst, Luzi, es ist ...

RITA / LUZI Wir sind ja keine Geschlechtsdespoten! Mach das noch mal, Betty

TANJA / BETTY Wir sind ja keine Geschlechtsdespoten, ich meine, man kann ja so viel falsch, erst recht an einem Mann, aber manchmal, da möchte ich die Kinder am liebsten gegen die Wand klatschen, peng, zack, aber Mütter, Mütter sind ja ...

RITA / LUZI Mach's aggressiver!

TANJA / BETTY Bist du jetzt der Regisseur?

RITA / LUZI Ich will dir ja nur helfen.

TANJA / BETTY Also, ich mach's noch mal von vorn.

RITA / LUZI Nein, steig bei «Mütter» ein!

TANJA / BETTY ... Mütter, Mütter sind ja ...
Ich brauch ein bisschen Vorlauf.

RITA / LUZI Steig bei «Mütter» ein!

TANJA / BETTY Mütter, Mütter sind ein täglicher Katastrophen-schutz, die haben mindestens eine innerliche Asbestausrüstung, so ein Mutterleben ist eine tägliche Eskalationsplanung ...

RITA / LUZI Es-Ka-La-Tions-Pla-Nung! Ich will das hören, diese katastrophale Selbstanpreisungsgeilheit! Fang noch mal bei «Mütter» an.

TANJA / BETTY Hab ich doch gemacht.

RITA / LUZI Es geht hier nicht um Information, es geht um Energie, verstehst du?! Das ist eine Frau, die meint, dass sie alles auf die Reihe kriegt, Kind, Mann, Job, Dauerstress, alles ganz locker, eine blöde Kuh, die sich weiß Gott was einbildet, und ...

MARTHA / CARLA Es führt jetzt zu weit, Luzi, wenn du hier ...

TANJA / BETTY Du musst mir die Figur nicht erklären. Redest wie der letzte chauvinistische Scheißkerl daher. Ich spiele keine blöde Kuh!

RITA / LUZI Mach's, aber mach's gut, egal, wen du spielst!

TANJA / BETTY Erst einmal haben wir, wie schon gesagt, nur ein Kind produziert ...

RITA / LUZI *Ein* Kind, heißt das, nicht: ein Kind!

TANJA / BETTY Das hab ich doch ...

RITA / LUZI Ich hab's nicht gehört.

TANJA / BETTY Mütter, Mütter sind ja ein täglicher Katastrophenschutz, die haben mindestens eine innerliche Asbestausrüstung, so ein Mutterleben ist eine tägliche Eskalationsplanung, Tag für Tag ...

RITA / LUZI Tag-für-Tag! Ich will das hören, wie schlimm das ist und wie geil sie das findet!

TANJA / BETTY ... Tag für Tag arbeiten die im Katastrophenschutz ...
(zu Rita / Luzi) Du bringst mich ganz durcheinander!
... eine einzige Entkatastrophisierung, lauter Skills und Tools, nach denen lecken sich die Konzerne die Finger, und ...

KATIE / IRIS *(zu Martha / Carla)* Ich könnte Ihnen einen Stuhl, wenn Sie wollen, könnte ich Ihnen einen Stuhl ...

MARTHA / CARLA Einen Stuhl? Ich brauche keinen Stuhl. Wie kommen Sie darauf? Ich schlafe nie länger als drei Stunden. Drei Stunden Schlaf. Wieso soll ich mehr Schlaf brauchen als Napoleon? Drei Stunden sind schon fast zwei zu viel. Ich sehe sofort, wer zu viel schläft. Schlafverfettetes Pack! Und Sie wollen mir einen Stuhl bringen?! Als bräuchte einer, nur weil er hinkt, einen Stuhl! Richard der Dritte brauchte auch keinen Stuhl.

KATIE / IRIS Richard der Dritte?

TANJA / BETTY Das steht nicht im Stück!

MARTHA / CARLA Was heißt da: im Stück? Man muss sich doch nicht sklavisch ans Stück halten.
«Ich weiß mir keine Lust, die Zeit mir zu vertreiben,
Als meinen Schatten in der Sonne spähn
Und meine eigne Missgestalt erörtern.»
Das nennt man Rollenerweiterung. Figurenwürzung.

TANJA / BETTY Ich sage nur: 24 Stunden!

MARTHA / CARLA Richard der Dritte hat was mit meiner Figur zu tun. Ich hätte die Elisabeth spielen sollen.

RITA / LUZI Wir können jetzt nicht darüber zu diskutieren anfangen, was im Stück steht und was nicht und warum wir das spielen und warum nicht «Maria Stuart» und warum wir hier jetzt ohne Regisseur ...

TANJA / BETTY Hast du getrunken?
Ich will hier jetzt kein Fass aufmachen, aber hast du getrunken?
Ich mach jetzt weiter.
(wieder im Stück) Entschuldigen Sie, aber ich kann mir nicht vorstellen, dass wir den gleichen Preis ...

RITA / LUZI Wie Sie sich denken können, bin ich nicht so eine Zuchtbohne aus dem Managementgewächshausbetrieb.

TANJA / BETTY Das habe ich gar nicht gedacht

RITA / LUZI Darf ich einmal drei Sätze am Stück sagen? Immerhin stehe ich ja nachher auch hier, und da möchte ich selbst über mein Leben sprechen. Ich bin keine von diesen Harvard-Consulting-Tussen, die an den Bücherregalen ihrer Professorenpapis groß geworden sind, wir hatten zu Hause keine Bücher, außer der Bibel und kaltem Wasser, soweit ich mich zurückerinnern kann, immer kaltes Wasser, und keiner hat je gefragt, ob ich schwimmen kann, geschweige denn, ob ich überhaupt schwimmen will!

MARTHA / CARLA Und dafür kriegen Sie einen Preis?

RITA / LUZI Ja, aber bevor Sie hier jetzt alle gleich in Tränen ausbrechen: Ich fahre heute einen Maserati, 460 PS, Sport-Cabrio. Schade nur, dass meine Mutter das nicht mehr ... führende Position, Maschinenherstellung, Schwerpunkt Mörtelmaschinen, Betonpumpen. Weltweit auf allen Wolkenkratzerbaustellen, rund um den Globus spritzen unsere Betonpumpen heute den Schmodder in die Luft. Und da reden die immer alle vom Angstgegner Tschina. Angstgegner Tschina! Wir drehen den Spieß um: Bevor die zu uns kommen, kommen wir zu denen, wir grapschen uns in der südtschinesischen Provinz den Markt ab. Symo, 9000 Kilometer von hier, kleines tschinesisches Kaff, 80 Prozent Analphabeten, kennen nicht mal die Tschinesen selbst. Winzige Maschinenfabrik. Vertragsunterzeichnung am Geburtstag meiner Mutter! Angstgegner Tschina! Wir spritzen die gelben Ameisen einfach vom Markt: Wusch!

Ausstieg.

KATIE / IRIS China, es heißt China

RITA / LUZI Angstgegner Tschina

KATIE / IRIS China, China!

RITA / LUZI Tschina

TANJA / BETTY Du sagst Tschina, es heißt China!

MARTHA / CARLA Lass es, spielt sowieso keine Rolle, wie sie China ausspricht.

TANJA / BETTY Trotzdem heißt's China.

RITA / LUZI *(zu Tanja / Betty)* Was ist los? Ist dir deine Rolle in den Kopf gestiegen?

TANJA / BETTY *(äfft Rita / Luzi nach)* «Ich will dir ja nur helfen ...»

RITA / LUZI Krieg ich jetzt Sprachunterricht von dieser coaching-verkorksten Seminarhülse?

MARTHA / CARLA Wir machen jetzt weiter

KATIE / IRIS Wir können doch jetzt nicht anfangen, uns hier gegenseitig ...

RITA / LUZI *(wieder im Stück)* Angstgegner Tschina! Wir spritzen die gelben Ameisen einfach vom Markt: Wusch!

TANJA / BETTY Und dafür kriegen Sie einen Preis?

MARTHA / CARLA Ist ja grauenhaft

KATIE / IRIS Aber das kann doch nicht alles ... ich meine, irgendwo müssen Sie in Ihrem Leben doch auch noch anders aufgefallen sein, ich meine ... zum Beispiel sozial?

RITA / LUZI Hab ich doch gesagt: Ich fahre einen Maserati, 460 PS, Sport-Cabrio. Mit dem bretter ich, oben ohne, die Kö runter, dass das nur so bollert und brüllt, das hört man bis Köln-Süd!

MARTHA / CARLA Wie Sie über Chinesen sprechen!

KATIE / IRIS Ich bin froh, dass Sie das sagen!

TANJA / BETTY Alles Geschäftspartner!

MARTHA / CARLA Gelbe Ameisen, als wären Chinesen der letzte Dreck!

RITA / LUZI Wie reden Sie denn über Ameisen, entschuldigen Sie, das sind wunderbare Tiere!? Die Tschinesen verehren Ameisen. Eines der wenigen Tiere, die sie nicht essen. Und ich liebe sie, ich investiere in die ...

Brenda / Malte kommt zur Tür herein.

BRENDA / MALTE Die Musiker sind da, wie schön, die Musiker!

RITA / LUZI Du bist vollkommen falsch! Geht das in dein morsches Hirn überhaupt nicht mehr rein? Du bist falsch, falsch, falsch!

MARTHA / CARLA Zu früh, zu spät, alles zugleich, das Wichtigste: Er platzt in die Szene hinein und haut ...

BRENDA / MALTE Hier oben in meinem Kopf, hier drinnen, sind 17 Hauptrollen gespeichert, 17 Hauptrollen, zuletzt Wilhelm Tell, und davor habe ich mich 140 Mal erschossen, da war eine Spannung in der Luft, 140 Mal, jeden Abend, ob Lüdenscheid, Schwäbisch Gmünd oder Remscheid, eine Spannung in jedem Satz, jedem einzelnen Wort, wie ein Stromschlag ist's durchs

Publikum gezuckt, und ich wusste: Jetzt kannst du alles machen, alles, alles! Wie aufgespießt sitzen sie da, entsetzlich, herrlich, furchtbar, gewaltig, alles zugleich, wenn ich hier stehe und sage: «Stehe ich nicht da in meiner ganzen Kraft, und morgen liege ich ausgestreckt und schlaff am Boden. Sterben! Grab! Ich verstehe die Worte nicht!»

Und ich, ich schaue in diese Zuschauernacht hinein, in diese butterweiche Menschenstille, und denke: Jetzt gehe ich gleich mit diesen ganzen Frauen nach Hause und schlafe mit ihnen.

Ich lasse mich hier nicht zu so einer drittklassigen Thisbe machen, nur weil es da so einer Autorin, so einer Gloria Wolf, gerade durch ihr Zeitgeisthirn spukt, dass sie jetzt auch mal so einen Hermaphroditen auf die Bühne zerren muss, weil es gerade zur Theaterlaufstegmode passt und wir Schauspieler immer wie blökendes Meinungsvieh allem hinterhermuhen müssen und jede frisch dahergelaufene Glaubenshaltung nachbeten, wie depperte Oberministranten, die jedem Weltanschauungsschmonzes hinterherhecheln, sich in Seuchenängste hineinwühlen, als seien wir nichts als Zeitgeistvampire, die sich irrsinnig tiefsinnig vorkommen, obwohl's doch bloß um die Karriere geht und um die Panik, dass man mit 50 nicht mehr gefragt ist, zumindest als Schauspielerin, unsereins kann ja immer noch einen Lear und Faust und Falstaff spielen.

Ich brenne in jeder Rolle, ich kann gar nicht anders als brennen, wenn ich auf der Bühne stehe, brenn ich wie ein Van-Gogh-Bild, ich habe Briefe bekommen, Briefe von Frauen, das könnt ihr euch gar nicht vorstellen, das sollte diese Gloria Wolf mal schreiben, was diese Frauen mir geschrieben haben, wer da alles Kinder von mir möchte, solche Briefe, da denkt man: Nicht mal Hitler haben die Frauen solche Briefe geschrieben, ich sage nur: Remscheid, Gastspiel «Werther», was da für eine Besamungsbesessenheit, ausgerechnet in Remscheid, da wird mir jetzt noch angst und bang vor mir selbst, was ich bei diesen Remscheiderinnen alles ausgelöst und angestachelt und aufgereizt habe, da denke ich nur: Wo waren denn da diese ganzen feministischen Säuberungs-aktionen, kamen die nicht bis nach Remscheid? Ich brenne in jeder Rolle wie ein Van-Gogh-Bild und lasse mich hier nicht zu so einer Boulevard-Thisbe machen. *(Geht wieder ab)*

Stille.

MARTHA / CARLA Wir machen weiter! Ich fass es nicht.

RITA / LUZI Malte hätte wirklich einen Regisseur gebraucht.

MARTHA / CARLA Gleich will er wieder wissen, woher er kommt und wer er ist.

TANJA / BETTY Können wir jetzt endlich weiter?! Ich kann kaum noch stehen. Ich habe Zehenkrämpfe.

Brenda / Malte kommt wieder durch die Tür.

BRENDA / MALTE Bevor wir weitermachen, will ich nur sagen: Ihr könnt ja nichts dafür, dass ihr hier solche karriereversessenen Führungskrüppel spielen müsst, ich meine, das sind doch keine Frauen!

TANJA / BETTY Was soll das jetzt heißen?

MARTHA / CARLA Wenn's nach Malte ginge, sollten Frauen auf der Bühne nur über Besenreiserchen und Celluliteschenkel sprechen.

TANJA / BETTY Als debile Anbetungsstatuen herumstehen.

MARTHA / CARLA Als Mutterglücksschablonen

TANJA / BETTY Frauen und Macht, da kriegt der Malte Angst!

BRENDA / MALTE Ich will nur sagen, dass diese Frauen hier doch grauenhaft ...

MARTHA / CARLA Sind oft die besten Rollen.

BRENDA / MALTE Wenn ihr mich fragt, sind diese Rollen frauenfeindlich. Ich sehe bereits, wie ganze Busse voll mit Betriebsvorständen nach Tirol pilgern, nur um sich mal auf die Machoschenkel zu klopfen.

MARTHA / CARLA Frauen als Weltverbesserungsgeschlecht! Vielleicht ist das Leben einfach nicht sehr menschenfreundlich, Malte?

TANJA / BETTY Sollen wir jetzt auch noch das moralischere Geschlecht sein? Das Die-Klügere-gibt-nach-Geschlecht? Das Wir-verbessern-das-System-Geschlecht?!

MARTHA / CARLA Hört, hört! Verweiblichung der Wirtschaft als moralische Waschanlage, sozusagen als Reinigungskraft, verstehe, verstehe, in den Herrenetagen soll jetzt mal dringend ein weiblicher Waschgang eingelegt werden. Nach all den Zusammenbrüchen, den testosteronüberdrehten Katastrophen folgt jetzt das Herrinnenweichspülprogramm!

KATIE / IRIS Steht das im Stück?

BRENDA / MALTE Aber nein, ist ja auch toll, ich meine, wie Carla hier diese abgebrühte Stockhexe spielt, toll, ausgerechnet Carla, Carla, die man alle paar Monate wie den letzten Heulhaufen aus der Kantine schleppen muss, nur weil sie wieder mal von einem Igor oder Gregor ... weil sie es sich ständig von diesen slawischen Kotzbrocken besorgen lassen muss, und darüber sind dann halt auch so ein paar Eierstöcke draufgegangen, wenn ich das mal so sagen darf als Boulevard-Thisbe. Ich sage immer: Das Leben ist eine offene Wunde, erst recht das Theater. So, und jetzt machen wir weiter. *(Er will wieder durch die Tür, dreht sich aber davor nochmals um.)* Ach, und nur damit ihr's wisst: Vorgestern habe ich mit Betty geschlafen, aber das hat hier überhaupt nichts … das war nur Abreaktion, bisschen Entladungsgewackel, mehr nicht. Betty sieht das genauso. Haben wir alles geklärt. Mir tat Betty einfach leid, ich meine, unsereins kann wenigstens ins Bordell. «Die Musiker sind da, wie schön, die Musiker!»

MARTHA / CARLA Ich weiß nicht, ob ich hier überhaupt noch weitermache. *(Knallt den Stock hin und geht ab)*

KATIE / IRIS Carla!

TANJA / BETTY Ja, gnadenlos das alles, Malte, du sagst es und wirst dafür auch noch besser bezahlt, dafür, dass du Abend für Abend brennst wie ein Van-Gogh-Bild. Wie nennt sich das: Hodenbonus? Peniszulage? Dafür, dass du deine Monologe hältst, Monologe aus der Pimmelperspektive. Versteh mich nicht falsch: Gibt ganz großartige Dinge aus der Pimmelperspektive, Malte, hinter uns liegen Jahrhunderte wunderbarster Pimmellyrik, keine Frage, nur irgendwann, verstehst du, ist es zu viel. *(Sie will abgehen, dreht sich aber vorher nochmals um.)* Ach, und nur damit du es weißt: Sobald ich einen Raum betrete, entscheidet sich alles, in der allerersten Sekunde. Ich betrete einen Raum, und sofort entscheidet sich alles, die zu fickende Begegnung und die nicht zu fickende Begegnung, und du, Malte, warst immer Letzteres. Das Letzte! Aber man macht eben auch Fehler. *(Geht ab)*

RITA / LUZI Das war die falsche Bluse, ich wusst's.

BRENDA / MALTE Spielt keine Rolle, Luzi, spielt keine Rolle.

KATIE / IRIS Also, so kann man doch heute kein Theater mehr ... ich meine, hier rumstehen wie so eine altbackene Guckkastengretel, Texte aufsagen, Texte von toten Männern, überhaupt Texte von Autoren, die mit uns nichts zu tun haben, selbst wenn die noch leben, sind die doch alle tot, völlig egal ob von Frauen oder Männern, die haben doch nichts mit uns zu tun, Malte ... mit dir und mir ... ich meine ...

BRENDA / MALTE Wird alles nicht einfach.

KATIE / IRIS Wir beide könnten doch ... wir beide, ohne vierte Wand, mitten im Publikum ... Ich versteh das außerdem, dass du das vorhin gesagt hast, Entladungsdings und so, ich versteh das ... hätt ich auch gemacht ... ist jetzt ja wirklich schwierig für dich.

BRENDA / MALTE Ich red vom Stück.

KATIE / IRIS Ich auch, klar, aber ... wie du das vorhin gesagt hast: brennendes Van-Gogh-Bild!

BRENDA / MALTE Wird alles nicht einfach.

KATIE / IRIS Klar, aber ... das Leben ist eine offene Wunde. Hast du doch selbst gesagt.
Mit mir, meinen sie, können sie es noch machen. Hättest sehen sollen, wie die mich vorhin ...

BRENDA / MALTE In Tirol wird sowieso alles anders.

KATIE / IRIS Klar, aber ... die spielen sich hier auf, als seien sie wirklich ihre Figuren. Kettensägen-Menke, kein Wunder bringt sich die Maria bei so einer Elisabeth lieber selbst um, als dass die ... entschuldige, ich weiß ja, dass du Carla, aber ...

BRENDA / MALTE Musst dich nicht entschuldigen.

KATIE / IRIS Und dieser Rampensauzahnstocher mit seinen Über-Leichen-stapf-Stiefeln. «Die zu fickende Begegnung und die nicht zu ...», das ist doch ... ich hätte jetzt fast gesagt: wie Rassismus, ich meine ... also da hat man immer euch Männern vorgeworfen, dass ihr ... aber das ist doch das Gleiche ... ich weiß, du bist vorgestern mit ihr ...

BRENDA / MALTE In Tirol wird sowieso alles anders.

KATIE / IRIS Klar, aber ...

BRENDA / MALTE Sag nicht immer «aber»
In Tirol wird alles anders.
Wir machen alles, wie wir es machen, nur ohne sie.

KATIE / IRIS Ohne sie?

BRENDA / MALTE Ist längst gestrichen. Weiß es bloß noch nicht. Glaubt, sie könnte heute für das nächste Jahr ihre Hauptrollen buchen. Drei Rollen mit M. Luzi ist gekündigt

KATIE / IRIS Luzi?

BRENDA / MALTE Weißt du das noch nicht? Luzi kommt nicht mit nach Tirol. Alle wissen es längst, bloß sie nicht.

KATIE / IRIS Ich hab's auch nicht gewusst.

BRENDA / MALTE Drum sag ich's dir jetzt.

KATIE / IRIS Ihr habt sie einfach gestrichen?

BRENDA / MALTE Was heißt da «einfach»? Man wird es ihr ja heute Abend sagen. Sie ist gekündigt. Haben ja nicht wir bestimmt.

KATIE / IRIS Wieso probt sie dann noch mit?

BRENDA / MALTE Weil sie es erst heute Abend erfährt.

KATIE / IRIS Aber dann muss man es ihr doch sagen. Wir können sie doch nicht einfach mitproben lassen.

BRENDA / MALTE Ist nicht unsere Aufgabe.

KATIE / IRIS Was?

BRENDA / MALTE Es ihr zu sagen. Oder willst du ihr sagen: Hallo, Luzi, übrigens, du bist gar nicht mehr dabei. Du bist zwar hier, aber es gibt dich nicht mehr. Vergiss Tirol, vergiss Medea, vergiss Macbeth ...

KATIE / IRIS Aber wer sagt dann ihre Sätze?

BRENDA / MALTE Ein paar können wir übernehmen.

KATIE / IRIS Die ganze Rolle gestrichen?

BRENDA / MALTE Du hast doch vorher selbst gesagt: Es geht nicht um Rollen, nicht um Figuren, es geht um Muster und Mechanismen. Ein paar Sätze können wir verteilen. «Die meisten Leute kapieren einfach nicht, dass Gott sie in diesem Film nur als Statisten besetzt hat.» Den übernehme ich.

KATIE / IRIS Ist ja das reinste Leichengefledder.

BRENDA / MALTE Klar ist es beschissen, ist aber kein Todesurteil. Obwohl ... Schauspielerinnen in ihrem Alter ...

KATIE / IRIS Ein paar gute Sätze hat Rita schon.

BRENDA / MALTE Kann nicht jeder von sich sagen. Wenn man sich 140 Mal ...

KATIE / IRIS Ich weiß: selbst erschossen hat.

BRENDA / MALTE Ja, da sieht man halt die Dinge anders.

KATIE / IRIS Klar, aber ...

BRENDA / MALTE Sag nicht immer «aber»

Auftritt Rita / Luzi in einer neuen Bluse.

RITA / LUZI Seid ihr jetzt endlich mal fertig hier mit eurem hetero-hysterischen Geschlechtstheater? Seit über 1000 Jahren geht das jetzt schon so. Belästigt die Welt ständig mit eurem Beziehungs-saustall. Ich bin nur froh, dass ich da nicht drinsteck. Affen-theater. Raus, rein, unten, oben, Reue, Geschrei und Türen-schlagen. Damit ihr's wisst: Heute ist der Todestag meiner Mutter. Da genehmige ich mir immer einen. Das hab ich ihr versprochen.

Brenda / Malte ab; Katie / Iris und Rita / Luzi allein auf der Bühne.

Ich halt mich lieber ans Theater, da sieht man, wie man leben könnte, wenn man leben würde! Alles andere ist nichts als Abklatsch. Leben heißt: auf der Bühne stehen. Nur kapieren die meisten Leute einfach nicht, dass Gott sie bloß als Statisten besetzt hat.

Ich gehe dann ein paar Schritte nach vorne, drehe mich noch einmal um und sage: Ein paar Feinabstimmungen noch, die letzten Schritte, heute ist Vertragsunterzeichnung, in 35 Minuten, das geht in deine Annalen ein, Rita, letzte Überprüfung der Klauseln ...

KATIE / IRIS Das ist doch nicht das Stück!

RITA / LUZI Figurenerweiterung!

KATIE / IRIS Luzi, du bist, wie soll ich sagen ...

RITA / LUZI Bring mich nicht raus!
... letzte Überprüfung der Klauseln, man muss ja bedenken, alles muss bedacht, geprüft, tausend Mal rückversichert ... Tschina ist ja nicht gleich Tschina, erst recht nicht im Süden die Provinzen ...

KATIE / IRIS Es heißt trotzdem China.

RITA / LUZI ... erst recht nicht im Süden die Provinzen, Symo, ich sage nur Symo, Shanghai liegt da näher bei Frankfurt, andere Länder, andere Sitten, das gilt vor allem für die Provinzen, da fühlt sich ein Tschinese oft fremder als in Sachsenhausen, 77 Prozent Analphabeten, die Gesetze ändern sich dort stündlich, das muss man nützen: Wir übernehmen! Danke, thank you, tschoing gang gong, Mister Hong, Kleinigkeiten spielen jetzt keine Rolle, da braucht man kein Merchandisinggeschwätz von BWL-Tussen, die mal ein Seminar in Davos besucht haben. Wir übernehmen ja nicht Herrn Hong und auch nicht Herrn Hing, sondern die Maschinenfabrik und fegen die Tschinesen weg wie gelbe Ameisen: Wusch!

KATIE / IRIS Luzi, du bist ... ich weiß nicht, wie ich es dir sagen soll ...

RITA / LUZI Ja, die Bluse steht mir jetzt besser!

420 *Martha / Carla tritt hinkend mit ihrem Stock auf und springt sofort ins Stück mit ihren eigenen «Figurenerweiterungen».*

MARTHA / CARLA Der Winter meines Missvergnügens
Ist einem strahlenden Sommer gewichen!
Allein für diesen Satz liebe ich Richard den Dritten.
Und all die Wolken, die über mir dräuten,
lassen mein Auge jetzt umso heller leuchten.

RITA / LUZI *(parodiert Katie / Iris)* Einen Stuhl! Man hole ihr einen Stuhl!

KATIE / IRIS Ich find das toll, dass wir alle so verschieden ... ich meine, mit allen Beschädigungen und Narben, die das Leben so ... und dass wir hier jetzt so ...

MARTHA / CARLA Könnten Sie ein Mal einen einzigen richtigen, vollständigen deutschen Satz bilden!?

Ausstieg.

KATIE / IRIS Das ist nicht von mir, das steht im Text, so wie er dasteht.

MARTHA / CARLA Bei mir auch. Hast du das vergessen? Ich sage zu dir: Könnten Sie ein Mal einen einzigen richtigen, vollständigen deutschen Satz bilden!?

KATIE / IRIS Ich finde, wir sollten jetzt grundsätzlich überlegen, was wir machen ...

MARTHA / CARLA Hör auf, jetzt wieder mit deiner Kommunikationskacke zu kommen, wir müssen proben!

RITA / LUZI Die eine will keine Figuren spielen und bloß Mechanismen aufzeigen, die andere will hier Mauern einstampfen. Ihr könnt froh sein, dass ihr mich habt, alte Schule, jung geblieben. Ausdruck! Ausdruck ist alles! Und da ist es egal, worum es geht. Schauspielen heißt: Arbeit am Ausdruck! Das ist das Einmaleins, aber das lernt man ja heute nicht mehr.

KATIE / IRIS Aber es kommt doch auch auf das an, was wir rüberbringen wollen

RITA / LUZI Rüberbringen, o Gott, rüberbringen! Sich einbringen ... du redest ja daher wie die Kindergärtnerin, die du spielst. Fehlt bloß noch, dass du dich hier auf der Bühne selbst verwirklichen willst.

KATIE / IRIS Ich versteh ja, dass du ...

RITA / LUZI Du sollst nicht verstehen, du sollst spielen. Schauspieler, die etwas verstehen wollen, sind Idioten. Sie sollen spielen, und das, so gut es geht

KATIE / IRIS Aber ich muss doch wissen, was ich spiele

RITA / LUZI Du meinst, dann wird es besser?

MARTHA / CARLA Ich fange noch mal mit dem Winter meines Missvergnügens an.

KATIE / IRIS Wir können gleich da einsteigen, wo ich sage: Sind Sie so auf die Welt gekommen?

MARTHA / CARLA *(wieder im Stück)* Auf die Welt!? Wer kommt schon so auf die Welt, wie er am Ende ist?

KATIE / IRIS Ich meine, mit dieser ... wie soll ich sagen ...?

MARTHA / CARLA Behinderung, sagen Sie es ruhig, Behinderung!
Das Gesunde, das Kranke, das Gute, das Böse, Mann, Frau, weiß,
schwarz, Bordell, Bahnhof, Heilige, Hure, Hirngespinste, Gedan-
kenmonster, Einteilungsterror!
Mit wem bin ich hier eigentlich zusammen? 25. August, Jahrtau-
sendsommer, 1985, Amalfiküste, Günter, Mark und Georg sind
alle schon gesprungen, winken drunten aus den Wellen: Jetzt
bist du dran, Martha! Gestern bin ich 21 geworden, 21! Ich wollte
Tänzerin werden, mal sehen, was der Sommer sonst noch bringt,
zwischen Günter, Mark und Georg und allem, was das Leben
sonst noch zu bieten hat. Ist ja nicht wenig und erbärmlich genug.
Wie sich entscheiden? Für alles und nichts! Für Georg oder das
Leben oder beides zusammen? Ich springe, und kurz zuvor hör
ich noch die Stimme in einem verborgenen Ohr: Spring nicht, lass
es sein. Jetzt ist es zu spät, bereue noch und bereue es nicht, alles
zugleich, schon schlägt etwas auf, ein Ding, das wie nicht mehr
zu mir gehört, Günter, Mark und Georg schreien auf, ganz anders
als ich, die ins Dunkel dringt und fast mit einer Lust an ewiger
Erleichterung hinunter- und hinuntersinkt. Martha!, schreien sie,
ich hör's wie ein Echo aus einer fernen Welt: Martha!, schreien
sie, oder ich denk nur, dass sie es schreien, als schrie etwas in mir
selbst, doch so laut und so ruhig zugleich wie nie zuvor, als hätte
der Name sich eingebrannt, für immer, in der ganzen Welt.

Ausstieg.

RITA / LUZI Mach's nicht so groß!

MARTHA / CARLA Steht alles im Text.

RITA / LUZI Ich sag nur, mach's nicht zu groß!

KATIE / IRIS Sie will dir nur helfen.

RITA / LUZI Macht weiter!

MARTHA / CARLA *(wieder im Stück)* Hier stehe ich, 21, im Bikini, ich war querschnittsgelähmt, bresthaft und lahm, dass selbst den Hunden das Bellen im Hals verreckt, so lamely and unfashionable that dogs bark at me as I halt by them. Ich habe Jura studiert, summa cum laude, die erste Frau seit 165 Jahren ... die Kettensägen-Menke, sagen sie zu mir später. Und zittern dabei. Drum bin ich hier. Drum bin ich eingeladen, aus keinem andern Grund. Es gibt noch Hoffnung, meine Kinder warten in München, bei minus 116 Grad, mit einer Engelsgeduld warten sie, bis ich sie eines Tages ins Leben rufe, das ist ein gutes Gefühl!
(zu Katie / Iris) Und Sie wollen mir einen Stuhl holen! Sie?!

KATIE / IRIS Das ist ja auch das Schöne, dass heute alle hier eine Chance haben, auf so eine Auszeichnung ... ich meine, mit allen Beschädigungen, allen Lebensnarben ...

Auftritt Tanja / Betty.

TANJA / BETTY Lebensnarben? Entschuldigung, ich lass mich hier nicht in so ein Unglücksgulasch hinein vermanschen, ich habe vier Kinder, drei davon selbst gepresst, habe einen Job, den vier Leute zusammen nicht besser machen könnten als ich allein, bin seit zwei Jahren Elternsprecherin, koche, wenn ich mal zu Hause bin, viergängige Menüs, bei denen es zum Nachtisch selbstgerührtes Tonkabohneneis gibt, während die Patchworkfamilie am Küchentisch Memory spielt.

MARTHA / CARLA Grauenhaft. Das ist jetzt nicht gegen Sie, aber Verdienste können nicht demokratisiert werden. Dadurch werden sie beschädigt, verstehen Sie?! Leistung kann man nicht demokratisieren!

KATIE / IRIS Aber die Geschlechter schon. Geschlechtsdemokratisierung gibt es schon.

MARTHA / CARLA Will man das: ein Leben lang einbetoniert sein in so ein Geschlechtsgatter? Und kommen Sie mir jetzt bloß nicht mit der Natur.

Auftritt Brenda / Malte.

BRENDA / MALTE Die Natur? Oh, die Natur! Natur ist nichts als eine Erfindung, eine Zurichtung, eine paramilitärische Veranstaltung! Ich sage nur: Torfmull! Alles wird Torfmull!

RITA / LUZI Ich sage nur: Angstgegner Tschina!

KATIE / IRIS Ich werde ja dafür ausgezeichnet, dass ich einen Kindergarten erfunden habe, in dem niemand ausgeschlossen wird. Auch solche Leute wie Sie, Brenda. Sie vor allem! Und auch Sie, Frau Menke! Alle sind eingeschlossen.

BRENDA / MALTE Seit wann sind wir Kinder?

KATIE / IRIS Wir alle waren einmal Kinder. Und sind es noch immer.

BRENDA / MALTE Wir waren ja beim Geschlecht

MARTHA / CARLA Es gibt kein Geschlecht

KATIE / IRIS Es gibt kein Geschlecht?

TANJA / BETTY Es gibt das Geschlecht, so wie es Eier und Hühner gibt und Bäume und Unkraut ...

MARTHA / CARLA Da sind Sie aber, scheint mir, nicht mehr auf dem neuesten Stand. Wer von Unkraut spricht, ist ein Faschist. Und wer von Geschlecht spricht, auch. Das Eine, das Andere, das Eigene, das Fremde.

RITA / LUZI Und da sagt man mir, ich sei eine Rassistin, und die da stampft hier einfach die halbe Menschheit in den Boden!

MARTHA / CARLA Es gibt kein Geschlecht, das ist inzwischen wissenschaftlich bewiesen.

RITA / LUZI Die Wissenschaft, die Wissenschaft! Die ändert sich auch alle zwei Wochen. Ich bin keine von diesen Harvard-Consulting-Tussen ...

BRENDA / MALTE Ich halte mich da zurück

RITA / LUZI Schön, dass gerade Sie das sagen

KATIE / IRIS Ich sage: So oder so werden eines Tages die Grenzen verblassen und verschwimmen, und dann wird jeder alles sein und keiner nur eine oder einer. Männer und Frauen, das sind dann ganz alte Hüte

RITA / LUZI Sollen wir alle wieder ein einziger Urschlamm werden, wir alle zusammen ein einziger Schleim!?

TANJA / BETTY Habe ich drei Kinder gepresst, oder habe ich sie nicht gepresst?!

MARTHA / CARLA Es gibt Geschlechter, aber nur in der Sprache. Und die Sprache ist auch faschistisch.

BRENDA / MALTE Dann sollten wir lieber nichts mehr sagen.

TANJA / BETTY Dafür, dass Sie nie mehr das Wort Geschlecht in den Mund nehmen wollen, sagen Sie es reichlich oft.

MARTHA / CARLA Ich habe nichts gegen das Wort.

KATIE / IRIS Wogegen dann?

MARTHA / CARLA Ich habe nur etwas gegen Wörter, wenn man an Wörter glaubt.

RITA / LUZI Penislose Businesskühe, die es sich in ihrem Benachteiligungsgejaule gemütlich gemacht haben.

KATIE / IRIS Letztes Jahr, haben sie gesagt, seien hier eine Gorillapflegerin, eine Bäckerin und eine Olympiasiegerin ausgezeichnet worden.

MARTHA / CARLA Was Sie nicht sagen

KATIE / IRIS Und alle seien sie durch diese Tür gekommen

TANJA / BETTY Ich denke, es geht nur die durch diese Tür, die den Preis kriegt.

RITA / LUZI Es ist wie überall auf der Welt: Nur eine kann es werden, immer nur eine!

KATIE / IRIS Licht aus, Licht an, und dann komme ich durch diese Tür!

MARTHA / CARLA Erst Musik. Musik und Stille. Das war schon im alten Mesopotamien so.

BRENDA / MALTE In Mesopotamien fing die Mathematik an. Nicht die gesamte Mathematik natürlich, aber ein Zahlensystem, das keine Null kannte.

RITA / LUZI Keine Null?

BRENDA / MALTE Es würde zu weit führen, wenn ich hier …

RITA / LUZI Es würde auf jeden Fall zu weit führen. 10 000 Liter Apfelsaft in der einen Stunde, 20 000 Liter Orangensaft in der anderen. Da muss mir keiner sagen, wie rechnen geht.

MARTHA / CARLA Es wird hier heute vier Nullen geben und eine Eins. So viel steht fest.

RITA / LUZI Und kein Geschlecht! Keine Frau, keinen Mann, bloß eine Eins.

MARTHA / CARLA Ich habe nicht gesagt, dass es keine Frauen gibt. Ich habe nur gesagt, es gibt kein Geschlecht. Das ist ein Unterschied.

TANJA / BETTY Wer steht hier denn mitten im Leben? Sie mit Ihrer Gefrierfachbrut und einem verreckten Bein oder ich?

BRENDA / MALTE Ich habe das Gefühl, das ist jetzt alles wegen mir. Ich meine, nur weil ich … Wenn ich euch so sehe, muss ich immer an Primzahlen denken. Primzahlen, die unerschütterlichen Primzahlen! So wäre ich manchmal auch gern gewesen. So eine Drei, die eine Eins sein will. Allein in der Welt und trotzdem umringt. Unteilbar und trotzdem zusammengesetzt. Souverän und trotzdem nichts ohne die andern. Ich mein es nicht persönlich.

RITA / LUZI Man muss sich nicht, bloß weil man nicht weiß, was man ist, so wichtig nehmen.

BRENDA / MALTE Ich habe es mir erst einmal buchstabieren müssen. Bernd oder Brenda. Keine von euch weiß so gut wie ich, warum sie das ist, was sie ist. Ihr seid, was ihr seid. Als sei das schon immer gewiss gewesen. Ich habe mich erst finden müssen.

RITA / LUZI Als müsste man auf so eine Unterleibsmetzgerei auch noch stolz sein. Ich weiß, woher ich meine Brüste habe.

Brenda / Malte ab.

MARTHA / CARLA Brüste zum Chinesen-Quälen.

KATIE / IRIS Und zum Maserati-Fahren. Die Kö rauf und runter.

RITA / LUZI Ich sage nur: Angstgegner Tschina!

MARTHA / CARLA Wo ist mein Stock?

KATIE / IRIS Ihr Stock?

MARTHA / CARLA Mein Stock!

KATIE / IRIS Frau Menke sucht ihren Stock!

RITA / LUZI Frau Menke sucht ihren Stock, Frau Menke sucht ihren Stock. Sie sind die Kindergärtnerin, nicht ich!

MARTHA / CARLA Hören Sie, gleich muss ich da hinaus. Ich kann ohne meinen Stock nicht ...

RITA / LUZI Oh, Sie denken, ich ...?
Am Ende war ich es! Natürlich, Rita Schuster hat Ihnen den Stock geklaut, damit Sie jetzt gleich hier auf allen vieren da hinauskriechen müssen, seit 165 Jahren die erste Frau, die den Staatspreis für weibliche Lebensleistung auf Knien ...

MARTHA / CARLA Mein Stock! Ich kann ohne meinen Stock nicht gehen!

RITA / LUZI Es hat uns alle was gekostet, so weit zu kommen, wie wir gekommen sind! Seit 165 Jahren die erste Frau, die Kettensägen-Menke, wimmert nach ihrem Stöckchen, und niemand ist da, nicht mal die 13 Gefrierschrank-Engelchen, keiner hilft der Eisbeutelmutti.

KATIE / IRIS Nehmen Sie meinen Arm, Frau Menke, bitte

MARTHA / CARLA Lassen Sie, fassen Sie mich nicht an!

KATIE / IRIS Ich will Ihnen ja bloß helfen

MARTHA / CARLA Nicht anfassen!

TANJA / BETTY Ich würde Ihnen ja gerne, aber ich kann mit meinen Schuhen selbst kaum …

RITA / LUZI Von einer Rassistin wollen Sie sicher nicht hinausbegleitet werden, von so einer Tschinesenquälerin

Brenda / Malte tritt auf.

BRENDA / MALTE Die Musiker sind da, wie schön, die Musiker!

MARTHA / CARLA Ist viel zu früh, du überspringst ja den ganzen Schluss. Ich sage zuerst:
(wieder im Stück) Wenn im Meer eine Planke treibt, mit zwei Ertrinkenden, und diese Planke ist nur für die Rettung von einem gemacht, und einer schwimmt drauf zu und hält sich fest, und der andere stößt den anderen weg, was heißt, dass einer von beiden ertrinken muss, so wird der Gerettete laut unserem Gesetz

bestraft. Mit anderen Worten: Einer gewinnt, der andere ertrinkt. Und der, der gewinnt, wird bestraft. Ist das gerecht? Was sagt die Mathematik dazu?

BRENDA / MALTE Die Mathematik ist reine Wissenschaft. So rein, dass niemand in ihr ertrinken kann.

RITA / LUZI Schön gesagt, solange man keine anderen Sorgen hat.

MARTHA / CARLA Was sagt die Kindergarten-Erfinderin, die niemanden mehr ausschließen will?

KATIE / IRIS Man darf es gar nicht dazu kommen lassen.

MARTHA / CARLA Sie wünscht sich eine Welt, in der es keine Meere gibt und keinen Schiffbruch. Die Dummen träumen gern vom Paradies.
Was sagt die Mutter mit den Selbstgepressten?

TANJA / BETTY Wir kennen keine Planken, an die sich bloß einer klammern kann. Wir sitzen alle in einem Boot.

BRENDA / MALTE Ich möchte da, in meinem Sinne, ohne diese Geschlechterdinge ... lassen Sie es mich so sagen: Es gab Zeiten, da hatte man noch gedacht, die Mathematik, die wäre schon immer in der Welt, rein für sich, auch vor der Menschheit, die müsse nur gefunden werden, entdeckt, benannt, durchwühlt und durchforstet, und so würde man nach und nach immer mehr Türen aufmachen und Räume betreten, von denen aus weitere Türen sich öffnen und weitere Räume, doch jetzt denkt man ganz anders darüber nach und merkt, dass man alle diese Türen, die man da aufmacht, selbst in die Welt hineingedacht hat, also dass all diese Türen, die es da aufzumachen gibt, an denen wir rütteln, klopfen und uns die Zähne ausbeißen, bis wir sie aufkriegen, dass wir all diese Türen selbst geschaffen haben, womit auch alle Räume, die wir betreten, nur Räume sind, die wir uns selbst erdacht haben, so wie diese Tür hier ja auch nur eine Tür ist, die wir selbst gemacht haben und die wir, wann immer wir wollen, einfach öffnen und ... *(Brenda / Malte kriegt die Tür nicht auf, fängt an zu rütteln.)* Ich kriege diese verdammte Tür nicht auf ...

Rita / Luzi macht sie von der anderen Seite auf.

RITA / LUZI Tut mir leid, ich muss jetzt gehen, ich komme gleich wieder, Leitungsgespräch, ihr wisst, drei Hauptrollen mit M, und dann sehen wir weiter. Bis gleich! *(Geht ab)*

Stille.

BRENDA / MALTE Wir fangen jetzt noch mal von vorn an, wir können alles so lassen, bloß lassen wir sie weg.

TANJA / BETTY Stundenlang hab ich mit ihr ihre Monologe ins Hirn gepaukt, behält ja nichts mehr.

KATIE / IRIS Wir proben hier mit ihr ein Stück, und sie weiß nicht mal, dass sie nicht mitspielt.

MARTHA / CARLA Ist nicht unsre Aufgabe, ihr das zu sagen.

KATIE / IRIS Ich finde schon, dass wir ihr das sagen müssten.

MARTHA / CARLA Jetzt ist's zu spät.

BRENDA / MALTE Ich hätte das auch anders gemacht, aber es ist nicht unsere Aufgabe.

MARTHA / CARLA Spielt sich hier als Regisseurin auf. «Mach's nicht zu groß»

TANJA / BETTY «Ich will dir ja nur helfen»

BRENDA / MALTE Wir müssen morgen spielen.

KATIE / IRIS Eben deshalb hätte man es ihr sagen müssen. Und auch wegen ihr. Man kann sie doch nicht ins Messer laufen ...

MARTHA / CARLA Messer? Übertreib mal nicht, sie spielt nicht mehr mit, das ist alles

TANJA / BETTY Ich kann ganze Monologbrocken von ihr auswendig. Kann ich ohne weiteres übernehmen: «... aber bevor Sie hier jetzt alle gleich in Tränen ausbrechen, ich fahre heute einen Maserati, 460 PS, Sport-Cabrio.»

KATIE / IRIS Du redest daher, als gäbe es sie gar nicht mehr.

TANJA / BETTY War noch nie in Tirol

BRENDA / MALTE «Die meisten Leute kapieren einfach nicht, dass Gott sie in diesem Film nur als Statisten besetzt hat.» Den möchte ich sagen.

KATIE / IRIS Ihr seid alle ... was würdet ihr sagen, wenn ihr an ihrer Stelle ...

BRENDA / MALTE Das ist alles richtig, aber wenn wir das hinter uns haben, dann reden wir natürlich mit ihr, ist doch klar.
«Jeder Mensch ein Kündigungsgrund», den Satz könnte ich auch übernehmen.

TANJA / BETTY Hat schon ein paar gute Sätze, die Rita

KATIE / IRIS Wie wollt ihr ihr noch in die Augen ...?

MARTHA / CARLA Gehst du jetzt ganz in deiner Inklusions-Rolle auf?

KATIE / IRIS Ich versteh euch nicht.

BRENDA / MALTE Wir verstehen dich ja.

KATIE / IRIS Es geht nicht um mich.

TANJA / BETTY Dann lauf ihr hinterher.

MARTHA / CARLA Du kannst da auch nichts mehr retten.

TANJA / BETTY Wir haben ihr immer wieder gesagt: Feiere nicht so oft den Tod deiner Mutter.

BRENDA / MALTE Haben wir ihr immer wieder gesagt.

MARTHA / CARLA Ist auch eine tragische Figur, die nicht weiß, dass sie eine tragische Figur ist.

KATIE / IRIS Seit wann wisst ihr es?

BRENDA / MALTE Na ja, auch nicht so lang

KATIE / IRIS Seit wann?

BRENDA / MALTE Na ja ...

MARTHA / CARLA Was heißt da wissen? Wir haben es auch nur ... ich meine, gerüchteweise ...

KATIE / IRIS Seit wann?

TANJA / BETTY Kann man bei Gerüchten nicht so genau sagen.

KATIE / IRIS Ihr müsst doch wissen, seit wann ihr es wisst.

BRENDA / MALTE Ich hab ihr immer wieder gesagt: Luzi, du solltest nicht so oft den Tod deiner Mutter ...

KATIE / IRIS Aber sie ist doch gar nicht ... also ich hab sie noch nie lallen oder so etwas hören.

MARTHA / CARLA Du merkst es nicht mehr.

KATIE / IRIS Wenn man es nicht merkt, dann ist es doch okay.

TANJA / BETTY Das sagst du.

MARTHA / CARLA Wir arbeiten nicht zum ersten Mal mit ihr.

TANJA / BETTY Wahrlich nicht.

MARTHA / CARLA Wir mussten da eine Bremse ziehen.

KATIE / IRIS Wir?

BRENDA / MALTE Na ja, nicht wir, aber ...

KATIE / IRIS Wieso wir?

MARTHA / CARLA Ich will dir jetzt mal etwas sagen. Du spielst hier zum ersten Mal mit ihr, wir seit vielen Jahren. Natürlich mögen wir sie, aber ...

TANJA / BETTY Hat sich so gefreut auf Tirol

BRENDA / MALTE Was heißt da wir?

MARTHA / CARLA Wir entscheiden das nicht. Mach uns nicht zu groß.

Auftritt Rita / Luzi mit Marthas Stock. Stille.

RITA / LUZI Was schaut ihr so? Ich bring bloß den Stock zurück. Den hab ich vorhin versehentlich mitgenommen. Sonst kannst du doch nicht spielen, Carla. Ohne so eine Krücke.
Warum seid ihr so still? Hat's euch die Sprache verschlagen? Kennt ihr mich nicht mehr?
Sind immer die besten Momente, ich meine jetzt: auf der Bühne. Man kommt rein, und denen verschlägt's die Sprache. So wünscht man sich das. Das ist ein Auftritt. Da muss man gar nichts mehr machen. Einfach dastehen und schauen, wie die andern schauen. Und nur das Publikum weiß, was los ist. Das sind die tollsten Momente. Das ist Komödie.
Und in diese Stille dann ... ich meine, da reicht ein winziges Räuspern. Das kannst du auskosten bis in alle Ewigkeit. Ein winziges Räuspern. Und dann warten. Einfach warten.
Ihr macht das gut. Als hättet ihr's abgesprochen. So hab ich euch noch nie gesehen. Ein großer Moment. Hoffentlich kriegt ihr das noch mal so hin. Morgen in Tirol.
Eigentlich wollt ich euch bloß den Stock bringen.
Ich sage immer: Die Muttermilch der Schauspieler ist die Stille. Wegen so einer Stille bin ich Schauspielerin geworden. Auf die Bühne treten und Stille.
Das macht einen groß. Und man weiß nicht einmal, warum. Man hat nichts gemacht außer zur Tür hereingekommen. Zur Tür herein, um einen Stock zu bringen. Einen Stock, den man versehentlich mitgenommen hat. Und den man selbst nicht braucht.

Den nur Leute auf der Bühne brauchen, die sich auf etwas stützen müssen.

Deshalb bin ich Schauspielerin geworden. Um ein Mal, ein einziges Mal in eine solche Stille zu treten. Und, wenn ich gehe, sie zu hinterlassen.

Dunkel.

DIE EMPÖRTEN

PERSONEN:

CORINNA SCHAAD, Bürgermeisterin von Irberstheim

ANTON, ihr Bruder, hat beide Hände verbunden, was ihn bei allem handicapt

PILGRIM, Mitarbeiter der Bürgermeisterin

ELSA LERCHENBERG, Gemeinderatsvorsitzende und Bürgermeisterkandidatin

FRAU ACHMEDI, Frau des bei einem Anschlag getöteten Opfers

ORT:

Rathaus. In der Mitte eine große Truhe. An der Wand hängen Bilder der früheren Bürgermeister, mittendrin ein Bild von Corinna Schaad, der einzigen Frau.

Auftragswerk für das Staatstheater Stuttgart in Koproduktion mit den Salzburger Festspielen
Uraufführung: 18. 08. 2019 Salzburger Festspiele
(Regie: Burkhard C. Kosminski)
Die hier abgedruckte Fassung ist der Stand vor Probenbeginn; sie kann von der endgültigen Spielfassung abweichen.

SZENE 1

Im Dunkeln hört man jemanden hämmern. Langsam wird es hell.
Es ist Pilgrim, der auf einer Leiter steht und ein Kreuz an die Wand
nagelt. Er nimmt die Leiter und geht ab.

Corinna und Anton treten auf.
Corinna trägt Gummistiefel, sie sieht derangiert aus und ist durch
den Wind, vergisst völlig, dass sie noch Gummistiefel trägt. Antons
beide Hände sind verbunden.

Corinna und Anton sind dabei, einen Leichensack in eine Truhe zu
hieven. Aus dem Leichensack schaut ein einzelner Fuß mit Schuh
heraus.
Anton fällt es mit seinen verbundenen Händen schwer, zu helfen.

CORINNA Nicht nach unten, Anton!

ANTON Nach unten?

CORINNA Nicht!

ANTON Kannst du ihn nicht allein ...?

CORINNA Stehst hier herum, lässt mich alles allein ...

ANTON Ich kann nicht.

CORINNA Dann lassen wir ihn einfach hier liegen. Hier, mitten im
Rathaus! Sollen ihn alle sehen, sollen es erfahren!

ANTON Ich kann nicht.

CORINNA Vielleicht denkst du ein Mal auch an Mama!

ANTON Mama? Mama ist tot!

CORINNA Was meinst du, was das für Mama ... Los, hilf!

ANTON Vom Gesicht so gut wie nichts übrig, Corinna, man sieht bloß, dass man nichts mehr sieht, das ist ...

CORINNA Ein Glück, das sag ich dir, bei allem Schrecken ist das ein Glück!

ANTON Ein Glück? Du kannst doch nicht sagen, das sei ein Glück, dass sich unser Bruder umgebracht hat?!

CORINNA Ja, hätte er sich nur umgebracht. Umgebracht, wie normale Leute sich umbringen: Tabletten schlucken, bei Sonnenuntergang die Dolomiten runterstürzen ...

ANTON Er hat Berge gehasst, immer schon hat er Berge gehasst.

CORINNA ... dann müssten wir ihn hier nicht ...

ANTON Diese Ewigkeitsangeber, hat er immer gesagt, diese aufgetürmten Felsgespenster.

CORINNA Als käm's jetzt darauf an!

ANTON Der wäre nie auf einen Berg gestiegen.

CORINNA Als käm's jetzt darauf an!

ANTON Diese Erhabenheitsscheiße, hat er immer gesagt.

CORINNA Reiß dich zusammen, Anton! Ich sage nur: Aus der Ferne der Geschichte wird sich einmal zeigen, wie richtig es war, das zu tun, was ich hier tue.

ANTON Du? Wieso du? Ich habe die Scheibe eingeschlagen! Klingelst mich mitten in der Nacht raus: Wir müssen ihn holen, Anton! Meldest dich Jahre nicht, und plötzlich mitten in der Nacht kann's nicht schnell genug gehen ...

CORINNA Alle großen Geister mussten gelegentlich Dinge tun, die sich nicht immer gleich erschlossen haben.

ANTON Ich bin da hineingekrochen, ich! Über die Scherben in diese Totenhalle ...

CORINNA Da muss man schon mit einem Weitwinkel aufs eigene Leben blicken können, Anton, über den Tellerrand von so einem winzigen Dasein.

ANTON ... habe herumgewühlt in den Kadaverschubladen, bis ich ihn endlich – er sieht ja nicht mehr aus, wie er mal ... außer dem Tattoo, sonst ist da nichts mehr, was ihn noch ...

CORINNA So einem Tropfen auf den heißen Stein.

ANTON Mir ist schlecht ...

CORINNA Und auf einmal schaut man da mit hundert Jahren Abstand auf sich selbst, wie man Dinge getan hat, Dinge, die, wenn man sie aus so einer Eintagsfliegensicht betrachtet, natürlich nicht zu verstehen sind, Anton. Wie denn auch? Dinge, die sich erst in hundert Jahren als richtig erweisen. Erst dann können wir sagen: Ja, das ist richtig gewesen.

ANTON In hundert Jahren!? Was redest du? Der fängt jetzt an zu riechen, Corinna, nicht erst in hundert Jahren, diese Hitze, ein einziger Backofen, dieser Sommer draußen, was meinst du, wie der hier ...

CORINNA Was meinst du, wie sich bei der Lerchenberg die Triumphbacken blähen, wenn das herauskommt?! Ich sehe sie schon, wie sie da steht, in ihren Hufenstiefeln, mit ihren immer gleichen Dampfreden, auswendig, immer auswendig, bildet sich weiß Gott was drauf ein: «Ich bin's, der Totengräber der fauligen Reste Utopie-besoffener Lemminge! Friedensverwester Entgrenzungsphantasten!»
In Kürze sind Wahlen, Anton, daran musst du denken!

ANTON Eben hast du noch gesagt, ich soll an Mama denken.

CORINNA Mama ist tot. Wir leben!
Gleich stehe ich da draußen, mit angstverschwitzten Unterhosen, und halte eine Rede, Stadträte, Parteispitzen, Kirchenobere, muslimische ... was weiß ich, Vertreter, lauter Vertreter, mein Gott, die Ministerinnen, der halbe Staatsapparat vor meiner Nase, und ich stehe da mit einer Rede, die ich noch nicht einmal geübt ...

ANTON Mir ist schlecht, mir ist ...

CORINNA «Dich lupfen wir auch noch mal hinauf», haben die neulich gesagt.

ANTON Einen Schnaps, ich glaub ...

CORINNA «Dich lupfen wir auch noch mal hinauf ...»

ANTON ... ich bräuchte einen Schnaps ...

CORINNA Nach Brüssel, haben die gesagt.

ANTON Wenn man nur einmal denkt …

CORINNA Ja, was für eine Herausforderung!

ANTON … wie da so ein kleiner Kinderwagenbruder …

CORINNA Kannst es lesen, in allen großen Politikerbiographien gibt es das. Die sind voll damit: Brüche, Klippen, Stürze …

ANTON … diese Tat – wenn es denn eine Tat überhaupt war!? – steckte doch nicht von Anfang an in diesem kleinen Buben drin, Corinna.

CORINNA … dieses Von-jetzt-auf-gleich-ist-nichts-mehr-wie-es-war. Das liest du überall. Das gehört dazu. Und manchmal muss man auch was verschwinden lassen. Los jetzt, beeil dich!

ANTON Die Welt hat diese Tat erst in unseren Bruder hineingerammt.

CORINNA Das liest du überall. Manchmal muss man auch was verschwinden lassen. Sobald die Wahlen vorbei sind, holen wir den wieder raus, Anton.

ANTON Wir?

CORINNA Ich sag nur: Das Leben der römischen Feldherren wimmelt nur so von Krisen, Krankheiten, Schlachten, Mordanschlägen, Geiselnahmen, Vulkanausbrüchen. Der Mensch ist immer so groß wie seine Herausforderung, Anton.

ANTON Dann hat er dir ja einen Gefallen getan, der Moritz! Willst du mir das jetzt sagen?

CORINNA Ich muss meine Rede üben.

ANTON Ich werde das sagen, was du nicht sagst.
Ich werde sagen: Ich habe einen Bruder verloren,
meine Schwester hat ihren Bruder nicht verloren,
sie will gar keinen Bruder gehabt haben.
Dabei gibt es nichts Engeres als einen Bruder.

CORINNA Du wirst hier gar nichts sagen

ANTON Ich werde sagen, was du nicht sagst. Es gibt nichts Engeres
als einen Bruder

CORINNA Halbbruder, halb! Hinterhergeworfen, weil Mama es
nochmals wissen wollte. Nochmals den Brutkasten von vorne
anschmeißen. Als würd das Leben sonst in Leere versacken.

ANTON Bruder bleibt Bruder. Das änderst du jetzt nicht mehr.

CORINNA Ich kann mich kaum erinnern. Ein kleines Kindermünd-
chen in einem dicken Gesicht, wo eine Blockflöte drinsteckt.

ANTON Jetzt hat er keins mehr.
Du hast ihm Schwimmen beigebracht.

CORINNA Muss ich dafür jetzt büßen? Muss ich jetzt bezahlen bis
ins siebte Glied? Los, hilf!

ANTON Amen. Ständig möcht ich hier amen sagen, ständig geht mir
das Wort amen im Kopf herum. Amen, amen.

CORINNA Als käm's jetzt darauf an!

ANTON Er hat Gedichte geschrieben. Man kann sich seinen Bruder nicht wählen. Ob halb oder ganz. Auch halb ist ganz. Man hat ihn oder hat ihn nicht. Alles im Leben kann man sich wählen, einen Bruder nicht. Über Blutsbande kann man nicht verfügen, wie man über ein Konto verfügt.

CORINNA Blutsbande?

ANTON Amen. Immer amen.

CORINNA Als ging's drum, aus welchem Loch einer schlüpft.

ANTON Es ist das gleiche Loch, aus dem du geschlüpft bist!

CORINNA Werd nicht vulgär. Da draußen stehen Pressewagen, im Saal bauen die bereits die Lampen auf für Kameras. Im ganzen Haus ein Mediengeschwirr wie noch nie. Ich steh da draußen gleich ... ich muss meine Rede üben. Los, hilf, der muss da rein ...!

ANTON Wozu? Wozu dieses ganze Repräsentationsgetue, dieses Sockel-rauf, Sockel-runter, für nichts, als dass da Leute wie du ihr Podest-süchtiges Sonntagsredenmaul wieder mal in eine Kamera halten? Auftreten, abtreten, die immer gleichen Reden, gestern, heute, morgen, übermorgen. Wer glaubst du, dass du bist, dass du glaubst, dass du hier für alle sprichst? Daherbuchstabiertes Menschlichkeitsgesülze – meinst du, das ist eine Kunst? Schon mit 13 hast du diese Biographien gelesen, diese Biographien von Politikern, den Papas dieser Welt! Und jetzt stehst du da und spuckst diese großmännischen Eintagsfliegensprüche aus dir heraus. Was machst du?

CORINNA Ich ziehe mich um. Ich brauch eine neue Bluse ...

ANTON Du hast dich gerade umgezogen.

CORINNA Im Untergang schön angezogen sein ist wohl das Mindeste.

ANTON Untergang? Ich hab gleich gesagt, lassen wir ihn, wo er ist, und begraben ihn bei Mama im Grab.

CORINNA Niemals, nur über meine Leiche!

ANTON Willst du ihn für immer dadrinnen lassen!?

CORINNA Natürlich kriegt der ein Grab. Wenn die Wahlen vorbei sind, kriegt der ein Grab. Nur keins mit Namen.

ANTON Was? Du willst ein Nichts beerdigen?! Wir haben gesagt, er kommt zu Mama ins Grab!

CORINNA Begrab ihn doch, wo deine Kneipe ist. In Holderberg!

ANTON Was sollen wir mit dem in Holderberg? Da war der nie! Mama liegt auch hier. Er kommt zu Mama ins Grab. Er war ein Muttersöhnchen.

CORINNA Da kannst du mich gleich mit in die Grube schmeißen. Dann ist mein Leben vorbei.
Einer, der Leute massakriert, gehört hier nicht hin!

ANTON Massakriert, was redest du da? Die Kontrolle verloren über sein Fahrzeug. Ein Unfall.

CORINNA In Wehrlose reinrasen?

ANTON Herzinfarkt, wer weiß?!

CORINNA Mit 19!?

ANTON Ein verunglückter Selbstmord!

CORINNA Verunglückt? In einer Fußgängerzone?

ANTON 19! Er war erst 19! Mit 19 ist man so.

CORINNA Ist man so?!

ANTON Da will man nichts als für die eigene Sache sterben können müssen.

CORINNA Die eigene Sache? Ich bin mit 19 nicht in einen Haufen Leute reingerast!

ANTON Er war Pizzabote, mein Gott!

CORINNA Kann ja mal passieren, wenn man Pizzabote ist. Hört man ja ständig. Hat ein Pizzabote in der Fußgängerzone wieder mal ein paar Dutzend Leute niedergemäht. Les ich täglich in der Zeitung. Schau ich schon gar nicht mehr hin.

ANTON Wir wissen nicht, was passiert ist.

CORINNA Ein Toter, zehn Verletzte. Er habe Allahu Akbar geschrien, sagen manche.

ANTON Das sagen heute alle.

CORINNA Was?

ANTON Kaum ist was passiert, sagen die Leute: Da hat einer Allahu Akbar geschrien.
Falls er das geschrien hat, hat er's geschrien, weil man das heute so schreit. Früher haben sich die Leute umgebracht, weil sie «Werther» gelesen haben. Heute schreit man Allahu Akbar.

CORINNA Der hat das nicht umsonst geschrien. Der ist in Ausländer reingefahren.

ANTON Ja eben! Wieso hätte der dann Allahu Akbar schreien sollen? Doch nicht der Moritz!

CORINNA Gerade sagst du noch: Mit 19 ist man so. Da will man für seine Sache sterben können müssen.

ANTON Im Tod muss alle Feindschaft enden.

CORINNA Bist du jetzt Pfarrer geworden?

ANTON Du kennst den Satz.

CORINNA Sätze gibt es viele.

ANTON Es ist der Satz von einem Oberbürgermeister.

CORINNA Bin ich hier Bürgermeisterin, um Sätze nachzuplappern? Ein Papagei? Das ist kostenloses Tresengeschwätz, was du hier verzapfst. Geschenkter Mut. «Im Tod muss alle Feindschaft enden» – jedes Kind kennt diesen Satz. Versöhnungsterrorist! Von mir wirst du ihn hier nicht hören! Nicht, wenn der Bruder der Mörder ist. Das dürfen sich nur andre leisten, wir nicht.

ANTON Klingelst mich mitten in der Nacht raus, ich fahr zwei Stunden von Holderberg hierher. Wir müssen ihn holen, Anton! Jahrelang kümmerst du dich einen Scheiß, und plötzlich mitten in der Nacht müssen wir an die Familie denken! Über Glasscherben kriech ich da runter, eine einzige Metzgerei, ich –

CORINNA Hör auf zu heulen, denk an deinen Bruder!

CORINNA Nach den Wahlen, sag ich. Nach den Wahlen! Aber nicht hier!

ANTON Ich brauch einen Schnaps, mir ist schlecht.

CORINNA Als gäb's nichts Wichtigeres, als dass dieses Monster hier ein Grab kriegt. Wenn es nach mir ginge, hätte der schon damals verrecken können, mit der Blockflöte im Maul!

ANTON Du hast ihm Schwimmen beigebracht.

CORINNA Und er hat Gedichte geschrieben, ich weiß. Und du trägst diese Gedichte hier heute nicht vor, das sag ich dir.

ANTON Ich werde sagen: Ich habe einen Bruder verloren, meine Schwester hat ihren Bruder nicht verloren.

CORINNA Es gibt ihn nicht, diesen Bruder. Diesen Bruder gibt es nicht. Nicht hier und heute, sonst ist mein Leben vorbei.

ANTON Du meinst deine Karriere.

CORINNA Immer schon hast du alles übertrieben. Schon als kleines Kind. Immer übertrieben! Als sei die Welt nichts als eine Bühne, auf der du immer übertreiben musst, aus lauter Angst, dass man dich sonst nicht sieht!

ANTON Ich lass mir nicht verbieten, hier und heute unserm Bruder eine Stimme zu geben, auch von niemandem da oben, der hier im Rathaus sitzt.

450   **CORINNA** Die da oben! Die da oben! Immer denken alle nur: die da oben! Als sei das Leben nichts als ein Da-unten und Da-oben! Und immer sind es die da oben! Die da oben sind schuld, wenn wieder ein Leben nicht gelingt, sich nicht endlich das Glück einstellt, als sei Glück nichts als ein Bausparvertrag, in den Generationen über Generationen schon vor deiner Geburt eingezahlt haben. Und wenn's dann wieder nicht kommt, dieses Glück, sind's wieder die da oben, die es dir nicht ausbezahlen! Als gäb's ein Geburtsrecht auf Glück, ein Glücksgrundrecht für alle!

ANTON Hältst du jetzt bereits deine Rede?

CORINNA Als würd ich hier in einem Palast leben, in Saus und Braus mit Geschenken von überall her! Einladungen auf die Malediven, Kreuzfahrten!
Was glaubst du denn? Die Zeiten sind vorbei, in denen ich noch eine Kiste Bordeaux annehmen durfte, nicht mal eine Pralinenschachtel mit fünf Pralinen drin. Stattdessen krieg ich Kugelschreiber, Hunderte von Kugelschreibern, die chinesische Häftlinge vor ihrer Hinrichtung in Todestrakten zusammenschrauben. Schwarzwaldkalender, mit Schwarzwaldwäldern zum Heulen, und wieder eine Opernkarte für Bregenz, Puccini! Dabei hasse ich Puccini, dieses träge Getriele in Moll. Und da sagen immer alle: Jetzt ist sie wieder eingeladen, nach Bregenz, Puccini!

ANTON Soll ich hier jetzt drüber heulen, dass du in Bregenz bei Puccini nicht heulst?

CORINNA Was meinst du, wie oft ich dann bei diesen Einladungen in den Teppichbodenzimmern hocke, in diesen schalldichten Hotelteppichzellen, wo man sich, kaum dass man drin ist, vorkommt wie taubstumm. Und immer steht dadrinnen ein riesiges Bett, immer buchen die mir ein riesiges Bett, als würden da gleich noch Orgien stattfinden. Ich frag mich nur, mit wem?

Jedes Mal denk ich dann: Wieder eine Ermutigung, dass ich mich
hier erschießen soll, ohne dass es irgendeinen stört. Die, die mich
einladen, sind froh, wenn sie mich wieder los sind. Kaum bin
ich weg, lassen die die Sau raus, ejakulieren sich durch Rotlicht-
gassen, während ich im Orgienbett hocke und mit den Fingern
die Marmeladengläser ihrer depressiven Ehefrauen leer schaufle.
Dazu sauf ich Kopfwehwein, und morgens seh ich aus wie von
innen zusammengeschlagen, und so fühle ich mich auch. Und
da denken immer alle: die da oben, die da oben! Als müsste das
Leben dem Leben Reparationszahlungen zahlen für verschissene
Kindheiten, und wenn die nicht kommen, sind es wieder die da
oben!

ANTON Mama ist einfach ganz langsam in die Matratze gesickert.
Du hattest keine Zeit. Politik ist wichtig. Ist kein Vorwurf.

CORINNA Ziemlich viel Vorwurf ohne Vorwurf.
Ich habe den zum letzten Mal vor zehn Jahren gesehen.
Jetzt fass endlich mit an!

ANTON Wieso hängst du eigentlich schon da oben?
Ich meine, die andern, die sind doch alle –

CORINNA Tot! Die sind alle tot. Vorher hängt man hier nicht.

ANTON Aber du hängst. Sonst bloß Männer.

CORINNA Mich haben die jetzt schon aufgehängt.

ANTON Da läuft man doch gleich ganz anders hier durch den Saal,
Corinna, wenn da so ein Bild von einem hängt, was?! «Die ande-
ren sind alle tot!»
Morgen für Morgen kommst du hierher und hängst da schon zu
Lebzeiten als Unsterblichkeitsschinken an der Wand.

CORINNA Willst du, dass da morgen eine Elsa Lerchenberg hängt?!
So eine völkische Zündelhexe, wie sie jetzt aus allen Löchern
geschlüpft kommen? In einem Film würdest du denken: Was für
eine miserable Besetzung für die böse Figur.

ANTON Man sieht dir auf dem Bild an, dass du gemalt wirst.

CORINNA «Schlackenkruste» ...

ANTON Hast so einen «Ich werde gemalt»-Stolz im Gesicht.

CORINNA Ihr Lieblingswort: Schlackenkruste!
«Unter der Schlackenkruste der Utopie brodelt die Toleranzsuppe, in der sich alles auflöst, ganz Europa!», so redet die
inzwischen daher.
Ihre Eltern haben noch mit Ulrike Meinhof getanzt, als Kind sei
sie auf Rudi Dutschkes Rücken geritten, und jetzt spricht sie von
Volkstum und Herkunft. «Schlackenkruste der Utopie.» Jetzt pre-
digt sie in der entgegengesetzten Ecke. Nur das Lauwarme mag
sie nicht und nicht die Mühen der Ebene. Das überlässt man Leuten wie mir, die man stürzen will. Die wollen nicht regieren, die
wollen Krawall, selbst wenn sie an der Regierung sind. Vor zehn
Jahren hätte man eine Lerchenberg nie für möglich gehalten. Kein
Mensch hätte je was von der erfahren müssen. Die wär versackt
in einem Nebenzimmerleben, verschollen in Provinzstuben, und
jetzt steht die auf Marktplatzbühnen: «Wir müssen denen allen
den Kopf abschlagen!» Brüllt: «Wir sind die Abendlandindianer,
auf unserm eigenen Boden, im eigenen Land!» Auf einmal kriechen die alle aus ihren Löchern, eine landesweite Elsa-Epidemie.
Gewinnt die Lerchenberg die Wahlen hier, Anton, dann kannst du
mich ... Eine Abgewählte lupft man nirgendwo mehr hinauf, dann
ist es aus mit meinem Leben. Da gibt's dann auch keinen Sessel
mehr in Brüssel.

ANTON Willst du mir sagen, wir machen das alles hier wegen einem Sessel in Brüssel?!

CORINNA Es geht ums Ganze, Anton, nicht um mich. Ich konnte es immer fühlen, schon als kleines Kind habe ich gemerkt, wie da in mir so ein Amt heranwächst. Was meinst du, wie das ist, wenn in dir so ein Amt heranwächst, ohne dass du je eines bekommst? Stehst in dieser Welt mit dieser Amtslosigkeit, dieser Positionsleere! Du kannst mich für eine kalte Machtsau halten, aber eines sag ich dir: Was nach mir kommt, ist schlimmer!

ANTON Man kann im Leben auch was anderes machen.

CORINNA Meinst du, ich will in einer Spelunke versacken, zwischen Abgetakelten und Abgefuckten?

ANTON Du hältst mein Leben für abgetakelt und abgefuckt?

CORINNA Irbertsheim ist inzwischen Marktführer: Titanhüften, Kaffeefilter bis in den Nahen Osten, Katar. Katar reißt sich um Kaffeefilter aus Irbertsheim. Bill Clinton hüpft inzwischen wieder wie ein Zwanzigjähriger herum, dank seiner Irbertsheimer Titanhüfte. Ja, ein bisschen hässlicher hab ich Irbertsheim gemacht. Industriegürtel sehen nicht schön aus. Auch ein paar Borkenkäfer mussten dran glauben. Da bist du ja Spezialist. Ich hab immer gesagt: Eine zu schöne Umgebung macht die Leute nicht glücklich, im Gegenteil. Wir können hier nicht Kaffeefilter nach Katar liefern, Titanhüften um die halbe Welt und gleichzeitig verhindern, dass in Irbertsheim eine Moschee steht. Natürlich gefällt das nicht allen, dass man sich in aufgeklärten Zeiten noch mit diesem Religionskäse herumschlagen muss, mit dieser Kinderkrankheit, die man eigentlich längst hinter sich geglaubt hat. Bloß macht die Welt ja nicht ausgerechnet vor Irbertsheim halt. Meine Flüchtlinge haben hier Arbeit. Natürlich gefällt das nicht allen.

Vor ein paar Jahren war der Irbertsheimer Trachtenverein bloß noch ein jämmerliches Schwundhäufchen. Jetzt haben die wieder Zulauf. Seit es hier Afghanen gibt, tanzt der Trachtenverein wieder. Natürlich gefällt das nicht allen! Und du kommst noch mit einer Beerdigung für einen Attentäter. Zu Mama ins Grab! Da kann ich mich gleich mit begraben.

ANTON Ich mach das nicht!

CORINNA Hier geht's ums Ganze, nicht um mich!

ANTON Du machst aus unserm Bruder eine Lüge.

CORINNA Wahrheit, Lüge, spuckst hier Begriffe aus dir raus, von denen du keine Ahnung hast. Es gibt auch noble Lügen, Anton.

ANTON Noble Lügen?

CORINNA Ich kann mir nicht so ein reines Gewissen leisten. Diesen Luxus gönnt man mir nicht. Ich kann nicht die Moral wie eine Monstranz vor mir hertragen, das können bloß Leute wie du, ohne jede Konsequenz. Früher hast du dich an Gleise gekettet und immer bloß von Bullen geredet. Bullen, Bullen, überall Bullen! Und jetzt willst du auf einmal, dass dieser Straßendreck ...

ANTON Ich mach das nicht.

CORINNA Du steckst längst mit drin, du kannst nicht mehr zurück.

ANTON Bloß für einen Sessel in Brüssel!

CORINNA Was hast du gedacht, was ich hier mache? Zusammenbrechen? Abtreten? Diesen Gefallen tu ich einer Lerchenberg nicht. «Schlackenkruste» ...

Ich steh hier gleich auf einer Trauerfeier, Seite an Seite mit den Opfern.

ANTON Andere machen auch ihren Job, und manchmal muss man den Job eben wechseln. Das Leben ist kein Bausparvertrag, der sich in Glück ausbezahlt. Du sagst es.

CORINNA Das ist kein Job. Ich mach hier keinen Job. Das ist nicht wie bei dir, wo man abends um sechs die Kneipe aufsperrt und morgens um vier hinaustorkelt. Ich halte Erdbebenspalten zusammen! Tag und Nacht. Da draußen herrscht Aufruhr. In Kürze sind hier Wahlen. Hier geht's um ganz Europa, das auseinanderbricht, was sage ich: die ganze Welt. Die warten da draußen bloß drauf, Elsas Morgenrötlerbuben. Die rotten sich zusammen, da geht's nicht mehr um mich, da geht's um alles.

ANTON Um ganz Europa, klar, was sonst! Die Bürgermeisterin, die ganze Welt! Drunter macht man's nicht. Während du an deiner Karriere gebastelt hast, habe ich Mamas Füße ... am Ende konnt ich ihr die Zehen wie faule Stumpen von den Füßen pflücken.

CORINNA Am besten, man würde ihn irgendwo verscharren, dann wär er weg!

ANTON Aber in jeder Rede von Menschlichkeit reden! Ich mach das nicht. Ich geh jetzt raus und sage, was gesagt werden muss.

CORINNA Dann kannst du deine Spelunke auch zumachen, das sag ich dir. Wenn das rauskommt, da kommt dann keiner mehr! Außer ein paar Affen, die glotzen wollen, wie man aussieht, aus so einer Familie! Dann stehst du da mit nichts!

ANTON Hier hängt ein Kreuz, das solltest du dir mal ...

CORINNA Hier hängt kein Kreuz, nicht seit ich hier bin.

ANTON Ich geh jetzt raus −

> *Corinna schlägt ihn.*
> *Es klopft.*
> *Man hört Pilgrim von draußen.*

PILGRIM Hallo?
Hallo?!
Ich bin's, Pilgrim.
Frau Schaad?
Sind Sie da?

CORINNA Moment, Pilgrim, ich bin so weit, gleich …

PILGRIM Sind Sie dadrin?!

CORINNA *(zu Anton)* Schnell, hilf!

> *Sie stopfen den Rest der Leiche in die Truhe.*

PILGRIM Frau Schaad?!

CORINNA *(zu Anton)* Los!

> *Es klopft weiterhin.*
> *Beim Verstauen des Leichensacks bleibt ein Fuß mit Schuh aus der Truhe hängen.*
> *Corinna öffnet die Tür. Auftritt Pilgrim.*

SZENE 2

Corinna, Anton, Pilgrim.
Am Ende Auftritt Frau Achmedi und Elsa Lerchenberg.

PILGRIM Entschuldigen Sie, aber die Lichtschranke funktioniert nicht.

CORINNA Die Lichtschranke?

PILGRIM Ist kaputt. Was für ein Tag!
Heute Morgen sitze ich vor meinem Kuchen, und auf einmal laufen da Ameisen heraus.

CORINNA Als hätten wir nicht andere Probleme.

PILGRIM Ja, sehr gern, aber ich meine ... wie auf ein unsichtbares Kommando kommen die aus meinem Kuchen herausgelaufen. Was für ein Tag!

CORINNA Sie bringen die Post?

PILGRIM Ja, sehr gern, immer das Gleiche: Wenn ich hereinkomm – dunkel.
Im Saal steht bereits ein ganzer Wald von Kameras.
Wir sollten heute nichts dem Zufall überlassen. Sie wissen ja ... Stadträte, Parteispitzen, Kirchenobere, Ministerinnen, der halbe Staatsapparat, so viel erste Reihe haben wir gar nicht in unserem Saal, Frau Bürgermeisterin, für all die Erste-Reihe-Sitzer.
Die Rede hab ich Ihnen hingelegt.
Immer das Gleiche: Wenn ich hereinkomm ...

CORINNA Bei mir hat es eben noch funktioniert.

PILGRIM Bei Ihnen hat es –?

ANTON Ich bin der Bruder.

CORINNA Mein Bruder.

PILGRIM Der Bruder?

CORINNA Sie bringen die Post?

PILGRIM Sie haben einen Bruder?

CORINNA *(zu Anton)* Du kannst, ich gebe dir den Schlüssel, dich zu Hause ein wenig ausruhen.

PILGRIM Was hab ich mir in meinem Leben immer einen Bruder gewünscht!
Ein andres Leben wär mein Leben mit einem Bruder.
Bis heute, leider, leb ich bruderlos.
Ja, aber das –
Hallo
– das freut mich –

ANTON Mich –
Hallo
– freut es auch

PILGRIM Sie sind der Einzige, oder gibt es davon noch mehr?

CORINNA Nein.

ANTON *(gleichzeitig mit Corinna)* Ja.

CORINNA Nur *ein* Bruder.

ANTON Und noch einen Bruder.

CORINNA Einen halben ...

PILGRIM Ein Bruder? Und noch ein Bruder?

CORINNA Halbbruder. Halb.

PILGRIM Und der ist wo? Jetzt auch hier?

CORINNA Die Post?

ANTON Ist tot. Ist leider gestorben.

CORINNA Sie bringen die Post?

PILGRIM Tot? ... Oh ... das tut mir ...

ANTON Hat sich umgebracht.

PILGRIM Umgebracht?

CORINNA Ja, das Leben geht, wir alle wissen es, von Anfang an aufs Ende zu.

PILGRIM Und deswegen hat er sich –?

CORINNA Sie wollten mir die Post ...

PILGRIM – umgebracht? Einfach umgebracht?

CORINNA Was heißt schon einfach?

ANTON Er hat die Berge gehasst.

PILGRIM Die Berge?

CORINNA Er war krank.

ANTON Gedichte hat er geschrieben.

PILGRIM Krank?

ANTON Er war nicht krank.

PILGRIM Er mochte keine Berge?

CORINNA Sehr krank.

ANTON Gedichte.

PILGRIM *(auf Antons Arme bezogen)* Ein Unfall das?

ANTON Wie gesagt: umgebracht sich selbst.

PILGRIM Ich meine Sie? Die Arme beide ...

CORINNA Er ist gestürzt

ANTON Gestürzt, das bin ich nicht!

CORINNA Ungeschickt, zwei linke Hände, immer schon, als kleines Kind.

PILGRIM Soll ich später wiederkommen?

CORINNA Sie waren bei der Post ...

PILGRIM Ja, sehr gern, nichts Neues nicht ...

CORINNA ... von heute Morgen.

PILGRIM Immer das Gleiche: ans Kreuz geschlagene Frösche, eine halbverweste Ratte mit Namen Frau Schaad, ein Dutzend Päckchen Bürgerkot, adressiert an die Frau Bürgermeisterin. Da ist man schon froh, wenn man da an vorige Woche denkt! Nicht wahr, Frau Bürgermeisterin, vorige Woche, als die uns den Galgen ... den Galgen, an dem ein Eichhörnchen hing, gekleidet wie unsere Frau Bürgermeisterin, nur dass das arme Ding im Hörnchenschädel einen Nagel –

CORINNA Wenn's weiter dann nichts Wichtiges ...

PILGRIM Sehr gern. Der Höhepunkt ist immer noch die brennende Sau, nicht wahr, Frau Bürgermeisterin? *(Zu Anton)* Also, wie die da auf dem Rathausplatz eine lebendige Sau angezündet ... lichterloh! Ich wusst ja nicht, dass Sauen brennen, so lichterloh! Wär's nicht so schrecklich gewesen, man hätte sagen wollen, das möcht ich jetzt noch öfter sehen, so eine lodernde Fettfackel ...

CORINNA Wenn's weiter dann nichts Wichtiges –!

PILGRIM Immer das Gleiche, auch bei den Gedichten: Variationen, immer alles Variationen auf «Verrecke, du widerliche, fette alte Bürgermeisterinnenzecke!». Ansonsten rädern, vierteilen, aufschlitzen, auspeitschen, abknallen, aufhängen, steinigen, vergiften und verbrennen, auch bei den Morddrohungen gibt's nicht wirklich etwas Neues.
(zu Anton) Sie bleiben doch noch eine Weile, oder? *(Er will zur Truhe, um sie zu verschieben.)*

ANTON Ich bleibe, ich werde heute ein Gedicht –

PILGRIM Ein Gedicht? Wo wir heute schon keine Musik, wenigstens ... sehr gern, ich meine ...

CORINNA Halt!

PILGRIM Frau Lerchenberg sagt, ich soll die Truhe heute in den Saal ... für die Trauerfeier.

CORINNA Seit fünfhundert Jahren steht die Truhe hier, Pilgrim. Da ruckelt man nicht dran herum.

PILGRIM Sehr gern, ich mein ... nur heute für die Trauerfeier. Frau Lerchenberg, die sagt –

CORINNA Fünfhundert Jahre Geschichte schiebt man nicht einfach in der Gegend herum, nur weil die Lerchenberg das sagt!

PILGRIM Die sagt, ich soll die Truhe heute in den Saal –

ANTON Meine Schwester sagt, die Truhe bleibt!

PILGRIM Alles bleibt?

CORINNA Sie können gehen.

PILGRIM Ja, sehr gern.
(dreht sich im Abgehen nochmals um) Das tut mir leid, mit Ihrem Bruder, das tut mir ...

ANTON Er war nicht krank.

PILGRIM Er mochte keine Berge. *(Geht)*

Corinna will den Fuß, der aus der Truhe herausschaut, hinein-stopfen.
Pilgrim dreht sich im Abgehen abermals um.

Sie wissen es bereits ja, die Leiche, heißt es, sei verschwunden.

CORINNA Die Leiche, ja.

PILGRIM Aus dem Leichenschauhaus, ja. Noch bevor man die Identität hat klären ...

CORINNA Perverses Pack.

PILGRIM Natürlich, ja. Einfach auf und davon.

ANTON So einfach war das nicht.

PILGRIM Als sei sie auferstanden, mit bloßem Rumpf, vom Kopf war scheinbar nichts mehr da.

ANTON War sie nicht tot ...?

PILGRIM Nur ein Tattoo – Windmühle, Strommast, Eiffelturm? Man weiß es nicht genau.

CORINNA Schlimm, schlimm, man glaubt es kaum.
Nur haben wir jetzt andre Sorgen: im Saal ein Wald von Kameras.

PILGRIM Gerüchte, Spekulationen, an allen Ecken – Auspizien, möchte man fast sagen.
Allahu Akbar habe er geschrien, hat einer gehört.

ANTON Das hört man heute überall.

PILGRIM *(zu Corinna)* Die Frage ist, wie sagen Sie zum Unglück?
Unglück? Attentat? Amok? Angriff? Ich habe es offengelassen.
Die Rede haben Sie gekriegt?

CORINNA Ich habe sie, danke, Sie können ...

PILGRIM Attentat, Amok, Unglück …?

CORINNA Was wollen Sie zu einem Unglück andres sagen als Unglück!?

PILGRIM Sehr gern, ich meine … man müsste sich nur einigen. Frau Lerchenberg spricht von Attentat, andere von Amok … Frau Lerchenberg sagt Attentat in ihrer Rede.

CORINNA Rede? Ein paar Worte, mehr wird sie hier nicht sagen. Sie kennen Lerchenbergs Rede?

PILGRIM Ich denke mir, dass sie das sagen wird.

CORINNA «Hier und heute zeigt sich, wie sehr wir zusammen» – das haben Sie gut gemacht, ein guter Anfang!

PILGRIM Sehr gern. «In Trauer und Eintracht, aber auch in einer Wut, die keine Wut –»

CORINNA «Das Leben ist voll Unruhe.» Schön!

PILGRIM Das ist von Hiob.

ANTON Nicht mal deinen eigenen Text schreibst du dir?

CORINNA Wer von uns schreibt schon seinen eigenen Text?

PILGRIM Wir kennen ja die Handschrift: mit dem Auto in die Menge. Wir wissen doch, wer diese Leute sind, sagt nicht nur die Frau Lerchenberg.

CORINNA Für die Lerchenberg ist diese Trauerfeier eine Wahl-kampfkuh. Die macht daraus ein Schlachtfest.

PILGRIM Toll, Frau Bürgermeisterin, dass Sie gesagt haben: Wer so
etwas tut, gehört nicht mehr zu uns!
Ich hab es in Ihre Rede hineingeschrieben. Als Höhepunkt
sozusagen. Als letzten Satz. Oder wollten Sie versöhnlich enden?
Die Pizzaboten beschweren sich, dass es vom Attentäter heißt, er
sei ein Pizzabote.

ANTON Er war nicht krank.

PILGRIM Kaum einer, der noch Pizza bestellt. Die toben da draußen.
Die wollen einen Namen. Die wollen wissen: War es ein Zuge-
reister, ein Heimischer oder Unheimischer? Während wir hier
Trauerfeier feiern im Saal, toben die da draußen auf den Straßen,
endlose Empörungschöre, ausgerechnet heute, wenn hier
Ministerinnen, Staatssekretäre, ein ganzer Wald von Kameras,
der Saal voll Erste-Reihe-Sitzer ...

CORINNA Was haben Sie andres erwartet, Pilgrim, von dieser Auf-
wieglerin? Je schlimmer, desto besser für sie. Jetzt hat sie, was sie
will. Als hätte sie das alles selbst gemacht. Ich trau der alles zu.

PILGRIM Dagegen war die Hasenheide ein Zuckerschlecken.

CORINNA Das waren fast schöne Zeiten ...

PILGRIM Mit zahnlosen Chaoten in Schimmelbuden und Kopftuch-
weibern.

CORINNA Die Stadt ist seither schuldenfrei.

PILGRIM Mit lauter An-die Bäume-Gebundenen und jede Nacht
Lagerfeuer.

CORINNA Die Stadt ist seither schuldenfrei!

ANTON Hat wahrscheinlich nicht allen gefallen.
Aber dafür hängst du jetzt da oben.

PILGRIM Die verlangen einen Namen, nicht bloß die Pizzaboten.

CORINNA Keinen Namen, kein Bild! Das wollen die doch bloß. Zwei
Wochen berühmt sein. Berühmt sein als Leiche, damit ihr Gesicht
die ganze Welt kennt.

ANTON Da ist keins mehr.

CORINNA Diesen Gefallen tun wir denen nicht!

PILGRIM Die toben.

CORINNA Das geht vorbei, Pilgrim. Wir haben schon ganz andres
überstanden.
Zwei Wochen lang berühmt sein! Für nichts als Terror und Amok.

PILGRIM Jetzt haben Sie es ja selbst gesagt.

ANTON Es war ein Unfall.

CORINNA Er muss weg.

*Sie meint das Kreuz an der Wand, aber Pilgrim glaubt, er sei
gemeint.*

PILGRIM Sehr gern, ich geh schon.

CORINNA Nicht Sie.

(zeigt zum Kreuz) Ich frage mich, was Sie dazu bringt, hier heimlich an der Rathauswand herumzunageln?

PILGRIM Bei der Trauerfeier heute, dachte ich, täte sich im Rathaus
so etwas auch atmosphärisch besser.

CORINNA Atmosphärisch besser?

PILGRIM Als Symbol. Nur für heute.

CORINNA Heute mit und morgen ohne? Grad wie es Ihnen passt?
Das Kruzifix als Trauer-Deko? Was fällt Ihnen ein!

PILGRIM Ist auch ein Todessymbol.

CORINNA Ein Symbol für Auferstehung. So hab ich's gelernt.

PILGRIM Aber zuerst muss man ja sterben ...

CORINNA Unter den Opfern sind Muslime.
Sie hängen das ab, und zwar sofort!

PILGRIM Sehr gern, ich meine nur ...

CORINNA Sie hängen es ab!

*Pilgrim will wieder abgehen und dreht sich nochmals um, wäh-
rend Corinna damit beschäftigt ist, den Fuß vollends in die Truhe
zu stopfen; es schaut danach nur noch ein kleiner Fetzen heraus.*

PILGRIM Attentat oder Amok? Wir sollten uns einigen ... auch wegen
Lerchenbergs Rede.

CORINNA Zuerst das Kreuz!

PILGRIM Toll, ich meine, wenn man solche Geschwister ...
Der Bruder lebt, da bin ich sicher, in Ihnen weiter.

Frau Achmedi tritt auf, mit Schuhen in der Hand, es sind die Schuhe ihres Mannes.

CORINNA Entschuldigen Sie, geputzt wird hier heut nicht mehr!
Bringt sie hinaus, Pilgrim!

PILGRIM *(zu Frau Achmedi)* Halt! Nicht hier. Hier nicht. Ich sagte
doch, draußen, Sie sollen draußen warten, draußen!

FRAU ACHMEDI Man hat gesagt, hier ist die Trauer ... hier soll ich ...
jetzt ...

PILGRIM *(zu Corinna)* Das ist die Frau von dem, der –

CORINNA Bringt sie raus!

PILGRIM – von dem, der bei dem –

CORINNA Geputzt wird hier heut nicht!

PILGRIM – der bei dem Attentat ... ich meine Unfall –

FRAU ACHMEDI Ich will das nicht ...

PILGRIM – die Frau von diesem Mann ...

FRAU ACHMEDI Ich will nicht Kameras, ich will nicht Bilder ...

PILGRIM Achmedi heißt sie –

FRAU ACHMEDI Ich will nichts sagen ...

CORINNA O Gott ...

PILGRIM Draußen, habe ich gesagt!

FRAU ACHMEDI Ich will nichts sagen ... ich will nicht Kameras ...

CORINNA ... das tut mir ... Entschuldigung ... ich möchte Ihnen sagen, wie leid mir das alles ... das werde ich gleich auf der Trauerfeier nochmals zu Ihnen sagen, Frau Achmedi.

Pilgrim schiebt Frau Achmedi mit sich hinaus.

Wir sehen uns dann gleich. Danke, ich meine ... Entschuldigung ... bis gleich.
(zu Anton) Du machst mich völlig wirr!

Pilgrim kommt zurück mit Frau Achmedi.

PILGRIM Jetzt funktioniert sie. Bei mir funktioniert sie nicht. Sobald jemand anderer ...

CORINNA Wir sehen uns gleich.
(zu Anton) Was stehst du hier herum?

ANTON Mir ist schlecht.

CORINNA Jetzt nicht!

PILGRIM Da muss man sich doch fragen, warum die Lichtschranke nicht bei mir ...

CORINNA Gehen Sie. Und das Kreuz!

PILGRIM Sehr gern, ich meine nur ... soll ich jetzt gehen oder soll ich das Kreuz ...

CORINNA Das Kreuz! Ich muss mir eine andre Bluse –

ANTON *(leise zu Corinna)* Zwing mich nicht zu diesen hässlichen Wenn-dann-Sätzen: Wenn du mich hier nicht sprechen lässt, dann sag ich allen, dass er in der Truhe –

PILGRIM Setzen Sie sich, Frau Achmedi, ich muss hier noch –

CORINNA Das ist's, was unter Geschwistern das Grauen: Kaum sieht man sich, ist man wieder fünf ...

PILGRIM Sie sind zu früh, setzen Sie sich.

Corinna will abgehen, ihr kommt Elsa Lerchenberg entgegen. Sie touchieren sich kurz.

CORINNA *(zu Elsa)* Nur kurz, damit es keine Dopplung gibt: Was sagen Sie?

ELSA Ich sag doch jetzt nicht, was ich sage. Da klingt ja meine Rede später, als sei sie mehrmals aufgewärmt.

CORINNA Ein paar Worte genügen, Frau Lerchenberg. Hass hat hier heute keinen Platz. In uns allen leuchtet auch das Licht der Vernunft, Frau Lerchenberg, ja, wir selbst sind dieses Leuchten.

ELSA Sehen angespannt aus – schlecht geschlafen?

CORINNA Wer kann schon ruhen, nach einem solchen Vorfall?

PILGRIM *(zu Elsa)* Das Leben ist voll Unruhe, sagt Frau Bürgermeisterin.

ELSA Sie haben dieses Pack in unsre Stadt gebracht, jetzt raubt es Ihnen den Schlaf, wundert Sie's? Auf unsereins will man nicht hören. Wer nicht hören will, muss fühlen. Sie kennen den Satz.

CORINNA Wir reden heut nicht über Volk und Nation.

PILGRIM Wir öffnen heute keine Fässer.

ELSA Wir reden bereits im Pluralis majestatis, jetzt?

CORINNA Bei einer Trauerfeier sollte man nicht herumimprovisieren. Ein ganzer Wald von Kameras, da sollte man nichts dem Zufall –

PILGRIM Der ganze Saal voll Erste-Reihe-Sitzer.

ELSA Reden Sie in Gummistiefeln?

CORINNA Ein Rohrbruch mitten in der Nacht ...

ELSA Ein Rohrbruch? Hier im Rathaus?

CORINNA Im eignen Keller!

ELSA Im eignen Keller, ach! Die halbe Nacht im Dreckwasser, und jetzt mit Kanalgaloschen auf der Trauerfeier?

CORINNA Der Mensch, Frau Lerchenberg, ist so groß wie seine Herausforderung.

PILGRIM *(zu Elsa)* Jeder Mensch eine Herausforderung, Frau Lerchenberg.

ANTON Mir ist schlecht.

472 CORINNA *(zu Pilgrim, mit Blick auf ihre Gummistiefel)* Pilgrim! Wie können Sie!?

PILGRIM *(denkt, es handele sich ums Kreuz)* Ich häng es ab, sofort!

CORINNA Schauen Sie mich an!

PILGRIM Sehr gern, ich mein ... Sie brauchen eine andre Bluse.

CORINNA Soll ich in Gummistiefeln bei der Trauerfeier –!? Ich brauche Schuhe! *(Ab)*

SZENE 3

Pilgrim, Elsa, Anton, Frau Achmedi.
Frau Achmedi will sich auf die Truhe setzen.

ANTON Nicht auf die Truhe! Nicht!

PILGRIM Was würden Sie sagen, Frau Lerchenberg, wenn bei Ihnen die Lichtschranke nicht reagiert? Da fragt man sich doch ... Wieso bei mir? Ich will nicht sagen, dass man das persönlich ... ich meine –

ELSA Die Lichtschranke?

PILGRIM – eine Lichtschranke ... kann man ja nicht persönlich ... aber sie funktioniert nicht. Nicht bei mir. Bei allen andern funktioniert sie.

ELSA Sind alles Zeichen.

ELSA Zeichen! Zeichen für den Verfall. Für den allgemeinen Verfall. Gerade eben hab ich das in einem Inter-fiu gesagt: Alles Zeichen! Zeichen für den Niedergang!

PILGRIM Und heute Morgen, Frau Lerchenberg, habe ich einen Kuchen gegessen, und auf einmal laufen da Ameisen heraus, wie auf ein unsichtbares Kommando laufen Ameisen aus meinem Kuchen, wie der Gefangenenchor im «Fidelio».

ELSA Als hätten wir nicht andere Probleme.

PILGRIM Was für ein Tag!

ELSA Nicht mal die Leichen im Leichenschauhaus sind noch sicher. Es funktioniert nichts mehr. Und es ist gewollt. Das sag ich Ihnen!

PILGRIM Aber bei Ihnen hat es doch funktioniert. Bei Frau Bürgermeisterin funktioniert es auch.

ELSA Riechen Sie das auch, Pilgrim? Diesen Geruch?

PILGRIM Beim Bruder von der Frau Bürgermeisterin funktioniert es ebenso, bei allen funktioniert es, nur bei mir ...

ELSA Dem Bruder? An so einem Tag hat die Zeit für Familie?!

PILGRIM Erkennt mich die Elektrik nicht als Menschen an, oder was?

ELSA Nerven! Die hat Nerven, wo über unserer Stadt die Wut- und Trauerwolken sich zusammenbrauen. Ein Mediengetümmel im Rathaussaal. Trifft sich mit der Familie ...

PILGRIM Der Bruder sei gestorben. Hat sich umgebracht.

ELSA Umgebracht? Der Bruder?

ANTON Er war nicht krank.

PILGRIM Das Leben geht, wir alle wissen es, von Anfang an aufs Ende zu, Frau Lerchenberg.

ELSA Kein Grund, sich umzubringen. Was ihr Bruder mit sich selbst gemacht, das macht Frau Bürgermeister mit der ganzen Stadt.

PILGRIM *(mit Blick auf Anton)* Er ist der andre Bruder.

ANTON Ich bin der andre, ja. Ich lese heute hier von ihm Gedichte.

PILGRIM Vielleicht hat auch ihn eines Tages ja die Lichtschranke nicht mehr ... wer weiß? Möchten Sie ein Mensch sein, der von der Elektrik nicht mehr anerkannt wird, als Mensch, Frau Lerchenberg? So als gäbe es mich gar nicht!?

ELSA Als hätten wir nicht andere Probleme, Pilgrim.

PILGRIM Sehr gern, natürlich, nur ist es noch schlimmer. Ich gehe in den Supermarkt, will ganz normal, so wie die ganze Menschheit, so will auch ich durch die elektronische Tür, ich steh davor. Sie öffnet sich nicht, ich schlage gegen die Scheibe, eine alte Frau kommt von drinnen, die Tür geht auf, die Oma geht raus, als wär nichts, lächelt mir zu, keine Ahnung, ob sie es gemerkt ... Man schämt sich ja dann auch ...

ELSA *(zu Anton)* Sie sind der Bruder also?

ANTON Ich lese heute hier von ihm Gedichte.

PILGRIM Wie schön, nicht wahr, der Bruder als Musik-Ersatz. Wo wir heute schon keine Musik, kein Kreuz ... wenigstens Gedichte.

ANTON Bruder-Gedichte

ELSA Glaubt die, sie hätte die Wahlen bereits gewonnen, feiert hier schon mit der ganzen Familie? Und das bei einer Trauerfeier.

PILGRIM Sie glauben nicht, was das aus einem macht, wenn einen nicht mal mehr die Elektrik ...

ELSA Sie sind einfach zu klein, so etwas gibt es. Ein Lichtschranken-zwerg.

PILGRIM Lichtschrankenzwerg? Selbst ein Dackel kommt durch die Supermarkttür, ich hab es ausprobiert.

ELSA Das ist kein Widerspruch, natürlich schafft es der Dackel, im Gegensatz zu Ihnen ... weil sich der Dackel diese Frage nicht stellt, Pilgrim. Für den gibt's nicht den geringsten Zweifel, dass die Tür aufgeht, während Sie ... schauen Sie sich an, haben sich zum Dackel von Frau Bürgermeister gemacht. Tragen ihr die Schuhe hinterher. Schlurfen hier mit dieser Pumpernickel-haften Bescheidenheit durchs Rathaus, hätten längst ganz andere Befugnismächte verdient: Dienstwagen, Sekretärin. Längst hätten Sie dafür sorgen müssen, dass man zum Attentat Attentat sagt, jetzt wo auch noch die Attentäterleiche verschwunden ist. Und Sie schlucken einfach ihre Sprachbefehle, Pilgrim!? Das sagt doch alles über den Zustand dieser Stadt. Nicht einmal mehr Leichen sind hier sicher, weder Tote noch Lebende!

PILGRIM Kein Bild, keinen Namen!

ELSA Nicht mal mehr ein Gesicht! Ein Gulaschgrind mit einer
Tätowierung am Arm!? Wir kennen ja die Handschrift: mit dem
Auto in die Menge. Wissen längst, wer diese Leute sind, die so
was tun. *(Sie will die Truhe besteigen, schafft es aber nicht gleich.)*
«Hier und heute zeigt sich, wie wir zusammenstehen, in Trauer
und Eintracht. Aber auch in einer Wut, die keine Wut bleiben
darf, sondern sich verwandeln muss in eine Kraft, in eine Kraft,
die aus uns eine ...» Guter Satz, Pilgrim! *(Sie übt, mit einem einzigen Schritt auf die Truhe zu kommen.)* «Unter der Schlackenkruste der Utopie brodelt die Toleranzsuppe, in der sich alles
auflöst, ganz Europa!»

*Pilgrim holt sich eine Leiter und lehnt sie an die Wand, um das
Kreuz abzumachen.*

ANTON *(zu Frau Achmedi)* Es ist nicht nur Ihre Tragödie, Frau ... eine
Tragödie hat man nie allein. Das möchte ich Ihnen sagen, Frau ...

FRAU ACHMEDI Ich kenne Sie nicht.

PILGRIM Ich sage immer, man müsste das Knien wieder ins Leben
hineinintegrieren, Frau Lerchenberg. Sich öfter einfach wieder an
den Boden schmiegen.

ANTON Er hat die Berge gehasst.

ELSA Fünfhundert Jahre Geschichte. Ich stehe auf fünfhundert
Jahren Geschichte.

ANTON Der wäre nie auf einen Berg gestiegen.

PILGRIM Der Mensch hat das Knien verlernt, das ist seine Tragödie.

ELSA Wir wollten hier fünfhundert Jahre Geschichte feiern, und
nun das!
Ist alles gewollt, Pilgrim.

ANTON *(zu Frau Achmedi)* Eine Tragödie kann man nie nur für sich
allein besitzen. Die Tragödie an der Tragödie ist, dass wir sie
teilen müssen, ob wir wollen oder nicht.

FRAU ACHMEDI Ich kenne Sie nicht.

PILGRIM *(beim Hinaufsteigen auf die Leiter, wo er auf halber Höhe
stehen bleibt, zu Frau Achmedi)* Er ist der Bruder, Frau ... der
Bruder von Frau Bürgermeisterin.

ELSA Was wollen Sie da oben, Pilgrim?

ANTON *(zu Frau Achmedi)* Ich werde Sie in meiner Rede ansprechen,
Frau ...

PILGRIM Das ist Frau Achmedi.
(zu Elsa) Sie sagt, das Kreuz muss weg.

FRAU ACHMEDI Wegen mir können Sie das Kreuz hängen lassen.

ELSA Sie lassen dieses Kreuz hier hängen! Sie wissen, ich bin keine
Kirchgängerin, aber diese Haltlosigkeit, die Europa inzwischen
zelebriert, diese Haltlosigkeit, die nichts mehr liebt als den
eigenen Untergang ...
Alles ein letzter Rausch. Symbiose mit dem Nichts!
Das Kreuz sagt, wer wir sind.

PILGRIM Und wer wir nicht sind. Auch das. Vor allem das.

ELSA Wo wir hingehören. «Unter der Schlackenkruste der Utopie brodelt längst die Toleranzsuppe ...» *(Sie übt auf der Truhe mit stummem Gestikulieren ihre Rede.)*

FRAU ACHMEDI Irgendeine Religion ist besser als gar keine, sagt mein Mann.

ANTON Ich habe mal gehört, Frau ... Achmedi, ich weiß nicht mehr, wo, aber bei irgendeinem Volk, da haben die diesen Brauch, dass die Familie des Täters sich um die Familie des Opfers kümmert.

ELSA Riechen Sie das auch, Pilgrim? Diesen Geruch?

ANTON Murder family cares for victim's family. An old oriental custom of old oriental people.

ELSA An irgendwas erinnert mich dieser Geruch. Riechen Sie das auch, Pilgrim?

PILGRIM Ja, sehr gern, ich weiß jetzt gar nicht, ist es ein guter Geruch oder ein ganz entsetzlicher.

ANTON Die leben ein Leben lang ihr Leben mit den Opfern, die wohnen da, die waschen denen die Füße, kämmen denen die Haare ...

FRAU ACHMEDI Ich kenne Sie nicht, junger Mann.

ELSA Kommen Sie herab, Pilgrim, was stehen Sie auf dieser Leiter!?

ANTON They wash their feet and comb their hair. Die decken die abends zu, singen für die, streicheln denen den Kopf und ...

FRAU ACHMEDI Ich kenne Sie nicht.

ANTON Die ganze Zeit möchte ich amen sagen.

FRAU ACHMEDI Wir sagen immer Amin.

ELSA Neulich sitze ich im Theater, Pilgrim, und da sehe ich mich selbst auf der Bühne.

PILGRIM Auf der Bühne, Sie?

ELSA Die haben versucht, eine Lerchenberg darzustellen. So weit ist es inzwischen gekommen. Steigen Sie endlich herab! *(Sie übt weiterhin auf der Truhe gestikulierend ihre Rede.)*

ANTON *(zu Frau Achmedi)* Ein Leben lang sind die immer da, Tag für Tag, Nacht für Nacht weichen die nicht mehr von ihrer Seite, wie ein warmer Schatten, der nie mehr verschwindet! A warm shadow never ending!

FRAU ACHMEDI Entschuldigen Sie, junger Mann, würden Sie mich bitte nicht anfassen!

ANTON Ich will nicht sagen, dass ich Ihren Mann ersetzen könnte, Frau Achmedi, aber ...

FRAU ACHMEDI Nicht anfassen

ELSA Selbstauslöschungsorgasmus im Namen der Menschheitsliebe nenne ich das, Pilgrim. Wer nicht mitmachen will, wird verhöhnt, verächtet, verlästert. Da sehe ich mich selbst auf der Bühne. Mich selbst! Eine dieser Schauspielerinnen, dieser elenden Rampenschranzen krächzt meine Sätze ins Publikum, unsäglich verkürzt natürlich, verkürzt und verzerrt! Sätze aus meinen Reden. «Wir müssen der Hydra den Kopf abschlagen», habe ich gesagt, nie habe ich gesagt: «Wir müssen denen allen den Kopf abschlagen!» Ich habe gesagt: der Hydra! «Der Hydra der Überflutung aus Afrika!» Nie habe ich gesagt: den Kopf! Ich habe nur gesagt: «Den Kopf der Hydra!»

PILGRIM Ist doch ein gutes Zeichen. Frau Lerchenberg, wenn man
Sie jetzt schon auf unseren Bühnen ...

ELSA Auch das ist Selbstvernichtung, Pilgrim, dass man Hans-
wursten zujubelt, die verhöhnen, verächten, verlästern, was sie
trägt und was sie überleben lässt. Das ist der Abgrund, und alles
andere sind die Folgen.
Zukunft ist Herkunft! Ankunft ist Heimkunft!
Wer nicht mehr weiß, wer er ist, der ist nicht mehr!
Die machen aus Europa eine Metzelsuppe!

PILGRIM Ist doch ein gutes Zeichen ...

ELSA Ich habe nie gesagt: «Allen den Kopf abschlagen.» Das ist eine
Metapher. Die wissen nicht mal, was eine Metapher ist.

PILGRIM Ist doch ein gutes Zeichen. Leute wie mich sieht man nie
auf der Bühne.

ELSA Eine Metapher! Wir sind Abendlandindianer, auf unserm
eigenen Boden, in unserm eigenen Land!

ANTON *(zu Frau Achmedi)* So was dauert. Klar. Das dauert. Das geht
nicht von jetzt auf gleich.
Schicksalsverwobene, Sie und ich. Wir werden hier gemeinsam
stehen, Sie und ich.

ELSA Riechen Sie das nicht auch, Pilgrim?

PILGRIM Ja! Ich wüsste jetzt gar nicht: Ist es ein guter Geruch ...

ELSA Erinnert mich an früher, Pilgrim.

PILGRIM ... oder ein ganz entsetzlicher?

ANTON Ich werde Sie, wenn ich die Gedichte meines Bruders lese, immer wieder anschauen, im Grunde genommen spreche ich diese Gedichte nur für Sie, und wenn ich dann sage: «Im Tod muss alle Feindschaft enden», da könnten Sie dann vielleicht ein wenig nicken, Frau ...

FRAU ACHMEDI Nicken?

ANTON Sehen Sie ... ich habe gesehen, wie meine Mutter langsam unter meinen Fingern zerbröselt ist. My own mother crumbled in my fingers. Und jetzt noch mein Bruder, der *(fängt an zu weinen)* ... von meiner Familie ist nichts mehr als eine leere Höhle, in der ich umsonst die Namen rufe. Nur diese Schwester ...

FRAU ACHMEDI Entschuldigen Sie, junger Mann, ich kann Ihnen nicht helfen. Ich bin Frau Achmedi

ANTON Und in mir schwirrt nichts als dieser Gebetsstummel aus der Kindheit: Amen, amen, amen ...

FRAU ACHMEDI Wir sagen immer Amin.

ELSA Das Kreuz zeigt, wer wir sind. Dazu muss man nicht religiös sein.

PILGRIM Und wer wir nicht sind!

FRAU ACHMEDI Das ist ihr Jammermann, sagt mein Mann. Wir haben keinen Jammermann, sagt mein Mann, die haben einen Jammermann.

Elsa übt weiterhin gestikulierend ihre Rede.

ANTON Aber jetzt hat das Leben uns beide hier zusammengeschrieben.

Ich sag mal, auch wenn es sich noch weit weg anhört: Eines Tages, Frau Achmedi, da können auch Sie das Grab von unserem Moritz besuchen. Meine Schwester wird das nicht verhindern, eher wird meine Schwester ... die wahren Gewichte, Frau Achmedi, die kennen nur wir.'

FRAU ACHMEDI Ich weiß nicht, was Sie wollen, junger Mann, ich kenne Sie nicht.

ANTON Ihr Mann, werde ich dann sagen, und dann werde ich Sie wieder anschauen, der würde das auch wollen.

FRAU ACHMEDI Mein Mann ist tot. Ich habe seine Schuhe mitgebracht. Er wollte nie andere Schuhe anziehen. Seit Jahren immer die gleichen Schuhe. Achmed, du brauchst neue Schuhe, habe ich immer gesagt. Die alten knarzen wie ein altes Schiff. Das habe ich immer gesagt: Achmed, deine alten Schuhe knarzen wie ein altes Schiff. Und er hat immer gesagt: Alte Schiffe sind schön. Hat alte Schiffe geliebt. Überall Bilder an den Wänden mit alten Schiffen. Mit Segeln und Masten und Holz und Rudern ...

ANTON Sie sprechen sehr gut Deutsch.

FRAU ACHMEDI Sie auch.

ELSA Entstellende Nachäffer! Sie kennen ja meine Rede über die Schlackenkruste der Utopie. Die Heere der Beschnittenen, die uns den Mutterboden penetrieren.

PILGRIM Ja, aber was für eine Wucht! Nicht wahr, Frau Lerchenberg? Was für eine religiöse Potenz, die da auf uns zurollt, Frau Lerchenberg. Ich meine, die haben ja eine Gläubigkeitsmuskulatur, dagegen sind wir ... anders gesagt: Wir kriegen vertikal doch gar keinen mehr hoch.

ELSA Ich habe nie gesagt: allen den Kopf ab.

FRAU ACHMEDI Und jetzt sind sie still, die Schuhe. Wenn Schuhe
knarzen, ist man nie allein, hat Achmed immer gesagt. Nie!
Lassen Sie es ruhig hängen, das Kreuz.

ELSA «Ich bin's, die Götterdämmerung!
Ich bin's, der Totengräber der faulen Reste Utopie-besoffener
Lemminge! Friedensverwester Entgrenzungsphantasten!
Ich bin's, der Enddarm einer Geschichte, die nicht unsere
Geschichte werden darf!
Ich bin's, die letzte Chance für Evolution!»

PILGRIM Das haben die auf einer Bühne gesagt?

ELSA Die wissen nicht mal, was eine Metapher ist.

ANTON *(zeigt auf die Truhe und sagt leise zu Frau Achmedi)* Er ist
dadrinnen.

FRAU ACHMEDI Nicht anfassen, bitte.

ELSA Wahrheit wird Deppennummer, Vernunft Karikatur! Regime-
theater!
Sie erinnern sich, Pilgrim, das brennende Schwein, hier auf dem
Rathausplatz?

PILGRIM Die brennende Raketensau, Frau Lerchenberg, die fette
Fackel, lichterloh!

ELSA Haben die toll gemacht, die Buben, was?

PILGRIM Sie kennen die?

ELSA Da hätte Beuys seine Freude gehabt, am wilden Tanz von so einer lodernden Kometensau. Das ist Kunst, Pilgrim, soziale noch dazu!
Riechen Sie es nicht, Pilgrim, diesen Geruch?

ANTON *(leise zu Frau Achmedi)* Wollen Sie ihn sehen?

FRAU ACHMEDI Nein.

ELSA Wieso steht diese Truhe überhaupt noch hier, Pilgrim? Längst sollte die im Rathaussaal ... Ich werde meine Rede auf dieser Truhe halten. Fünfhundert Jahre Geschichte dröhnen da unter meinen Füßen. Immerhin war in dieser Truhe auch schon Luther drin.

PILGRIM Der Luther ...?

ELSA Hat sich dadrinnen versteckt. Vor seinen Verfolgern.

ANTON *(zu Frau Achmedi)* Er ist dadrin.

FRAU ACHMEDI Nicht anfassen.

PILGRIM In dieser Kiste, der Luther?

ELSA Nicht nur der Luther. Da sind noch ganz andre drin ... gewesen. Aber das ist eine andere Geschichte.

ANTON *(zu Frau Achmedi)* Und Sie wollen ihn nicht sehen?

FRAU ACHMEDI Nein.

ELSA Was sind denn Ihre Aufgaben, Pilgrim!?

Nachmittagelang stochern Sie in den trockenen Kuchen der Altenheime herum. Belästigen Jubilarsmumien mit Blumensträußen, kratzen frühmorgens für Frau Bürgermeister Scheiße aus dem Briefkasten. Während die sich nach Bregenz zu Puccini kutschieren lässt! Machen Sie, machen Sie ruhig weiter so, nur beklagen Sie sich dann nicht, dass nicht mal mehr Lichtschranken Sie erkennen. Das ist erst der Anfang.

PILGRIM Der Anfang?

ELSA Und eines Tages ist es so weit, und Sie sitzen da, mit so einer innerlichen DDR, sind Ihr eigener politischer Gefangener und wissen es nicht einmal, Pilgrim. Kriegen ja kaum noch einen normalen Satz aus dem Maul: Zugereiste! Unheimische! Heimische! Frau Bürgermeisteriiieen. Wer sich nicht mehr behauptet, wer nur noch duldet, duldet, duldet, der wird zur Leiche, Pilgrim, der verschwindet aus der Geschichte! Toleranz ist nichts als Koketterie der Sterbenden.

ANTON Gerade jetzt, wo sich da draußen täglich die Menschlichkeitsbegabungen verflüchtigen, da muss man doch erst recht bis ins Grab hinab ein Fürsorgefeuer entzünden, Frau Achmedi! Egal, was der Bruder gemacht hat. Längst geht es hier doch nicht mehr um die paar Knochen von Ihrem Mann oder meinem Bruder, längst geht es um viel mehr: Im Tod muss alle Feindschaft enden. Und wenn Sie da, bei diesem Satz, Frau Achmedi –

FRAU ACHMEDI O Gott, ich muss …

Frau Achmedi geht ab und vergisst, die Schuhe ihres Mannes mitzunehmen.

ANTON *(ruft ihr hinterher)* Rennen Sie ruhig weg vor Ihrem Schicksal, Frau Achmedi! Sie kommen zurück! Ich weiß es: Sie kommen zurück!

Anton läuft ihr hinterher. Die Schuhe bleiben auf der Bühne zurück.
Pilgrim hat das Kreuz doch abgehängt und ist dabei, mit ihm von der Leiter abzusteigen.

ELSA Sie hängen es wieder auf, sofort!

PILGRIM Sehr gern, ich meine, es würde ja etwas fehlen, wenn es das Knien nicht gäbe. Ein Leben ohne Niederknien. Wenn es nichts mehr gäbe, was uns knien lässt. Ich meine, knien Sie nicht auch manchmal, Frau Lerchenberg? Gibt es etwas, vor dem Sie niederknien?

ELSA Als hätten wir nicht andere Probleme. Jeden Morgen beug ich mich über unser Regime-Blättchen, die neuesten Tageslügen, grase mehr, als dass ich wirklich lese.
Da steht: Straßensteinigung.

PILGRIM Was?

ELSA Straßensteinigung! Am Soundsovielten findet eine Straßensteinigung statt.

PILGRIM Eine Straßensteinigung?

ELSA So wie Sie habe ich auch ausgesehen, Pilgrim, als ich da lese: Straßensteinigung. Da fragt man sich doch, was mit uns los ist, Pilgrim, dass wir so was lesen müssen in aller Frühe.
So frisch geschlüpft aus der Nacht, dem unschuldigsten Lebensmoment, noch von keinerlei Geschäften verdreckt. Gleich nach dem Aufwachen, Pilgrim, ist der Mensch ja noch ganz Kind! Und da müssen wir so etwas lesen: Beachten Sie bitte, am Soundsovielten findet eine Straßensteinigung statt!

Die Frage ist: Wie muss es um uns alle bestellt sein? Wie eng bereits der Strick um unsern Hals liegen? Wie hockt da längst in uns die Angst, wie der Schatten eines Fallbeils. Als läsen wir tatsächlich eines Morgens: Straßensteinigung!

PILGRIM Aber Sie haben es doch gelesen?

ELSA Man liest, was man denkt, nicht, was man sieht.
Schlimm genug. Alles Zeichen. So weit ist's gekommen.
Und es hat Gründe!

PILGRIM Aber Sie haben es doch gelesen. Sie haben Straßensteinigung ...

ELSA Aber es stand ja nicht da!

PILGRIM Das kenne ich, ich kenne das, Frau Lerchenberg.
Kürzlich lese ich im Supermarkt auch etwas, was ich nicht lese

ELSA Es geht nicht darum, dass ich nicht Straßenreinigung gelesen habe. Es geht darum, was ich gelesen habe!

PILGRIM Nur weiß ich nicht mehr, was es war, was ich gelesen habe, was ich nicht gelesen habe.

ELSA Es ist gewollt.

PILGRIM Gewollt? Sie meinen, auch das mit der Lichtschranke ...?

ELSA Alles Zeichen.

PILGRIM Zeichen wofür?

ELSA Die Lust am eigenen Untergang! Masochistischer Größenwahn! Ich sage nur: Der Freund von einem Freund, der wollte neulich einen Fisch essen. Sitzt vor seinem Fisch, und als er mit der Gabel in seinen Mund ... da sieht der an seinem Gabelzinken etwas wackeln, was nicht Fisch ist. Da hängt ein Zeigefinger, Pilgrim. Kein ganzer mehr, aber ein Zeigefinger.

PILGRIM Ein Zeigefinger? Von einem Fisch?

ELSA Sag ich ja. Ein schwarzer Zeigefinger mit Nagel, Dreck und allem Drum und Dran!

PILGRIM O Gott, das ist ... Frau Lerchenberg?
Ein schwarzer Zeigefinger?!
Und vorhin hab ich einen Fuß gesehen. Hier aus der Truhe stand ein Fuß!

ELSA Man macht aus uns Barbaren! So weit ist es gekommen, Pilgrim. Wir müssen Dinge sehen, die an uns zweifeln lassen! Von Mächten aufgedrängt, die nicht die unseren sind. Nicht mal Fische können wir noch essen, ohne auf afrikanischen Gliedmaßen herumzukauen!

PILGRIM Entsetzlich ... das ist ...

ELSA Und diejenigen, die nicht im Fischdarm enden, die werden hier ins Land gekarrt. Und wer am lautesten «Willkommen!» schreit, ist unsere Frau Bürgermeister. Ganze Häuser stellt die denen hin, diesen Tragödiendarstellern, moslemischen Muttersöhnchen, Körpersaftkeulen.
Bringen ihre Albträume ins Land, Albträume, für die wir gar nichts können, Pilgrim! Kein Wunder, dass die aus einer Selbstmörderfamilie kommt. Was will man da erwarten? Aber jetzt, Pilgrim, ist ihr einer da hineingefahren.

Ich bin nur froh, dass ich ein paar Suren auswendig kann, für alle
Fälle.

Pilgrim fällt fast von der Leiter.

PILGRIM Was? Sie lernen den Koran auswendig, Frau Lerchenberg?

ELSA Sollten Sie auch, Pilgrim. So schwer ist das gar nicht. Dieses
Arabisch, eine Sprache, die raschelt wie trockenes Laub. *(Sie sagt
den Anfang einer Sure auf Arabisch, mit besonderer Betonung
der Rachenlaute.)* Sollten Sie auch, wenn Sie nicht wollen, dass
es Ihnen ergeht wie diesen Geschäftsmännern in Bombay. Von
diesen Allah-Buben aufs Hoteldach gejagt, wurden bloß die
verschont, die eine Sure beten konnten. Den andern hat man die
Köpfe vom Dach geschossen wie geplatzte Luftballons.

PILGRIM O Gott.

ELSA Sollten Sie auch, ein paar Suren … für den Fall der Fälle,
Pilgrim!

PILGRIM Glauben Sie, Frau Lerchenberg, der hätte Sie nicht umgefahren, nur weil Sie eine Sure … ich meine, hätten Sie in unserer
Fußgängerzone als Letztes auf Arabisch geschrien …

ELSA Hören Sie das auch, Pilgrim? Da draußen, jetzt schwillt die
Wut in den Volkswaden. Sie müssen sich entscheiden, Pilgrim.
Die Menschheit steht an einer Wegkreuzung.
Nicht zum ersten Mal in der Geschichte, weiß Gott nicht.
Und wir können sagen: Wir sind dabei gewesen, Pilgrim!
Wie viele Menschen in der Geschichte können schon von sich
sagen: Uns standen zwei Wege offen?! Der Weg in die Aus-
löschung und der Weg ins Rettende!

PILGRIM Aber das ist nicht Ihre Rede. Ich habe Ihnen eine andere
Rede –

ELSA Unterbrechen Sie mich nicht ständig. Kann man denn nicht
ein einziges Mal, bevor wir hier … einen einzigen Gedanken … und
kommen Sie endlich herunter!
Am Ende flehen wir noch um Gnade im eigenen Land. Tschuldigung! Tschuldigung, dass wir hier leben dürfen wollen! Aber jetzt,
Pilgrim, ist ihr einer da hineingefahren in ihre Völkermischorgie.
Mitten hinein! Das überlebt die nicht! Die Trauerfeier, Sie werden
sehen, ist ihr letzter Auftritt.

PILGRIM Ihr letzter Auftritt?

ELSA Bald laufen aus Ihrer Frau Bürgermeister Ameisen heraus wie
aus Ihrem Kuchen! *(Sie muss selbst über ihren Witz lachen.)*

PILGRIM Volksbrot! Jetzt weiß ich's wieder: Volksbrot hab ich
gelesen, neulich im Supermarkt. Volksbrot statt Vollkornbrot.
Volksbrot!

ELSA Das ist der Unterschied zwischen Ihnen und mir: Sie lesen
Volksbrot, ich Straßensteinigung.
Sie sind Phantast, ich Realist.
Gab ja Pläne, in den letzten Tagen, kurz vor dem Ende, Hitler
heimlich in dieser Truhe noch aus dem Bunker zu tragen, ihn im
letzten Moment über die Grenzen zu schaffen.

PILGRIM Hitler war auch in dieser Kiste?

ELSA Hätte man Hitler tatsächlich noch rechtzeitig in dieser Kiste
über die Grenze … wir stehen an einer Menschheitskreuzung,
Pilgrim!
Selbstauslöschung oder das Rettende?
Stellen Sie sich vor, Hitler, hätte man …

PILGRIM Ja, wenn man nur bedenkt, was aus Jesus geworden wäre, wenn der sich gerettet hätte? Mein Gott!
Ein geretteter Jesus, stellen Sie sich das mal vor, Frau Lerchenberg. Ein nicht geopferter Jesus, der nicht ans Kreuz geschlagen worden wäre?!
Der heil gebliebene Heiland, was für eine Katastrophe!
Eine Welt ohne Kreuz.

ELSA Volksbrot, herrlich, Pilgrim, was für eine Aussicht!

SZENE 4

Anton, Pilgrim.
Im Hintergrund zieht Elsa sich für die Trauerfeier um.
Später Corinna, noch später Frau Achmedi.

Pilgrim macht sich an der Truhe zu schaffen, Anton kommt zurück.

ANTON Meine Schwester sagt: Die Truhe bleibt!

PILGRIM Die Schuhe, ach ja, die Schuhe ...

ANTON Die Truhe bleibt!
(muss sich setzen) Würden Sie mir bitte helfen? Die obersten Knöpfe vom Hemd ... diese Hitze ... meine Brust braucht Luft!

PILGRIM *(hilft Anton beim Aufknöpfen)* Heute Morgen sitze ich vor meinem Kuchen, und auf einmal diese Ameisen

ANTON Essen Sie morgens schon Kuchen?

PILGRIM Für meine Mutter undenkbar! Morgens Kuchen. Undenkbar! Jetzt ist sie tot, und ich esse morgens Kuchen. Andererseits habe ich ein schlechtes Gewissen, aber ich bekämpfe es, mit jedem Bissen, jeden Morgen. Wir wissen ja nicht, ob die Toten uns sehen.

ANTON Wieso nur eine Kerze? Im Saal nur eine Kerze?!

PILGRIM Gottlob nur eine. Ein Toter, eine Kerze.

ANTON Wir brauchen zwei. Zwei Kerzen!

PILGRIM Wir?

ANTON Meine Schwester sagt: im Saal zwei Kerzen. Zwei!

PILGRIM Je Toter eine Kerze.

ANTON Macht zwei.

PILGRIM Ein Toter – eine.

ANTON Macht zwei.

PILGRIM Noch ein Toter?

ANTON Für die Leiche.

PILGRIM Die Leiche, die jetzt nicht mehr da ist?

ANTON Was nicht mehr da ist, ist ja auch da. Manchmal mehr, als wenn es da ist.

Rathaus anzünden, mitsamt uns allen?

ANTON *(ein Wutanfall)* Unfall, Unfall, Unfall! Es war ein Unfall!
(leidend) Würden Sie mir noch einen Knopf ...?
(kopfschüttelnd) Jeden Morgen Kuchen ...

PILGRIM *(nimmt die von Frau Achmedi zurückgelassenen Schuhe)*
Jeden Morgen Kuchen, gegen das Kopfschütteln meiner Mutter!

ANTON Wenn Sie mir einen Schluck ... man verliert ja nicht jeden
Tag einen Bruder.

PILGRIM Immer habe ich das Gefühl, ich sei als Bruder auf die Welt
gekommen. Von Anfang an war ich immer ein Bruder. Ein Bruder
ohne Bruder.

ANTON Wenn Sie mir vielleicht einen Schluck ...?

PILGRIM Sehr gern. Andererseits, Sie haben ja noch eine Schwester ... und Ihr Bruder schaut jetzt vielleicht, wie meine Mutter,
von da oben – möchten Sie, dass Ihr Bruder immer von da oben
zuschaut? Also ich möchte nicht, dass meine Mutter ...

Auftritt Corinna.

CORINNA Was führen Sie für Reden, Pilgrim, ich brauche ... oh,
danke! Sie haben ... *(schnappt sich die Schuhe aus seinen Händen)*
Ein bisschen groß, scheint mir, und nicht die neuesten, aber
immerhin!

*Sie zieht die Schuhe an, sie knarzen beim ersten Schritt, ihr Gang
verändert sich, sie will es sich nicht anmerken lassen.*

PILGRIM Es ließ sich nichts anderes finden auf die Schnelle

CORINNA Sie passen.

PILGRIM Man achtet ja nicht auf Ihre Schuhe, wenn Sie reden, man achtet auf Ihre Rede.

ANTON Die zweite Kerze fehlt!

CORINNA Du glaubst doch nicht, dass dieses Monster eine Kerze kriegt und ich die Opfer quäle.

ANTON Er ist auch tot, vergiss das nicht, er liegt dadrin!

CORINNA Leer deine Trauer woanders aus.

PILGRIM Ihren Bruder setzen wir ...?

CORINNA Mein Bruder sitzt hinten.

ANTON Hinten? Ich bin Familie.

CORINNA Du sitzt hinten.

ANTON Bei Beerdigungen sitzt die Familie immer vorne.

CORINNA Es ist keine Beerdigung!

Pilgrim gibt Anton zu trinken. Anton trinkt immer wieder aus einer Schnapsflasche, die Pilgrim ihm wegen der verbundenen Hände an den Mund führen muss.

ELSA Man will aber auch nicht, dass eine solche Feier nach hinten hinaus versackt.

PILGRIM Sie dirigieren ja das Schweigen, Frau Bürgermeister-iin! Sie dirigieren Anfang und Ende der Schweigeminute und ...

CORINNA Ich fange an. Ich höre auf.

ANTON Wir warten noch auf Frau Achmedi.

PILGRIM Die Trauer will ja auch gesteuert sein, von anfänglicher Stille bis zum Schluchzen ... auch wenn das natürlich jedem einzeln überlassen bleibt, aber man kann ja auch hier mit Worten ... wie soll ich sagen ... die Stimmung dirigieren. Man hat es ja auch im Gefühl, wie lange man schweigt, Frau Bürgermeisterin. Es soll ja Politiker geben, die halten einfach die Luft an, bis sie nicht mehr ...

CORINNA Ich schweige, bis ich nicht mehr schweige, und so lange schweigen alle. Es handelt sich um eine Schweigeminute, nicht um einen Unterwasserrekord.

ELSA Erst mal muss ja das Publikum seine Plätze einnehmen, bevor wir –

CORINNA Bei einer Trauerfeier gibt es kein Publikum, Frau Lerchenberg, da sitzen Menschen! Denken Sie an Frau Achmedi.

ANTON Von Trauer auf die Stühle gepresst, sitzen wir. Gibt ja nichts Schöneres, als wenn Menschen sich gemeinsam erheben. So ein gemeinsames Aufstehen. Einundzwanzig, zweiundzwanzig. Ich hab mal bei einem Sitzstreik mitgemacht, da sind wir alle gemeinsam auf den Gleisen gesessen, und als dann der Zug kam, sind wir alle gemeinsam ...

CORINNA Es ist eine Trauerfeier, kein Sitzstreik.

ANTON Mir läuft's heut noch den Rücken ...

CORINNA Läuft doch ansonsten aber gut für Sie, Frau Lerchenberg, ich meine, könnte besser doch gar nicht laufen, was da
auf den Straßen heute für Empörungsräusche ... das bringt den
Lerchenberg'schen Untergangsbeschwörungsleib doch mächtig in
Wallung.

ELSA Angesichts der klaffenden Klippen, auf denen wir hier hocken,
ist all das nichtig. Wer will sich schon an einem solchen Tag über
seine Erfolge freuen? Gerade jetzt, wo auch noch die Attentäterleiche verschwunden ...

ANTON Einundzwanzig, zweiundzwanzig ...

PILGRIM Ich würde dann zum Beispiel sagen, dass nun eines der
Opfer etwas sagt und ...

CORINNA *(zu Pilgrim)* Sie werden auf keinen Fall Opfer zum Opfer
sagen. Sie werden diese Frau ...

PILGRIM Achmedi

CORINNA ... nicht als Opfer ansprechen. Man sagt zum Opfer nicht
Opfer. Im Übrigen sprechen Opfer nicht. Opfer müssen verdauen,
was passiert ist. Das dauert. Man nennt das Rücksicht.

ANTON Wir alle sind Opfer, Corinna, wir alle sind Opfer dieses
Unglücks.

ELSA Unglück? Es war ein Attentat.

CORINNA Wir sagen Unglück. Ein Attentat ist ja ein Unglück.

ELSA Weder ist eine Lawine den Berg runtergerutscht, noch hat ein Blitz eingeschlagen. Autos düsen nicht von allein in Fußgänger-zonen.
Zu einem Attentat sage ich nicht Unglück.

ANTON *(Wutanfall)* Es war ein Unfall!

ELSA Bei einem Unfall schreit man nicht Allahu Akbar!

ANTON *(schreit)* Alle schreien heute Allahu Akbar!

PILGRIM Wenn Sie bitte nicht so laut ...

CORINNA Das Opfer war ein Muslim!

ANTON Wieso soll dann da einer Allahu Akbar schreien?

PILGRIM Wenn Sie bitte nicht so laut ...

ELSA Hat eben den Falschen erwischt, kann passieren.
(mit Blick auf Antons verbundene Hände) Es tut mir übrigens sehr leid, ich wusste ja nicht, dass Ihre eigene Familie betroffen ... mein Gott: der eigne Bruder Teil von der Katastrophe! Immerhin, er hat überlebt.

ANTON Überlebt?

ELSA Oder haben Sie beim Rohrbruch mitgeholfen?

CORINNA Zwei linke Hände, immer schon.

ANTON Er lebt?!

Pilgrim gibt Anton zu trinken.

498   **PILGRIM** *(zu Elsa)* Darf es auch für Sie ein Schlückchen –?

ELSA Noch vor der Trauerfeier?

CORINNA Heute steht man zusammen, Elsa.

ELSA *(nimmt sich doch ein Glas)* Ein ganz und gar ein winziges nur.

CORINNA Ein Aufwärmerchen vor der Schlacht, sozusagen.

ELSA Man will ja bei den Reden später nicht ins Lallen kommen.

CORINNA Ein Tröpfchen auf den heißen Stein.

Pilgrim probiert wieder die Lichtschranke aus, die bei ihm nicht funktioniert.

Pilgrim, es schafft so eine hässliche Unruhe, wenn Sie hier ständig hin und her ...

PILGRIM Sehr gern, nur ... es ist ... es ... es ... es funktioniert nicht. Fast bin ich froh. Am Ende glaubt man mir sonst nicht.

Er gibt Anton zu trinken.

Auf den bruderlosen Bruder!

ELSA Da müssen welche heftig dran gelupft haben ... an dieser Leiche, dass die sich fortbewegt. Eine Leiche marschiert ja nicht von selbst zur Totenhalle raus.

PILGRIM Mich würde heute nichts mehr wundern. Zuerst die Ameisen, dann ...

ELSA Man stiehlt ja keine Leiche, wenn man sie nicht brauchen kann.

CORINNA Das hoffen wir, ich meine, besser nicht.
Nur muss man so eine Leiche dann auch mal für die Trauerfeier in den Hintergrund befehlen. Es geht heute um die Opfer, und ein Opfer ist diese Leiche nicht. Also reden wir auch nicht mehr von ihr.

ELSA Aber sagen muss man ja, was gesagt werden muss.

CORINNA Aber wenn man es gesagt hat, darf es im Gesagten auch mal seine Ruhe finden.

ANTON Aber im Griff hat man es nicht.

CORINNA Im Schweigen hat ja vieles Platz, auch das, was nicht zur Sprache kommt. Im Übrigen muss das Leben ja auch weitergehen!

PILGRIM Schlückchen?

CORINNA Das Leben ist voll Unruhe, werde ich sagen. Bis man stirbt. Das ist von Hiob.

ELSA Was sagt sie?

PILGRIM Das Leben ist voll Unruhe. Das ist von mir.

ELSA Das sage ich in meiner Rede auch.

PILGRIM Sag ich ja.

CORINNA Was?

500 **ELSA** Metzelsuppe! Jetzt weiß ich, an was mich dieser Geruch erinnert: Sommer, Großeltern! Da hat's auch immer gerochen wie so eine große Menstruation, wenn die Großmutter die Metzelsuppe gerührt ...

PILGRIM Ich würde die ja in diese alte Truhe stecken, wenn ich das wär. Ich mein jetzt nicht, wenn ich die Leiche wär, ich mein, wenn ich der wär, der diese Leiche wieder in die Gänge hat kommen lassen. Hier wär die sicher, wer macht schon diese Truhe auf? Steht hier seit fünfhundert Jahren, keiner ruckelt dadran rum. Verstaubt hier vor sich hin. Ich wüsste nicht einmal, ob die noch aufgeht.

Anton wird unruhig, er fürchtet, dass Pilgrim die Truhe öffnet; überhaupt macht Pilgrim ihm viel zu viel Trara um die Truhe.

CORINNA Was für ein Tag! Aus Pilgrims Kuchen marschiert heut Morgen schon ein ganzer Ameisengefangenenchor!

ELSA Dann machen Sie sie doch auf, Pilgrim, diese alte Kiste!

CORINNA Nur zu!

ELSA Warum so zögerlich?

CORINNA Finden am Ende Bismarcks Schnurrbart. Oder Hitlers Zähne.

ELSA Luthers Füße.

CORINNA Stalins Zehennägel.

ANTON Oder einen ohne Gesicht, der Berge gehasst hat.

PILGRIM Mir reicht schon, was ich täglich in der Post hier finde. Das hab ich ganz vergessen, Frau Bürgermeister – *(Zieht einen verkohlten Hasen aus der Tasche)* Lag für Sie noch vor der Tür. *(Liest vor)* «Sollen wir dich wie diesen Hasen hier vergasen, oder magst du lieber hängen und an der Straßenlampe brennen?»

ELSA Das Volk, scheint mir, liebt seine Frau Bürgermeister sehr.

CORINNA Es liebt mich, weil es weiß, dass es mich hassen darf.

ANTON Ein bisschen hässlicher hat sie Irbertsheim gemacht. Industriegürtel sind kein Idyll. Die Hasenheide niedergewalzt mit ihrem Gesindel, Bill Clinton hüpft aus seinem Grab mit seiner neuen Hüfte, die Stadt ist seither schuldenfrei. Meine Schwester hat schon immer gewusst, was sie will.

ELSA Dabei so menschenfreundlich immer. Zuerst lockt sie die halbe Welt hierher, dann schmeißt sie sie aus ihren Schimmelbuden. Da muss man sich nicht wundern, dass neben unserm alten Zwiebeltürmchen auch ein Mullahzinken in die Höhe sticht.

CORINNA *(zu Elsa)* Aber läuft doch gut für Sie, so sammelt man den Pöbel hinter sich und schwimmt auf seiner Fettschicht.

ANTON *(äfft Corinna nach)* Natürlich gefällt das nicht allen, dass man sich in aufgeklärten Zeiten noch mit diesem Religionskäse …

CORINNA Du solltest ein bisschen mit dem Alkohol, Anton … bereust es morgen sonst, wie immer.

PILGRIM Also ich würde die in diese alte Truhe stecken.

ELSA Sie haben zu viele von diesen Sperrholzkomödien gesehen, Pilgrim, in denen immer irgendwo eine Leiche herumliegt.

CORINNA Und immer weiß das Publikum längst, wo die steckt.

ELSA Das Leben ist gemeiner, hässlicher, böser. Im Leben liegt die Leiche längst in der Moschee dort drüben, da wird's jetzt fein gemacht, das Märtyrer-Schwein, geschrubbt, gewaschen und geölt für seine Jungfernfickerei im Jenseits drüben. Und so was holen Sie ins Land, Frau Bürgermeister. Die Wahrheit will nur niemand hören.

CORINNA Die Wahrheit sieht für jeden anders aus.

PILGRIM Die Wahrheit ist so und auch so und noch andersherum, wenn ich das einmal so sagen ... ich meine, wir alle haben ja ... die Wahrheit ist ja Besitz und Nicht-Besitz, beides in einem, aber auch eine Unruhe, eine ganz große sogar ... frei und getrieben, ein reines Denken gibt es ja nicht, das ist ja immer befleckt, beschmutzt könnte man sagen, was natürlich bloß ein Bild ... man hat ja immer bloß Bilder, ich meine ... immerhin hat man Bilder, sonst hätte man ja gar nichts ... auch nichts im Griff, die Wahrheit braucht ja etwas um sich herum, wie ein Bild einen Rahmen, ein Loch einen Boden, ein Schatz eine Truhe ... die Wahrheit ist ja auch ein Schatz, den man hütet, oder etwas Böses, das man versteckt, was ja das Gleiche ist vielleicht ... man weiß es nicht ... darüber denke ich schon lange nach ...

CORINNA Sie sind hier nicht zum Denken da, Pilgrim.

PILGRIM Sehr gern, ich mein ja nur ...

ELSA *(zu Corinna)* Die Wahrheit ist, dass Sie für Kaffeefilter unsere Seele verkaufen, und jetzt haben Sie einen Mord an der Backe, Frau Bürgermeister. Und das werde ich sagen.

Und dann sind die dran, dann sind die dran!
Für alles ist Geld da: Unheimische, Mutterbodenpenetrierer,
Flusenbartbestien ... bloß eine Leiche kann man in dieser Stadt
hier nicht bewachen, die spaziert einfach aus dem Leichenschauhaus hinaus, mir nichts, dir nichts!

ANTON So einfach war das nicht!

CORINNA Wer stiehlt schon eine Leiche? Doch nur die, die sie
brauchen können. Elsa, da muss jemand was verbergen wollen!
Immerhin, das Opfer ist ein Ausländer, der Täter vielleicht einer
von den Ihren.

ELSA Was?

CORINNA Gottlob, die Zeiten, wo man Volksaufhetzerinnen wie Sie
an die Wand stellt, sind vorbei. Ich werde Sie verteidigen, Elsa,
das verspreche ich Ihnen. Ich nehme Sie in Schutz.

ELSA In Schutz?

CORINNA Mich will man treffen, wen sonst? Das ist doch klar! Mich,
mich, mich, niemand anderen als mich! Darauf zielt das doch
alles ab. Aber ich werde Sie in Schutz nehmen. So schlimm kann
die schlimmste Feindin nicht sein, dass man ihr einen derartigen
Untergang wünscht. Sie haben Ihre Horden nicht im Griff, Elsa.
Das kann passieren. Aber ich werde Sie in Schutz nehmen. Man
muss sich immer fragen: Cui bono? Das ist immer die Frage: Wem
nützt es? Aber so schrecklich, Frau Lerchenberg, können Sie
selbst gar nie sein wie die Geister, die Sie rufen.
Ich sag nur: Schwups.

ELSA Schwups?

CORINNA Ist ja oft so, bei solchen Bewegungen. Man setzt sie in Gang, und – schwups – kostet es einen den eigenen Kopf. Denken Sie an Robespierre. Nicht dass ich Sie mit Robespierre vergleichen will, Elsa, beim besten Willen nicht. Denken Sie an die stalinistischen Säuberungen. Oder an den Röhm-Putsch. Die Eigenen bringen immer als Erste die Eigenen um die Ecke. Ich will Sie nicht beunruhigen, aber ein kurzer Blick in die Geschichte genügt.

ELSA Ich sage Attentat.

PILGRIM Ich bin auch für Attentat ... ich meine, der Frau Lerchenberg wär das ja nicht passiert, die hätte der nicht umgefahren, die kann den halben Koran auswendig, die hätte noch eine Sure geschrien, und zwar auf Arabisch!

CORINNA Sie können den Koran auswendig?

ELSA Ein paar Suren für den Fall der Fälle.

CORINNA Aber das ist ... was für eine Leistung! Was für eine Beweglichkeit, Frau Lerchenberg! Ihre Eltern kriechen noch den Maoisten durch den Darm, Sie kriechen dem Volksarsch ins Loch, und jetzt auch noch der Koran. Das nennt man Konsequenz!

ELSA Ich sag nur: Selber schuld, wer das nicht tut. Schließlich deckt man sich, wo die Sintflut droht, mit Schwimmwesten ein.

CORINNA Der Koran – eine Schwimmweste! Großartig! Ein bisschen Abrakadabra gegen böse Geister? Sagen Sie das bloß nicht laut, Frau Lerchenberg. Wenn das herauskommt! Reißen uns hier alle in den Abgrund! Am Ende sprengen die uns hier noch das Rathaus in die Luft, mitsamt uns allen!

ANTON Wäre das Beste, für die ganze Familie! Das Beste!

CORINNA Da machen die keinen Unterschied mehr zwischen Ihnen und mir.

ANTON *(in weinerlicher Wut)* Diese ganze Familie, die nie Familie hat sein wollen. Dann kommen wir alle zu Mama ins Grab. Familienzusammenführung unterm Boden, droben hat's nie geklappt.

PILGRIM *(zu Anton)* Schlückchen?

ELSA Nicht einmal den eigenen Bruder hat sie im Griff. Der eine bringt sich um, der andre …

CORINNA *(zu Elsa)* Sie haben zwei Minuten, nicht mehr. Pilgrim, das Kreuz!

ELSA Zwei Minuten? So lange dauert meine Einleitung!

CORINNA Die Einleitung genügt, den Rest, den kennen wir.

ELSA «Hier und heute zeigt sich, wie wir zusammenstehen, in Trauer und Eintracht. Aber auch in einer Wut –»

CORINNA Das ist mein Satz! Der erste Satz aus meiner Rede: «Hier und heute zeigt sich, wie wir zusammenstehen, in Trauer und Eintracht. Aber auch in einer Wut, die keine Wut bleiben darf, sondern sich verwandeln muss in eine Kraft, in eine Kraft, die aus uns eine –»

ELSA Das ist mein Satz, Pilgrim! Der erste Satz aus meiner Rede!

506   PILGRIM Also ... ich hätte diesen Satz jetzt gar nicht gleich wiedererkannt. Er klingt ganz anders, wenn Frau Lerchenberg ihn –

CORINNA *(zu Pilgrim)* Sie haben ihr meine Rede ...?!

PILGRIM Eine Verwechslung, Frau Bürgermeister ... ich weiß nicht ...

CORINNA Sie schreiben dieser Volkssau Reden?? Mit meinem Geld!

ELSA Das ist Volksgeld. Volksgeld ist das!

CORINNA *(zu Pilgrim)* Bezahle ich Sie dafür, dass Sie dieser Moslemfresserin Reden schreiben, Pilgrim!?

PILGRIM Sehr gerne, ich meine, natürlich nicht ... wir lassen ihn einfach weg, den ersten Satz. Es ist, wie soll ich sagen ... eine matte Phrase.

ELSA Meine ganze Rede baut auf diesen Satz!

CORINNA Dann bauen Sie sie um! Sagen Sie, was man in solchen Fällen sagt: «Bestürzt ... wir alle ... in dieser Stunde ... Entsetzen ... Trauer ... sprachlos.» Und dann noch eine Sure, auf Arabisch!

ANTON Und dann jagen die uns in die Luft, uns alle, die ganze Familie. Dann ist die futsch, futsch, futsch.

PILGRIM Eine Verwechslung, eine läppische Floskel ... die passt immer, zu allem. Da kann man nichts falsch machen.

CORINNA Läppische Floskel?!

PILGRIM So fängt man Reden an. Das machen alle bei einer Trauerfeier. Da sagen alle das Gleiche.

PILGRIM Aus Ihrem Mund, Frau Bürgermeister, klingt das völlig anders. Da würde keiner denken: Das ist der gleiche Satz. Außerdem biegen Ihre Reden ja völlig verschieden ab, egal, womit Sie anfangen.

Vielleicht besser, ich bleibe hier oben ... ich kann für nichts mehr garantieren. Wer bin ich schon? Nicht mal die Elektrik ... selbst im Abort bleibt es dunkel ...

CORINNA Hören Sie auf mit Ihrem Größenwahn!

PILGRIM Selbst im Abort!

ELSA Ist alles gewollt!

PILGRIM Ich selbst habe keine Meinung. Ich habe nie eine Meinung. Ich habe alle Meinungen zusammen.

Die eine Meinung zerschlägt die andere. Ständig.

Die ganze Welt steckt in mir drin.

Das eine, das andere und auch das Gegenteil davon.

Und auch das Gegenteil vom Gegenteil.

In mir steckt alles, und nichts verträgt sich.

CORINNA Was bilden Sie sich ein, wer Sie sind!?

Ein Sack voller Meinungen, die sich gegenseitig zertrümmern.

Es geht hier nicht um Sie, es geht ums Ganze!

ELSA Volksbrot, Pilgrim! Ich sage nur: Volksbrot!

ANTON Erdbebenspalten!

CORINNA Sie sollen das Kreuz abhängen!

PILGRIM Es sieht ja keiner. Wenn's keiner sieht, kann man's auch genauso gut hängen –

CORINNA Es hat hier nie gehangen!

PILGRIM Es ist ja etwas anderes, ob es *da* ist und nicht gesehen wird oder ob es nicht gesehen wird, weil es nicht *da* ist. Man würde sehen, wenn hier keines hängt.

CORINNA Heißt das, hier hängt ein Kreuz, damit keiner sieht, dass hier kein Kreuz hängt? Sie hängen es ab!

Auftritt Frau Achmedi im Hintergrund, die meisten bekommen davon nichts mit, vor allem nicht Pilgrim.

PILGRIM Ich würde gerne kündigen, Frau Bürgermeister.

CORINNA «Ich würde gerne kündigen.» *(Lacht)* «Ich kündige!» – «Ich kündige, ich reise ab. Ich gehe. Es reicht.» Nagelt hier diesen Leidenserpressungsstecken an die Wand und will kündigen. Noch ein letztes Mal geht die Lichtschranke nicht an, und weg war er!

PILGRIM Wer weiß, am Ende können Sie noch froh ... Frau Bürgermeister ... ich kann mir selbst nicht mehr sicher sein ... angenommen, in mir steckt ein kleiner Faschist.

ELSA Der steckt in uns allen, Pilgrim. Nur wollen's die meisten nicht wahrhaben.

CORINNA Man muss ihn aber nicht aus sich herauszerren, Frau Lerchenberg, man kann ihn auch drinlassen.

ELSA Immer alles schön verstecken. Dass da bloß nichts rausguckt, was man zu verbergen hat.

PILGRIM Und angenommen, all diese Unheimischen bringen diesen meinen innerlichen Faschisten erst zum Blühen?

ELSA Ich sage ja, Barbaren machen die aus uns. Kannibalen und Barbaren.

PILGRIM Ich habe Angst, Frau Bürgermeister, dass in mir so ein kleiner ...
Ich leide darunter, dass ich darunter leide, aber wenn ich eines dieser Kopftuchweiber sehe ... da sammelt sich in meinem Mund die Spucke, ein grässlicher Drang zu spucken, einfach spucken, das ist körperlich, Frau Bürgermeister, ich hab das nicht im Griff. Grässliche Gefühle, die ich vorher nie ... niemals ... Hätten Sie mir einmal gesagt, dass in mir solche Sätze toben wie: «Kratz ab, du salafistische Bartsau ...», ich will das nicht in mir hören, aber ... Frau Bürgermeister ...

CORINNA Und deshalb wollen Sie kündigen?
Wen interessiert hier schon Ihr inneres Kuddelmuddel.
Was glauben Sie, was ich über Sie denke?!

PILGRIM Die sorgen dafür, dass ich Angst kriege vor mir selbst.
Nicht vor denen hab ich Angst, ich habe Angst vor mir!
Und daran sind die schuld. Gäbe es diese Leute nicht, ich müsste nicht vor mir Angst haben, Frau Bürgermeister. Und das verzeihe ich denen nicht. Die bringen mich ganz durcheinander.

CORINNA Da sind Sie schon weiter als so manche hier im Saal. Das muss man aushalten, Pilgrim, aushalten!

Pilgrim macht mit dem Kreuz in der Hand ein paar Schritte von der Leiter herab.

ELSA Das Kreuz bleibt da droben!

Pilgrim geht wieder die Leiter hinauf.

PILGRIM Ein Monster machen die aus mir. Das werf ich denen vor, auch wenn die nichts dafür ... andererseits ...

CORINNA Hören Sie auf mit diesem jämmerlichen Gejammer.

PILGRIM Das macht es umso schlimmer, Frau Bürgermeister. Aber haben die denn, frage ich mich, gar kein Gespür für ihre Wirkung? Kennen die sich selber nicht? *(Er geht wieder ein paar Schritte hinunter.)*

CORINNA Hängen Sie es ab!

ELSA Es bleibt hier hängen!

CORINNA Ich befehle hier, was an der Wand hängt und was nicht!

ELSA Um Gottes willen, an was erinnert uns das? «Ich befehle hier, was an der Wand hängt!» Um Gottes willen! Mein Großvater hat bei den Nazis sein Leben riskiert, weil er sich geweigert hat, in der Schule das Kreuz abzuhängen!

CORINNA Wie toll! Das ist ja toll! Toll! Was für Beweglichkeiten es da in der Lerchenberg'schen Familie gibt. Ist ja kaum zu glauben. Da würde der Großvater jetzt aber staunen.

ELSA Dass es so weit wieder ist, da würde der tatsächlich staunen! Dafür hat der nicht sein Leben riskiert! Andere kauern ein Leben lang in ihrer geistigen Hundehütte, mit Utopieknochen im Maul, und kriegen hysterische Krämpfe, wenn die Welt auf einmal nicht mehr die Welt ist, wie die Welt zu sein hat. Oder man ihnen ein Sätzchen stibitzt von ihrer Rede.

Ich rede hier und heute über Heimat, jawoll! Da nimmt mir keiner ein Sätzchen weg. Davor schrecken die alle zurück. Da steht man dann allein auf weiter Flur.

CORINNA Heimat! Heimat! Wie schön, Elsa, so ein wohliges Wortgelumpe, so wunderbar abgeschabt. Wenn Sie Heimat sagen, Elsa, da möchte man gleich wieder in so einem durchgesessenen Sofa absacken, in so einem abgewetzten, da möchte man von den schönen alten Zeiten verschluckt werden. Da sehnt man sich dann nach so einem Abstammungskäfig, so einem Stammbaum-Gulag, wo man sich's gemütlich machen kann. Wenn Sie Heimat sagen, Elsa, da drückt sich diesem Nazizahnschmelz ein regelrechtes Lächeln ins Gesicht. Da lechzt man gleich nach Idyllen-Gülle.
Vielleicht ist sie ja froh, die Frau Lerchenberg, dass die Leiche weg ist. Am Ende haben ihre Brüllbuben die längst fortgeschleppt, weil's eben doch zu brenzlig wär, wenn herauskäme, dass es so ein Unbeschnittener war, so einer von den Morgenrötlern. Was tut man nicht alles, um die Volkswadenstimmung anzuheizen?!

Elsa kippt Corinna ein Glas Wein ins Gesicht.
Pilgrim geht wieder die Leiter hinauf, das Kreuz in der Hand.
Frau Achmedi tritt aus dem Hintergrund hervor. Sie trägt ein
Kopftuch.

FRAU ACHMEDI *(zu Pilgrim)* Lassen Sie es ruhig hängen. Mein Mann hat immer gesagt, irgendeine Religion ist besser als gar keine.

ELSA *(eilt auf Frau Achmedi zu)* Entschuldigen Sie, was für ein furchtbarer Tag, Frau Achmed ... es tut mir ... ich habe vorhin gar nicht gewusst ... wie soll ich sagen?

CORINNA Es tut mir leid. Ich werde das bei der Trauerfeier auch sagen. Dass so etwas in unserer Stadt ... wir wissen ja immer noch nicht ... wir alle sind jetzt ganz bei Ihnen.

ELSA Entsetzlich der Gedanke, dass einer Ihrer Leute ... man bringt sich doch nicht gegenseitig um. Andererseits können Sie ja auch ein bisschen froh sein, dass jemand wie Sie ... sonst sind ja immer wir die Opfer ... sonst ist es ja, wie soll ich sagen ... immer andersherum.

FRAU ACHMEDI *(zu Pilgrim)* Lassen Sie das Kreuz! Achmed hat immer gesagt: Sana, die brauchen das, damit sie den Schrecken vor sich selbst nicht verlieren, deswegen hängen sie diesen Jammermann in ihre Zimmer.

CORINNA Das ist schön gesagt, nur ... Religion, das ist bei uns Eigenbedarf, privat, für sich ... nicht alle, jeder allein ...

FRAU ACHMEDI Wer den Schrecken vor sich selbst verliert, sagt Achmed, der verliert am Ende alles.

CORINNA Da sagen Sie aber etwas!

ELSA Ich kenne Leute wie Sie, Frau Achmed ... Leute, die aus diesen Ländern ... aus diesen heißen, trockenen, dürren ... was da passiert in einem, ich meine innerlich, in dieser Hitze ... so eine Religion, die passt sich ja auch dem Klima ... die kommt daher ... und gehört auch dorthin. Das macht Sinn, rein hygienisch, mit Schweinen und Vorhaut ... ich meine, wir würden da unten ja auch unsere Schwänze beschneiden und im Bikini unter der Sonne verbrennen. Das Klima will unsere Freiheit dort nicht, die Sonne brüllt da geradezu nach Burka.

Corinna schubst Elsa weg.

CORINNA Jetzt muss sich das Politische hier aber mal zurückziehen, damit sich eine Menschlichkeit ausbreiten darf, wie sich das für eine Trauerfeier gehört, jetzt, wo hier Frau Achmedi … *(zu Pilgrim, der mit der Fliegenklatsche herumrennt)* Würden Sie bitte aufhören, hier ständig in der Luft herumzufuchteln, Pilgrim, das macht einen wahnsinnig!

PILGRIM Fliegen, überall Fliegen …

ELSA Natürlich werden wir Ihren Mann zurückfliegen in das Land, wo Sie herkommen, wo Sie geboren, wo Ihre Heimat –

FRAU ACHMEDI Haben Sie seine Schuhe gesehen?

ELSA – wir fliegen ihn zurück, in die Muttererde. Das ist ja ein schönes Wort: Muttererde. Wir alle kehren heim ins Mutterreich, eines Tages.

FRAU ACHMEDI Ich habe sie vorhin hier hingestellt. Jetzt sind sie nicht mehr … diese Schuhe.

CORINNA Wie schön, Frau Achmedi, leerstehende Schuhe, das ist –

FRAU ACHMEDI Ich habe sie hier hingestellt.

CORINNA – wie soll ich sagen, ein Symbol, Frau Achmedi, Schuhe, in denen nun keiner mehr zu Hause … in die keiner mehr heimkehrt. Hat ja auch etwas mit Heimat … da reden wir alle immer von Heimat und meinen unsere eigenen Schuhe!

ELSA Ihr Mann würde Tränen weinen, wenn der in einer falschen Erde läge. Der Mensch ist nicht daheim, wenn er nicht daheim ist.

ANTON Da ist Krieg!

ELSA Den hat der hinter sich, den Krieg, der gute Mann.

FRAU ACHMEDI Haben Sie seine Schuhe gesehen?

ELSA Hätten Sie diese Achmeds und wie sie alle heißen nicht hierher nach Irbertsheim karren lassen, der Arme wär jetzt noch am Leben!

CORINNA Dann wär der halt im Mittelmeer ersoffen.

ELSA Im Mittelmeer ertrinken, das hat eine ganz andere Größe, als in Irbertsheim in einer Fußgängerzone ...
Mittelmeer, das hat archaische Größe!
Kein Mensch hat dem gesagt, dass der das tun muss.
Kein Mensch muss übers Meer, in Gummiwannen.

ANTON Man kann Ihren Mann doch nicht wieder zurück nach Afghanistan ...

FRAU ACHMEDI Wir sind nicht aus Afghanistan.

CORINNA Wie schön, Frau Achmedi, leerstehende Schuhe, das ist ... wie soll ich sagen, ein Symbol ... für verstummte Schritte.

FRAU ACHMEDI Er liegt dadrinnen.

CORINNA Was?

FRAU ACHMEDI Mein Mann ist in dieser Truhe.

Alle lachen etwas unsicher.

Er ist dadrinnen. *(Zeigt auf Anton)* Er hat es mir gesagt. Achmed ist in dieser Truhe.

ANTON Nicht er, Frau Achmedi, nicht er. Es war ein Unfall.

PILGRIM Ich habe seinen Fuß gesehen.

CORINNA Wir alle sind ein bisschen durcheinander, uns allen macht das alles zu schaffen, wir sollten uns ... gleich fängt sie an, die Trauerfeier ...

ANTON Nie hätte mein Bruder das gewollt.

CORINNA Wir alle sind doch Menschen, jetzt, hier, in diesem Augenblick ...

FRAU ACHMEDI Ich möchte nur sagen, auch wenn ich es nicht sagen soll: Mein Mann und ich, Frau Schaad, wir haben Sie nicht gewählt.

CORINNA Sie dürfen alles sagen. Es spielt nur keine Rolle, Frau Achmedi, jetzt nicht, in diesem Agenblick.

FRAU ACHMEDI Ich wollte es nur sagen.

CORINNA Sie dürfen alles sagen, Frau Achmedi, deswegen gibt es ja Leute wie mich, damit Leute wie Sie alles sagen dürfen.

FRAU ACHMEDI Ich wollte es nur sagen.

CORINNA Sie haben es gesagt, nun ist es gut.

FRAU ACHMEDI Mein Mann und ich, wir wählen Sie auch in Zukunft nicht.

CORINNA Das ist Ihr gutes Recht, Frau Achmedi, nur ist Ihr Mann jetzt tot.

ELSA Ein gutes Zeichen, Frau Achmed, dass selbst Leute wie Sie ...

FRAU ACHMEDI Immer muss ich alles sagen. Mein Mann sagt: Du musst nicht immer alles sagen, Sana.

CORINNA Sie dürfen alles sagen, Frau Achmedi. Nur leider ist Ihr Mann jetzt tot. Tote wählen bei uns nicht mehr. So ist das in unserem Land. Tote gehen bei uns nicht mehr an die Urne.

FRAU ACHMEDI In Ihrem Land?

PILGRIM Fliegen wie biblische Plagen!

FRAU ACHMEDI Seit acht Jahren hören mein Mann und ich Sie reden. Hörst du, Sana, sagt mein Mann, wie oft sie «Menschen» sagt in ihren Reden, immer «Menschen, Menschen». Kein Satz ohne «Menschen»! Sie haben uns vor drei Jahren aus unserem Leben gejagt, Frau Bürgermeister, rausgefegt wie Staub, von jetzt auf gleich, aus einem Haus, wo wir seit zwanzig Jahren ... zwanzig Jahre Hasenheide, nicht Mittelmeer, nicht Afghanistan, nicht Gummiwanne. Mit Blick auf einen Park, wo jetzt kein Baum mehr steht und keiner mehr von denen lebt, die Sie wie Staub, wie schieres Nichts hinausgefegt ... «Menschen», immer sagt sie «Menschen», in jedem Satz, Sana, hat Achmed immer gesagt. Diese Heuschrecke, jetzt redet sie wieder von «Menschen», hat er gesagt. Wir sind auf der Straße gestanden, von heut auf morgen, die Kinder haben uns Geld geschickt. Die haben hier nicht leben wollen. Ja, Frau Bürgermeister, wir wählen Sie nicht. Nicht gestern, nicht heute, nicht morgen.

CORINNA Aber darum geht es nicht heute. Tote gehen bei uns nicht mehr an die Urne. So ist das in unserem Land.

ANTON Im Tod muss alle Feindschaft enden.

FRAU ACHMEDI In Ihrem Land? Wir sind hier geboren.

ELSA Wir finden einen Weg, da bin ich sicher, Frau Achmed.

CORINNA Hier ist jeder daheim, egal, woher er kommt.

FRAU ACHMEDI Wir sind hier geboren.

CORINNA Natürlich, selbstverständlich.

ELSA Aber irgendwo müssen Sie ja herkommen, Frau Achmed.

PILGRIM Irgendwoher!?

FRAU ACHMEDI Woher? Woher! Als müsste man immer sein Woher mit sich herumschleppen. Woher? Woher?
Eine lebenslange Kulisse hinter sich herziehen.
Eine Kulisse, in der man nie war. Als bräuchte ich, wo ich stehe und gehe, immer einen Hintergrund, der nicht der Hintergrund ist, wo ich stehe und gehe. Ein Hintergrund, der gar nicht meiner ist: Kamele, Mullahs, Minarette, Burkas. Mein Hintergrund ist Hasenheide, nur stehen da keine Häuser mehr. *(Sie bemerkt, dass Corinna die Schuhe ihres Mannes trägt.)* Sie haben ... seine Schuhe!

CORINNA Machen Sie sich doch nicht klein, Frau Achmedi.

FRAU ACHMEDI Ziehen Sie sofort diese Schuhe aus!

CORINNA Sonst werden Sie noch zur Bedrohung für sich selbst, Frau Achmedi. Sie müssen sich nicht so klein machen.

FRAU ACHMEDI Ziehen Sie diese Schuhe aus!

CORINNA Was reden Sie da ... ich ziehe nicht meine Schuhe aus, alles, was recht ist, Sie haben einen schweren Tag, Frau ... aber Sie müssen jetzt nicht ...

PILGRIM Die Ministerin hat bereits Platz genommen, der Staatssekretär, ein ganzer Saal voll Erste-Reihe- ...

FRAU ACHMEDI Das sind nicht Ihre Schuhe, die gehören meinem Mann! Achmeds knarzende Schuhe!

CORINNA Ihr Mann ist tot, was braucht der noch Schuhe?!

PILGRIM Wir sollten jetzt ...

FRAU ACHMEDI Sie ziehen sofort die Schuhe von meinem Mann aus!

CORINNA Pilgrim! Sie haben das extra ...

PILGRIM Die Leute haben bereits Platz genommen, wir sollten ...

ELSA Holt sie ins Land und klaut ihre alten Flüchtlingslatschen! Das nennt man Überindetifiktation!

FRAU ACHMEDI Was?

ELSA Überdidentiti ... krank!

PILGRIM Es heißt Identit ...

ELSA Das ist krank!

PILGRIM ... das Wort kommt von Identtifiktats, o Gott ...

CORINNA Überindentifick ... Scheiße!

PILGRIM Identit, Heilandzack, Identiti, Indindi …

ANTON Idantifik …

CORINNA idantitti …

ELSA Überindentitit, Scheiße

PILGRIM Identitanti

FRAU ACHMEDI Ich will die Schuhe wieder!

PILGRIM Iduntitä …

CORINNA Es reicht!

PILGRIM Sehr gern, wir müssen … im Saal, die Leute sitzen bereits …

ELSA Pilgrim, die Truhe muss in den Saal, sofort!

CORINNA Sie haben das … das haben Sie extra, Pilgrim, Sie haben das extra …

ANTON Iduntitä … Iduntita …

FRAU ACHMEDI Jetzt muss mein Mann auch noch sehen, wie diese Menschlichkeitsfurie seine Schuhe anhat, seine Schuhe …

ANTON Überindunti …

Pilgrim will die Truhe aus dem Raum schieben. Anton versucht es zu verhindern.

CORINNA Die Truhe bleibt! Fünfhundert Jahre Geschichte schiebt man nicht einfach so in der Gegend herum!

ELSA Ich halte meine Rede heute hier auf dieser Truhe!

Sie will auf die Truhe, Corinna zieht sie weg.

CORINNA Sie werden bei der Trauerfeier nicht auf eine morsche Rattenkotkiste steigen, Frau Lerchenberg. Was soll denn Frau Achmedi denken? Schluss mit diesem völkischen Karneval!

FRAU ACHMEDI Sie ziehen diese Schuhe aus!

ELSA Ekelhaft, Frau Bürgermeister, ekelhaft! Von welchem Hochsitz herab ...

FRAU ACHMEDI Ausziehen!

Während Corinna die Schuhe auszieht:

Wissen Sie, mit wem wir jetzt Wand an Wand wohnen? In diesen faden Buden, in die Sie uns hineinverfrachtet haben? Wissen Sie das? Mit Balkandreck, Ostblockdreck, Kurdendreck, mit Bulgaren, die Spucke aus sich hinauskotzen, als ekelten sie sich vor sich selbst, wie tuberkulöse Vulkane, mit Weibern, die unter ihren schwarzen Lappen Fettberge mit sich herumschleppen, Ostblockschlampen, die ihre Geschlechtswülste in Kleiderdärme stopfen, die Brüste hochgequetscht, als trügen sie in ihrem Dekolleté einen zweiten Arsch.
Die Wahrheit will sie nicht hören, sagt mein Mann. So was müssen wir Nachbarn nennen, Nachbarn! Was für ein schönes Wort: Nachbarn! Aber das Schlimmste daran ist, dass wir alle Dreck sind, dass wir da leben wollen müssen, wo wir alle Dreck sind, und jeder zeigt dem anderen den Dreck, der er ist. Die Wahrheit

will sie nicht hören, sagt mein Mann. Ich kann sie auswendig, Frau Schaad, ich kann Ihre Worte auswendig. Ich könnte Sie auf jeder Bühne spielen: «Sie sind wütend, Frau Achmedi, Sie sind wütend, empört, erregt. Völlig zu Recht. Jeder wäre das an Ihrer Stelle. Dass Sie so denken, wie Sie denken, Frau Achmedi, ist nicht Ihr Versagen. Mein Gott! Das ist das Versagen meiner Vorgänger, dafür können Sie nichts, das ist nicht Ihre Schuld, Sie sind – entschuldigen Sie – Sie sind das Produkt einer Zeit, in der man alles falsch gemacht hat, von Grund auf falsch, falsch, falsch! Wie viel falsch, das zeigt sich jetzt, Frau Achmedi, an Leuten wie Ihnen. Sie sind der Beweis für ein schreckliches Versagen. Das tut mir leid, Frau Achmedi, alles, was man an Ihnen falsch gemacht, kann man jetzt nicht einfach wieder, das steckt jetzt drin in Ihrem ganzen Denkensleib, eingebrannt, eingeschweißt, eingeätzt. In Ihrem ganzen Sein. Sie sind das Ergebnis, ja, Sie sind die Summe totaler katastrophaler, politischer Fehlentscheidungen der ganzen letzten Jahrzehnte! Frau Achmedi, das sind Sie, das tut mir leid, aber so ist es. Leider! Diese Katastrophe müssen wir jetzt tragen. Zusammen, nicht nur Sie, vor allem auch ich! Sie können nichts dafür, ich kann nichts dafür! Aber so ist es! Und jetzt stehen wir gleich gemeinsam auf der Trauerfeier. Ich gebe Ihnen keine Schuld, und trotzdem ist das alles falsch. Verstehen Sie mich nicht falsch, nicht Sie sind falsch, das Ganze ist falsch. Sie müssen mich nicht wählen, nein! Aber auch das zeigt, wie falsch das alles ist! Sie sind eine Katastrophe, Frau Achmedi, für die Sie nichts können! Das ist nicht persönlich ... schon gar nicht an einem Tag wie heute. Ich werde Sie in Schutz nehmen. Ich nehme Sie alle in Schutz. Sie können nichts dafür, Sie sind Opfer, Opfer, Opfer. Damit müssen wir leben, wir alle, nicht nur Sie, Frau Achmedi, wir alle müssen mit diesen schrecklichen Fehlern aus der Vergangenheit leben. So etwas erledigt einzig die Zeit, Frau Achmedi, da muss man Geduld ... das können wir heute nicht, schon gar nicht jetzt vor einer Trauerfeier, anders geht es nicht, so traurig das klingt, es geht nicht, da hilft nur Zeit, Zeit, Zeit.»

ANTON Amen.

FRAU ACHMEDI Sie warten auf meinen Tod? Meinen Mann sind Sie
ja schon los. Immerhin, eine Falschheit weniger! So nehmen die
Fehler ab, das braucht einfach nur Zeit, einer nach dem andern.
Man muss nur warten.

CORINNA Ich warte auf überhaupt nichts, außer auf Vernunft!

PILGRIM Die Vernunft ist eine Hure, sagt Luther, der ja auch schon
dadrin gelegen ist. *(Zeigt auf die Truhe)*

ELSA Sie ist nicht mehr tragbar, das sage ich schon lange, jetzt
wissen es alle. Sie ist nicht mehr bei Sinnen, sie verhöhnt die
Opfer.
Pilgrim, die Truhe! Los, Pilgrim, die Truhe in den Saal!

ANTON Die Truhe bleibt!

ELSA Sie sind tot, Frau Schaad. Politisch tot. Das ist schlimmer als
wirklich tot. Toter als Herr Achmedi.

ANTON Sie hat ihn hineingestopft, in diese Truhe.

CORINNA Er ist verrückt.

ELSA Debile Familienbrut!

Corinna schlägt Elsa ins Gesicht.

CORINNA Tut mir leid. Ganz aufrichtig leid. Von Herzen leid.
Setzen Sie sich, Frau Achmedi.

PILGRIM Der Mensch ist voll Unruhe!

ELSA Tut mir leid. Ganz aufrichtig leid. Von Herzen leid.

CORINNA Schlagen Sie sie nieder, Pilgrim, diese Volkssau!

ELSA «Schlagen Sie sie nieder, Pilgrim!» *(Lacht)*
Sie sind tot. So tot, wie man nur tot sein kann.

CORINNA Jetzt kriecht sie heraus aus ihrer Schlackenkruste

ELSA «Sollen wir dich wie diesen Hasen hier vergasen, oder willst du
lieber brennen und an der Straßenlampe hängen!»
Los, die Truhe in den Saal, Pilgrim!!

FRAU ACHMEDI In dieser Truhe ist mein Mann!

ELSA Was reden Sie?

FRAU ACHMEDI *(mit Blick auf Anton)* Er hat das gesagt.

ELSA Dadrin ist der Luther!

FRAU ACHMEDI Dadrinnen liegt mein Mann. Ich will ihn sehen.

CORINNA Alle sind dadrin: der Attentäter, der Bruder, Frau Achme-
dis Mann. Und alles ist wahr. Wie in der Ringparabel.

ANTON Wir gehören zusammen, Frau Achmedi. Im Tod muss jede
Feindschaft enden. Wir feiern gleich die Trauerfeier.

*Corinna rennt auf die Leiter, nimmt das Kreuz und bedroht damit
Elsa.*
*Pilgrim wirft nach Corinna mit den Kotbeuteln, die sie immer
geschickt bekommt.*

Corinna schlägt mit dem Kreuz auf Elsa ein.

CORINNA Sie haben Geister gerufen, die Sie nicht mehr im Griff haben. Die Geschichte wird Sie richten, nicht ich! Die Geschichte! Sie wissen, was die Eigenen als Erstes mit den Eigenen machen!

ELSA Redet hier von Geschichte! Mit ihrem Metzelsuppen-Europa! So eine wie du ist aus der Geschichte längst rausgefallen, mit diesem Toleranz-Dampf, wo alles sich in Nebel auflöst! Wo nichts mehr sein darf, was es ist! Wo man alles verwischt!

CORINNA Du willst, dass dieses Kreuz hier hängen bleibt? Ich hätte Angst vor diesem Kreuz, ich hätte Angst an deiner Stelle!

Frau Achmedi reißt das Bild von Corinna herunter.

FRAU ACHMEDI Wir haben Sie nicht gewählt!

Frau Achmedi wirft das Bild von Corinna auf den Boden. Sie wird vom Kotbeutel getroffen, den Anton auf sie wirft.

CORINNA Es geht nicht um mich, es geht ums Ganze!

ANTON Um Erdbebenspalten!

FRAU ACHMEDI *(zur liegenden Corinna)* Wir haben Sie nicht gewählt.

ANTON Verklungen ist, was gestern war,
Vergeblichkeit ist unser Brot,
Wir opfern uns auf dem Altar,
der Leben heißt und Not und Tod.

Von hinten blendet das Scheinwerferlicht der Kameras. Alle außer Pilgrim drehen sich nach hinten zum Licht. Plötzliche Stille, in der das Schwirren von Fliegen immer lauter wird.

ANTON Das ist von Moritz.

PILGRIM Er liegt dadrin. Ich habe seinen Fuß gesehen.

CORINNA Halt dein Maul, Pilgrim.

ANTON Meine Schwester hat einst mir das Schwimmen gelehrt,
heute weiß ich, sie hat mir damit das Schönste verwehrt:
Nie wieder kann ich ertrinken!

*Das Scheinwerferlicht der Kameras wird heller. Alle außer Pilgrim
richten sich wieder auf, rücken ihre Kleidung zurecht, von Kot
verdreckt und gebeutelt vom Kampf. Sie richten sich her für die
bevorstehende Trauerfeier. Für die Öffentlichkeit verhalten sie
sich von jetzt auf gleich, als sei nichts gewesen. Nur Pilgrim fällt
aus der Rolle.*

PILGRIM Überall ... diese Fliegen, funkelnde Fleischfliegen!
Tote Hasen ... er liegt dadrin!

Alle schauen entgeistert zu Pilgrim.

Das glauben Sie doch auch?! Sie glauben doch nicht, dass diese
Ameisen umsonst aus meinem Kuchen ... dieser Ameisen-
marsch ... dieses Lichtschranken-Gespenst? Dieser Fuß? Das ist
doch nicht umsonst?! Und jetzt diese Fliegen?
Man hält mich für verrückt, aber nicht ich bin es, der verrückt ist.
Man sieht nicht, was ich sehe. Ich habe seinen Fuß gesehen ...

CORINNA Es reicht, Pilgrim.

PILGRIM Sehr gern, ich meine, ich kann mir meine Augen nicht
aussuchen und auch nicht, was ich sehe.

FRAU ACHMEDI Ist er verrückt?

PILGRIM Ja schauen Sie nach, schauen Sie nur, Frau Achmedi, ich bitte Sie! Was ist? Will keiner jetzt hier nachschauen? Will niemand die Truhe ...?

CORINNA Wir müssen hinein.

ELSA Alles, was recht ist.

CORINNA Die sitzen schon alle.

PILGRIM Ich kann es Ihnen zeigen, ich kann Ihnen ... *(Pilgrim geht zur Truhe und will sie aufmachen, schafft es aber nicht.)*

ELSA Machen Sie jetzt nicht noch alles schlimmer.

FRAU ACHMEDI Narren. Mein Mann hat immer gesagt: Narren.

CORINNA Wir müssen. Das Publikum sitzt schon längst.

ELSA Publikum?

CORINNA Es beginnt!

Sie gehen alle auf das Licht hinten zu, außer Pilgrim, er bleibt zurück. Für einen kurzen Moment steht er da.
Corinna kommt nochmals barfuß auf Zehenspitzen zurück, geht zur Truhe, öffnet sie, zieht dem Toten die Schuhe aus, kniet auf den Boden und zieht sie sich an, bindet sich die Schnürsenkel. Pilgrim beobachtet sie dabei. Sie entdeckt ihn erst, als sie wieder abgeht.

Dunkel.

Das für dieses Buch verwendete Papier ist FSC®-zertifiziert.